Muhammad Yunus mit Alan Jolis
Grameen – Eine Bank für die Armen der Welt

Muhammad Yunus
mit Alan Jolis

GRAMEEN – Eine Bank für die Armen der Welt

Deutsch von Helmut Mennicken

Gustav Lübbe Verlag

© 1997 by Éditions JC Lattès
Titel der Originalausgabe: Vers un monde sans
pauvreté. L'autobiographie du »banquier des pauvres«
Originalverlag: Éditions Jean-Claude Lattès,
17 rue Jacob, F–75006 Paris

© 1998 für die deutschsprachige Ausgabe bei
Gustav Lübbe Verlag GmbH, Bergisch Gladbach
Deutsch von Helmut Mennicken M.A.
Redaktionelle Bearbeitung: Dr. Anita Krätzer, München

Schutzumschlaggestaltung: KOMBO Kommunikations-
Design GmbH, Köln, unter Verwendung zweier Fotos
von Éditions JC Lattès, Paris (oben),
und RODEO Consulting GmbH, Bad Homburg (unten)
Satz: Dörlemann Satz, Lemförde
Gesetzt aus der Baskerville Book von Berthold
Druck und Einband: Friedrich Pustet, Regensburg

Printed in Germany

ISBN 3-7857-0948-X

5 4 3 2 1

Allen meinen Mitstreitern gewidmet,
die das Abenteuer Grameen erst ermöglicht haben.

INHALT

VORWORT

Muhammad Yunus lebt in Bangladesch, einem der ärmsten Länder unseres Planeten. Obwohl dem Land seit seiner Unabhängigkeit 1971 mehr als 30 Milliarden Dollar Auslandshilfe zugeflossen sind, hat es nicht aus dem Tunnel herauszufinden vermocht.

Bangladesch wird regelmäßig von Naturkatastrophen wie Wirbelstürmen, Überschwemmungen oder Hungersnöten heimgesucht. 1974 forderte eine Hungersnot mehrere hunderttausend Opfer; 1988 machten Sturmfluten Millionen von Menschen obdachlos; 1992 kamen bei einem Zyklon weitere 150000 Menschen ums Leben.

Aber solche Katastrophen sind angesichts der Unterernährung und der strukturellen Armut, unter denen Bangladesch leidet, fast Randerscheinungen. 40 Prozent aller Bangladeschis leben unterhalb des Existenzminimums. Wegen der Unterernährung nimmt die durchschnittliche Bevölkerungszahl ab. Vor allem die Frauensterblichkeit ist hoch. Außerdem liegt die Analphabetenrate bei 90 Prozent.

Das vormals von der Weltgesundheitsorganisation (WHO) als Land der zweiten Kategorie eingestufte Bangladesch ist inzwischen in die dritte Kategorie aufgestiegen, also in die Kategorie derjenigen Länder, in denen das Risiko, sich mit Malaria und anderen Tropenkrankheiten anzustecken, am höchsten ist. Nur wenige Touristen wagen sich nach Bangladesch, und die, die hinfahren, bleiben nicht lange.

Die Bevölkerungsdichte beträgt 830 Einwohner je Quadratkilometer. Eine solche Dichte erhielte man in Europa nur dann, wenn man die Bevölkerung Großbritanniens, Frankreichs und Irlands auf dem Gebiet Bayerns zusammenpferchen würde.

Viele, allzu viele Männer und Frauen leben auf den Straßen – barfuß, ohne Trinkwasser und ohne schützendes Dach.

Es ist kaum vorstellbar, daß Bangladesch den Ländern der übrigen

Welt, erst recht nicht den industrialisierten Wohlstandsgesellschaften des Westens, zu Hilfe kommen könnte. Und doch erleben wir durch die Grameen-Bank einen Technologietransfer ohnegleichen, und zwar von der unterentwickelten Dritten Welt in die entwickelte Erste Welt. Was dabei übertragen wird, ist nichts Geringeres als die Information darüber, wie die Armut auf dieser Welt beseitigt werden kann.

Im folgenden wird nicht nur die Geschichte von Professor Yunus beschrieben, der vor 20 Jahren entdeckte, daß man durch die Gewährung von Kleinstkrediten an die Ärmsten auf unserem Planeten etwas zuwege bringen konnte, was man mit Milliarden Dollar an Auslandshilfe nicht hatte erreichen können. Es ist auch nicht nur die Geschichte einer Bank, die sich selbst entwickelte und jene Instrumente zur Selbsthilfe bereitgestellt hat, dank derer zwölf Millionen Bangladeschis, also etwa zehn Prozent der Bevölkerung unseres Landes, der Armut entkommen konnten. Und es ist ebenfalls nicht nur die Geschichte einer Revolution des Kleinstkredits, die den Armen in 60 Ländern – darunter China, Südafrika, Frankreich, Norwegen, Kanada und die USA – geholfen hat, eigenverantwortlich tätig zu werden und ihr Schicksal in die eigenen Hände zu nehmen.

Dies ist vor allem die Darstellung einer großen Vision, wie die Erde noch zu unseren Lebzeiten von der Plage der Armut befreit und eine Zukunft aufgebaut werden kann, in der der sozialen Gerechtigkeit wieder ihre volle Geltung verschafft wird.

Es ist eine Botschaft der Hoffnung und ein Programm, das sich zum Ziel gesetzt hat, Armut und Hunger ins Museum zu verbannen, damit unsere Nachkommen sie dort eines Tages besichtigen und uns fragen können, warum wir so lange gebraucht haben, bis wir etwas gegen diese furchtbare Situation unternommen haben.

Éditions JC Lattès
Paris, im Juli 1997

EINLEITUNG

Meine Erfahrungen mit Grameen haben in mir einen unerschütterlichen Glauben an die menschliche Kreativität entstehen lassen. Ich bin zu der Auffassung gelangt, daß die Menschen nicht geboren werden, um Hunger und Elend kennenzulernen. Wenn sie heutzutage, wie auch in vergangenen Zeiten, darunter leiden, so deshalb, weil wir diesem Problem keine Aufmerksamkeit widmen.

Ich bin im tiefsten Herzen davon überzeugt, daß wir die Armut auf der Welt ausmerzen können, wenn wir es wollen. Dies ist nicht die Frucht einer frommen Hoffnung, sondern das Ergebnis der konkreten Erfahrungen, die bei der Arbeit der Grameen-Bank gesammelt wurden.

Der Kleinstkredit allein kann die Armut nicht beenden. Er gehört lediglich zu einem der Auswege, die es den Menschen erlauben, der Armut zu entkommen. Weitere Türen und Fenster können aufgesprengt werden, um den Ausgang zu vergrößern. Zu diesem Zweck muß man jedoch ein anderes Menschenbild und einen neuen gesellschaftlichen Rahmen schaffen.

Grameen hat mich zwei Dinge gelehrt: Zum einen ist unser Wissen von den Menschen und ihren Beziehungen zueinander noch sehr unvollkommen; zum anderen kommt es auf jede Einzelperson an. Jeder Mensch verfügt über eine gewaltige Leistungsfähigkeit und kann das Schicksal seiner Mitmenschen innerhalb der Gemeinschaft und seines Landes im Lauf seines Lebens – und auch darüber hinaus – beeinflussen.

Im Innern eines jeden von uns schlummern weit mehr Möglichkeiten als diejenigen, die wir bisher erkunden konnten. Wenn wir uns nicht ein günstiges Umfeld für die Entwicklung unserer Leistungsfähigkeit schaffen, dann werden wir nie erfahren, was in uns steckt.

Es liegt an uns zu entscheiden, welchen Weg wir einschlagen wollen. Wir sind die Piloten und Navigatoren unseres Planeten. Wenn wir unsere Rolle ernst nehmen, werden wir unser Ziel fraglos auch erreichen.

Ich habe diese Geschichte aufgeschrieben, weil ich möchte, daß Sie darüber nachdenken, was sie für Sie bedeutet. Falls Sie die Tätigkeit der Grameen-Bank glaubhaft und überzeugend finden, möchte ich Sie einladen, sich den Menschen anzuschließen, die eine Welt ohne Armut für möglich halten und sich entschlossen haben, an ihrer Verwirklichung zu arbeiten. Ob Sie nun revolutionär, liberal oder konservativ eingestellt, jung oder alt sind – wir alle können gemeinsam für dieses eine Ziel arbeiten.

Denken Sie einmal darüber nach.

Muhammad Yunus
Grameen-Bank, 10. Juli 1997

ERSTER TEIL
DIE ANFÄNGE (1940–1976)

1. KAPITEL

DAS DORF JOBRA:
VON DEN LEHRBÜCHERN ZUR WIRKLICHKEIT

Das Jahr 1974 hat mich entscheidend geprägt. Es war das Jahr, in dem Bangladesch von einer fürchterlichen Hungersnot heimgesucht wurde. In den Zeitungen erschienen schreckenerregende Berichte über Hunger und Tod in abgelegenen Dörfern und in den Bezirkshauptstädten im Norden des Landes. Die Universität, an der ich als Dekan der Wirtschaftsfakultät tätig war, lag im äußersten Südosten des Landes, und anfangs schenkten wir den Berichten keine besondere Aufmerksamkeit. Doch allmählich tauchten an den Bahnhöfen und Busstationen von Dhaka Männer und Frauen auf, die bis aufs Skelett abgemagert waren. Bald darauf wurde darüber berichtet, daß dort die ersten Leichen gefunden worden waren. Während zunächst nur vereinzelt Hungernde nach Dhaka gekommen waren, ergoß sich nun ein unaufhaltsamer Strom in die Hauptstadt.

Sie waren überall. Man hatte Mühe, die Lebenden von den Toten zu unterscheiden. Ob Mann, Frau oder Kind, sie ähnelten sich alle. Kaum, daß man ihr Alter erraten konnte. Die Alten sahen wie Kinder aus, die Kinder ähnelten den Alten.

Die Regierung richtete Volksküchen ein, doch im Nu waren alle überlaufen.

Die Journalisten versuchten die Öffentlichkeit zu alarmieren. Forschungsinstitute sammelten Daten über die Herkunft und die Überlebensaussichten der Hungerflüchtlinge, und religiöse Organisationen bemühten sich, die Toten einzusammeln, um sie würdig zu bestatten. Aber die Leichenberge wuchsen dermaßen rapide an, daß man mit dem Einsammeln nicht mehr nachkam.

Es war unmöglich, diese Verhungernden zu ignorieren. Sie lagen überall herum, sehr still. Sie skandierten keine Sprechchöre. Sie forderten nichts von uns. Sie verurteilten uns nicht dafür, daß wir herrliche

Sachen zu essen hatten, während sie still vor unseren Treppenaufgängen lagen.

Es gibt vielerlei Arten zu sterben, doch der Tod durch Verhungern ist am allerwenigsten hinzunehmen. Er ist schrecklich. Das Sterben verläuft wie in Zeitlupe. Sekunde um Sekunde wird der Abstand zwischen Leben und Tod kleiner.

In einem bestimmten Augenblick sind Leben und Tod so nah beieinander, daß sie kaum noch zu unterscheiden sind, und man hat Mühe zu erkennen, ob Mutter und Kind, die vor uns hingestreckt auf dem Boden liegen, noch leben oder sich bereits im Jenseits befinden. Der Tod kommt so leichtfüßig daher, daß man ihn nicht bemerkt.

Und dies alles nur, weil eine Handvoll Nahrung fehlt. Ringsherum haben alle genug zu essen, nur dieser Mann, diese Frau nicht. Das Baby weint und schläft schließlich ein, ohne die Milch, die es braucht. Am nächsten Tag fehlt ihm vielleicht schon die Kraft, überhaupt noch zu schreien.

Ich erinnere mich noch gut an die Begeisterung, mit der ich meinen Studenten vermittelte, welche ökonomische Theorien Lösungen für alle Arten von ökonomischen Problemen bereithielten. Ich entzündete mich an der Schönheit und Eleganz dieser Theorien. Dann ging mir blitzartig die Nutzlosigkeit meiner Lehrtätigkeit auf. Wozu nützte sie, wenn Menschen auf den Bürgersteigen und vor den Hauseingängen verhungerten?

Von diesem Augenblick an kam mir mein Seminarraum wie ein Kinosaal vor, in dem man sich in dem Bewußtsein entspannen konnte, daß der Filmheld gewiß siegen werde. Ich wußte von vornherein, daß es für jedes wirtschaftliche Problem eine elegante Lösung gab. Doch sobald ich meinen Seminarraum verließ, wurde ich mit der wirklichen Welt konfrontiert. Dort wurden die Helden mit Schlägen traktiert und brutal mit Füßen getreten. Ich beobachtete, daß der Alltag immer rauher und die Armen immer ärmer wurden. Für die Armen schien der Hungertod die einzige Bestimmung zu sein.

Wo war denn die Wirtschaftstheorie, die ihr wirkliches Leben berücksichtigte? Wie konnte ich meinen Studenten weiterhin schöne Geschichten im Namen der Wirtschaft erzählen?

Ich verspürte nur noch einen Wunsch: Ich wollte mich aus dem
Staub machen, alle Lehrbücher hinwerfen und das Hochschulleben
aufgeben. Ich wollte die Wirklichkeit verstehen, die das Leben eines
Armen ausmacht, und die wahre Ökonomie entdecken, also die des
wirklichen Lebens – zu allererst die im benachbarten Dorf Jobra.

Jobra liegt dicht beim Universitätsgelände; genauer gesagt, wurde
die Universität auf Initiative von Marschall Ayub Khan, dem ehemaligen Präsidenten Pakistans, unweit des Dorfes gebaut. Ayub Khan,
der 1958 durch einen Militärputsch an die Macht gekommen war,
herrschte bis 1969 als Diktator. Auf die Studenten, für ihn nichts anderes als potentielle Unruhestifter, blickte er voller Abscheu herab und
verfügte, daß während seines Regimes nur Universitäten fernab städ-
tischer Zentren zu errichten seien. Auf diese Weise wollte er die Städte
vor der politischen Agitation der Studenten schützen.

Die Universität von Chittagong gehörte zu den Hochschulen, die
während der Zeit seiner Regierung gegründet wurden. Sie liegt in
einem hügeligen Gebiet des Verwaltungsbezirks Chittagong in der
Nähe des Dorfes Jobra.

Ich beschloß, wieder Student zu werden. Jobra sollte mir als Universität dienen, und die Einwohner Jobras sollten meine Professoren sein.

Ich nahm mir vor, soviel wie möglich über das Dorf in Erfahrung
zu bringen. Ich konnte froh sein, wenn es mir gelang, das reale Leben
auch nur eines einzigen Armen zu begreifen. Dann hätte ich mich
einen bedeutenden Schritt vom Bücherwissen entfernt.

Unter dem Vorwand, ihren Studenten eine Art Panoramaansicht
der Dinge bieten zu wollen, hatten die traditionellen Universitäten
längst den Boden der Realität des Lebens verlassen. Als Folge davon
stellt man sich die Dinge vor, statt sie zu sehen.

Demgegenüber beschloß ich, die »Perspektive des Regenwurms«
einzunehmen. Ich fand, daß ich die Dinge aus der Nähe betrachten
und sie in allen Einzelheiten sehen mußte. Stieß ich auf meinem Weg
auf ein Hindernis, so wollte ich ihm, wie der Regenwurm, ausweichen
und darum herum gehen, um mein Ziel sicher zu erreichen.

Angesichts des ständigen Zustroms von Hungernden nach Dhaka
ergriff mich ein Gefühl der Ohnmacht. In den verschiedenen Stadt-

vierteln bemühten sich soziale Einrichtungen, Armenküchen aufzubauen. Doch wie viele Menschen konnte man auf diese Weise täglich
ernähren? Die Hungersnot mit all ihren Schrecken war nicht mehr zu
übersehen.

Ich versuchte mein Gefühl der Ohnmacht zu überwinden, indem
ich meine Rolle neu definierte. Gewiß konnte ich nicht vielen Menschen helfen, doch bestimmt konnte ich einem meiner Mitmenschen
zumindest für einen Tag oder auch nur ein paar Stunden nützlich sein.
Das würde mir eine große persönliche Befriedigung verschaffen. Die
Vorstellung, daß ich mich tatsächlich, wenn auch nur in kleinem Maßstab, nützlich machen konnte, statt mich mit schönen Worten zufrie-
denzugeben, erfüllte mich mit Hoffnung. Ich fühlte, wie ich auflebte.
Als ich damit begann, arme Familien in Jobra zu besuchen, wurde mir
der wahre Sinn meiner Untersuchung erst richtig bewußt. Ich wußte
mehr als jemals zuvor, welches Ziel ich ansteuerte.

Ich machte mich also auf, in Jobra Familien aufzusuchen, um herauszufinden, inwiefern ich ihnen konkret helfen konnte. Gewöhnlich begleitete mich mein Kollege Professor Latifee dabei. Die meisten Familien kannte er nämlich persönlich, und er wußte am besten, wie man
die Dorfbewohner ansprechen mußte.

Jobra war in drei Wohngebiete aufgeteilt, eins für Moslems, eins für
Hindus und eins für Buddhisten. Wenn wir einen Besuch im buddhistischen Wohnviertel machten, nahmen wir unseren Studenten Dipal
Chandra Barua mit; er entstammte einer armen buddhistischen Familie aus Jobra und zeigte sich immer hilfsbereit.

Eines Tages stießen Latifee und ich auf ein völlig verfallenes Haus,
vor dem eine Frau gerade Bambusrohr zurechtschnitt, um daraus einen
Hocker zu bauen. Wir mußten nicht erst unsere Phantasie bemühen,
um uns vorzustellen, daß ihre Familie nur mit größter Mühe über die
Runden kam.

»Ich möchte mich mit ihr unterhalten«, sagte ich.

Latifee führte mich zwischen den Hühnern durch den Gemüse-
garten zu ihr.

»Ist da jemand?« fragte er mit freundlicher Stimme.

Die Frau saß unter dem Dach aus verfaultem Stroh vor der Treppe

ihres Hauses und war ganz in ihre Arbeit vertieft. Sie hockte auf dem
Boden, hielt den halbfertigen Hocker zwischen die Knie geklemmt
und war damit beschäftigt, die einzelnen Stränge der Bambusfasern
zu flechten. Als sie Latifees Stimme hörte, ließ sie sofort ihre Arbeit
fallen und verschwand in ihr Haus.

»Sie brauchen keine Angst zu haben«, sagte Latifee. »Wir sind keine
Fremden. Wir unterrichten beide an der Universität und sind also
Nachbarn. Wir möchten Ihnen nur ein paar Fragen stellen.«

Vom herzlichen Ton Latifees beruhigt, antwortete sie leise: »Es ist
niemand zu Hause.«

Damit meinte sie, daß sich kein Mann im Haus aufhielt. In Bangladesch sprechen Frauen in der Öffentlichkeit im allgemeinen nicht mit
einem Mann, es sei denn mit einem nahen Verwandten.

Im Hof spielten und hüpften nackte Kinder. Nachbarn tauchten
auf, sahen uns neugierig an und fragten sich, was wir hier zu suchen
hatten.

Im moslemischen Wohngebiet des Dorfs mußten wir oft durch ein
Bambusgitter hindurch mit einer Frau sprechen, wenn wir sie befragen
wollten. Die moslemische Sitte des *Purdah* (wörtlich »Vorhang« oder
»Schleier«), die verlangt, daß sich verheiratete Frauen praktisch von
der Außenwelt isolieren, wurde in Chittagong strikt eingehalten. Aus
diesem Grunde nahm ich manchmal Zuflucht zu einer weiblichen Vermittlerin, einer Studentin oder einer Schülerin aus dem Ort, wenn ich
Informationen zu erhalten wünschte.

Da ich in Chittagong zur Welt gekommen bin und den regionalen
Dialekt spreche, fiel es mir leichter als einem Fremden, das Vertrauen
der Dorfbewohnerinnen zu gewinnen. Trotzdem war es schwierig.

Ich bin ein Kindernarr, und so fiel es mir nicht schwer, den Müt-
tern Komplimente über ihren Nachwuchs zu machen und ihnen auf
diese Weise ihre Verlegenheit zu nehmen. Meine Mutter hatte 14 Kinder, von denen neun überlebt haben. Da ich das dritte war, habe ich
einen guten Teil meiner Kindheit damit verbracht, meinen Brüdern
und meiner jüngsten Schwester die Flasche zu geben und sie trocken-
zulegen. Sobald ich zu Hause eine freie Minute hatte, nahm ich ein
Baby auf den Arm, um es zu hätscheln. – Eine Erfahrung, die sich bei
meinen Befragungen noch als wertvoll erweisen sollte.

Ich wollte einen nackten kleinen Jungen auf den Arm nehmen, aber er fing an zu weinen und lief schnell zu seiner Mutter.

»Wie viele Kinder haben Sie?« fragte Latifee sie.

»Drei.«

»Der hier ist sehr hübsch«, sagte ich.

Nachdem sich die Mutter beruhigt hatte, erschien sie wieder auf der Schwelle. Sie war kaum älter als 20. Dünn, dunkelhäutig, schwarzäugig und mit einem roten Sari bekleidet, ähnelte sie jeder aus dem Heer von Millionen Frauen, die von morgens bis abends arbeiteten und doch nicht aus ihrem Elend herausfanden.

»Wie heißen Sie?«

»Sufia Begum.«

»Wie alt sind Sie?«

»21.«

Ich benutzte weder Stift noch Notizblock, denn das hätte sie verschrecken können. Die Notizen wurden von meinen Studenten gemacht, die anschließend noch einmal kamen.

»Gehört Ihnen dieser Bambus hier?« fragte ich.

»Ja.«

»Wie beschaffen Sie sich den?«

»Ich kaufe ihn.«

»Wieviel bezahlen Sie dafür?«

»Fünf Taka.« (Damals der Gegenwert von 22 Cent.)

»Haben Sie diese fünf Taka?«

»Nein, die leihe ich mir von den *paikari*.«

»Von den Zwischenhändlern? Was handeln Sie mit denen aus?«

»Am Ende des Tages muß ich ihnen meine Bambushocker verkaufen, um das Darlehen zurückzuzahlen. Was übrigbleibt, ist mein Gewinn.«

»Wieviel bringt Ihnen das ein?«

»Fünf Taka und 50 Paisa.«

»Sie machen also einen Gewinn von 50 Paisa.«

Sie nickte. Dies entsprach genau zwei Cent.

»Könnten Sie sich das Geld denn nicht anderswo leihen und das Material selbst kaufen?«

»Schon, aber der Geldverleiher würde noch viel mehr von mir

verlangen. Die Leute, die sich mit ihnen abgeben, werden nur noch ärmer.«

»Wieviel nimmt der Geldverleiher?«

»Das hängt davon ab. Manchmal verlangt er zehn Prozent pro Woche. Einer meiner Nachbarn muß sogar zehn Prozent pro Tag zahlen.«

»Und Sie verdienen nur 50 Paisa, wenn Sie diese schönen Bambushocker bauen?«

»Ja.«

In allen Ländern der Dritten Welt sind Wucherzinsen üblich und so sehr zum Bestandteil des Alltags geworden, daß selbst der Geldverleiher nicht mehr bemerkt, wie ausbeuterisch solch ein Vertrag ist. In Bangladesch muß auf dem Land ein Maund* gedroschener, geschälter Reis, den man sich zu Beginn der Aussaat leiht, nach der Ernte mit zweieinhalb Maunds zurückgezahlt werden.

Wenn ein Feld als Sicherheit dient, so wird es dem Gläubiger zur Verfügung gestellt, der so lange als Besitzer gilt, bis die gesamte Schuld getilgt ist. In vielen Fällen belegen offizielle Dokumente die Rechte des Gläubigers. Um die Tilgung der Schuld zu erschweren, verweigert der Gläubiger eine ratenweise Abzahlung. Nach Ablauf einer gewissen Periode ist der Gläubiger berechtigt, das Feld zu einem zuvor festgesetzten »Preis« zu »kaufen«.

Zuweilen ist das Darlehen für eine Investition oder einen großen Anlaß (Heirat einer Tochter, Schmiergeld, Anwaltskosten oder dergleichen) bestimmt, aber in den meisten Fällen wird es für dringende Fälle in Anspruch genommen (zum Kauf von Lebens- oder Arzneimitteln oder zur Bewältigung einer anderen Notsituation). Jedenfalls fällt es dem Kreditnehmer sehr schwer, seine Schulden zurückzuzahlen. Häufig entkommt er dem Teufelskreis aus Verschuldung und Neuverschuldung zwecks Tilgung des alten Kredits nur durch den Tod.

Jede Gesellschaft hat ihre Wucherer. Solange die Armen von den Geldverleihern abhängen, kann kein Wirtschaftsprogramm den Enteignungsprozeß aufhalten.

Sufia Begum setzte ihre Arbeit fort, denn sie hatte keine Zeit zu verlieren. Ich beobachtete, wie ihre kleinen Hände die Bambusfasern

---

* Indische Maßeinheit von etwa knapp 40 Kilogramm (Anm. d. Übers.)

flochten. Endlos lange auf dem hart gewordenen Lehmboden hok-
kend, verdiente sie sich ihren Lebensunterhalt. Ihre Finger waren
schwielig, ihre Fingernägel schmutzig.

Wie konnten ihre Kinder den Teufelskreis der Armut durchbrechen, um einen besseren Lebensstandard zu erreichen? Welche andere
Zukunft als die des Elends stand diesen Kleinkindern bevor? Wie
konnten sie zur Schule gehen, wenn ihre Mutter kaum das Existenzminimum verdiente – von einer anständigen Unterkunft und Bekleidung
ganz zu schweigen.

»Sie verdienen also an einem ganzen Arbeitstag nicht mehr als
50 Paisa?«

»Ja, an guten Tagen.«

Sie verdiente demnach zwei Cent täglich. Diese Information er-
schütterte mich. In meinen Vorlesungen warf ich mit Beträgen in Höhe
von Millionen Dollar um mich, und hier, vor meinen Augen, ging es
bei der Frage nach Leben oder Tod um ein paar Pfennige. Irgend etwas
stimmte hier nicht. Weshalb gaben die Kurse, die ich an der Universität abhielt, nicht die Wirklichkeit des Lebens wieder? Ich war wütend auf mich selbst und auf eine so hartherzige, unbarmherzige Welt.
Es gab nicht den geringsten Hoffnungsstreif am Horizont, nicht den
Hauch einer Lösung.

Wenngleich Sufia Begum nicht lesen und schreiben konnte, so verfügte sie dennoch über nützliche Fertigkeiten. Die einfache Tatsache,
lebendig zu sein und mir gegenüberzusitzen, zu atmen und Tag für Tag
ruhig gegen die Not anzukämpfen, bewies zweifelsfrei, daß sie eine
nützliche Fähigkeit besaß – die Fähigkeit zu überleben.

Die Armut ist so alt wie die Welt. Sufia hatte keine Aussicht, ihre
wirtschaftliche Lage zu verbessern. Warum nicht? Ich war nicht fähig,
diese Frage zu beantworten. Von Kindheit an sind wir daran gewöhnt,
in unserer Umgebung Arme zu sehen, und wir haben uns nie gefragt,
weshalb sie arm sind. Im herrschenden Wirtschaftssystem war Sufias
Einkommen dermaßen gering, daß sie nie auch nur das kleinste Geld-
stück zur Seite legen, es investieren und sich wirtschaftlich entfalten
konnte.

Es wäre mir nie eingefallen, daß jemand in größter Not lebt, nur
weil ihm fünf Taka fehlen. Das kam mir unmöglich, ja sogar lächerlich

vor. Sollte ich diese geringfügige Summe, die Sufia benötigte, vielleicht aus meiner eigenen Tasche bezahlen? Das war so einfach, so leicht.

Weshalb haben meine Universität und meine Fakultät, weshalb haben alle Wirtschaftsfakultäten dieser Welt und die zahllosen intelligenten Wirtschaftsprofessoren bisher nicht versucht, diese Leute zu begreifen und denen zu Hilfe zu kommen, die es am meisten nötig haben?

Ich widerstand meinem Drang, Sufia das Geld zu geben, das sie brauchte. Sie wollte keine milde Gabe. Außerdem wäre das auch keine endgültige Lösung gewesen.

Latifee und ich machten uns wieder auf den Rückweg, der zu meinem Haus oben auf dem Hügel führte. Wir gingen langsam in meinen Garten, den die Sonne mit ihren letzten Strahlen überflutete.

Den Hügel hinaufzusteigen und hinunterzugehen bekommt mir sehr gut. Ich dachte an die krasse Diskrepanz, die zwischen den Absichtserklärungen der Regierung und der Wirklichkeit klaffte. In der Allgemeinen Menschenrechtserklärung heißt es: »Jeder Mensch hat Anspruch auf eine Lebenshaltung, die seine und seiner Familie Gesundheit und Wohlbefinden einschließlich Nahrung, Kleidung, Wohnung, ärztlicher Betreuung und der notwendigen Leistungen der sozialen Fürsorge gewährleistet; er hat das Recht auf Sicherheit im Fall von Arbeitslosigkeit, Krankheit, Invalidität, Verwitwung oder von anderweitigem Verlust seiner Unterhaltsmittel durch unverschuldete Umstände.«

Diese Erklärung verlangt von allen Völkern und Nationen, die »allgemeine und tatsächliche Anerkennung und Verwirklichung« dieser Rechte zu gewährleisten.

Mir schien, daß die Armut dazu führt, daß nicht etwa nur einige dieser Menschenrechte, sondern alle außer Kraft gesetzt werden. Denn unabhängig von den Erklärungen, die die Regierungen unterzeichnen, oder von dem, was sie in ihre großen Folianten schreiben, besitzen die Armen überhaupt keine Rechte.

Ich versuchte das Problem aus Sufias Perspektive zu betrachten. Ich stellte mir vor, ich sei ein Wurm und müßte ein Hindernis vor mir überwinden: Wie konnte ich die Kosten für den Bambus umgehen?

Mußte ich darum herum kriechen? Mußte ich die Mauer hinaufklettern oder nach einem Spalt Ausschau halten, durch den ich hindurchschlüpfen konnte?

Ich sah keine Lösung für Sufias Problem. Wenn ihr Leben für sie zur Hölle wurde, so deshalb, weil der Bambus beim Einkauf fünf Taka kostete. So einfach war die Situation: Sie besaß nicht das notwendige Startkapital, und daher war sie in diesem Teufelskreis gefangen. Sie mußte sich beim Zwischenhändler das Geld leihen und ihm danach das Produkt ihrer Arbeit verkaufen. Es war unmöglich für sie, aus dieser Abhängigkeit zu entkommen. Alles, was ich tun mußte, war also, ihr die benötigten fünf Taka zu leihen.

Bisher hatte sie für fast nichts gearbeitet. Es handelte sich also unbestreitbar um eine Form der Sklaverei. Der Zwischenhändler zahlte Sufia für ihre Arbeit einen Preis, der es ihr lediglich gestattete, das Material zu bezahlen und ihre elementarsten Bedürfnisse zu befriedigen, das heißt, für das Überlebensnotwendige zu sorgen. Dadurch zwang er sie, weitere Darlehen bei ihm aufzunehmen.

Aus diesem Zustand einer Beinahe-Sklaverei kam Sufia so lange nicht heraus, wie sie es nicht schaffte, die fünf Taka für den Start aufzutreiben. Ihre Rettung wäre ein Kredit. Damit könnte sie die Produkte ihrer Arbeit frei auf dem Markt verkaufen und eine sehr viel bessere Marge zwischen Materialkosten und Verkaufspreis erzielen.

Am nächsten Morgen ließ ich Maimuna zu mir kommen, eine Studentin, die für mich Informationen sammelte. Ich bat sie, eine Liste all jener Bewohner in Jobra aufzustellen, die wie Sufia ein Darlehen bei einem Zwischenhändler aufnahmen und auf diese Weise um die Früchte ihrer Arbeit gebracht wurden.

Eine Woche später übergab Maimuna mir eine Liste mit 42 Namen von Personen, die insgesamt 856 Taka an Darlehen aufgenommen hatten.

»Mein Gott«, rief ich aus, »all das Elend in diesen 42 Familien nur, weil ihnen der Gegenwert von 27 Dollar fehlt!«

Maimuna stand da und schwieg. Angesichts eines solchen unsinnigen Zustands waren wir beide verblüfft, schockiert, ja, angewidert.

Es kam nun darauf an, Mittel und Wege zu finden, um diesen 42 flei-
ßigen und gesunden Personen zu helfen. Wie ein Hund, der mit seinem Knochen herumspielt, wälzte ich dieses Problem in Gedanken unablässig hin und her. Wenn ich ihnen 27 Dollar leihen würde, dann
stände es diesen Menschen frei, ihre Produkte an gleich wen zu verkaufen, und sie würden korrekt für ihre Arbeit entlohnt, ohne daß sie
gezwungen wären, zu Wucherern Zuflucht zu nehmen.

Ich hatte mich entschieden: Ich wollte ihnen die fehlenden 27 Dollar leihen, und sie würden sie an mich zurückzahlen, wenn sie dazu in
der Lage wären.

Sufia brauchte einen Kredit, denn sie besaß nichts, was es ihr ermöglicht hätte, sich gegen die Unwägbarkeiten des Lebens abzusichern, ihren
familiären Verpflichtungen nachzukommen, ihre Tätigkeiten des Rohr-
flechtens fortzuführen, also in der Zeit einer Katastrophe zu überleben.

Leider gab kein Finanzinstitut diesen Armen einen Kredit. Den
Kreditmarkt hatten, dank der nicht vorhandenen offiziellen Institutionen, die einheimischen Geldverleiher an sich gerissen, die ihre »Kunden« immer tiefer in die Sackgasse der Armut hineinführten.

Diese Menschen waren nicht etwa wegen ihrer Dummheit oder
Faulheit arm. Sie arbeiteten den lieben langen Tag und waren dabei
mit sehr komplizierten körperlichen Aufgaben beschäftigt. Arm waren
sie vielmehr, weil man die Finanzstrukturen unseres Landes nicht so
aufgebaut hatte, daß man ihnen bei der Verbesserung ihres Schicksals
hätte helfen können. Es handelte sich um ein strukturelles Problem
und nicht um ein von den Menschen selbst verursachtes.

Ich gab Maimuna die 27 Dollar und sagte:

»Hier, nimm das. Leihe den 42 Personen auf unserer Liste dieses
Geld. Dann können alle die Zwischenhändler auszahlen und ihre Produkte dort verkaufen, wo man ihnen einen besseren Preis bietet.«

»Wann müssen sie es zurückzahlen?«

»Dann, wenn sie es können. Dann, wenn es für sie vorteilhaft ist,
ihre Produkte zu verkaufen. Sie brauchen mir keinen Zins zu zahlen,
denn ich bin kein Wucherer.«

Maimuna machte sich auf den Weg und wunderte sich nicht wenig
über die Wendung, die das Geschehen genommen hatte.

Gewöhnlich schlief ich abends innerhalb von Sekunden ein, sobald ich meinen Kopf auf mein Kissen gebettet hatte. Aber in jener Nacht konnte ich nicht einschlafen, weil ich mich schämte, einer Gesellschaft anzugehören, die nicht einmal in der Lage war, 42 Menschen 27 Dollar zu leihen, damit sie überleben konnten.

In der Woche darauf wurde mir plötzlich bewußt, daß das, was ich getan hatte, längst nicht ausreichte. Es war meine persönliche Lösung, die einer rein gefühlsmäßigen Logik folgte. Ich hatte mich damit zufriedengegeben, 27 Dollar zu verleihen, wo es doch vielmehr darauf angekommen wäre, eine institutionelle Lösung zu finden. Wenn noch mehr Menschen Kapital brauchten, so lag die Lösung dieses Problems gewiß nicht darin, den Leiter der wirtschaftswissenschaftlichen Fakultät aufzusuchen. Ein Armer kann nicht gut einen Hügel hinaufklettern, um zu einem Fakultätsleiter zu gehen. Überdies würde der Sicherheitsdienst der Universität ihn gar nicht erst eintreten lassen, da man ihn für einen Dieb hielte.

Es mußte etwas unternommen werden. Also, was war zu tun?

Ich beschloß, mit dem Direktor der örtlichen Bank zu sprechen, damit er den Armen Geld lieh. Man mußte eine Institution nur so weit bringen, daß diese einwilligte, Armen und Besitzlosen einen Kredit zu geben. Das war ein klares, einfaches Anliegen.

Damit hat alles angefangen. Ich hatte nicht die Absicht, zum Geldverleiher zu werden, sondern wollte lediglich ein akutes Problem in meiner Nachbarschaft lösen. Auch heute noch verfolgen meine Kollegen bei der Grameen-Bank und ich nur ein einziges Ziel: die Abschaffung der Armut, jener Plage, die die Menschen bis in ihr tiefstes Inneres demütigt.

2. KAPITEL

DIE WELTBANK IN WASHINGTON, D. C., NOVEMBER 1993

Wir haben einen langen Weg zurückgelegt: von 27 Dollar, die 1976 an 42 Personen verliehen wurden, zu 2,3 Milliarden Dollar, die 1998 an 2,3 Millionen Familien vergeben wurden. 1997 wurde eine Kleinkredit-Konferenz abgehalten, um eine weltweite Kampagne zu starten, durch die bis zum Jahr 2005 insgesamt 100 Millionen Familien erreicht werden sollten. Inzwischen werden überall auf der Welt Grameen-Projekte realisiert, von Ecuador bis Eritrea, von den Lofoten bis nach Papua-Neuguinea, von den Slums in Chicago bis zu den abgelegensten Bergdörfern in Nepal.

Aber der heutige Novembertag des Jahres 1993 ist für Grameen von außerordentlicher Bedeutung, weil unsere Ideen endlich bis ins Innerste des Allerheiligsten der internationalen Geberländer vorgedrungen ist. Louis Preston, der Präsident der Weltbank, hat mich eingeladen, vor der Welthungerkonferenz in der Washingtoner Zentrale der Weltbank zu sprechen. Als ich den Konferenzsaal betrete, sehe ich in meinem Geiste Frauen vorbeidefilieren, die den schlimmsten Schwierigkeiten ausgesetzt sind. Nachdenklich betrachte ich meine Zuhörer. Wer hätte gedacht, daß ich eines Tages mein Büro mit Blick auf die Elendsviertel von Dhaka verlassen und ins Zentrum der Finanzwelt eingeladen werde, um einen Vortrag über unsere Arbeit und unsere Ziele zu halten?

Die Weltbank und Grameen hatten im Laufe der Jahre so viele Auseinandersetzungen und Mißstimmung, daß einige uns als »Sparringspartner« bezeichnet haben. Es gab stets einzelne Personen in der Weltbank, die verstanden haben, worum es bei den Kleinstkrediten ging, aber unsere Grundhaltung ist so unterschiedlich, daß sie uns nicht die Hilfe geben konnten, die wir brauchten. Grameen hat viele Jahre hindurch ein hohes Maß an Zeit und Energie in den Kampf gegen die Weltbank investiert.

Während ich meinen Blick über die Zuhörer schweifen lasse, muß ich mich an die World-Food-Day-Telekonferenz im Jahr 1986 erinnern. Patricia Young, die nationale Koordinatorin des US-World-Food-Day-Komitees, hatte mich gebeten, neben dem Präsidenten der Weltbank, Barber Conable, als Teilnehmer einer Podiumsdiskussion an der Telekonferenz mitzuwirken, die über Satellit in 30 Länder ausgestrahlt werden sollte. Damals konnte ich mir unter einer Telekonferenz nichts vorstellen, aber ich nahm diese Einladung dennoch an, weil ich mir davon die Gelegenheit versprach, erklären zu können, weshalb der Kredit meiner Meinung nach als ein Menschenrecht anerkannt werden sollte und in welch hohem Maße er bei der Beseitigung des Hungers auf der Welt eine strategische Rolle spielen kann.

In dieser Telekonferenz vertrat ich meine Meinung. Ich verfolgte nicht die Absicht, mich mit dem Präsidenten der Weltbank anzulegen, doch er zwang mich zu einer Konfrontation. In seinen Ausführungen erwähnte er, daß die Weltbank Grameen in Bangladesch finanziell unterstütze. Ich fand, daß ich diese Falschinformation sofort richtigstellen mußte. Höflich entgegnete ich, daß die Weltbank dergleichen nicht tue. Doch er schenkte meinen Worten keine Aufmerksamkeit. Ein paar Minuten darauf wiederholte er seine Behauptung, die Weltbank unterstütze Grameen. Dieses Mal widersprach ich ihm entschieden. Ich weiß nicht, weshalb, doch auch diesmal ignorierte Mr. Conable meinen Protest und wiederholte zum drittenmal, die Weltbank greife der Grameen-Bank finanziell unter die Arme.

Ich war der Meinung, daß ich nun gegenüber den Fernsehzuschauern Klarheit schaffen mußte, um nicht als Lügner dazustehen. Ich erklärte: »Bei uns in der Grameen-Bank ist nie der Wunsch aufgekommen, von der Weltbank Geldmittel zu beantragen, und wir haben auch nie welche bekommen, weil uns ihre Arbeitsweise nicht gefällt. Bei jedem Projekt, das sie finanziert, übernehmen schließlich deren Experten und Berater die Kontrolle. Sie ruhen nicht eher, als bis sie alles ihren Vorstellungen entsprechend umgeformt haben. Wir möchten nicht, daß irgend jemand kommt und sich in unser System einmischt, das wir aufgebaut haben, oder uns seine Anschauungen aufdrängt und zwingt, uns danach zu richten.«

Dies war das Jahr, in dem wir tatsächlich ein Angebot der Weltbank über einen zinsgünstigen Kredit in Höhe von 200 Millionen ausgeschlagen hatten.

Da Mr. Conable mich zu dieser Auseinandersetzung gezwungen hatte, sprach ich ihn auch auf andere Themen an. Er erzählte den Zuschauern beispielsweise, daß die Weltbank stets die klügsten Köpfe der Welt beschäftige, weshalb sie auch stets mit den besten Problemlösungen aufwarten könne. Eine solche Äußerung mochte ich nicht kommentarlos im Raum stehen lassen. Ich entgegnete: »Die Dienste kluger Fachleute führen nicht zwangsläufig zu Programmen und zu einer Politik, die den Menschen, insbesondere den armen Menschen, helfen. Was bewirken die klügsten Köpfe der Welt Gutes, wenn sie in den Wolken schweben und keinerlei Vorstellungen vom Leben auf der Erde haben? Die Weltbank sollte lieber Menschen einstellen, die die Armen und ihr Leben kennen. Solch ein Wissen würde aus der Weltbank eine viel nützlichere Einrichtung machen, als sie es heute ist, wo Personen mit den höchsten akademischen Titeln von den renommiertesten Universitäten für sie arbeiten.«

Den Stil, den multilaterale Geberorganisationen den Armen gegenüber an den Tag legen, empfinde ich als sehr unerquicklich. Als Beispiel dafür kann ich meine Erfahrungen mit dem Projekt Dunganon im Westen der philippinischen Insel Negros anführen. Wegen der auf der Insel weitverbreiteten Armut startete eine Sozialaktivistin und Anhängerin von uns im Jahr 1988 das Projekt Dunganon. Mehr als die Hälfte der Kinder auf dieser Insel litt an Unterernährung, und 1993 beantragte unsere Anhängerin Dr. Cecile del Castillo in Unkenntnis der Eigenschaften und der Arbeitsweise internationaler Berater beim International Fund for Agricultural Development (IFAD) Geldmittel, um ihr erfolgreiches Programm dort rascher ausweiten zu können. Der IFAD, eine UN-Unterorganisation mit Sitz in Rom, die der Unterstützung der armen Landbevölkerung dienen soll, ging bereitwillig auf Castillos Hilfeersuchen ein und schickte vier Kommissionen los, um ihren Antrag prüfen zu lassen. Dabei wurden Tausende von Dollar für Flugtickets, Spesen und Beraterhonorare ausgegeben, doch das Projekt erhielt nie auch nur einen Cent.

Allerdings führte dies zu einem Prozeß, der in eine Vereinbarung zwischen der Regierung der Philippinen, der Asian Development Bank

(ADB) und dem IFAD mündete, die 1996 unterzeichnet wurde. Laut diesem Abkommen sollten die ADB und der IFAD den Philippinen 37 Millionen Dollar leihen, damit dort ein Kleinstkredit-Programm aufgelegt werden konnte. Wegen bürokratischer Probleme ist dieses Geld unserer Grameen-Schwesterorganisation in West-Negros bis heute, im März 1998, noch nicht verfügbar gemacht worden. Mit anderen Worten: Nach fünfjähriger Überprüfung seitens der Spezialisten, die das Problem analysierten und dabei mehrere hunderttausend Dollar verbrauchten, sind die armen Familien auf Negros immer noch nicht in den Genuß einer Ausweitung des Kleinstkredit-Programms gelangt, was angesichts ihrer elenden Lage dringend erforderlich wäre.

Ich kann nicht umhin, daran zu denken, daß einigen hundert armen Familien mit einem Kleinstkredit hätte geholfen werden können, wenn man dem Negros-Projekt einfach einen Geldbetrag überlassen hätte, der jener Summe entspricht, die eine einzige IFAD-Kommission gekostet hat.

Die Beratertätigkeit ist ein respektables Geschäft. Doch in Ländern, die von der Unterstützung durch Geldgeber abhängig sind, hat sie ihre ursprüngliche Bedeutung verloren und sich in etwas verwandelt, das mir große Sorgen bereitet. Wir alle wissen, in welchem Ausmaß die Länder der Dritten Welt von Spendengeldern abhängig geworden sind. Aber nur selten weist man darauf hin, in welchem Ausmaß die Verwaltungen der Spenderorganisationen von Beratern abhängig geworden sind.

Eine spezielle Art von Beratern taugt nur dazu, Unmengen an Dokumenten zu produzieren – schön gedruckt und schön gebunden. Der Inhalt dieser Dokumente ist für niemanden von Nutzen. Immer mehr Beratungsgesellschaften haben zunehmend Mühe, ihre Beraterdienste zu verkaufen. Inzwischen gilt offenbar schon derjenige als der beste Berater, der die von den Verwaltern der Spenderorganisationen bereits vorab getroffenen Entscheidungen auf beeindruckende Weise zu rechtfertigen weiß.

Wenn Berater einen besuchen, so hören sie einem erst einmal zu. Doch was ein potentieller Hilfeempfänger zu sagen hat, interessiert sie nicht im geringsten. Ihre Schlußfolgerungen sind in fast allen Fällen

schon im voraus durch die Haltung der auftraggebenden Spenderorganisationen festgelegt. Sie bewegen sich innerhalb dieses Rahmens,
damit man sie erneut beauftragt.

Eine weitere Ursache für Frustrationen liegt für mich in der Tatsache begründet, daß wir von Beratern besucht wurden, die Fußball-
trainern glichen, die in ihrem ganzen Leben noch nie selbst Fußball
gespielt oder auch nur einem Fußballspiel zugesehen haben. Aller-
höchstens haben sie sich vielleicht einmal mit Volleyball beschäftigt.

Ich halte es für höchst problematisch, »berufserfahrene« Personen
bei Grameen einzustellen, weil es viel zu zeitaufwendig wäre, sie um-
zuerziehen. Bei Grameen ziehen wir immer »frische« Leute vor.

Ich meine, daß die Zunahme der Beratertätigkeit die internationalen Spenderorganisationen ernsthaft in die Irre geführt hat. Hinter der
Beauftragung eines Beraters steckt die Annahme, daß das Empfän-
gerland während aller Phasen der Projektdefinition, -vorbereitung und
-durchführung Schritt für Schritt angeleitet werden muß. Spenderorganisationen und die von ihnen beauftragten Berater neigen dazu,
den Empfängerländern gegenüber arrogant aufzutreten.

Berater haben eine lähmende Wirkung auf das Denken und Handeln der Empfängerländer. Beamte und Wissenschaftler in den Empfängerländern glauben felsenfest an die von den Beratern aufbereiteten
Zahlen in den von den Spenderorganisationen in Auftrag gegebenen
Dokumenten. Sie verzichten darauf, eigene Fakten und Zahlen zu prä-
sentieren.

Ich weiß, daß Spenderorganisationen unter einem großen Druck
stehen, die veranschlagten Gelder innerhalb eines Geschäftsjahres für
bestimmte Länder zu verwenden, und teure Berater besitzen die ein-
zigartige Fähigkeit, diese Aufgabe mit dem Anschein höchster Pro-
fessionalität zu lösen. Die Empfängerländer sind froh, wenn sie den
Beratern die Detailarbeit überlassen können, denn meistens sind sie
nur an der Höhe des Betrags interessiert, den sie schließlich erhalten. Ist das Abkommen erst einmal unterzeichnet und sind die Projekte auf den Weg gebracht, dann beginnen sich erst die wirklichen
Probleme zu zeigen. Doch niemand kritisiert die Berater. Alle Kritik
wird von den Beratern, die einen beträchtlichen Anteil der Projektmit-
tel für sich beanspruchen, weil sie mit den Projekten und dem Schick-

sal von Menschen herumgespielt haben, den Empfängerländern zugeschoben.

Als die Grameen-Bank der Weltbank im Jahr 1984 deutlich zu verstehen gab, daß wir uns von ihr nicht würden vorschreiben lassen, wie wir unsere Geschäfte zu führen hätten, gab sie uns auf. Sie beschloß, eine eigene Organisation für Kleinstkredite in Bangladesch aufzubauen und unsere Kreditaktivitäten mit den Aktivitäten erfolgreicher Non-Profit-Organisationen in Bangladesch zu kombinieren. Ich hielt dieses Vorhaben für völlig unrealistisch und sagte: »Wenn man die Geschwindigkeit eines Pferdes mit der Majestät eines Löwen, dem Mut eines Tigers und der Eleganz eines Hirsches verbindet, erhält man theoretisch vielleicht ein Supertier, doch in der Praxis kommt es nicht einmal auf die Beine.«

Ich will nicht allzusehr ins Detail darüber gehen, warum die Regierung Bangladeschs schließlich unserem Rat folgte und sich der Initiative der Weltbank widersetzte. Doch interessant daran ist, daß die Verwaltung der Weltbank nichts aus diesen Diskussionen gelernt hat. Im Gegenteil, man wandte sich von uns ab, entfernte den Namen »Bangladesch« von den seitens der Regierung Bangladeschs abgelehnten Projektdokumenten und übergab diese einfach der Regierung von Sri Lanka.

Multilateralen Entwicklungshilfe-Organisationen steht eine Menge Geld zum Verteilen zur Verfügung. Der jeweilige Bereichsleiter arbeitet mit Zielbeträgen für jedes Land. Je mehr Geld er ausgeben kann, einen um so höheren Rang als Kreditspezialist erwirbt er. Möchte man als junge, ehrgeizige Führungskraft einer Spenderorganisation rasch Karriere machen, so wählt man das Projekt mit dem größten Preisschild aus. In einem Rutsch bewegt man eine Menge Geld, und schon steigt man die Karriereleiter hinauf.

Im Laufe meiner Arbeit in Bangladesch habe ich die Verzweiflung der Vertreter von Spenderorganisationen erlebt, die größere Geldbeträge zu vergeben hatten. Sie unternahmen fast alle Anstrengungen, um ihr Ziel zu erreichen. Dazu gehören die direkte oder indirekte Bestechung von Regierungsbeamten und Politikern, beispielsweise durch das Anmieten neu errichteter, kostspieliger Bauten, die Regierungs-

beamten gehören und in denen nur Projektbüros untergebracht werden, oder die Veranstaltung von Konferenzen und Workshops im Ausland. Niemand benötigt als erstes eine Konferenz oder einen Workshop,
doch da man die Regierungsbeamten günstig stimmen möchte, übernimmt der Spender alle Kosten für die Reise und die Unterhaltung.

In einem besonderen Fall vertraute mir die frustrierte Führungskraft
einer multilateralen Geldgeberorganisation an, sogar einem unsinnigen
Projekt über fünf Millionen Dollar in der Heimatregion eines Regierungsbeamten zugestimmt zu haben, weil dieser zögerte, ein 100 Millionen Dollar teures Projekt zu bewilligen, das an den bürokratischen
Hürden in Bangladesch zu scheitern drohte. Aber auch dieses größere
Projekt, das er so nachdrücklich bei der Regierung Bangladeschs durchzusetzen versuchte, war meiner Meinung nach unsinnig.

Ich war schockiert, als ich die Details über das Fünf-Millionen-Pro-
jekt vernahm, mit dessen Finanzierung er einverstanden war. Ich
schrie: »Sie wissen doch nur zu gut, daß das Geld einfach in den
Taschen der Freunde dieser Regierungsbeamten landet.«

Der Vertreter der Geberorganisation erwiderte mir darauf: »Glauben Sie etwa, das wüßte ich nicht? Aber das ist der Preis, den ich dafür
zu zahlen bereit bin, daß er mein Projekt bewilligt.«

»Das heißt, daß Sie ihn bestechen«, rief ich angewidert.

»Nein, das finde ich nicht. Dies ist ein rechtlich abgesichertes Projekt, das ganz legal sämtliche Überprüfungen durchläuft. Ich weiß, daß
ich es durchdrücken kann.«

In diesem Fall handelte es sich um das eigene Geld der internationalen Einrichtung, das als »Bestechung« verteilt wurde. Schlimm
daran war vor allem, daß das Volk von Bangladesch die für das unsinnige Projekt geborgte Summe mit Zinsen zurückzahlen mußte.

In anderen Fällen fördern Berater, Lieferanten und potentielle Ver-
tragspartner den Bestechungsmechanismus. Schließlich sind sie die
größten Nutznießer der von den Gebereinrichtungen finanzierten Projekte. Nach Schätzung einer Forschungseinrichtung sind von den über
30 Milliarden Dollar an ausländischen Hilfsgeldern, die Bangladesch
in den vergangenen 26 Jahren zugesprochen wurden, drei Viertel nie
als Bargeld am Zielort eingetroffen. Die Hilfe floß vielmehr in Form
von Ausrüstungsgegenständen, Handelsartikeln, Versorgungsmateria-

lien ins Land oder wurde für die Bezahlung von Beratern, Lieferanten, Ratgebern und Experten ausgegeben. Einige reiche Nationen verwenden ihre Auslandshilfeetats auch dazu, die eigenen Leute zu beschäftigen und heimische Produkte abzusetzen.

Das verbleibende Viertel, das tatsächlich als Bargeld in Bangladesch ankommt, gelangt in die Hände einer kleinen Elite, die sich aus einheimischen Lieferanten, Unternehmern, Beratern und Experten zusammensetzt. Ein großer Anteil dieses Geldes dient dem Kauf ausländischer Konsumgüter, die weder der Wirtschaft unseres Landes noch der Schaffung von Arbeitsplätzen dienen. Und allgemein wird angenommen, daß ein großer Teil des Hilfsgeldes als Provision, also als Schmiergeld, jenen Beamten und Politikern zufließt, die über Beschaffungsmaßnahmen entscheiden und Verträge unterschreiben.

Dieses Problem ist auf der ganzen Welt gleich. Die internationale Entwicklungshilfe erreicht 50 bis 55 Milliarden Dollar jährlich. Viele der mit diesem Geld geförderten Projekte bewirken die Entstehung riesiger Regierungsbürokratien, die korrupt und ineffizient werden und schon bald ihre ursprünglich verkündeten Ziele aus den Augen verlieren. Die Hilfe wurde unter der Voraussetzung gewährt, daß das Geld den Regierungen zufließt. In einer Welt, die ständig auf die Überlegenheit der Marktwirtschaft und des freien Unternehmertums pocht, führen die internationalen Hilfsgelder jedoch lediglich dazu, daß sich die Regierungsausgaben erhöhen und häufig den Interessen einer freien Marktwirtschaft zuwidergehandelt wird.

Ich habe oft gesagt, daß das für eine aufgeblähte Bürokratie verschleuderte Geld viel besser verwendet wäre, wenn man es unseren Bedürftigsten als Kredit gewähren würde. Zum Beispiel würde man eine Milliarde Dollar benötigen, um den zehn Millionen ärmsten Familien in Bangladesch jeweils 100 Dollar zu leihen. Die Empfängerfamilien hätten die Möglichkeit, dieses Kapital in kleine Unternehmungen zu investieren, mit denen sie ein Einkommen erwirtschaften könnten. In jedem Fall aber würde dieses Geld in einheimische Güter und Dienstleistungen fließen. Selbst wenn nur 90 Prozent dieses Geldes zurückgezahlt würden, stünde uns ein Fonds von 900 Millionen Dollar zur Verfügung, der immer wieder als Darlehen verwendet werden könnte.

Die Auslandshilfe wird gewöhnlich in den Bau von Straßen, Brük-
ken und dergleichen investiert, die den Armen angeblich »langfristig«
helfen. Doch langfristig sterben die Armen und Hungernden, ohne daß
irgend etwas von der Hilfe bei ihnen ankommt.

Ich habe nichts gegen den Bau von Straßen und Brücken einzuwen-
den. Doch machen sie nur dann einen Sinn, wenn sie den Armen helfen. Dafür müssen die entsprechenden Voraussetzungen geschaffen
werden, die bisher völlig fehlen.

Lediglich eine Handvoll Wohlhabender profitiert direkt und indirekt von der Auslandshilfe, auch wenn sie dies vorgeblich im Namen
der Armen tut. Damit wird die Finanzhilfe zur Wohltat für die Mächtigen, während die Armen immer tiefer in Armut versinken.

Wenn die Auslandshilfe die Lebensbedingungen der Armen verbessern soll, muß sie umgeleitet werden, damit sie die Haushalte der
Armen, insbesondere die Frauen der am meisten benachteiligten Familien, direkt erreicht. Die Hilfe muß meiner Meinung nach völlig neu
überdacht und ihr Ziel neu definiert werden.

Jede Entwicklungshilfe müßte dem Zweck dienen, die Armut unmittelbar auszumerzen. Der Begriff Entwicklung sollte im Zusammenhang mit den Menschenrechten gesehen und nicht auf das Wachstum
des Bruttosozialprodukts (BSP) reduziert werden, wobei vorausgesetzt
wird, daß sich bei der Erholung einer nationalen Wirtschaft auch die
Situation der Armen verbessert. Entwicklung ist daher neu zu definieren. Man müßte darunter eine konkrete Verbesserung der wirtschaftlichen Lage der ärmsten Hälfte der Bevölkerung in einem Land verstehen. Wenn die Hilfe die wirtschaftliche Lage dieses Bevölkerungsteils
nicht zu verbessern vermag, sollte man nicht von Entwicklungshilfe
sprechen dürfen. Mit anderen Worten: Es kommt darauf an, die wirtschaftliche Entwicklung am Realeinkommen der ärmsten Hälfte einer
Bevölkerung zu messen.

Das größte Problem der Auslandshilfe besteht darin, daß sie tatsächlich nur den Privilegierten, nur den »oberen Zehntausend« zugute
kommt. Sie macht die Mächtigen noch mächtiger und ermöglicht es ihnen, sich noch hemmungsloser auf Kosten aller anderen zu bereichern.

Im Vortragssaal der Weltbank kommt ein amerikanischer Reporter auf mich zu. Er fühlt sich durch meine ständige Kritik an der Weltbank offenbar gestört, die seiner Meinung nach eine wohltätige und aufgeklärte Organisation ist, der man eine undankbare Aufgabe übertragen hat, die sie so gut wie eben möglich erfüllt. Er hält mir sein Mikrophon entgegen und fragt mich herausfordernd:

»Statt immer nur zu kritisieren, was würden Sie denn vorschlagen, wenn Sie Präsident der Weltbank wären?«

An seinen Augen kann ich ablesen, daß er versucht, mich zum Rückzug zu zwingen.

»Eine solche Frage habe ich mir nie gestellt«, antworte ich ihm, um Zeit zu gewinnen, über die Frage nachzudenken. »Aber als erstes würde ich den Sitz der Weltbank nach Dhaka verlegen.«

»Und warum bitte würden Sie das tun?«

»Nun ja, wenn das ›vorrangige Ziel der Weltbank im Kampf gegen die Armut auf der Welt‹ besteht, wie Louis Preston es formuliert, dann scheint es für mich nur folgerichtig, daß die Bank ihren Sitz in einem Land aufschlagen müßte, in dem die Armut wütet. In Dhaka befände sich die Weltbank direkt im Zentrum des menschlichen Elends. Würde sich die Bank in direkter Nachbarschaft der Armen befinden, so könnte sie meiner Meinung nach das Problem schneller und wirkungsvoller in Angriff nehmen.«

Er nickt zustimmend und scheint viel weniger aggressiv zu sein als am Beginn des Interviews. Ich fahre fort:

»Und wenn die Weltbank ihren Sitz nach Dhaka verlegte, so würden sich viele ihrer 5000 Angestellten einfach weigern, dorthin umzuziehen. Denn für jemanden, der bei der Weltbank angestellt ist, bietet Dhaka nicht gerade das ideale Umfeld, um seine Kinder großzuziehen oder um interessante Beziehungen anzuknüpfen. Daher zögen viele es vor, in den Vorruhestand zu gehen oder sich versetzen zu lassen. Dies hätte einen doppelten Vorteil: Zum einen würden jene, die sich der Sache der Armen nicht ganzen Herzens verschrieben haben, von allein den Notausgang suchen, und ich könnte an ihrer Stelle wirklich engagierte Mitarbeiter einstellen, die etwas von den Problemen verstehen. Zum andern würde dies die Personalkosten erheblich verringern, da ich Mitarbeiter einstellen könnte, deren Lebensstil keine hohen Gehälter erfordert. Denn in Dhaka sind die Lebenshaltungskosten weitaus niedriger als in Washington.«

Die Einrichtungen zur Auslandshilfe sind vor vielen Jahren ersonnen worden, und zwar zu einer Zeit, da man noch dachte, ein bestimmter Investitionssockel reiche aus, um die Wirtschaft in solchem Maße anzukurbeln, daß sie die Armut wie durch Zauberhand zum Verschwinden brächte. Und so kümmern sich denn auch innerhalb dieses Systems weder die Geber- noch die Empfängerländer darum, wie die Armen leben. Die Entwicklungshilfe hat nur zu Prestigebauten – Brücken, gigantischen Fabriken und Stauwerken – geführt, nicht aber dazu, Institutionen einzurichten, andere – vor allem veraltete – zu erneuern und die Bevölkerungen zu mobilisieren und ihnen dabei zu helfen, ihre Probleme zu lösen. Projekte der Hilfe zur Selbsthilfe hingegen werden als »Projekte für Pfadfinder« verspottet.

An der Schwelle zum dritten Jahrtausend beginnen sich die Dinge allmählich zu verändern, doch was nach wie vor die Chroniken füllt, was allen wohl gefällt, das ist der in Dollar gemessene Umfang der Hilfe. Auf der Geber- wie auf der Empfängerseite zählt die Quantität. Niemand kümmert sich wirklich um die Qualität. Seit Jahrzehnten schon lautet die wichtigste Frage im Zusammenhang mit der Auslandshilfe stets nur: Wieviel?

1990 erlaubten wir der Weltbank, die Grameen-Bank einer gründlichen Bewertung zu unterziehen und ein Gutachten über sie zu erstellen. Innerhalb unserer Organisation dachten viele, dadurch hätten wir dem Fuchs den Zutritt zum Hühnerstall verschafft und für uns werde nichts Positives dabei herauskommen. Ich dagegen vertrat folgenden Standpunkt: Wenn wir der Weltbank den Wunsch nach einer wenn auch vielleicht nicht unvoreingenommenen Überprüfung abschlagen würden, könnte sie ohne weiteres in aller Welt verkünden, daß wir etwas zu verbergen hätten. Aber wir hatten nichts zu verbergen. Weshalb also sollten wir ihr nicht erlauben, mit ihrem schlagkräftigen Gutachterstab anzurücken und eine Einschätzung unserer täglichen Arbeit vornehmen zu lassen?

Als uns der Entwurf des Gutachtens im Frühjahr 1993 vorlag und wir sahen, daß darin der Nachweis geführt wurde, daß Grameen finanziell immer kränkeln werde, fühlten sich all meine Kollegen bestätigt, die vorgebracht hatten, die Weltbank sei uns gegenüber befangen und werde uns nie eine objektive Bewertung zuteil werden lassen.

Bei genauerer Überprüfung des Gutachtens entdeckten wir, daß sich ihre Schlußfolgerungen auf die Geschäftsergebnisse der Jahre 1991 und 1992 stützten. In diesen Jahren hatte Grameen Verluste gemacht, weil unsere Belegschaft stark vergrößert worden war und entsprechend mehr Geld für die Gehälter aufgewendet werden mußte. Doch als wir darum baten, die Berechnungen auf der Grundlage der Zahlen für das erste Halbjahr 1993, die für unsere Tätigkeit repräsentativ waren, zu wiederholen, kam es zu einem völlig anderen Ergebnis.

Die Studie war unter der Voraussetzung durchgeführt worden, daß wir das Recht hatten, im Falle einer abweichenden Meinung unsere Stellungnahme innerhalb des Endgutachtens zu veröffentlichen. Da wir dem Endgutachten zustimmten, bestand dazu jedoch kein Anlaß.

Daß sich unser gegenseitiges Verhältnis im Laufe der Jahre verändert hat, zeigt sich auch daran, daß viele Mitarbeiter der Weltbank, selbst wenn wir in zahlreichen Punkten unterschiedlicher Meinung waren, inzwischen zu engen persönlichen Freunden und begeisterten Förderern von Grameen geworden und bereit sind, uns zuzuhören, was anfangs nicht der Fall war.

Ende 1995 haben wir erneut eine von der Weltbank angebotene Anleihe zu einem Vorzugszins ausgeschlagen. Diesmal belief sich der für Bangladesch vorgeschlagene Betrag auf 175 Millionen Dollar, von denen 100 Millionen an Grameen fließen sollten.

Die Umstände, die zu meiner ablehnenden Haltung geführt haben, sind mindestens ebenso interessant wie die Ablehnung selbst.

Eine Untersuchungskommission – eine von Dutzenden, die alle Jahre wieder nach Bangladesch kommen – wollte erkunden, in welche Projekte sie investieren könnte. Ein verantwortlicher Politiker Bangladeschs rief mich an und bat um ein Gespräch. Ich antwortete ihm, wir benötigten keine Mittel von der Weltbank, weil wir durch den Verkauf von Obligationen und durch unsere eigene Banktätigkeit ausreichend

Mittel auf dem Finanzmarkt auftrieben, so daß wir uns künftig von
Finanzhilfen unabhängig machen könnten und bald in der Lage seien,
völlig auf Vorzugskredite zu verzichten, um voll und ganz als Handels-
bank tätig zu werden. Der verantwortliche Politiker beharrte darauf:
»Die Weltbank will mit uns reden.« Schließlich ging ich auf seinen
Wunsch nach einem Treffen ein.

Als der Berater mein Büro in Dhaka betrat und mich fragte, was
Grameen denn wünsche, erwiderte ich ihm, es müsse sich um ein Mißverständnis handeln, denn wir hätten die Weltbank um nichts gebeten.

Einige Monate darauf standen Weltbank und Bangladesch kurz davor, einen Vertrag zu unterschreiben, durch den sich die Bank ver-
pflichtete, der Regierung 175 Millionen Dollar als Kredite zu einem
Vorzugszins zu bewilligen, damit sie nach dem Vorbild der Grameen-
Bank Kleinstkredit-Programme auflegen konnte.

Während an dem Vertragsentwurf noch herumgefeilt wurde, schickte das Finanzministerium uns ein Exemplar mit einem Begleitbrief zu, in
dem wir um einen Kommentar gebeten wurden. Nachdem ich festgestellt hatte, daß eine der Bedingungen für die Kreditvergabe darin bestand, daß Grameen einen Teil der Summe akzeptierte, schickte ich dem
Ministerium umgehend einen Kurier mit der erneuten Erklärung, daß
wir nicht das geringste von diesem Kredit beanspruchten und ihn nicht
benötigten.

Die Ministerialbeamten befanden sich nun in einer unangenehmen
Situation: Sie hatten hart an diesem Vertragsentwurf gearbeitet, und all
ihre Bemühungen sollten nun zunichte gemacht werden. Der Finanzstaatssekretär lud mich ein, mit ihm darüber zu diskutieren. Ich kannte
ihn seit langem und hegte die allergrößte Achtung für ihn. Mir war bewußt, daß ich einen Freund und Helfer verlieren würde. Wie nicht anders zu erwarten, setzte er alles daran, mich zu überzeugen:

»Professor Yunus, Sie brauchen nicht einmal einen Taka auszu-
geben. Sie müssen nichts anderes tun, als sich damit einverstanden zu
erklären, daß Ihnen dieser Kredit bewilligt wird, und sagen, daß Sie
von ihm Gebrauch machen wollen; das ist alles.«

Ich versuchte ihm meinen Standpunkt zu erklären:

»Selbst wenn Grameen in 20 Jahren dafür keinen Taka ausgeben
müßte, so würden wir in den Dokumenten und Akten der Weltbank

immer als Empfänger ihres Geldes auftauchen. Man würde uns dort
auf immer als Kunden ansehen.«

»Aber unser Land ist auf dieses Geld angewiesen!«

»Wir bei Grameen brauchen es aber nicht.«

»Aber so denken Sie doch an die Millionen Menschen, die keine
Kreditnehmer von Grameen sind! Denken Sie an die Armen!«

»Gerade an die denke ich ja. Ihnen zuliebe treffe ich doch diese an-
scheinend unsinnige Entscheidung. Bei Grameen betonen wir unaufhörlich, daß die Armen kreditfähig sind, daß man ihnen kommerziell
Geld leihen und mit ihnen Gewinne erwirtschaften kann, daß die Banken im Dienste der Entrechteten der Erde stehen könnten und müßten. Unabhängig von allen Formen des Altruismus könnten sie dies
auch aus Eigeninteresse tun. Denn die Armen als Unberührbare und
Parias zu behandeln, ist nicht nur moralisch, sondern auch materiell
unhaltbar! Nach einem 19 Jahre währenden Kampf, hartnäckigster
Arbeit und unablässiger Entbehrungen seitens meiner Kollegen und
Mitarbeiter sind wir inzwischen dabei, uns von jeglicher Form der
Fremdhilfe zu befreien. Man sollte unsere Bemühungen lieber begrü-
ßen, als von uns zu fordern, diesen Kredit anzunehmen.«

Der Finanzstaatssekretär sah mich lange an. Er war erkennbar verzweifelt und hätte mich nur allzu gern umgestimmt, aber er begnügte
sich zu sagen: »Ich verstehe, was Sie empfinden.«

»Diesen Eindruck habe ich aber ganz und gar nicht«, engegnete ich.
»Als ich heute zu Ihnen kam, tat ich dies in der Sorge, daß ich einen
Freund, den ich respektiere, verlieren würde, weil ich Sie in diese un-
mögliche Lage gebracht habe. Ich war aufgewühlt und beunruhigt,
aber ich kann nicht gegen mein Gewissen verstoßen. Ich kann nicht all
das verleugnen, wofür Grameen gekämpft hat. Wenn ich diesen Kredit
annähme, würden mich all meine Kollegen fragen: ›Weshalb haben wir
in den vergangenen Jahren so hart arbeiten müssen? Weshalb?‹«

Er erhob sich, kam auf mich zu und drückte mir die Hand.

»Ich verstehe«, sagte er. »Wir werden Sie nicht weiter drängen.«

Mir fiel ein Stein vom Herzen! Ich fühlte mich wie ein zum Tode
Verurteilter, der von seiner Begnadigung erfährt!

Die Tatsache, daß Grameen es geschafft hatte, sich vom Geld der Geber unabhängig zu machen, wirft Fragen zu den Almosen auf.

Wenn man mit dem Wagen durch Dhaka fährt, springen einen von allen Seiten die Berufsbettler an. Spontan möchte man ihnen ein Almosen geben. Warum auch nicht? Mit ein paar Münzen kann man sein Gewissen erleichtern. Wenn sich einem ein Leprakranker mit verfaulenden Händen und Fingern nähert, ist man dermaßen schockiert, daß man sofort in die Tasche greifen und dem Unglücklichen einen Geldschein hinhalten möchte, der für einen selbst keinen großen Wert, für den Empfänger jedoch ein Vermögen darstellt. Aber ist solch eine Handlungsweise hilfreich? Nein, meist schadet sie sogar.

Wer ein Almosen gibt, hat das Gefühl, etwas getan zu haben. In Wahrheit hat er aber überhaupt nichts getan.

Mit dem Spenden und Verschenken von Geld vermeidet man es auf angenehme Weise, dem wahren Problem ins Auge zu sehen. Indem man eine lächerlich geringe Summe fortgibt, erkauft man sich ein gutes Gewissen, ohne irgend etwas zu lösen. Man begnügt sich damit, etwas Geld hinzuwerfen, und geht weiter. Für diesmal ist man quitt. Doch für wie lange?

Mildtätige Gaben stellen weder lang- noch kurzfristig eine Lösung dar. Der Bettler geht zum nächsten Auto, geht zum nächsten Touristen weiter und fängt von vorne an. Und schließlich kehrt er zu seinem »Wohltäter« zurück, von dem sein Überleben inzwischen abhängt. Wenn der Spender wenigstens den Wagenschlag öffnen würde, um den Bettler zu fragen, worin sein Problem liegt, wie er heißt, wie alt er ist, ob er um ärztliche Hilfe gebeten hat, welche berufliche Ausbildung er besitzt, dann könnte er ihm vielleicht einen Dienst erweisen. Aber ihm einen Geldschein hinzuhalten, bedeutet indirekt, der Bettler solle verschwinden, damit der Spender in Ruhe gelassen wird.

Ich stelle die moralische Notwendigkeit zu helfen nicht in Frage; auch nicht den spontanen Impuls, den Bedürftigen helfen zu wollen. Ich kritisiere lediglich die Form dieser Hilfe.

Für den Empfänger kann das Annehmen von Almosen katastrophale Folgen haben. In vielen Fällen demotiviert es ihn, da er so weder den Willen noch das Verlangen verspürt, sich aus seiner Lage zu befreien. Und der Kranke strengt sich gar nicht erst an, wieder zu gesunden, denn in dem Augenblick, da er geheilt ist, gibt man ihm kein Geld mehr. Es hat sogar in der Presse groß herausgestellte Fälle gegeben, in denen Bettlerbanden Neugeborene in Töpfe steckten, um ihr Wachstum zu beinträchtigen. Auf diese Weise verschafften sich die Berufsbettler verwachsene Gestalten, die sie als geeignete Instrumente einsetzen konnten, um bei den Passanten Mitleid zu erregen und sie mildtätig zu stimmen.

Auf jeden Fall beraubt das Betteln einen Menschen seiner Würde. Es befreit ihn von der Notwendigkeit, selbst für sich zu sorgen, und verleitet ihn so zur Passivität. Er muß sich schließlich nur an eine Straßenecke setzen und die Hand zum Betteln ausstrecken, um seinen Lebensunterhalt zu verdienen. Dadurch wird das bestehende soziale Elend lediglich zementiert.

Wenn ich ein Kind beim Betteln beobachte, widerstehe ich dem natürlichen Drang, ihm etwas zu geben. Allerdings muß ich gestehen, daß ich manchmal doch ein Almosen gebe, vor allem dann, wenn das menschliche Elend so erschreckend ist – eine Krankheit, eine Mutter mit einem sterbenden Kind –, daß ich nicht umhin kann, die Hand in die Hosentasche zu stecken und etwas zu geben. Doch wann immer möglich, unterdrücke ich diesen Impuls.

Dieses Beispiel aus dem persönlichen Bereich illustriert, was im globalen Maßstab mit der internationalen Hilfe geschieht. Die Abhängigkeit von solcher Hilfe schafft ein günstiges Umfeld für Regierungen, die inzwischen Meister in der Kunst des Aushandelns immer größerer Hilfsbeiträge geworden sind.

Die Verfechter von Leistung, Strenge und Autonomie gelten als Phantasten. Die Lebensmittelhilfe beispielsweise fördert jedoch lediglich das Fortbestehen der Knappheit: Ob Im- und Exporteure von Getreide, Transporteure oder politisch Verantwortliche, alle an Ankauf und Verteilung des Getreides Beteiligten haben im Fall der Selbstversorgung mit Lebensmitteln etwas zu verlieren.

So kommt es, daß die Auslandshilfe, statt die Lösung der lokalen Probleme zu fördern, ein günstiges wirtschaftliches und politisches Klima für Politiker schafft, die sich darauf verstehen, den Spendern, Unternehmern und korrupten Beamten zu gefallen.

Ich stehe auf und trete hinter das Rednerpult. Inzwischen hilft die Grameen-Bank zwölf Millionen Menschen, also einem Zehntel der Bevölkerung Bangladeschs. Unabhängige Studien haben ergeben, daß die Grameen-Bank innerhalb von zehn Jahren ein Drittel ihrer Kreditnehmer aus der Armut und ein weiteres Drittel an die obere Grenze der Armutsschwelle geführt hat. Angesichts dieser Resultate lautet meine Botschaft stets: Die Armut kann hier und jetzt abgeschafft werden; es ist lediglich eine Frage des politischen Wollens.

Man kann diese Tatsache nicht oft genug wiederholen, denn wir können nur das verwirklichen, was wir uns vorstellen. Wir können nur dann eine Welt ohne Armut schaffen, wenn wir in der Lage sind, sie uns vorzustellen. Und diese Botschaft, daß sich eine Welt ohne Armut umgehend realisieren läßt, wenn wir dies wollen, erhält eine neue Bedeutung, indem sie hier, im Gebäude der Weltbank, ausgesprochen wird.

Bevor ich mit meiner Rede beginne, lasse ich meinen Blick über die Gesichter der anwesenden Experten schweifen. Unter ihnen befinden sich Kollegen, die ich seit Jahrzehnten kenne, und viele von ihnen haben uns wirklich geholfen. Andere zweifeln die Lebensfähigkeit der Grameen-Bank an und sind überzeugt davon, daß unser Konzept ein Alptraum ist.

Ich weiß, daß diese Ungläubigen und Skeptiker mir heute größtenteils zuhören, weil die Grameen-Bank ihre Äußerungen mit ihren Taten in Einklang gebracht hat. Zu ihnen sage ich:

»Zunächst haben die Banken mir mitgeteilt, daß die Armen nicht kreditfähig seien. Daraufhin habe ich sie als erstes gefragt: ›Was verstehen Sie denn davon? Sie haben ihnen doch noch nie Geld geliehen. Und wenn es diesmal die Banken wären, die sich nicht auf der Höhe der Zeit befinden?‹

›Sie können keinerlei Garantien bieten‹, meinten sie daraufhin.

Das stimmt, doch die Armen besitzen ihre Selbstachtung und das verpflichtende Beispiel all jener, die vor ihnen Geld geliehen haben. Wir arbeiten mit den Ärmsten der Armen in einem der ärmsten Länder der Erde zusammen: mit landlosen Bäuerinnen, die nie in ihrem Leben Geld in Händen gehalten haben, mit Frauen, die weder lesen noch schreiben können und sich nicht trauen, vor einem Mann stehenzubleiben, und in Anwesenheit von Fremden das Gesicht verhüllen. Doch wir erreichen bei ihnen eine Rückzahlungsquote von mehr als 98 Prozent.

Die Spezialisten haben uns ständig erklärt, daß die Anstrengungen der Grameen-Bank vergebens seien.

›Es mag stimmen‹, habe ich ihnen entgegnet, ›daß wir verrückt sind. Doch wir werden durchhalten.‹

Selbst wenn es uns gelingen sollte, einer Handvoll Einheimischer Geld zu leihen und uns den Kredit zurückzahlen zu lassen, so hat man uns vorausgesagt, könnten wir diese Tätigkeit dennoch nicht in einem größeren Ausmaß betreiben und entsprechend viele Dörfer erreichen. Dabei sind wir heute in 36 000 Dörfern und damit in mehr als der Hälfte der Landgemeinden Bangladeschs vertreten, und wir arbeiten mit einer Belegschaft von 12 000 Mitarbeitern in mehr als 1079 Filialen.

Man hat uns gesagt, daß wir den Kredit an den Haushaltungsvorstand vergeben müßten, in den meisten Fällen also an einen Mann.

Statt dessen haben wir uns auf Frauen im Elend konzentriert, die sich als unsere wirksamste Waffe gegen die Armut entpuppt haben. Heutzutage sind 94 Prozent unserer insgesamt 2,1 Millionen Kreditnehmer Frauen.

Man hat uns gegenüber behauptet, daß die Kleinstkredite, die wir vergeben (durchschnittlich 150 Dollar pro Kreditnehmer), nicht zu einem ausreichend großen Einkommen führten, um die Lage einer Familie zu verbessern; daß die Armut zu tief verwurzelt sei, als daß solche Kredite auch nur die geringsten Auswirkungen haben könnten. Unabhängige Untersuchungen dagegen ergaben, daß unsere Kreditnehmer ihren Lebensstandard regelmäßig verbessern. Innerhalb von zehn Jahren konnte die Hälfte von ihnen die Armutsschwelle überwinden, und ein weiteres Viertel steht kurz davor.

Aus mehreren Untersuchungen geht im übrigen hervor, daß unsere Kreditnehmer in puncto Ernährung, Kindersterblichkeit, Gebrauch von Empfängnisverhütungsmitteln, hygienischer Einrichtung und Wasserversorgung besser dastehen als andere Familien. Unsere Baukredite haben 350 000 Familien zu einem festen Dach über dem Kopf verholfen. 150 000 weitere Familien konnten sich dank ihres durch Grameen-Kredite möglich gewordenen Einkommens ein Haus bauen.

Man hat uns gesagt, daß die Grameen-Bank ständig am Tropf hängen müsse, weil sie von den Subventionen der Geber lebe. Es ist uns jedoch gelungen, unsere Filialen rentabel zu betreiben. Die Grameen-Bank arbeitet heute ausschließlich kommerziell, gibt ihre eigenen Anleihen heraus und nimmt bei Kreditbanken Geld auf. Grameen ist derzeit das gesündeste Finanzinstitut von Bangladesch.«

Nach dem Gutachten der Weltbank von 1993, das zu dem Schluß kam, die Grameen-Bank sei existenzfähig und ein lohnendes Unternehmen, verbesserten sich die Beziehungen zwischen unseren beiden Häusern, und im November 1993, als ich vor der Welthungerkonferenz in Washington, D.C., eine Rede hielt, gab die Weltbank die Vergabe eines Darlehens über zwei Millionen Dollar an unsere Tochterorganisation, den Grameen Trust, bekannt. Diese Organisation ist für die weltweite Umsetzung unserer Erfahrungen zuständig und hat bereits 68 Projekte in 27 Ländern auf der ganzen Welt initiiert.

Der an den Grameen Trust überwiesene Betrag war ein verschwindend kleiner Teil der Summe, die von der Weltbank jährlich verliehen wird, doch wir von Grameen haben dieses Darlehen stets als äußerst wichtige Geste angesehen.

Zugleich erkannte die Weltbank damit den Kleinstkredit als ein wirksames Mittel im Kampf gegen die Armut an. Schon bald sollte sie die Programme für Kleinstkredite koordinieren und die Verbindung zwischen den Geberländern herstellen. Zu diesem Zweck sollte sie die Consultative Group to Assist the Poorest (CGAP, Beratender Ausschuß zur Unterstützung der Ärmsten) gründen, und alle Institutionen, die Kleinstkredite vergeben, wurden eingeladen, der Policy Advisory Group (PAG, Beratender politischer Ausschuß) beizutreten, der ich vorstehe.

Ich bemühe mich, die bisherigen Spannungen zwischen uns abzubauen und auf einer neuen Grundlage weiterzuarbeiten. Wir haben hohe Ziele, aber es gibt Grund zu hoffen, daß wir die Weltbank endlich dazu gebracht haben, ihre Haltung zu ändern. Im vergangenen Jahr hat ihr Präsident James Wolfensohn sich folgendermaßen anerkennend geäußert:

»Das Kleinstkredit-Programm hat die Dynamik der Marktwirtschaft in die Dörfer und zu den ärmsten Bevölkerungsteilen der Erde gebracht. Dieses kommerzielle Vorgehen gegen die Armut hat es Millionen Menschen ermöglicht, sich in Würde aus ihrem Elend zu befreien.«

Jedesmal wenn James Wolfensohn andere Länder besucht – und das tut er ziemlich regelmäßig –, legt er großen Wert darauf, mehr Zeit in den Dörfern und mit bankfinanzierten ländlichen Projekten zuzubringen als mit den Entscheidungsträgern des jeweiligen Landes in der Hauptstadt. Im Oktober 1997 kam James Wolfensohn nach Bangladesch, und gemeinsam mit seiner Frau besuchte er eine Zweigstelle der Grameen-Bank, traf Kreditnehmerinnen, besuchte sie zu Hause und diskutierte ausgiebig mit ihnen.

Während seines Aufenthalts in Bangladesch sagte er mir, er sei sehr unglücklich über meine negativen Äußerungen zur Weltbank, die ich anläßlich der Präsentation der französischen Ausgabe dieses Buches in Paris gegenüber der Presse gemacht hatte. Er forderte mich nachdrücklich auf, nach Washington, D.C., zu kommen und die »neue« Weltbank näher kennenzulernen, die er im Begriff sei aufzubauen, und die seiner Ansicht nach nicht die harschen Kommentare verdiente, die ich über die früheren Fehler der Weltbank gemacht hatte. Mr. Wolfensohn trug diese Einladung mit soviel Ernst vor, daß ich sie nicht gut ausschlagen konnte. Daher verbrachte ich im Januar 1998 vier Tage bei ihm in Washington, D.C., und traf all die wichtigen Vertreter der Weltbank.

Zwei Dinge beeindruckten mich von Anfang an: Erstens meint Mr. Wolfensohn, was er sagt, und zweitens sagt er dies in sehr deutlichen, treffenden Worten. Während meines Aufenthalts bei ihm erklärte er offiziell, daß die Weltbank die Aufgabe habe, eine Welt ohne Armut zu schaffen. Als ich dies aus dem Mund keines Geringeren als des Präsidenten der Weltbank hörte, war ich wie elektrisiert. Und er ging noch weit über diese Formulierung eines allgemeinen Ziels hinaus, indem er diese Aufgabe definierte und einen Termin für ihre Ausführung angab: Die Aufgabe der Weltbank, so trug er vor, bestehe ab sofort darin, die Zahl der Menschen, die in absoluter Armut leben (deren Einkommen also unter einem Dollar pro Tag liegt), bis zum Jahr 2015 auf die Hälfte zu reduzieren.

Sogleich spürte ich, daß ich hier einen mächtigen Verbündeten vor mir hatte und daß wir mit der Weltbank eine wichtige und fruchtbare Partnerschaft aufbauen konnten.

Meine Hochstimmung verflüchtigte sich jedoch, als ich mich mit wichtigen Mitarbeitern der Weltbank zusammensetzte. Die Aufregung, die ich nach James Wolfensohns Rede gespürt hatte, spiegelte sich in keiner Weise in den Mienen oder Worten der Mitglieder seines Teams wider. Für einige war die Erklärung nichts weiter als eine neue Formulierung alter Inhalte, nichts als der gewohnte Gang der Geschäfte. Andere waren irritiert, etwas verunsichert und noch immer damit beschäftigt herauszufinden, was diese Erklärung konkret bedeutete und wie dies ihre Verantwortlichkeiten berühren würde oder in welcher Weise sie dem neuen Auftrag nachkommen konnten.

Wenn ich James Wolfensohn fragen würde, ob er wirklich mit alten Bankern eine neue Bank schaffen könne, dann würde seine Antwort mit Sicherheit lauten: Natürlich nicht, aber sehen Sie denn nicht, wie viele hohe Posten ich neu besetzt habe? In welchem Maß er wirklich die Arbeit der alten Weltbank verändern kann oder verändert hat, weiß ich nicht, doch mache ich mir keinerlei Illusionen darüber, wie schwierig diese Aufgabe ist.

Nach vier Tagen kehrte ich mit dem Gefühl nach Hause zurück, daß der neue Kapitän des Schiffes ein neues und schwer erreichbares Ziel bekanntgegeben hatte. Seine Mannschaft besitzt keinerlei Erfahrungen über das Kreuzen in den schwierigen Gewässern der Ausrottung der Armut. Und der Kapitän verfügt über keine ausreichend präzisen Navigationskarten. Kann dieses Schiff seinen Bestimmungsort erreichen? Ich glaube, daß der Kapitän, wenn er sein Ziel nur aufrichtig und entschlossen genug anpeilt, das Schiff trotz aller Schwierigkeiten auf Kurs bringen kann.

Unterdessen bete ich für den Kapitän, daß er aufrichtig und entschlossen bleibt.

3. KAPITEL

20 BOXIRHAT ROAD, CHITTAGONG

Chittagong, die wichtigste Hafenstadt von Bangladesch, ist eine Handelsstadt mit drei Millionen Einwohnern. In der Boxirhat Road im Herzen des alten Geschäftsviertels habe ich meine Kindheit verbracht. Es handelte sich dabei um eine sehr belebte Einbahnstraße, gerade breit genug, damit ein Lastwagen hindurchfahren konnte. Die Boxirhat war (und ist noch heute) die direkte Verbindung zwischen dem Hafen Chaktai und dem Hauptmarkt für landwirtschaftliche Erzeugnisse.

Der Straßenabschnitt, in dem wir wohnten, hieß Sonapotti; er lag im Viertel der Juweliere. Wir wohnten in Nummer 20 im ersten Stock eines kleinen, zweistöckigen Hauses. Im Erdgeschoß lag zur Straßenseite hin der Juwelierladen meines Vaters. Der hintere Ladenbereich verlängerte sich zu einer Werkstatt.

Wir lebten ständig in den Auspuffgasen und im Verkehrslärm, in den sich die Rufe der herumziehenden Straßenhändler, der Jongleure, Bettler und Verrückten mischten. In unserer Straße stauten sich unablässig die Lastwagen und Handkarren. Den ganzen Tag über hörte man, wie die Fahrer einander anschrien, sich beschimpften und hupten. In gewisser Weise lebten wir in einer Karnevalsstimmung. Wenn der Straßenlärm gegen Mitternacht schließlich abflaute, machte er dem feinen Geräusch des Hämmerns und Feilens Platz, das aus der Goldschmiedewerkstatt meines Vaters kam. Der Lärm war für uns ein ständiger Begleiter, der unser Leben rhythmisch gliederte.

Im Stock darüber mußten wir uns vier Zimmer und eine Küche teilen. Wir hatten ihnen Namen gegeben: Es gab das Zimmer von Mama, das Radiozimmer, das große Zimmer und schließlich das namenlose Zimmer, in dem eine Matte ausgerollt wurde, wenn wir uns zum Essen hinsetzten. Das große Zimmer, das gemeinsame Zimmer der Kinder, war sowohl unser Schlafzimmer als auch unser Aufenthaltsraum. Unser Spielplatz war das eingegitterte Flachdach.

Zum Zeitvertreib gingen wir manchmal ins Erdgeschoß, um uns die Kunden anzusehen oder den Goldschmieden im hinteren Teil des Ladens bei der Arbeit über die Schulter zu gucken, oder wir sahen uns einfach draußen das Straßentheater an, das ständig wechselte und sich doch stets wiederholte.

Die Nummer 20 in der Boxirhat war das zweite Geschäft meines Vaters in Chittagong. Das erste hatte er 1953 aufgeben müssen, als es durch eine japanische Bombe teilweise zerstört worden war. Die Japaner, die das benachbarte Burma besetzt hatten, standen vor den Toren Chittagongs und bedrohten Indien. Die Luftkämpfe waren nie sehr heftig. Die japanischen Flugzeuge warfen vor allem Flugblätter ab, und wir Kinder beobachteten sie gern vom Dach aus. Doch als eine Mauer unseres Hauses einstürzte, beschloß mein Vater, uns an einen sicheren Ort zu bringen, und zwar nach Bathua, in das Dorf seiner Familie, wo ich während des Krieges zur Welt gekommen war.

Bathua liegt etwa zehn Kilometer von Chittagong entfernt. Mein Großvater betrieb dort ein kleines Geschäft. Er hatte sich in Bathua etwas Land und eine Farm gekauft, bevor das Goldschmiedehandwerk ihn anzog.

Mein Vater Dula Mia, sein jüngster Sohn, ging vom Gymnasium ab und begann im väterlichen Geschäft zu arbeiten. Das Goldschmiedehandwerk liegt zwar traditionell in Händen der Hindus, doch es gelang ihm, sich schnell einen Namen zu machen. In der gesamten Region galt er bald als wichtigster Hersteller und Verkäufer von Schmuck für eine moslemische Kundschaft.

Dula Mia war eigentlich kein strenger Vater. Nur selten bestrafte er uns. Aber er ließ nicht mit sich reden, wenn es ums Lernen ging.

Noch heute höre ich das Geräusch, das die mittlere Schublade der Panzerschränke meines Vaters machte. Er besaß drei 1,20 Meter hohe Panzerschränke aus Stahl, die hinter der Theke im hinteren Teil des Ladens über die ganze Länge in die Wand eingebaut waren. Während der Geschäftszeiten ließ mein Vater die Panzerschränke offenstehen. Die Innenseiten der schweren Türen waren verspiegelt und mit Ver-

kaufsregalen bestückt, so daß die Kunden nicht erraten konnten, daß
es sich um Panzerschränke handelte, sondern glaubten, es mit normalen Schränken zu tun zu haben.

Wir kannten die Geräusche, die ankündigten, daß unser Vater sich
anschickte, zu uns nach oben zu kommen, um nachzusehen, ob wir unsere Hausaufgaben machten. Vor dem fünften Gebet des Tages, zur
Stunde des Geschäftsschlusses, schob er die Schubladen zurück: Wir ver-
nahmen deren charakteristisches Knirschen. Dann schloß er die Panzerschränke ab: drei Riegel an jeder Tür, sechs Schlösser an jedem Schrank.

Diese regelmäßigen Vorkehrungen verschafften meinem Bruder Salam und mir ausreichend Zeit, unsere jeweilige Tätigkeit abzubrechen
und schnell wieder zu unseren Büchern zu greifen. Im allgemeinen waren dies nicht die Bücher, die unser Vater sich vorstellte. Doch machte
er sich nie die Mühe, uns über die Schulter zu sehen, um zu kontrollieren, was wir eigentlich lasen. Wenn er uns nur hinter einem Buch sitzen sah und uns das Gelesene murmeln hörte, war er zufrieden. »Kinder, das ist sehr schön. Macht weiter so«, sagte er zu uns, bevor er sich
auf den Weg in die Moschee machte, um zu beten. Angesichts seiner
vielköpfigen Familie und seines kleinen, blühenden Geschäfts hatte er
weder die Zeit noch das Verlangen, uns wirklich zu überwachen.

Mein Vater war sein Leben lang ein frommer Moslem. Dreimal unternahm er die Pilgerfahrt nach Mekka. Seine Hornbrille und sein weißer Bart verliehen ihm zwar das Aussehen eines Intellektuellen, doch er
war nie ein Bücherwurm. Gewöhnlich trug er weiße Kleidung: weiße
Pantoffeln, weiße *pae-jama**, eine weiße Jacke und ein weißes Käppchen.
Seine Zeit verbrachte er mit Arbeiten, Beten und seiner Familie.

Meine Mutter Sofia Khatun war eine Frau mit einem starken Willen.
Hatte sie einmal eine Entscheidung getroffen, so blieb sie als Befürwor-
terin der Disziplin mit wilder Entschlossenheit dabei. Sie wünschte,
daß wir ebenso methodisch vorgingen wie sie.

Sie war voller Mitgefühl und Güte und hat mich gewiß am meisten
beeinflußt. Stets legte sie etwas Geld für die armen Verwandten bei-
seite, die uns hin und wieder aus den entlegensten Dörfern besuchen

---

* Weite, um die Beine flatternde Hosen (Anm. d. Übers.)

kamen. Durch ihr Mitleid mit den Armen und Benachteiligten hat sie mir geholfen, meinen Weg zu finden.

Ebenso wie mein Vater entstammte sie einer Familie von Kleinhändlern, die vom An- und Verkauf burmesischer Waren lebten. Ihr Vater selbst war allerdings Grundbesitzer. Er verpachtete seine Felder und verbrachte die meiste Zeit mit Lesen, dem Verfassen von Chroniken und gutem Essen. Es war diese Feinschmeckerseite an ihm, die ihm die Zuneigung seiner Enkelkinder eintrug.

Ich erinnere mich, daß meine Mutter oft einen hellen Sari trug, der von einem Goldband gesäumt war. Ihr tiefschwarzes Haar war immer zu einem dicken Knoten hochgesteckt und auf der rechten Seite gescheitelt. Ich liebte sie von ganzem Herzen. Unter all ihren Kindern war ich sicher dasjenige, das am häufigsten unten an ihrem Sari zupfte und die meiste Aufmerksamkeit beanspruchte. Ich weiß nicht, was ihr Geheimnis war – für mich war sie immer wunderschön. Selbst in Krisen und Katastrophen gab es nichts, was ihrer Schönheit Abbruch tat.

Doch vor allem durch ihre Erzählungen und Lieder war sie der Quell unserer Träume und unserer Nachdenklichkeit. Ich höre sie noch heute, wie sie uns mit einer vor Mitgefühl gebrochenen Stimme vom Massaker in Karbala* erzählte. Und ich erinnere mich, sie Jahr für Jahr zum Moharram – dem Tag, an dem die Moslems der Tragödie von Karbala gedenken – gefragt zu haben:

»Mama, weshalb ist der Himmel auf dieser Seite des Hauses rot und auf der anderen blau?«

»Das Blau ist für Hassan und das Rot für Husain.«

»Wer sind Hassan und Husain?«

»Das waren die Enkelkinder unseres Propheten (Friede sei mit ihm), die Juwelen seiner beiden heiligen Augen.«

Und nachdem sie uns die Geschichte von deren Ermordung zu Ende erzählt hatte, zeigte sie zum Abendhimmel und erklärte uns, das Blau auf der einen Seite des Hauses symbolisiere das Gift, das Hassan umgebracht habe, und das Rot stelle Husains Blut dar.

---

* Einer der berühmtesten Wallfahrtsorte der Schiiten im Irak mit der Grabmoschee von Husain, einem Enkel Mohammeds, der dort 680 n. Chr. mit den Seinen den Tod fand. (Anm. d. Übers.)

Ich hatte jedoch noch einen weiteren Grund, sie wunderbar zu finden. Meine Mutter bearbeitete einige der in unserem Geschäft verkauften Schmuckstücke. Häufig legte sie letzte Hand an Ohrringe oder Halsbänder, indem sie am Ende des Bandes ein Stück Samt oder eine Wolltroddel einwirkte oder auch farbige Fransen anbrachte. Mit großen Augen sah ich ihr dabei zu, wie sie mit ihren langen, schlanken Fingern sehr schöne Verzierungen zauberte. Das Geld, das sie dadurch verdiente, gab sie den bedürftigsten unter unseren Verwandten, Freunden und Nachbarn, die sie um Hilfe baten.

Sie schenkte 14 Kindern das Leben, von denen fünf früh starben. In dieser vielköpfigen Familie lernte ich frühzeitig, mich um die Kleinsten zu kümmern (manchmal mußte ich zwei gleichzeitig betreuen), und ich lernte, was Familienloyalität, familiärer Zwang und gegenseitige Hilfe, aber auch die Kunst des Kompromisses wirklich bedeuten, wenn man in einer großen Gruppe lebt.

Meine acht Jahre ältere Schwester Momtaz hat bereits als Heranwachsende geheiratet. Sie wohnte am Stadtrand, nicht weit von uns entfernt, und wir besuchten sie oft und aßen ihre reichhaltigen Mahlzeiten. Drei Dinge hat Momtaz von Mama geerbt: ihre ausgezeichneten Kochkünste, die Freude daran, die Ihren zu ernähren, und die Gabe, unendliche Geschichten zu erzählen.

Der drei Jahre ältere Salam war mein ständiger Gefährte. Für alle Welt war der Krieg mit Japan beendet, außer für Salam und mich. Wir ahmten das Knattern der Maschinengewehre nach und ersetzten die japanischen Flugzeuge durch buntscheckige Drachen. Unser Vater brachte vom Markt ein paar entschärfte Granaten mit, und meine Mutter zweckentfremdete sie als Blumentöpfe, die sie umgekehrt auf das Dach stellte.

Ebenso wie die anderen Jungen aus dem Händlerviertel besuchte ich die freie Grundschule Lamar Bazar. Dort sprachen alle den Dialekt von Chittagong, auch die Lehrer.

In meinem Land ist der Grundschulunterricht und jener an höheren Schulen den Kindern von Eltern vorbehalten, die ihn sich finanziell leisten können. In jeder Klasse saßen etwa vierzig Schüler, und weder in der Grundschule noch in der höheren Schule gab es Koedukation.

Zeigte man in der Schule gute Leistungen, so erhielt man ein Stipendium, und dann wurde von einem erwartet, daß man an den nationalen Prüfungen teilnahm und damit das Ansehen der Schule hob. Die meisten meiner Schulkameraden gingen schon bald von der Schule ab.

Unsere Schulen vermitteln den Kindern positive Werte – nicht nur Lehrstoff, sondern auch Bürgersinn, die Bedeutung religiöser Überzeugungen, die Achtung vor den Künsten, die Bewunderung für die Musik und die größten Dichter unseres Landes (Rabindranath Tagore und Kazi Nazrul Islam) und selbstverständlich Respekt vor den Autoritäten sowie Disziplin.

Salam und ich verschlangen alle Bücher und Zeitschriften, die uns in die Hände fielen. Meine Lieblingslektüre waren Kriminalromane. Als ich zwölf Jahre alt war, schrieb ich sogar selbst einen.

Es war nicht immer leicht, an Lektüre zu gelangen. Um unsere Bedürfnisse zu befriedigen, mußten wir improvisieren, kaufen, leihen und stehlen. Die in Kalkutta erscheinende *Shuktara*, unsere liebste Kinderzeitschrift, schrieb einen Wettbewerb aus, und die Gewinner sollten ein Gratisabonnement erhalten. Die Liste der Gewinner wurde in der nächsten Ausgabe der Zeitschrift veröffentlicht. Ich pickte zufällig einen Namen aus der Liste heraus und schrieb an den Chefredakteur:

»Sehr geehrter Herr Chefredakteur,

ich heiße Soundso, bin einer der Gewinner des Leserwettbewerbs, und ich bin umgezogen. Bitte schicken Sie mir ab heute Ihre Zeitschrift an meine neue Adresse in der Boxirhat Road Nummer…«

Ich gab jedoch nicht unsere eigene Hausnummer, sondern die unseres Nachbarn an, damit mein Vater nicht zufällig auf die Zeitschrift stieß. Monat für Monat lauerten wir auf die Ankunft unseres Freiexemplars; unsere List funktionierte bestens.

Auch wenn wir bei Schulbüchern keinen so großen Appetit entwickelten, so hat uns diese freie Lektüre doch sehr genützt. Während meiner gesamten Schulzeit in der Grund- und in der höheren Schule war ich der Beste in meiner Klasse.

Wir informierten uns gern über die aktuellen Ereignisse. Zu diesem Zweck brachten wir jeden Tag etwas Zeit im Wartezimmer unseres Hausarztes Dr. Banik zu, der seine Praxis ganz am Ende der Straße hatte. Dort lasen wir in den unterschiedlichen Zeitungen, die er abonniert hatte.

Nachdem der indische Subkontinent fast zwei Jahrhunderte lang eine britische Kronkolonie gewesen war, sollte er jetzt seine Unabhängigkeit erhalten. Stichtag war der 14. August 1947, Mitternacht. Zu dieser Zeit hatte die »pakistanische Bewegung« – sie forderte, daß die indischen Regionen mit einer moslemischen Mehrheit einen unabhängigen moslemischen Staat bildeten – ihren Höhepunkt erreicht. Wir wußten, daß Chittagong Pakistan zugeschlagen werden würde, denn in Ost-Bengalen waren die Moslems eindeutig in der Mehrheit. Doch bei den anderen Gebieten im moslemischen Bengalen wußte man nicht, welche Pakistan angegliedert und welche Grenzgebiete werden sollten.

In der Boxirhat Road 20 diskutierten Freunde und Eltern endlos lange die Frage, ob und wann man ein unabhängiges Pakistan schaffen solle. Alle waren sich darüber im klaren, daß dieses Pakistan mit einer westlichen und einer östlichen Hälfte, die ein mehr als 1500 Kilometer breiter indischer Landstreifen trennte, ein eigenartiges Land werden würde. Die östliche Landeshälfte (damals Ost-Bengalen genannt) war mit rund 14 Millionen Hektar sechsmal kleiner als die Westhälfte Pakistans. Es ist ein vorwiegend ebenes Land, das in sämtlichen Richtungen von Flüssen und Kanälen durchkreuzt wird und hier und dort mit einigen Seen, Mooren und Sümpfen durchsetzt ist. Das Land ist dermaßen flach, daß es noch zehn Kilometer landeinwärts nur knapp zehn Meter über dem Meeresspiegel liegt.

Obwohl mein Vater ein frommer Moslem war, zählten zahlreiche Hindus zu seinen Freunden und Kollegen (Onkel Nishi, Onkel Nibaran, Onkel Profulla). Doch bereits als Kind wußte ich, daß die moslemische Minderheit in Indien voller Groll und Argwohn war. Zeitungen und Rundfunksender berichteten über die gewalttätigen Auseinandersetzungen zwischen Hindus und Moslems, doch Chittagong blieb von diesen Unruhen weitgehend verschont.

Unsere politischen Sympathien waren stets eindeutig. Wir waren alle überzeugte Befürworter einer Trennung vom übrigen Indien. Als mein fünf Jahre jüngerer Bruder Ibrahim seine ersten Wörter sprechen lernte, nannte er den geliebten weißen Zucker »Jinnah-Zucker« und den ungeliebten roten Zucker »Gandhi-Zucker«. (Mohammed Ali Jinnah war der Anführer der separatistischen Bewegung, und Mahatma

Gandhi wollte, bekanntermaßen, die territoriale Unversehrtheit Indiens erhalten.) Sogar meine Mutter flocht Jinnah, Gandhi und Lord Mountbatten in ihre abendlichen Geschichten und in die amüsanten Fabeln ein, die sie uns erzählte, so daß wir fast den Eindruck gewannen, sie wären wirklich ein Bestandteil unseres Lebens.

Mit zehn Jahren war mein Bruder Salam bereits ein politischer Analytiker und eine wichtige Informationsquelle – was er seither geblieben ist. Ich beneidete die älteren Jungen aus dem Viertel, die die grüne Flagge mit weißem Halbmond und Stern schwenkten und dabei den Slogan »Pakistan Zindabad« (Lang lebe Pakistan) skandierten.

Ich erinnere mich, als wäre es gestern, an die Nacht der Unabhängigkeit, in der sich all diese Träume und Hoffnungen endlich verwirklichten. Vor meinem geistigen Auge sehe ich noch unser mit Flaggen und grünen und weißen Girlanden geschmücktes Haus an jenem Abend. Unsere ganze Stadt hatte ein Festkleid angelegt. Draußen vernahm man das Geschmetter einer politischen Rede, die hin und wieder durch den Ruf »Pakistan Zindabad!« unterbrochen wurde.

Es war bereits Mitternacht, aber in unserer Straße drängten sich die Menschen. Von unserem Dach aus brannten wir ein Feuerwerk ab und beobachteten, wie andere das gleiche taten. Die ganze Stadt befand sich im Freudentaumel, und der Himmel leuchtete in zahlreichen Farben.

Gegen Mitternacht führte unser Vater uns in die Boxirhat Road hinunter. Er war alles andere als kämpferisch eingestellt, doch zum Zeichen der Solidarität war er in die Nationalgarde der Moslem-Liga eingetreten. In jener Nacht trug er stolz seine Paradeuniform mit dem obligatorischen Käppchen à la Jinnah. Sogar meine jüngeren Brüder und Schwestern, der zwei Jahre alte Ibrahim und Tunu, noch ein Baby, waren mit von der Partie. Pünktlich um Mitternacht wurde der Strom abgeschaltet, und die ganze Stadt versank in Dunkelheit.

Als kurz darauf die Lichter wieder angingen, befanden wir uns in einem neuen Land. Von allen Seiten war immer und immer wieder der Ruf »Pakistan Zindabad!« zu hören.

Mit sieben Jahren wurde ich zum erstenmal in meinem Leben von einer mächtigen nationalen Begeisterung ergriffen. Das sollte nicht die einzige Gelegenheit bleiben.

4. KAPITEL

IM WECHSELBAD DER GEFÜHLE

Nach Momtaz, Salam, mir, Ibrahim und Tunu gebar meine Mutter noch vier Kinder: Ayub, Azam, Jahangir und Moinu.

Als ich neun Jahre alt war, wurde meine Mutter allmählich immer leichter erregbar. Es war das erste Anzeichen für ein Gemütsleiden, das zum beherrschenden Element in unserem Familienleben werden sollte.

Ihr Leiden verschlimmerte sich von Jahr zu Jahr. In den ruhigeren Phasen sprach meine Mutter mit sich selbst und hielt endlose Vorträge. Stundenlang konnte sie dasitzen und beten, ein und dieselbe Seite in einem Buch lesen oder immer dasselbe Gedicht aufsagen, ohne müde zu werden. Wir Kinder wußten nicht, was wir davon halten sollten, wenn wir sie in einem solchen wirren Zustand erlebten.

In ihren verwirrteren Phasen beschimpfte sie die Leute mit lauter Stimme und häufig in einer gemeinen Sprache. Manchmal mußte ein Nachbar, ein Freund oder ein Familienmitglied als Zielscheibe herhalten, doch konnte es sich auch um einen Politiker oder um eine seit langem verstorbene Persönlichkeit handeln. Sie beschimpfte imaginäre Freunde und konnte dann auch plötzlich gewalttätig werden.

Für uns alle war es ein Alptraum, denn sie griff Erwachsene ebenso an wie uns Kinder. Gewöhnlich bekam mein Vater das meiste ab. Selbst wenn sie schlief, konnten wir nie sicher sein, eine ruhige Nacht zu verbringen, sondern mußten immer auf einen neuen Anfall mit Schreien und Aggressionen gefaßt sein. Wurde sie gewalttätig, so mußte ich meinem Vater zu Hilfe kommen, um sie zu bändigen, und ich schützte auch meine jüngeren Geschwister vor den Schlägen und Wurfgeschossen, die auf sie herabregneten. Nach solchen Attacken wurde meine Mutter wieder ruhig und sanftmütig und schenkte uns soviel Liebe, wie ihr möglich war. Dann kümmerte sie sich auch wieder um die

Kleinsten. Aber ihr Zustand verschlimmerte sich, und schließlich nahm sie uns kaum noch wahr.

Mitanzusehen, wie sie litt, während wir sie bändigen mußten und eine Therapie für ihre Krankheit zu finden versuchten, war eine einzige Qual. Mein Vater scheute keine Mühen. Er unterzog meine Mutter den fortschrittlichsten Untersuchungsmethoden, die es in unserem Land gab. Meine Großmutter mütterlicherseits und ihre beiden Schwestern hatten an derselben Gemütskrankheit gelitten. Daher nahmen wir an, daß es sich um eine vererbbare Krankheit handelte. Doch kein Arzt war je in der Lage, eine Diagnose zu stellen, und Gott sei Dank erkrankte keines ihrer Kinder daran.

Aus schierer Verzweiflung suchte mein Vater Zuflucht zu unorthodoxen Lösungen: Zaubersprüchen, alternativen Heilpraktiken, Hypnose. Keine dieser Behandlungen, von denen manche regelrecht grausam waren, konnte den Zustand meiner Mutter bessern.

Wir Kinder fanden diese Behandlungen jedoch höchst interessant. Nachdem wir einen berühmten Psychologen dabei beobachtet hatten, wie er seine Technik der posthypnotischen Suggestion an unserer Mutter ausprobierte, führten wir unsere eigenen Hypnoseversuche durch. Einer der Ärzte verschrieb ihr zu viele Beruhigungsmittel, und später wurde sie opiumabhängig.

Allmählich gewöhnten meine Geschwister und ich uns an die Situation zu Hause. Wir lernten, ohne die Unterstützung unserer Mutter auszukommen. Mamas jüngere Schwester und unsere Schwester Momtaz wurden zu unseren Ersatzmüttern. Und schließlich gingen wir sogar humorvoll mit diesen Schwierigkeiten um. »Wie lautet die Wettervorhersage?« fragten wir einander.

Das war unsere Art herauszufinden, in welcher Stimmung sich unsere Mutter befand. Wenn sie sich beruhigt hatte, das wußten wir, braute sich bereits ein neues Gewitter zusammen, manchmal sogar eine Sturmflut. Um nicht Gefahr zu laufen, einen Namen auszusprechen, der womöglich einen neuen Schwall von Beschimpfungen auslöste, verpaßten wir den in unserem Häuschen lebenden Personen Codenamen: Nummer 2, Nummer 4 und so weiter. Diese Codenamen sind an uns haften geblieben, und Erwachsene wie Kinder verwendeten sie selbst dann, wenn es eigentlich unnötig gewesen wäre.

Mein Bruder Ibrahim schrieb mit zehn Jahren eine umwerfend komische Satire, in der er unseren Haushalt als Radiosender beschrieb,
bei dem unsere Mutter ständig »auf Sendung« war und unter lauter
Begleitmusik ihre Predigten in verschiedenen Sprachen und Tonarten
vom Stapel ließ.

Mein Vater bewies in dieser traurigen Situation eine bewunderns-
werte Charakterstärke. Er paßte sich mit Würde und Mut an die Gegebenheiten an und vermochte in unserer Familie ein Klima der Nor-
malität inmitten all dieses Chaos aufrechtzuerhalten. Rührend und
nach bestem Vermögen kümmerte er sich während der 33 Krankheits-
jahre meiner Mutter um sie, wobei er sich bemühte, so zu tun, als hätte
sich nichts geändert, als wäre sie noch immer die Sofia Khatun, die
er 1930, gerade erst 22jährig, geheiratet hatte. Er lehrte uns, es ihm
gleichzutun. Und bis zum Tod seiner Frau im Jahr 1982 erwies er sich
als ein aufmerksamer und ergebener Ehemann.

Durch diese Krankheit wurde mein Vater zu Vater und Mutter zugleich in des Wortes wahrer Bedeutung. Er war wild entschlossen, seinen Kindern die bestmögliche Ausbildung zukommen zu lassen, und
was aus uns geworden ist, haben wir größtenteils ihm zu verdanken.
Er war bereit, außerordentlich viel in unsere Ausbildung zu investieren
und uns später Reisen zu ermöglichen, doch ansonsten hielt er uns
dazu an, sehr einfach zu leben, und er gab uns nur wenig Taschengeld.

Ich erhielt ein monatliches Stipendium, nachdem ich aus einem
Wettbewerb aller Gymnasiasten im Bezirk Chittagong als Sieger her-
vorgegangen war. Dadurch kam ich zwar an ein wenig Taschengeld,
doch das reichte nicht, denn ich wollte mir nicht nur Bücher und Ma-
gazine kaufen, sondern unter anderem auch ins Kino und auswärts
essen gehen. Ich stockte meine Mittel auf, indem ich das blinde Vertrauen meines Vaters seinen Kindern gegenüber ausnutzte. Während
der Stoßzeiten brauchte er in seinem Laden oft jemanden, der ihm aus-
half, und wenn ich mich meldete, nahm er meine Hilfe stets an. Dies
war für mich eine Gelegenheit, aus der Schublade, in der er sein Geld
aufbewahrte, ein paar Scheine und Münzen zu nehmen.

Ich begeisterte mich nicht nur für Fotografie, sondern auch für Ma-
len und Zeichnen. Zusammen mit einem Freund nahm ich bei einem
recht bekannten Künstler Unterricht, den ich meinen Guru *(Ustad)*

nannte. Zu Hause brachte ich Staffelei, Leinwand und Pastellstifte so
unter, daß ich sie jederzeit vor meinem Vater verbergen konnte. Als
gutem Moslem war ihm jede Darstellung von Menschen verhaßt, und
außerdem verlangte er, daß wir uns unermüdlich unseren Studien
widmeten. Sämtliche außerschulischen Tätigkeiten mußten daher vor
ihm verheimlicht werden. Einige Onkel und Tanten weihte ich ein; als
meine Komplizen halfen sie mir und unterstützten mich.

Mit zwei Onkeln begann ich, in Theater zu gehen, in denen man
Hollywood- und Hindi-Filme zeigte, und die volkstümlichen Melodien
jener Lieder mitzusingen, die von unwirklichem Romantizismus über-
quollen. Einer dieser Schlager, die wir sangen, hieß: »Komm, mein
Herz, vergiß deinen Schmerz.«

Der Besuch der höheren Schule in Chittagong bedeutete in erster Linie
eine Horizonterweiterung, denn dort herrschte eine kosmopolitische
Atmosphäre. Meine Klassenkameraden waren die Söhne von Regierungsbeamten aus unterschiedlichen Landesteilen. Sie waren weit ge-
bildeter als meine bisherigen Mitschüler, und viele unter ihnen sollten
später eine Karriere in der Politik machen.

Die Schule war eine der berühmtesten Bildungseinrichtungen im
ganzen Land. Doch für mich bestand ihre besondere Attraktion in der
Bedeutung, die man dort der Pfadfinderbewegung zumaß. Die Pfadfin-
dergruppe der Schule wurde zum Dreh- und Angelpunkt für meine
außerschulischen Betätigungen. Gemeinsam mit den Pfadfindern anderer Schulen wurden wir gedrillt, veranstalteten Spiele und ausgeklügelte
Verfolgungsjagden, machten ausgedehnte Wanderungen, saßen ums La-
gerfeuer, gaben dabei etwas zum besten und nahmen an großen Rennen
teil. Außerdem übernahmen wir unterschiedliche kleinere Arbeiten, um
dadurch Geld zu sammeln. Das Leben als Pfadfinder machte mir nicht
nur Spaß, es vermittelte mir auch hohe Werte wie Mitgefühl, Religiosität
und Respekt sowie Hilfsbereitschaft gegenüber meinem Nächsten.

Durch die Pfadfinderbewegung und meine guten Schulnoten akzeptierte mein Vater schließlich meine außerschulischen Betätigungen.
Von dieser Zeit an brachte er mir ein unerschütterliches Vertrauen entgegen, und auch später unterstützte er mich vorbehaltlos in all meinen
Unternehmungen.

Ganz besonders deutlich erinnere ich mich an eine Reise im Zug quer durch Indien, der uns 1953 zum ersten nationalen Pfadfindertreffen Pakistans bringen sollte. Unterwegs hielten wir an, um die auf unserem Weg liegenden historischen Orte und Anlagen zu besichtigen. Auf diese Weise wurde die Fahrt zu einer Reise durch die Zeit und durch unsere Geschichte. Für uns war es fast eine Pilgerreise, die uns mit unserer wahren Identität konfrontierte. Meistens sangen und spielten wir, aber vor dem Taj Mahal in Agra sah ich den bei uns Schülern sehr beliebten Schulaufseher Quazi Sirajul Huq heimlich weinen. Seine Tränen galten weder dem Baudenkmal noch den dort ruhenden Eheleuten oder dem in weißen Marmor gemeißelten Gedicht. Er beweinte vielmehr unser Schicksal und die Last der Geschichte, die wir mit uns herumtrugen, ohne recht zu wissen, wie wir damit umgehen sollten.

Damals war ich zwar erst 13 Jahre alt, doch er hat mir seine leidenschaftliche Vorstellungskraft vermittelt. Quazi Sahib wurde für mich zum Freund, Lehrmeister im Denken und Lebensberater. Ich besaß Führungsqualitäten, und Quazi ließ mich bald die Gangart innerhalb der Gruppe bestimmen. Bei den Pfadfindern habe ich viele meiner Freunde fürs Leben getroffen, insbesondere Mahbub, der später mit mir in der Grameen-Bank arbeitete. Aber Quazi Sahib beflügelte meine Phantasie. Er lehrte uns, an hohe Ideale zu glauben und unsere Leidenschaften und Erregungszustände zu beherrschen, indem er stets mit gutem Beispiel voranging und jederzeit bereit war, offen und aufrichtig mit uns zu sprechen. Dafür werde ich ihm immer dankbar sein.

Während der chaotischen Tage nach dem Befreiungskrieg von Bangladesch besuchte ich 1973 meinen Vater und meinen Bruder Ibrahim. Wir diskutierten über die Unruhen und die Schwierigkeiten, in denen das Land steckte. Einen Monat darauf wurde Quazi Sahib, inzwischen ein gebrechlicher Greis, um einer kleinen Summe willen von seinem Diener im Schlaf ermordet. Im damaligen Durcheinander wurde sein Mörder nicht gefaßt. Ebenso wie alle anderen, die ihn gekannt haben, war ich zutiefst erschüttert. Im Rückblick habe ich begriffen, daß die Tränen, die er am Taj Mahal vergossen hatte, etwas Prophetisches besaßen und auf das tragische Schicksal dieses Mannes und seines Volkes hindeuteten.

5. KAPITEL

STUDIENJAHRE IN DEN USA (1965–1972)

Seit ich mich erinnern kann, habe ich mich als Lehrer empfunden. Meine jüngeren Brüder haben mir erzählt, daß ich sie gern unterrichtete und sie zur Rede stellte, wenn sie nicht die entsprechenden Leistungen erbrachten. Gleich nach meinem Studienabschluß bekam ich eine Stelle als Wirtschaftsdozent an meinem ehemaligen College an der Universität von Chittagong. Diese 1836 von den Briten gegründete akademische Lehranstalt war eine der berühmtesten auf dem Subkontinent. Dort habe ich von 1961 bis 1965 Studenten unterrichtet, die fast gleichaltrig waren, denn als ich dort anfing, war ich erst 21.

Gleichzeitig unternahm ich meine ersten Schritte ins Geschäftsleben. Mir war aufgefallen, daß wir Verpackungsmaterialien aus West-Pakistan importieren mußten, weil in unserer östlichen Landeshälfte keine produziert wurden. Deshalb bat ich meinen Vater um sein Einverständnis, eine Fabrik für Verpackungen und eine Druckerei aufbauen zu dürfen.

Ich entwickelte ein Konzept und beantragte einen Kredit bei der staatlichen Industriebank. Wir gehörten zu den wenigen bengalischen Unternehmern, die in die Industrie investieren wollten. Der Antrag wurde daher sofort genehmigt, und die Bauarbeiten für die Errichtung der Fabrik mit einer späteren Belegschaft von 100 Arbeitern konnten in Angriff genommen werden. Dieser Versuchsballon entpuppte sich als durchschlagender wirtschaftlicher Erfolg.

Allerdings war ich nicht am Geldverdienen interessiert. Ich habe eigentlich nie wirklich versucht, Geschäftsmann zu werden. Aber die Verpackungsfabrik war eine Möglichkeit, mir und meiner Familie zu beweisen, daß ich in der Lage war, geschäftlich erfolgreich zu sein, wenn ich es wollte.

Mein Vater war Chairman of the Board, ich Chief Executive Officer. Mein Vater hielt als Vertreter der alten Schule nicht viel von der Idee, sich bei einer Bank Geld zu leihen. Der Gedanke, sich verschuldet zu haben, machte ihn so nervös, daß er mich drängte, den Kredit vorzeitig zurückzuzahlen. Wir sind ohne Zweifel das einzige junge Unternehmen, das seinen Kredit vor dem Fälligkeitstermin zurückgezahlt hat. Als ich wegen der Rückzahlung zur Bank ging, bot man mir dort einen Kredit über zehn Millionen Taka an, damit ich eine Papierfabrik errichten konnte, aber mein Vater wollte kein Wort davon hören.

Die Verpackungsindustrie hat ihren zentralen Sitz in Lahore in West-Pakistan. Doch als guter bengalischer Patriot wußte ich, daß ich die Verpackungen in Ost-Pakistan günstiger fertigen konnte. Wir stellten Zigarettenschachteln, Kartons, Verpackungen für Kosmetik, Schachteln, Karten, Kalender und Bücher her.

Die Erfahrungen, die ich dabei sammelte, gaben mir ein großes Selbstvertrauen und schon früh die Gewißheit, daß ich mir über Geld keine Sorgen zu machen brauchte. Ich teilte meine Zeit zwischen meiner Lehrtätigkeit und der Leitung der Fabrik auf.

Ich unterrichte für mein Leben gern. Als sich mir daher die Chance bot, in den USA zu promovieren, ergriff ich die Gelegenheit sofort beim Schopf, als Fulbright-Stipendiat nach Amerika zu gehen.

Es war meine dritte Auslandsreise. Die beiden ersten Male war ich als Pfadfinder unterwegs. Aber jetzt war ich kein Kind mehr, und ich reiste allein. Meine Ankunft auf dem Campus der Universität von Colorado im Sommer 1965 war für mich ein denkwürdiges Erlebnis.

In Bangladesch verhielten sich die Studenten einem Professor gegenüber so respektvoll, daß sie es nie gewagt hätten, ihn mit seinem Vornamen anzureden. Man sprach ihn übrigens fast nie an. Wenn man mit dem »Herrn Professor« sprach, so nur, nachdem man dazu eigens aufgefordert worden war, und dann auch nur mit den Anzeichen des allergrößten Respekts. In Amerika dagegen sehen sich die Dozenten als Freunde der Studenten, die in deren Dienst stehen. Eine solche Formlosigkeit war in Bangladesch absolut undenkbar.

Was die jungen Studentinnen in Colorado betraf, so war ich, na ja, dermaßen schüchtern und unbeholfen, daß ich nicht wußte, wo ich hinsehen sollte. Im College von Chittagong befanden sich die Studen-

tinnen noch in der Minderheit. Auf etwa 800 Studenten kamen kaum
mehr als 150 Studentinnen. Sie bildeten zudem eine abgeschlossene
Gruppe und zogen sich gewöhnlich in den »Gemeinschaftsraum für
Frauen« zurück, zu dem Männern der Zutritt verwehrt war. Ihre Beteiligung an der Studentenbewegung oder an anderen Aktivitäten war
gering. Wenn wir ein Theaterstück aufführten, durfte keine Frau mit-
spielen, die Frauenrollen mußten von entsprechend verkleideten und
geschminkten Studenten übernommen werden.

Meine Studentinnen waren sehr schüchtern. Vor jeder Vorlesung
warteten sie gemeinsam vor dem Dozentenzimmer. Und wenn der Dozent, der ohne jeden Gruß heraustrat und sie nicht einmal offen ansah,
auf den Vorlesungssaal zuging, trotteten die Mädchen hinter ihm her,
wobei sie sich mit niedergeschlagenen Augen an ihren Büchern fest-
hielten, um nur ja nicht in die Verlegenheit zu geraten, mit den Studenten einen Blick wechseln zu müssen. Auch diese blieben unter sich und
trauten sich nicht, ihre Kommilitoninnen anzureden.

Unsere Studentinnen, die etwas abseits nebeneinander saßen,
mischten sich nie unter die Gruppe der Studenten. Als Dozent vermied
ich es, ihnen vor den Studenten Fragen zu stellen, die sie hätten in Verlegenheit bringen können. Dagegen ließ ich es mir angelegen sein, all
meine Schüler mit Namen anreden zu können. Zu Beginn eines akademischen Jahres lernte ich daher systematisch ihre Namen, um mit
jedem eine persönliche Beziehung aufbauen zu können.

Nach Vorlesungsschluß folgten mir die Studentinnen wieder im
Gänsemarsch, die Lehrbücher an die Brust gepreßt, die Blicke auf den
Boden geheftet. Nie hätte ich es mir erlaubt, sie außerhalb der Unter-
richtszeit anzusprechen. Ich war selbst so schüchtern gegenüber Frauen,
daß ich so tat, als wären sie gar nicht anwesend.

Man kann sich vielleicht meine Verblüffung bei meiner Ankunft
1965 in den USA vorstellen, als der ganze Campus von Rockmusik erfüllt war. Die Mädchen saßen ohne Strümpfe auf dem Rasen, sonnten
sich, lachten und schwatzten. Ich traute mich nicht, mit ihnen zu sprechen, ja, ich wagte nicht einmal, sie anzusehen.

Die Amerikaner begannen, Drogen auszuprobieren. Der Alkohol
floß in Strömen. Ich habe nie ein alkoholisches Getränk angerührt.
Nicht etwa aus Abstinenzgründen, sondern weil mein Charakter mich

drängte, feucht-fröhliche Feste vorzeitig zu verlassen. Nicht, daß mich meine Studien über die Maßen in Anspruch genommen hätten, doch viel lieber ging ich in den Vereinigten Staaten auf Entdeckungsreise. In Dhaka gab es erst ab 1964 Fernsehen. Bevor ich nach Amerika ging, hatte ich daher fast keine Gelegenheit gehabt fernzusehen. Ich begeisterte mich jedoch schnell dafür. Meine Lieblingssendung wurde das Nachrichtenmagazin *Sixty Minutes*, aber ich sah mir auch Sitcoms* an, eine dümmer als die andere, wie etwa *I love Lucy, Gilligan's Island, Hogan's Heroes*. Ich war ins Fernsehen vernarrt und stellte fest, daß ich klar reden und denken konnte, auch wenn meine Augen nicht vom Fernsehgerät abließen. War dagegen der Fernseher ausgeschaltet, konnte ich nicht mehr arbeiten. Das ist sogar heute noch der Fall.

Amerika befand sich damals mitten im Vietnamkrieg, und ich nahm natürlich mit anderen Studenten an pazifistischen Versammlungen und Demonstrationen teil, doch eine Rede hielt ich nie.

Mit 16 war ich zum Generalsekretär der Vereinigten Progressiven Studentenpartei gewählt worden. Diese auf das College von Chittagong beschränkte Partei war dennoch eine führende politische Kraft und so erfolgreich, daß sie die Wahlen zur Studentengewerkschaft gewann. Wir arbeiteten gegen ein herrschendes Regime, das sich konservativ und tyrannisch gab und die religiösen Gefühle der Bevölkerung mißbrauchte. Ich war jedoch nicht bereit, mich den Direktiven einer illegalen Partei der extremen Linken zu fügen, die uns als eine ihrer Außenorganisationen beherrschte.

Mit Unterstützung meines Zentralkomitees zettelte ich vielmehr einen Handstreich an, um die leitenden Funktionäre zu vertreiben, die uns manipulierten. Den Posten eines Generalsekretärs zu bekleiden war prestigeträchtig. Doch die Nachricht, daß ich meinen Posten benutzte, um den Status quo in Frage zu stellen, war Sprengstoff für die studentische Politik und hatte auf den gesamten Bezirk Chittagong Auswirkungen. Seither habe ich mich immer darum bemüht, meinen eigenen Weg zu gehen.

Wenn ich mich in den USA daher gegen den Vietnamkrieg aussprach, so versuchte ich trotzdem, offen zu bleiben und jeden ideo-

---

* Amerikanische Bezeichnung für Situationskomödie (Anm. d. Übers.)

logischen Konformismus zu vermeiden. Ich konnte stundenlang damit verbringen, die Studenten auf dem Campus zu beobachten, wie sie kamen und gingen, miteinander plauderten, laut lachten, aßen und in ihren verrückten Kleidungsstücken herumliefen. Die amerikanische Jugend wirkte so stark und gesund und vital.

Meine linken bengalischen Freunde mißbilligten meine amerikafreundliche Haltung, aber das war mir egal. Damals herrschte in Dhaka eine starke anti-amerikanische Stimmung. Alle Studenten an unseren Universitäten beschimpften die Amerikaner als dreckige Kapitalisten und schrien »Yankee, go home!«, ich aber schrieb an meine Freunde: »Die Vereinigten Staaten sind ein herrliches Land, und ich würde es mein Leben lang bedauern, wenn ich nicht hierhergekommen wäre und diesen Ort gesehen und die persönliche Freiheit erlebt hätte, die man hier genießt!«

Ich amüsierte mich blendend. Mein Studium kam gut voran, und ich fand sogar die Muße, den Square Dance zu lernen. Aber das blieb meine einzige Erfahrung auf diesem Gebiet. Ich habe nie versucht, Twist, Rock 'n' Roll oder Slowfox zu tanzen. Alle anderen Studenten schienen auf diesem Gebiet Experten zu sein; ich dagegen war und blieb ein hoffnungsloser Fall. Ich zog es vor, gar nicht erst auf Feste zu gehen, auf denen getanzt oder getrunken wurde.

Ich gewöhnte mich daran, daß die Menschen in meiner Umgebung Wein, Bier und harte Getränke tranken. Auch wenn ich erkannte, daß nicht alle Trinker notwendigerweise schlechte Menschen waren, so hielt ich mich doch lieber fern von ihnen. Ich verspürte nie das Verlangen danach.

Kleine alltägliche Vorfälle hinterließen bleibende Eindrücke bei mir. Ich werde nie vergessen, wie ich in Boulder ein Restaurant betrat und eine Kellnerin mich mit »Hallo! Ich heiße Cheryl« begrüßte, mir freundlich zulächelte und ein Glas Wasser mit vielen Eiswürfeln vor mich hinstellte. Niemand in meinem Land oder in Mittelasien wendet sich dermaßen offen und direkt an einen Fremden.

Die Studenten in unserer Gruppe – West-Pakistaner, Lateinamerikaner, Afrikaner – machten Cheryl den Hof, und ihr schien dieses Schäkern nicht nur zu gefallen, sondern sie ging auch noch bereitwillig darauf ein. Ich war sprachlos. Für mich kam es nicht in Frage, mich an diesem Geplänkel zu beteiligen, denn ich war so schüchtern, daß ich dem jungen Mädchen nicht einmal offen ins Gesicht zu blicken wagte, und allein die Tatsache, daß ich diese Szene beobachtete, war mir schrecklich peinlich.

Was das Essen in Amerika betraf, so fehlte mir die würzige Küche meiner Mutter, und wenn ich auch Fritten, Hamburger, Chips und Ketchup mochte, so bekam ich sie doch schnell über. Was hätte ich nicht alles dafür gegeben, um Reis und Dal* oder eine Leckerei aus Bangladesch zu essen.

Eines Tages fragte mich Cheryl:

»Wie wünschen Sie Ihre Eier?«

»Wie bitte? Ich verstehe nicht, was Sie meinen.«

»Möchten Sie sie gebraten, gerührt, hart, pochiert oder als Omelett?«

»Gebraten.«

»Wie möchten Sie sie?«

»Was heißt das, wie ich sie möchte? Ich habe es Ihnen doch gerade gesagt…«

»Möchten Sie sie mit dem Dotter nach oben oder doppelt gebraten?«

»Das ist mir egal.«

Meine Freunde lachten laut auf, machten sich über meine Unentschlossenheit lustig und versuchten Cheryl weiszumachen, daß wir Ost-Bengalen anders seien als normale Menschen.

»Na, dann eben mit dem Eigelb nach oben«, sagte ich schließlich verlegen.

»Weich oder gut durch?«

»Wie Sie wollen.«

»Mit Toast, Muffins oder normalem Brot?«

»Ich habe keine besonderen Vorlieben.«

»Als Beilage haben Sie die Wahl zwischen Fritten, *Hash Browns*** und Kartoffelpüree.«

Auf einmal hatte ich den Eindruck, sie habe es auf mich abgesehen, um mich vor den anderen bloßzustellen, doch schließlich begriff ich, daß dies typisch amerikanisch war – im Land der unbegrenzten Auswahl.

* Gericht aus Linsen und Gewürzen (Anm. d. Übers.)
** Eine Art Kartoffelkroketten (Anm. d. Übers.)

Nach einem Sommer in Boulder unter Studenten aus aller Herren Ländern und auf einem schönen, sonnendurchfluteten Campus mußte ich im Rahmen meines Stipendienprogramms zur Universität Vanderbilt in Tennessee überwechseln. Das war eine völlig andere Erfahrung. Als ich in Nashville eintraf, hätte ich vor lauter Enttäuschung heulen können. Der Flughafen war winzig und unbedeutend, und es gab keinen Campus wie in Boulder. Die Stadt kam mir häßlich vor.

Vanderbilt war unlängst auch für schwarze Studenten zugänglich gemacht worden, und das kleine Restaurant, das ich gern aufsuchte, hieß Campus Grill und war noch sechs Monate zuvor ausschließlich weißen Studenten vorbehalten gewesen. Es gab wenig ausländische und außer mir keinen anderen bengalischen Studenten. Ich fühlte mich einsam, und mich überkam Heimweh. Der Winter war hart, und ich war überhaupt nicht darauf eingestellt. Wesley Hall, mein Studentenwohnheim, war ein altmodischer, übelriechender Ort. Bald nannten wir es Wesley Hell. Die Heizungsrohre knallten und pochten die ganze Nacht über. Die Duschkabinen besaßen wie in alten Tagen keine Türen, und ich war dermaßen prüde, daß ich mich nicht auszukleiden und vor all den Fremden zu duschen traute (sogar heute noch würde ich dies als schockierend empfinden). Ich duschte stets im *Lungi*, dem langen Männerrock, den man in den öffentlichen Bädern Bangladeschs trägt, um den Unterkörper zu verhüllen.

In jenem Jahr war ich der einzige Fulbright-Stipendiat in Vanderbilt. Die Vorlesungen für Erstsemester langweilten mich. Mein Graduiertenprogramm in wirtschaftlicher Entwicklung erforderte die Absolvierung des *light master*, der im Vergleich zu der Prüfung, die ich bereits abgelegt hatte, anspruchslos war. Ein europäischer Geschichtsprofessor, der verlangte, daß ich ihm seine Vorlesung wortwörtlich wiederkäute, ließ mich jedoch durchfallen.

Allerdings hatte ich das Glück, in Ökonomie zum Fortgeschrittenenkurs zugelassen und ins Doktorandenseminar aufgenommen zu werden. Das einzig Nutzbringende an meinem Aufenthalt in Vanderbilt war meine Begegnung mit dem berühmten rumänischen Professor Nicholas Georgescu-Roegen.

Der bei den Studenten gefürchtete Professor vergab schlechte Noten. Man sagte über ihn: »Wenn er dich äußerst zuvorkommend behandelt, kannst du sicher sein, daß er dich schlachtet.« War es jemandem gelungen, die Note B von ihm zu erhalten, so tuschelten die Studenten hinter seinem Rücken: »Er hat von Georgescu ein B bekommen.« Einmal hatte er an einen koreanischen Studenten die Note A vergeben, doch das war seit Studentengedenken wirklich das einzige Mal gewesen. Ich brauche nicht eigens zu erwähnen, daß er zahlreichen Studenten das Leben zur Hölle machte.

Georgescu war zwar schwierig und unerbittlich, doch zweifellos hatte ich nie einen besseren akademischen Lehrer als ihn. Erst jetzt begriff ich, daß ich mich damit zufriedengegeben hatte, Formeln auswendig zu lernen. In nur zwei Stunden Vorlesung bei Professor Georgescu-Roegen wurden mir die Augen geöffnet. Durch ihn erkannte ich, daß man keine Formeln lernen mußte, sondern daß es im wesentlichen darauf ankam, das dahinterliegende Konzept zu verstehen.

Ich bewunderte Georgescu-Roegen sehr. Er brachte mir ein paar grundsätzliche Dinge bei, die ich nie vergessen werde und die mir zugute kamen, als ich die Grameen-Bank aufbaute. Auch wenn Professor Georgescu-Roegen zu meinem Mentor wurde, verband uns keinerlei persönliche Beziehung. Er war ein europäischer Professor der alten Schule, der Distanz wahrte. Seine Bücher waren viel zu gelehrt und unverständlich, aber er sprach klar und präzise.

Von Haus aus Mathematiker und Philosoph, war er bis 1948 in Rumänien Finanzminister gewesen. Danach mußte er ins Exil gehen und in den Vereinigten Staaten um politisches Asyl bitten. Er sprach so gewandt, daß seine Vorlesungen die reinsten Sprachkunstwerke waren. Ich schrieb mich bei ihm für Statistik für Fortgeschrittene, Wirtschaftstheorie und Marxismus ein, und ich erhielt nur die besten Noten.

Als seine wissenschaftliche Hilfskraft lernte ich präzise Modelle zu schätzen, die mir zeigten, wie bestimmte konkrete Pläne uns dabei helfen können, die Zukunft zu begreifen und zu gestalten.

Ich lernte ebenfalls, daß die Dinge nie so kompliziert sind, wie wir glauben. Es ist lediglich unsere Arroganz, die uns dazu bewegt, für einfache Probleme komplizierte Lösungen zu finden.

6. KAPITEL

HEIRAT UND BEFREIUNGSKRIEG (1967–1971)

1970 heiratete ich Vera Forostenko.

Als ich mit meinem Fulbright-Stipendium nach Amerika aufbrach, hatte ich keineswegs die Absicht, eine Amerikanerin zu heiraten. Zu gegebener Zeit, so dachte ich, würde ich wie alle anderen Männer auch eine Frau aus meiner Umgebung heiraten. Die Heirat würde von meinen älteren Geschwistern arrangiert werden. Einem Menschen aus dem Westen kommt eine solche Praxis vermutlich altmodisch vor, doch in Bangladesch entspricht das der Tradition. Ich habe nie die Berechtigung der arrangierten Heirat in Frage gestellt.

Außerdem hatte ich keine Erfahrung mit Frauen, und in ihrer Gesellschaft war ich nach wie vor ausgesprochen schüchtern. In Bangladesch sind wir allgemein sehr prüde und konservativ, und dies ganz besonders im Bezirk Chittagong, wo man sehr religiös ist. Bis zu meiner Heirat war ich in Gefühlsdingen ein vollkommen Unwissender, und in meiner Familie sprachen wir nie offen über intime Angelegenheiten.

Es war 1967. Eines schönen Tages saß ich in der Bibliothek der Vanderbilt, als mich eine hübsche Studentin mit halblangem braunem Haar und blauen Augen ansprach und wissen wollte, aus welchem Land ich käme.

»Aus Pakistan«, antwortete ich ziemlich nervös.

Sie hieß Vera Forostenko und bereitete sich auf die Magisterprüfung in russischer Literatur vor. Sie war jung, sympathisch, spontan und wollte erfahren, wer ich war und wie ich in Ost-Pakistan lebte.

Vera war in der damaligen Sowjetunion geboren worden, aber kurz nach dem Zweiten Weltkrieg mit ihren Eltern in die Vereinigten Staaten emigriert, wo die Familie sich in Trenton, New Jersey, niedergelassen hatte. Nach unserer Begegnung in der Bibliothek trafen wir uns regelmäßig auf dem Campus.

Ich hatte nicht vor, in den Vereinigten Staaten zu bleiben. Trotz meiner Bewunderung für Amerika fühlte ich mich dort wie in einem Gefängnis; mein wahres Leben verlief anderswo, in meinem Heimatland, wo ich mich nützlich machen wollte.

Auch wenn ich nicht die geringste Vorstellung davon hatte, was ich nach meiner Heimkehr nach Bangladesch unternehmen wollte, so hatte ich doch das Gefühl, irgendeine größere Aufgabe erfüllen zu müssen. In den Vereinigten Staaten wurde ich das Gefühl nicht los, daß ich meine Zeit vergeudete und dahinvegetierte, nur um gute Noten zu erhalten, die zu keinerlei praktischem Nutzen führten. Ich verbüßte sozusagen meine Gefängnisstrafe, bevor ich in mein Land zurückkehren konnte.

Wegen der hohen Flugkosten reiste ich in den Ferien nicht nach Bangladesch zurück. Statt dessen lehrte ich den Sommer über an der Universität von Boulder, Colorado. Meine lange Abwesenheit verstärkte meinen Wunsch, nach Hause zurückzukehren.

Viele meiner Freunde bemühten sich dagegen mit allen Mitteln, ihre Visa verlängern zu lassen, um noch in den Vereinigten Staaten bleiben zu können.

Zum erstenmal wurde ich mit dem Rassismus in Amerika im Hause einer der führenden Familien am Ort konfrontiert. Dort meinte die Gastgeberin zu mir: »Wissenschaftler haben festgestellt, daß der IQ der Schwarzen niedriger ist als der von Weißen.«

Ich starrte sie an und erwiderte: »Was würden Sie sagen, wenn ich behauptete, daß Frauen einen niedrigeren IQ besitzen als Männer?«

»Soll das eine Beleidigung sein?«

»Nein, aber das Problem bei dieser Art von Untersuchungen liegt darin, daß die Fragestellung entweder dumm oder unsachlich ist.«

»Halten Sie denn die Wissenschaftler für Rassisten?«

»Das kann ich Ihnen nicht beantworten. Vermutlich können sie Ihnen ebensogut beweisen, daß der IQ im Norden höher liegt als im Süden. Oder daß die Kriminalitätsrate bei Männern, die größer als 150 Zentimeter sind, höher ist als bei anderen.«

Seltsamerweise fühlte ich mich trotz dieses Rassismus in den Vereinigten Staaten wohl. Hier behandelten einen sogar die Beamten der Einwanderungsbehörde als gleichberechtigt. Alle Amerikaner (außer den nordamerikanischen Indianern) sind zu irgendeinem Zeitpunkt eingewandert. Auch wenn Amerikaner jemanden hassen oder ihnen seine Hautfarbe nicht paßt, würde es ihnen nie einfallen, einem das Aufenthaltsrecht streitig zu machen, ganz im Gegensatz zu dem, was in Europa vor sich geht.

1969 verließ Vera Tennessee, um nach New Jersey zu ziehen. Ich traf bereits Vorkehrungen für meine Rückkehr nach Bangladesch.

»Ich möchte mit dir fahren und zusammen mit dir dort leben«, sagte Vera zu mir.

»Das kannst du nicht«, antwortete ich. Ich war beinahe genauso unnachgiebig wie sie. »Es ist ein tropisches Land mit einer ganz anderen Kultur. Dort behandelt man die Frauen nicht so wie hier.«

»Ich werde mich anpassen«, erwiderte sie.

Sie fuhr fort, mir zu schreiben und mich anzurufen, um mit mir darüber zu diskutieren. Für jedes meiner Argumente, warum solch eine Heirat nicht funktionieren konnte, hatte sie ein Gegenargument parat. Schließlich änderte ich meine Meinung. Wir heirateten 1970.

BEFREIUNGSKRIEG

26. März 1971

Ich hielt mich gerade in Murfreesbero, Tennessee, auf, wo ich an der Middle Tennessee State University unterrichtete. Murfreesbero ist eine Campusstadt, etwa 70 Kilometer südlich von Nashville gelegen. Wie alle Bengalen im Ausland verfolgte ich die Ereignisse in Dhaka genau. Zum Mittagessen kehrte ich in mein Apartment zurück und schaltete das Radio ein, um die neuesten Nachrichten aus Dhaka zu hören. Einer kurzen Meldung zufolge war die pakistanische Armee einmarschiert, um der politischen Opposition gegen die Regierung Pakistans Einhalt zu gebieten. Außerdem hieß es, daß Scheich Mujibur Rahman, der Anführer der Oppositionsbewegung, geflohen sei.

Als ich dies hörte, zog ich mich gerade um. Sofort ließ ich alles stehen und liegen, eilte ans Telefon und rief Dr. Zillur in Nashville an. Ich sagte ihm, er solle das Radio einschalten und ich käme sofort zu ihm. Inzwischen solle er alle anderen Bengalen benachrichtigen. Im größeren Umkreis Nashvilles lebten außer mir noch fünf Bengalen aus Ost-Pakistan. Eine Stunde später war ich in Zillurs Haus. Wir wollten uns beraten, was zu unternehmen sei. Wir verfolgten weiterhin sämtliche Radionachrichten auf allen möglichen Sendern. Die Botschaft war eindeutig: Die pakistanische Armee wollte die Bengalen ein für allemal zerschmettern.

Wir sammelten alle Informationen, die uns zugänglich waren. Es gab keine Übereinstimmung in der Einschätzung der Lage. Einer von uns, ein Anhänger der konservativen pro-islamischen Jamaat-Partei, meinte immer nur: »Wir wissen nicht, was wirklich geschieht. Laßt uns abwarten, bis wir mehr Details wissen.«

An einem gewissen Punkt hielt ich es nicht mehr länger aus und sagte: »Wir haben alle Informationen, die wir benötigen. Bangladesch hat seine Unabhängigkeit erklärt. Wir haben jetzt zu entscheiden, ob wir uns als Bürger dieses neuen Staates betrachten oder nicht. Jeder hat das Recht, sich zu entscheiden. Ich teile euch mit, daß ich mich entschieden habe, und zwar für Bangladesch. Ich erkläre Bangladesch gegenüber meine Loyalität. Wenn sich irgend jemand mir anschließen möchte, so soll er das tun. Wer sich nicht auf die Seite Bangladeschs stellt, den betrachte ich als Pakistani und damit als Feind Bangladeschs.«

Alle waren still und wunderten sich darüber, in welcher Weise ich die Frage nach der Loyalität aufgeworfen hatte. Die Atmosphäre war zum Zerreißen gespannt, und innerhalb kurzer Zeit entschieden sich alle für Bangladesch. Ich schlug vor, daß wir ein »Komitee der Bürger von Bangladesch« gründeten und den Medien in Nashville sofort eine Presseerklärung zukommen ließen.

Drei Dinge beschlossen wir sofort:

1. Wir wollten versuchen, alle Reporter der örtlichen Fernsehstationen und die Journalisten der örtlichen Tageszeitungen zu treffen, um ihnen unsere Entscheidung zu erklären und für die Sache Bangladeschs zu werben.

2. Jeder von uns sollte 1000 Dollar für einen Fonds spenden, damit wir unseren Kampf fortsetzen konnten.

3. Wir wollten so lange monatlich zehn Prozent unseres Gehalts in den Fonds einzahlen, bis Bangladesch unabhängig geworden war. Falls nötig, würden wir diesen Prozentsatz noch erhöhen.

Jeder holte sein Scheckheft heraus, um einen Scheck auszustellen. Wer seines zufällig nicht dabei hatte, borgte sich das Geld von den anderen, um seinen Beitrag ebenfalls sofort einzahlen zu können.

Am Tag darauf, dem 27. März, nahmen wir Kontakt zu den örtlichen Fernsehsendern und Tageszeitungen auf. Ich wurde zum Sekretär des »Komitees der Bürger von Bangladesch« und zum Gruppensprecher gewählt. Da örtliche Fernsehsender normalerweise nie die Gelegenheit bekommen, Berichte über internationale Ereignisse zu bringen, gingen sie begeistert auf unsere Vorschläge ein. In ihren Augen war unsere Initiative eine heiße internationale Nachricht, die darüber hinaus noch unmittelbar mit der Region verbunden war: Ich unterrichtete als Lehrer an einer Universität der Region, die anderen fünf waren als Ärzte an städtischen Krankenhäusern tätig – und da standen wir nun und erklärten uns zu Bürgern eines noch nicht existierenden Landes. Eine wirklich aufregende Nachricht!

Die Journalisten der Zeitungen interviewten und fotografierten uns. Auch alle drei örtlichen Fernsehsender interviewten uns. Danach versammelten wir uns am Nachmittag wieder in Zillurs Haus, um auf die Abendnachrichten zu warten. Unsere Vermutung erwies sich als richtig. Unsere Story wurde als wichtiges Thema behandelt. In den Fernsehnachrichten wurde das mit mir aufgezeichnete Interview in voller Länge ausgestrahlt. Der Interviewer hatte mich gefragt: »Haben Sie eine Botschaft für die Einwohner Tennessees?« – »Ja«, hatte ich geantwortet. »Bitte schreiben Sie Ihren Kongreßabgeordneten und Ihren Senatoren, sie sollen dafür sorgen, daß die Militärhilfe für Pakistan sofort eingestellt wird. Ihre Waffen und Ihre Munition dienen nämlich dazu, unschuldige und unbewaffnete Zivilisten in Bangladesch zu töten. Bitte fordern Sie von Ihrem Präsidenten, Druck auf Pakistan auszuüben, damit dem Völkermord in Bangladesch sofort Einhalt geboten wird.«

Ich war froh, daß wir schnell gehandelt hatten und alle sechs einer Meinung waren, obwohl wir unterschiedlichen politischen Richtungen angehörten und auch unser soziokultureller Hintergrund verschieden war. Jetzt wollten wir erfahren, welche Ansichten die anderen in den USA lebenden Bengalen vertraten. Wir beschlossen, Kontakt zu einem bengalischen Beamten in der pakistanischen Botschaft aufzunehmen.

Ich kannte dort niemanden. Mir war gesagt worden, der zweithöchste Pakistani in der Botschaft sei Bengale: Mr. Enayet Karim, der Minister.

Ich wollte mein Glück versuchen und rief ihn an. Er gab mir eine wichtige Information: Am 29. März sollte auf dem Kapitol in Washington, D. C., eine Demonstration stattfinden, die das Vorgehen der pakistanischen Armee gegen die Zivilbevölkerung anprangerte. Er bat uns, daran teilzunehmen, und fügte hinzu, daß die größte Zahl an Bengalen aus New York anreisen würde, wo die meisten Bengalen lebten.

Nach meinem Telefonat diskutierten wir über eine Teilnahme an dieser Demonstration. Die Ärzte unserer Gruppe waren verhindert, weil sie ihren Dienstpflichten im Krankenhaus nachkommen mußten. Ich erklärte, daß ich am nächsten Tag abreisen würde.

Es wurde beschlossen, daß ich auf eigene Kosten hinfahren müsse. Die bereits von uns zusammengetragenen 6000 Dollar wurden mir anvertraut, damit ich sie während meines Aufenthalts in Washington auf geeignete Weise ausgab.

Wo sollte ich in Washington übernachten? Ich kannte dort niemanden. Enayet Karim hatte am Telefon freundlich geklungen. Weshalb sollte ich es nicht bei ihm versuchen? Ich rief ihn wieder an und fragte ihn, ob ich bei ihm schlafen könne. Er war sofort einverstanden und sagte: »Kommen Sie gern her.«

Ich war von seiner Bereitwilligkeit überrascht, denn er kannte mich nicht. Doch in diesen kritischen Zeiten rückten alle Bengalen näher zusammen. Plötzlich waren wir wie eine große Familie.

Bis Mitternacht verbrachten wir die Zeit damit, mit Zillurs riesigem Kurzwellenradio sämtliche Sender der Welt abzuhören. Wir alle erwiesen uns als ziemlich geschickt darin, die Störgeräusche auszufiltern und die fremdesten Sprachen der Welt zu entschlüsseln. Zwischen den Nachrichten aßen wir von den köstlichen Speisen, die Zillurs amerikanische Frau Joanne uns ständig auftrug, während wir darüber spekulierten, was wohl Scheich Mujib zugestoßen sein könnte. Schließlich wurde gemeldet, daß er auf seiner Flucht vor der pakistanischen Armee im Bahnhof von Chittagong verhaftet worden war. Als wir diese Nachricht hörten, brachen wir in Tränen aus. Bis dahin hatten wir uns nämlich allerlei Szenarien ausgemalt, wie der Scheich die im Krieg be findliche Nation von irgendeinem Bunker im Untergrund aus führte. Alles, was die Nation brauchte, war seine Stimme, die live über den Sender kam. – Gegen seine Stimme hatte Pakistan mit all seiner überlegenen Feuerkraft nicht die geringste Chance.

Was würde die pakistanische Armee nun mit ihm tun? Brachte man ihn nach Dhaka zurück, um ihn vor ein Erschießungskommando zu stellen? Würde man ihn hängen? Ihn zu Tode foltern?

28. März 1971

Schweren Herzens und von zahlreichen Fragen gequält verließ ich in den frühen Morgenstunden des 28. März Murfreesboro. Im Laufe des Nachmittags kam ich in Washington, D.C., und in Enayet Karims Haus an. Die ganze Familie freute sich über mein Kommen. Mrs. Karim deckte sofort den Tisch für mich, und bald darauf fanden wir heraus, daß wir beide aus Chittagong gebürtig waren, was unsere Beziehung etwas persönlicher machte.

Sehr schnell wurde ich zum Familienmitglied, was mich überraschte, da ich durch meine Erfahrungen wußte, daß Regierungsbeamte die selbstgewählte Isolation vorziehen. Außerdem überraschte mich, daß sie auf eine Weise miteinander diskutierten, als käme es auf jede Meinung an. Zwischendurch läutete immer wieder das Telefon. Manchmal war es ein Ortsgespräch, manchmal der Anruf aus einem weit entfernten Botschaftsgebäude Pakistans irgendwo auf der Welt. Bengalische Beamte suchten den Kontakt zu ihren Amtskollegen in Washington, um sich mit ihnen zu beraten. Gleichzeitig kamen Besucher mit Nachrichten oder Fragen vorbei. Im Haus herrschte ein reges Leben.

Mich faszinierte diese Atmosphäre, die mir wie eine Vorahnung eines bereits unabhängigen Bangladeschs vorkam. In dem Bewußtsein all jener, die sich im Haus aufhielten, war keine Spur von Pakistan mehr zu erkennen.

Während ich diesen ansteckenden freiheitlichen Geist genoß, bemerkte ich einen ernst aussehenden Mann, der intensiv damit beschäftigt war, etwas niederzuschreiben. Es handelte sich um S.A. Karim, den ständigen Vertreter Pakistans bei den Vereinten Nationen, der am Vormittag eingetroffen war. Schließlich wollte er uns vorlesen, was er aufgeschrieben hatte. Alle wurden still und scharten sich um ihn. Er hatte den Entwurf für einen Appell an alle Regierungschefs der Welt verfaßt, in dem diese aufgefordert wurden, Druck auf Pakistan auszuüben, damit der Völkermord beendet wurde. Während ich ihm zuhörte, bewunderte ich das sprachliche Geschick des Autors.

Ich versuchte herauszufinden, wer für die Demonstration auf dem Kapitol am nächsten Tag verantwortlich war. Welche Vorbereitungen waren getroffen worden? Was konnte ich dazu beitragen? Ich wollte vermeiden, daß es eine klägliche Veranstaltung wurde. Bereitete jemand Schrifttafeln oder Transparente vor, die man vor die Fernsehkameras halten konnte? In Enayet Karims Haus konnte mir niemand darauf eine Antwort geben. Ich kam zu dem Schluß, daß ich selbst die Initiative ergreifen mußte. Ich ging in ein Kaufhaus und kaufte stapelweise Farbkarton, Plakatfarben und Pinsel. Dann machte ich mich daran, so viele Tafeln wie möglich zu beschriften.

Alle wunderten sich, als sie mich bei der Arbeit sahen. Ich spürte, daß meine Zuschauer mir für mein Werk echte Bewunderung entgegenbrachten. Das Beschriften von Tafeln hatte ich als Student des Chittagong College gelernt, das konnte ich gut. Die Pinsel waren jedoch beim Schreiben großer Lettern nur ein mangelhafter Ersatz für die *bidi**, und ich vermißte sie sehr.

Shamsul Bari, der an der Universität von Chicago Bengali unterrichtete, traf ebenfalls ein. Ich kannte ihn flüchtig aus unserer Studienzeit in Dhaka. Der Befreiungskrieg brachte uns einander näher. Während der gesamten Kriegsdauer arbeiteten wir zusammen.

Abends kamen weitere Leute. Alle bengalischen Beamten schauten irgendwann mit ihrer Familie in Enayet Karims Haus vorbei. Einige von ihnen machten sich Sorgen wegen ihrer Familien in Bangladesch, andere wollten weitere Informationen über die Situation in Dhaka und darüber haben, was man unternehmen konnte.

Ein neues Gesicht tauchte auf, ein junger Arzt aus Comilla, der vor nicht ganz einem Jahr in die USA gekommen war: Dr. Hasan Chowdhury aus Missouri. Er kannte niemanden in Washington und

---

* Eine Art handgedrehter Zigarette, für die statt dünnen Zigarettenpapiers ein Tabakblatt verwendet wird. (Anm. d. Übers.)

hatte genauso wie ich reagiert – er war zu Enayet Karims Haus gefahren und hatte festgestellt, daß die Türen jedermann offenstanden.

Den Abend verbrachten wir damit, die Lage zu analysieren und über die Strategie für den folgenden Tag zu entscheiden. Erstens sollte der von S. A. Karim formulierte Appell an alle Botschaften verteilt werden, damit diese ihn an ihre Regierungen weiterleiteten. Zweitens berieten wir über die Demonstration auf dem Kapitol.

Die Ereignisse in Dhaka hatten drei fremde Gäste in Mr. Karims Haus gebracht: Shamsul Bari, Hasan und mich. Mrs. Karim behandelte uns jedoch wie liebe Freunde. Sie beköstigte uns, während sie mal auf die pakistanische Armee schimpfte, mal Gedichte von Tagore rezitierte.

29. März 1971

Am Morgen wachte ich durch Rufe auf, die irgendwo im Haus zu hören waren. Verwundert stand ich auf, zog mich flink an und ging in das Zimmer, aus dem der Lärm kam. Es war etwa sieben Uhr in der Frühe, und ich sah einen kleinen, hageren Mann mit Bart, der aus Leibeskräften Mr. Karim anschrie, der seelenruhig in seinem Zimmer saß und das Geschrei duldete. Es war ein kleines Vorzimmer, in dem sich noch weitere fünf oder sechs Personen aufhielten.

Mich packte sofort der Zorn über die Person, die Mr. Karim anbrüllte. Was nahm sich dieser Kerl heraus, unseren lieben Gastgeber so zu behandeln? Wer war das eigentlich? Und wer waren die anderen?

Mr. Karim versuchte mit ruhiger Stimme etwas zu erklären, doch der kleine Besucher ließ ihm kaum eine Gelegenheit, sich ihm verständlich zu machen. Er beschuldigte Mr. Karim und all die anderen Beamten der Botschaft, »Verräter« zu sein. Die übrigen Männer im Vorzimmer trugen Buttons, auf denen in fetten Lettern »Bangladesch« geschrieben stand.

Sie kamen aus Boston, aus Harvard und von anderen Universitäten, waren in den frühesten Morgenstunden des Tages hierhergefahren und hatten sich, nicht anders als wir auch, direkt zu Mr. Karims Haus aufgemacht. Sie waren nach Washington gekommen, um sich der Demonstration auf dem Kapitol anzuschließen, und hatten erfah-

ren, daß sich die bengalischen Beamten der Botschaft Pakistans entschlossen hatten, nicht an der Demonstration teilzunehmen. Das war
der Grund für das Geschrei.

Der kleine Mann, bei dem es sich um den frisch promovierten
Dr. Mohiuddin Alamgir aus Harvard handelte und der später während der gesamten Dauer des Befreiungskrieges und auch darüber hinaus einer meiner engsten Freunde wurde, sparte bei seinen Angriffen
auf Mr. Karim nicht mit harschen Worten. Ich versuchte meinen Gastgeber zu verteidigen, indem ich Alamgir und seinen Freunden erklärte,
daß wir am Abend zuvor über dieses Thema diskutiert hatten und zu
dem Schluß gekommen waren, daß es eine gute Strategie sei, seine
hohen Posten innerhalb der Regierung zu behalten, damit die Pakistani nicht die Möglichkeit hatten, die Regierungsmacht den Bengalen
in Ost-Pakistan gegenüber nach Belieben anzuwenden. Als Botschafts-
beamte hatten sie Kontakte zu hohen Regierungsbeamten des amerikanischen State Department und konnten diese über die wirkliche Lage
informieren.

Alamgir schrie zurück, dies alles sei nur Süßholzgeraspel von Feig-
lingen, die sich der Sache der Befreiung nicht anschließen wollten
und nur darauf bedacht seien, ihr bequemes Leben nicht aufs Spiel zu
setzen.

Das Zusammentreffen endete für beide Seiten unbefriedigend.
Doch das Problem, das Alamgir aufgeworfen hatte, ließ uns bis zum
4. August 1971 nicht los, als sich bengalische Diplomaten der pakistanischen Botschaft absetzten und sich der Exilregierung von Bangladesch anschlossen.

Am Nachmittag des 29. März versammelten wir uns alle vor den
Stufen zum amerikanischen Kongreß, um zu demonstrieren. Ich nahm
meine gesamten Transparente mit. Viele Bengalen waren von weither
angereist. Washington und New York stellten die zahlenstärksten Ab-
ordnungen, bis die Bengalen aus Detroit ankamen. Die meisten von
ihnen waren Arbeiter aus Detroiter Fabriken.

Niemand wußte, was er tun sollte und wer die Veranstalter waren.
Wir konnten nicht einfach mit der Demonstration anfangen, weil wir
keine Genehmigung besaßen. Fazlul Bari, ein Angestellter der Botschaft, hatte zwar eine Genehmigung beantragt, doch wegen der Ent-

scheidung der bengalischen Beamten, nicht an der Demonstration teilzunehmen, konnte er sie nicht abholen. Zu unserem Glück fand er
jemanden, der auch Bari hieß, Shamsul Bari, der ihm half. Shamsul
Bari sollte als Bari die Genehmigung abholen.

Wir überlegten noch immer, wie wir die Demonstration organisieren sollten, als Shamsul Bari mit der Genehmigung auftauchte. Ich rief
aus vollem Hals: »Hier kommt unser Anführer. Wir stellen uns hinter
ihm auf und beginnen mit der Demonstration.«

Es wirkte wie Zauberei. Die Demonstration zu Füßen des Kapitols
war eine bedeutende Angelegenheit. Die US-Gesetzgeber nahmen
Notiz von uns. Kongreßbedienstete nahmen sich die Zeit, sich über
die Lage informieren zu lassen und unsere Forderungen entgegenzunehmen. Die neuen Medien waren besonders aktiv. Fernsehkameras
begleiteten den Versammlungszug, zeichneten an Ort und Stelle Interviews auf, und die Reporter hatten die Möglichkeit zur Direktbericht-
erstattung.

Um den weiteren Verlauf unserer Aktionen zu besprechen, trafen
wir uns alle am Abend, diesmal im Haus von A.M.A. Muhith, dem
Wirtschaftsattaché der Botschaft. Während dieser großen Versammlung gab es eine hitzige Debatte über die Koordinierungsmöglichkeiten
der bengalischen Aktivitäten in den USA und die politischen Pflichten
der bengalischen Diplomaten. Das Geschrei, das mich frühmorgens
aufgeweckt hatte, wurde jetzt mit noch größerer Intensität zum selben
Thema fortgesetzt: Warum verließen die bengalischen Diplomaten
nicht sofort die Botschaft Pakistans?

Wir trennten uns nach dem Abendessen in dem Bewußtsein, daß
wir einen Weg finden mußten, um die Aktivitäten aller Bengalen in
den USA zu koordinieren. Zugleich waren wir davon überzeugt, daß
die bengalischen Diplomaten nicht länger die Führerschaft innerhalb
der Bewegung übernehmen konnten, zumal uns Zweifel hinsichtlich
der Argumente gekommen waren, die dafür sprachen, daß die Diplomaten weiterhin ihren Dienst für Pakistan versahen.

30. März 1971
Man übertrug Shamsul Bari und mir die Aufgabe, alle Botschaften aufzusuchen, mit den Botschaftern oder deren Stellvertretern zu sprechen,

ihnen unser Anliegen zu erläutern und die Anerkennung Bangladeschs als unabhängigen Staat zu fordern.

Es war für uns beide eine interessante Erfahrung. Wir suchten mehrere Botschaften an einem Tag auf. Jede Botschaft besaß ihren eigenen Stil, uns zu empfangen. Doch es gab viele Fragen, die uns immer wieder gestellt wurden. Wen vertreten Sie? Kommen Sie von einer Organisation mit Sitz in den USA? Wie können Sie verlangen, wir sollen Ihr Land »anerkennen«, wenn Sie noch nicht einmal eine Regierung haben? Gibt es eine ausländische Regierung, die Sie unterstützt? Welchen Standpunkt vertreten Ihre Diplomaten in den USA? Werden Sie von ihnen unterstützt? Wann treten Sie an die Öffentlichkeit? Wie hoch ist der Anteil der Bevölkerung in Ost-Pakistan, der ein unabhängiges Bangladesch wünscht?

Alle Fragen konnten wir überzeugend beantworten, bis auf die eine: »Haben Sie eine eigene Regierung?«

Da forderten wir mit Nachdruck alle Welt auf, Bangladesch anzuerkennen und mußten nun feststellen, daß dies nicht möglich war, solange wir keine eigene Regierung hatten.

Bari und ich entschieden, daß wir sofort eine eigene Regierung benötigten. Aber wie kann man eine Regierung in Bangladesch bilden, wenn man sich in Washington aufhält? Vermutlich dachte im Augenblick keiner in Bangladesch daran, eine Regierung zu bilden, weil alle politischen Führer entweder tot waren oder sich verstecken mußten.

Da kam mir eine Idee. Weshalb sollten wir am nächsten Tag nicht nach Kalkutta fliegen, ein paar Leute zusammentrommeln, ein Kabinett bilden und der Welt die Bildung einer Regierung Bangladeschs mitteilen? Dann besäßen wir ein Land und eine Regierung, und die Frage der Anerkennung könnte mit Nachdruck betrieben werden. Meine Idee gefiel Bari. Wir besprachen uns kurz und kamen überein, nach Kalkutta zu fliegen, um eine Exilregierung einzuberufen.

Ich dachte an eine weitere wichtige Sache, und zwar an einen Radiosender, der Programme für Bangladesch ausstrahlte, damit die Leute im Innern des Landes wußten, was vor sich ging und was sie zu tun hatten.

Ich dachte an eine Sendeanlage, die man auf ein Fahrzeug montieren konnte. Mit diesem Gefährt konnte man nach Bangladesch fahren, Radioprogramme ausstrahlen und bei einer eventuellen Verfolgung durch die pakistanische Armee über die Grenze nach Indien zurückkehren.

Ich überlegte. Mir standen 6000 Dollar zur Verfügung, die für eine Sendeanlage reichen mußten. Das Geld wäre dann sinnvoll angelegt.

Wir führten gesonderte Gespräche mit den Botschaften von vier Ländern. Wir baten die Botschaft Burmas, die Grenzen nicht zu schließen, damit sich jeder Bengale vor der pakistanischen Armee in Sicherheit bringen konnte. Jede Zusammenarbeit mit der pakistanischen Armee würden wir als unfreundlichen Akt betrachten. Wir würden uns bemühen, Gelder aufzutreiben, um die Flüchtlinge aus Bangladesch zu versorgen. Sie sollten sich wegen einer finanziellen Belastung keine Sorgen machen.

Wir forderten die Botschaft Sri Lankas auf, das Land solle allen pakistanischen Militär- und Zivilflugzeugen auf dem Weg nach Bangladesch die Landeerlaubnis verweigern, ebenso jenen, die von Bangladesch nach Pakistan flogen. Pakistan beförderte Militärs, Waffen und Munition in Zivilmaschinen von Karachi nach Dhaka.

Der Vertreter Sri Lankas äußerte sich sehr zurückhaltend. Er sagte uns, der Einfluß der Botschaft auf die Politik der Regierung sei begrenzt. Doch er sicherte zu, seine Regierung über die Gefühle der in den USA lebenden Bangladeschi zu informieren. Er riet uns, weiterhin Druck auf Sri Lanka auszuüben. Die Regierung Sri Lankas müsse einen stichhaltigen Grund haben, ihre Politik zu ändern.

In der Botschaft der Sowjetunion schien man viel über die Gegebenheiten in Bangladesch zu wissen. Man kannte alle linksgerichteten Politiker. Von uns wollte man erfahren, ob wir etwas über deren Ansichten zur Unabhängigkeit Bangladeschs wußten und ob sie ebenfalls, insbesondere Moulana Bhashani, auf ein freies Bangladesch hinarbeiteten. Falls ja, würde die Sowjetunion ernsthaft ins Auge fassen, ein unabhängiges Bangladesch zu unterstützen.

In der indischen Botschaft behandelte man uns wie hochrangige Diplomaten. Man wollte etwas über die bengalischen Diplomaten in der Botschaft Pakistans erfahren, über den Aufenthaltsort unserer Anführer, ob wir irgendeinen Kontakt zu ihnen hätten und ob unsere

Organisation von den USA aus operiere. Wir baten sie, die Grenzen für die Flüchtlinge zu öffnen, ausgebürgerten Bangladeschis jederzeit freien Zugang nach Kalkutta zu gewähren sowie für Bangladeschis mit pakistanischem Reisepaß die Regeln für die Ausstellung indischer Visen zu lockern.

Als wir in Enayet Karims Haus zurückkamen, wußten wir, was wir zu tun hatten. Ich würde nach Kalkutta fliegen, um dort eine provisorische Exilregierung Bangladeschs zu gründen.

An jenem Abend diskutierten wir lebhaft über die Modalitäten und beschlossen, daß Hasan sofort nach Kalkutta und Agartala reisen sollte, um die ersten Kontakte zu den politischen Führern zu knüpfen, die aus Bangladesch geflohen waren. Er würde mir dann mitteilen, wann ich nachkommen sollte, um die Regierung zu bilden.

Im Laufe des Abends kam Aga Hilali, der pakistanische Botschafter, auf einen Höflichkeitsbesuch bei seiner Nummer zwei vorbei. Als wir erfuhren, daß er kommen würde, wurden wir drei, die wir gerade beim Abendessen waren, mit unseren Tellern und Speisen auf den Dachgarten hinaufgescheucht. Dort harrten wir zwei Stunden lang aus, ohne einen Ton von uns zu geben, so daß der Botschafter nicht ahnte, daß sein bengalischer Kollege drei gefährliche, staatsfeindliche Elemente in seinem Haus beherbergte. Der Botschafter erkundigte sich höflich, ob jemand von Mr. Karims Verwandten bei den Militäraktionen in Dhaka zu Schaden gekommen sei.

Hasan flog am nächsten Tag wie geplant nach Kalkutta und Agartala ab. Von Kalkutta aus schickte er mir eine bitter klingende Botschaft und riet mir, nicht nachzukommen. Kurz darauf wurde die Regierung Mujibnagar gebildet. Bengalen in den USA und Kanada konzentrierten sich auf die Kampagne für die Anerkennung Bangladeschs, die Einstellung der Militärhilfe an Pakistan, den Stopp des Völkermords in Bangladesch und auf die Freilassung von Scheich Mujib.

Mahmud Ali, der Generalkonsul in New York, lief am 26. April 1971 über und wurde sofort unser Held. Seine Frau nahm eine kleine Arbeit auf, um die Familie zu ernähren.

Die Bangladesh League of America arbeitete von New York aus unter der Leitung von Dr. Mohiuddin Alamgir; in Chicago gründete

Dr. F. R. Khan die Bangladesh Defense League. Shamsul Bari wurde ihr Generalsekretär. Er veröffentlichte die erste Ausgabe des *Bangladesh Newsletter*. Ich übernahm seine Arbeit und bereitete die weiteren Ausgaben in meinem Apartment in Nashville in der Paragon Mills Road Nr. 500 vor. Meine Wohnung wurde so etwas wie das Kommunikationszentrum. Das Telefon klingelte ununterbrochen, wenn ich nach einer meiner langen Reisen für die Kampagne wieder einmal zu Hause war. Meine Gesprächspartner riefen aus Nordamerika und Großbritannien an. Alle Bengalen in Nordamerika wollten Tag für Tag das Neueste über den Krieg hören.

Dank der Bemühungen der Bengalen in Washington wurde das Bangladesh Information Center in der Nähe des Kapitols gegründet, das die Lobbyarbeit in beiden Häusern des Kongresses leistete. Ich übernahm die Verantwortung für die Arbeit des Information Center in der Anfangsphase und war danach in den Vereinigten Staaten viel unterwegs, wo ich Workshops in den Universitäten organisierte und amerikanische Freunde veranlaßte, Freundschaftskomitees für Bangladesch zu gründen.

Während der neun Monate hatten wir ein klar umrissenes Bild vom künftigen Bangladesch vor Augen. Es wurde mit jedem Tag deutlicher und lebendiger. Wir wollten demokratische Verhältnisse einführen und dem Volkswillen Geltung verschaffen, der sich in freien und gerechten Wahlen kundtut. Wir wollten das Recht der Menschen durchsetzen, ihr Leben nach ihren eigenen Vorstellungen zu gestalten. Wir wollten, daß niemand mehr in Armut leben mußte. Wir träumten von einem glücklichen und gedeihlichen Leben für alle Bürger.

Wir träumten von einer Nation, die einen würdigen Platz in der Gemeinschaft der anderen Nationen dieser Welt einnahm.

7. KAPITEL

UNIVERSITÄT CHITTAGONG (1972–1976)

1972 kehrte ich, den Kopf voller Träume und Ideale, aus den Vereinigten Staaten nach Hause zurück und war davon überzeugt, daß der westliche Rationalismus all unsere Probleme lösen würde. Inzwischen war ich vertrauter im Umgang mit den Gewohnheiten der westlichen Welt und mit dem Konsum; ich sah stundenlang fern, während ich komplexe Gleichungen löste.

Wenn Ost-Pakistan nur seine Ressourcen behalten könnte, statt sich als Kolonie West-Pakistans ausbeuten zu lassen, so würde sich, davon war ich überzeugt, die Lage unseres Landes sehr schnell bessern.

Bei meiner Ankunft beeindruckten mich der Mut und die Entschlossenheit der Bevölkerung, die inmitten der Kriegsruinen lebte. Die Menschen hatten mit Schwierigkeiten aller Arten zu kämpfen und bewältigten sie beherzt. Doch im Laufe der Monate und Jahre wichen die Hoffnungen der Ernüchterung. Das Land schaffte es nicht, seine Probleme zu meistern, und die Situation verschlechterte sich von Tag zu Tag.

Nach meiner Rückkehr berief man mich mit einem hochtrabenden Titel in die Planungskommission der Regierung, aber außer Zeitunglesen hatte ich den ganzen Tag lang nichts zu tun. Da hatte ich nun in Amerika in Wirtschaftswissenschaften promoviert, das Land tat sich mit seiner wirtschaftlichen Entwicklung schwer, und trotzdem hatten sie keine angemessenen Aufgaben für mich.

Nachdem ich mich mehrmals beim Vorsitzenden der Planungskommission Nurul Islam, meinem früheren Professor an der Universität von Dhaka (dem ich die Stelle in der Planungskommission verdankte), beschwert hatte, erklärte ich meinen Rücktritt und wurde Leiter der wirtschaftswissenschaftlichen Fakultät an der Universität Chittagong.

Der Campus der Universität liegt etwa 30 Kilometer östlich von Chittagong in einer 7,5 Hektar großen, unbebauten Hügellandschaft. Einige der Hügel hatte man abgetragen, um darauf große, moderne Gebäude aus rotem Ziegelstein zu errichten, die dem Universitätspräsidenten, dem Chef des Einschreibungsbüros und einem oder zwei Professoren vorbehalten blieben. Jedes dieser Gebäude stand auf dem Gipfel eines Hügels. Auf einem kleinen Areal zu Füßen der Hügel befanden sich die Unterrichtsgebäude, die Schlafsäle und die Wohnungen des Lehrkörpers.

Dieser Mitte der sechziger Jahre von dem größten Architekten Bangladeschs entworfene Campus bot alle Vorzüge moderner Bauwerke. Alles war mit roten Ziegeln gebaut worden, und die Flächenaufteilung war sehr großzügig. Beeindruckende Gebäude, schön anzusehen, doch ganz und gar unzweckmäßig. Als ich dort zu arbeiten begann, merkte ich schon bald, daß die Inneneinrichtungen alles andere als praktisch waren.

Dem Fakultätsleiter beispielsweise stand ein riesengroßes Büro zur Verfügung, für die Dozenten dagegen war kein einziges vorgesehen. Eine meiner ersten Amtshandlungen als Dekan bestand darin, mein Büro in einen Raum für die Dozenten umzufunktionieren. Dafür richtete ich mein Büro in einem anderen, kleineren Zimmer ein. Meine Entscheidung brachte mir nichts als Unzufriedenheit ein. Die Dozenten bestanden darauf, daß der Fakultätsleiter ein großes Büro haben müsse, auch wenn sie als seine Untergebenen nicht einmal einen Platz fanden, wo sie sich hinsetzen konnten.

Es war eine schwierige Zeit an der Universität. Die Dozenten verweigerten die Bewertung der Examina, weil die Studenten unter Mißachtung der elementarsten Vorschriften die Antworten aus Handbüchern wie auch voneinander abgeschrieben hatten. Die Dozenten bestanden darauf, daß die Studenten ihre Examina wiederholten; die Studenten weigerten sich. Sie argumentierten, daß es großzügig genug von ihnen gewesen sei, sich kurz nach ihrer Rückkehr aus dem Befreiungskrieg (der am 16. Dezember des Vorjahres zu Ende gegangen war) bereit erklärt zu haben, überhaupt ein Examen abzulegen.

Viele Studenten hatten als Angehörige der Mukti Bahini (Befreiungsarmee) am Krieg teilgenommen. Die noch immer bewaffneten Hochschüler drohten ihren Professoren blutige Repressalien an, wenn sie die Examensergebnisse nicht bald bekanntgeben würden. Als Fakultätsleiter nahm ich es auf mich, zwischen den Studenten und den Professoren zu vermitteln.

Damals wohnte ich bei meinen Eltern in der Stadt. Für die Fahrt zum Campus stellte mein Vater mir seinen Wagen zur Verfügung. Unterwegs sah ich Studenten und Dozenten, die auf den Bus zur Universität warteten. Jeden Tag nahm ich ein paar von ihnen im Wagen mit.

Ich versuchte herauszufinden, wie ich diese Situation verbessern konnte. Wegen mangelnder Unterbringungsmöglichkeiten auf dem Campus kamen die meisten Studenten und Dozenten morgens mit dem Bus und fuhren um 14 Uhr wieder weg, so daß die Universität nachmittags und abends praktisch menschenleer war. Ich betrachtete es als Schande für unser Land, daß solch ein nationaler Schatz dermaßen wenig genutzt wurde. Daher stellte ich eine Studentengruppe zusammen, die dieses Problem untersuchen sollte.

Unser Untersuchungsbericht wurde unter dem Titel »Transportprobleme an der Universität Chittagong« veröffentlicht. Die Ergebnisse und Schlußfolgerungen wurden sofort von den nationalen Tageszeitungen verbreitet, die auch die von mir benutzte Formel zur Beschreibung des Campus verwendeten, nämlich »die Teilzeituniversität«. Diese Nachricht verursachte viel Wirbel. Zahlreiche Journalisten interviewten mich. Nie hatte ein Professor oder Schulleiter so etwas je zu sagen gewagt.

Das Erziehungsministerium meldete sich bei mir und bat mich um eine Kopie des Berichts, den ich ihm mit zahlreichen Lösungsvorschlägen und Kommentaren zuschickte. Leider führten all diese Bemühungen zu nichts, und das Problem der Teilzeituniversität besteht 20 Jahre später nach wie vor, trotz der Einrichtung einer Bahnlinie zwischen Stadt und Campus.

Jeden Tag fuhr ich mit dem Wagen durch Jobra. In der Nähe des Campus lagen Felder brach. Ich fragte meinen Kollegen Latifee, aus welchem Grund man dieses Land nicht für Winterkulturen nutzte, und schlug vor, uns beide ins Dorf zu begeben, um mit den Leuten dort zu sprechen und dieses Geheimnis aufzuklären. Kurz darauf fanden wir die Erklärung: Es gab kein Wasser zum Bewässern.

Was tun? Es war eine Schande, daß man die Felder um den Campus herum brachliegen ließ. Wenn die Universität der Hort des Wissens ist, weshalb sollten wir dann nicht die umliegende Bevölkerung davon profitieren lassen und derart beweisen, wie nützlich Wissen sein kann? Eine Universität sollte kein Elfenbeinturm sein, in dem sich zwar Intellektuelle am Nektar des Wissens laben, ihrer Nachbarschaft aber keinen einzigen Schluck davon abgeben.

Nach einem oder zwei Monaten wies man mir zu meiner großen Befriedigung ein Haus auf dem Campus zu; dies brachte mich den Mitgliedern der Gemeinschaft näher und ermöglichte es mir, mehr Zeit vor Ort zu verbringen. Vom Unterrichtsraum aus sah ich morgens dem Zug der kleinen Kinder, Männer und Tiere zu, die den Campus überquerten, um auf die Hügel zu steigen. Bei Sonnenuntergang kamen alle wieder herunter, die einen mit Reisig und Astholz beladen, die anderen einen der Bäume hinter sich herschleppend, die auf den Hügeln wuchsen.

Mir kam die Idee, daß die Universität auf den unbebauten Hügeln Bäume und zahlreiche andere Waldgewächse anpflanzen konnte, die sich zum Verkauf eigneten. Das wäre zugleich eine Einnahmequelle für die Universität und ein Arbeitsfeld für die Menschen aus dem nahen Dorf.

Ich war fest davon überzeugt, daß die Universität dazu beitragen mußte, das Los der Dorfbewohner vor Ort zu verbessern. Und es war Aufgabe der wirtschaftswissenschaftlichen Fakultät, den Weg zu weisen.

Ich wollte verstehen lernen, wie ein Dorf funktioniert. Denn was die Dörfer in Bangladesch betraf, so waren wir Lehrkräfte im wesentlichen auf Vermutungen angewiesen, weil uns keinerlei konkrete Informationen zur Verfügung standen. Es war unerläßlich, daß wir eine gründliche Untersuchung über Jobra durchführten. Daher initiierte ich mit Hilfe meiner Studenten ein Forschungsprojekt über das Dorf.

Auf folgende Fragen wollten wir eine Antwort finden: Wie viele Familien aus dem Dorf besitzen Ackerboden? Wieviel Fläche steht jeder Familie zur Verfügung? Was wird dort angebaut? Wie leben die landlosen Bauern? Wer waren die Armen? Welche Fertigkeiten besaßen die

Menschen, und was hinderte sie daran, ihre Lage zu verbessern? Wie viele Familien konnten so viel ernten, daß sie ihr ganzes Leben über von ihrem Ertrag leben konnten, und wie lange konnten jene, denen dies nicht gelang, sich von ihren Erträgen ernähren: zehn, acht, sechs oder weniger als zwei Monate lang?

Ich versuchte Bangladesch zu begreifen, indem ich Jobra begriff. Jobra wurde zu meinem Bangladesch. Es war der Teil Bangladeschs, den ich fühlen und berühren konnte. Alles, was ich wollte, konnte ich überprüfen, und ich konnte außerdem versuchen, die Dinge ein klein wenig in Bewegung zu bringen.

Die Analysen über die Gründe für die Armut erkunden größtenteils, warum bestimmte Länder arm sind, statt sich mit der Frage zu befassen, warum bestimmte Teile der Bevölkerung unterhalb der Armutsgrenze leben. Die Ökonomen, denen soziale Gerechtigkeit etwas bedeutet, betonen die »Rechtlosigkeit« der Armen. Selbst in Zeiten der Hungersnot haben die Armen trotz üppiger Getreidevorräte keinen Zugang zu Nahrungsmitteln. In einem Jahrhundert, in dem die Menschheit die spektakulärsten wissenschaftlichen und technischen Fortschritte vollzieht und der Mensch seinen Fuß auf den Mond gesetzt hat, ist ein derartiges menschliches Elend moralisch nicht mehr zu rechtfertigen.

Was ich über den Hunger damals noch nicht wußte, aber im Laufe der folgenden 20 Jahre herausfinden sollte, sagte ich 1994 mit den folgenden Worten in Des Moines, Iowa, als man mir den Weltpreis für Ernährung überreichte:

»Glänzende Wirtschaftstheoretiker halten es nicht für sinnvoll, ihre Zeit dem Studium solcher Probleme wie der Armut und dem Hunger zu widmen. Sie wollen uns glauben machen, daß sich diese Probleme von selbst lösen, wenn erst die Welle des wirtschaftlichen Wohlstands die Nationen erfaßt. Die Ökonomen verwenden ihr ganzes Talent darauf, Prozesse der Entwicklung und des Wohlstands zu analysieren, aber sie verwenden keinerlei Energie darauf, sich mit der Armut und dem Hunger zu befassen.

Ich bin davon überzeugt, daß wir, wenn die Menschheit den Kampf gegen die Armut als wichtige und ernste Aufgabe erkennt, eine Welt aufbauen können, auf die wir dann mit Recht stolz sind, statt uns, wie es heute der Fall ist, ihrer schämen zu müssen.«

Die Hungersnot von 1974 dauerte an, und je schlimmer sie wurde, desto größer wurde meine Unruhe.

Da ich es nicht mehr länger ertragen konnte, suchte ich den Vizepräsidenten meiner Universität auf. Er war der geschäftsführende Leiter der Universität. Der Premierminister unseres Landes war dem Titel nach der Präsident, aber er hatte nichts mit den Alltagsgeschäften der Universität zu tun.

Abu Fazal war eine bekannte nationale Persönlichkeit, ein Mann mit einer reichhaltigen Erfahrung, ein Soziologe und Schriftsteller, in dem viele das Gewissen der Nation sahen. Er empfing mich freundlich.

»Was kann ich für Sie tun, Yunus?« fragte er.

Die Flügel eines Ventilators drehten sich müde über unseren Köpfen. Man hörte die Moskitos summen. Ein Diener brachte uns Tee.

»Der Hunger fordert viele Opfer, und alle haben Angst, es zuzugeben.«

Der alte Abu Fazal nickte und fragte: »Was schlagen Sie vor?«

»Sie sind ein hochgeachteter Mann, viele nennen Sie das Gewissen der Nation. Wenn ich mich an Sie wende, so deshalb, weil niemand gegen das aufzustehen wagt, was geschieht.«

»Was erwarten Sie von mir?«

»Eine Presseerklärung.«

»Und wie soll die lauten?«

»Es sollte ein Appell an die Nation und ihre politischen Führer sein, damit man alle Anstrengungen unternimmt, die Hungersnot zu beenden. Ich bin mir sicher, daß alle Dozenten auf dem Campus ihre Unterschrift unter Ihr Schreiben setzen würden.«

»Glauben Sie, daß das helfen würde?«

»Ja, das würde die öffentliche Meinung mobilisieren.«

»Gut.« Er trank einen Schluck Tee und fügte hinzu: »Yunus, Sie werden diese Erklärung formulieren, und ich unterschreibe sie.«

Ich lächelte und erwiderte: »Aber Sie sind der Schriftsteller. Niemand anderer könnte sie besser formulieren.«

»Nein, nein, Yunus, Sie müssen das machen. Das Thema ist Ihnen eine Herzensangelegenheit. Sie werden schon die nötigen Worte finden.«

»Aber ich bin nur ein Wirtschaftsprofessor! Und dieses Dokument müßte ein Aufruf zur Sammlung, ein Aufruf zur Tat werden...«

Je nachdrücklicher ich betonte, daß er in dieser Situation der geeignete Mann sei, dem es gelingen könnte, das Land aus seiner Erstarrung zu reißen, um so mehr ermutigte er mich, die Erklärung selbst zu verfassen. Er bestand so hartnäckig darauf, daß ich ihm um des lieben Friedens willen versprach, einen ersten Entwurf vorzulegen.

An jenem Abend entwarf ich handschriftlich einen Text und brachte diese Fassung Abu Fazal. Er ließ sich Zeit, um sie sorgfältig zu lesen. Als er fertig war, streckte er die Hand nach seinem Füllfederhalter aus und fragte mich: »Wo soll ich unterschreiben?«

Ich war verblüfft.

»Aber vielleicht habe ich die Lage etwas dramatisiert, und Sie könnten einige Stellen abändern und noch andere Gedanken einbringen!«

»Nein, nein, das hier ist vollkommen«, sagte er und unterschrieb sogleich.

Ich hatte keine andere Wahl, als das Papier nun auch selbst zu unterschreiben, zu kopieren und an die anderen Mitglieder der Fakultät weiterzuleiten.

Zahlreiche Dozenten fanden an diesem oder jenem Wort etwas auszusetzen, doch da der Universitätspräsident unterzeichnet hatte, war der Appell durch sein Prestige geadelt. Schließlich unterschrieben ihn alle Professoren der Universität Chittagong. Wir leiteten das Dokument an die Presse weiter, und tags darauf erschien der Appell unter groß aufgemachten Schlagzeilen in allen großen Tageszeitungen des Landes.

Diese Veröffentlichung löste eine Kettenreaktion aus. Eine Reihe weiterer ähnlicher Appelle von anderen Universitäten und öffentlichen Einrichtungen, die sich nie zuvor gegen die Hungersnot aufgelehnt hatten, erschien.

Von jenem Tag an widmete ich mich dem Verlernen der Theorie, um statt dessen vom wirklichen Leben zu lernen. Dazu reichte es aus, den Seminarraum zu verlassen: Die wirkliche Welt war überall.

8. KAPITEL

LANDWIRTSCHAFT:
DIE ERFAHRUNG MIT DEM BAUERNHOF
DER DREI DRITTEL (1974–1976)

Die Hungersnot von 1974 veranlaßte mich, all meine Anstrengungen auf die Landwirtschaft zu konzentrieren. Bei einer Fläche von 14 Millionen Hektar und einer der höchsten Bevölkerungsdichten der Welt mußte Bangladesch seine landwirtschaftliche Produktion erhöhen.

Wir verfügen über eine landwirtschaftlich nutzbare Fläche von 8,5 Millionen Hektar. Während der Regenzeit pflanzen wir hauptsächlich Reis und Jute an, aber dank unserer Fortschritte in der Bewässerungstechnik und einer besseren Wasserbewirtschaftung während der trockenen Winterzeit haben wir die Möglichkeit, unsere Erzeugnisse auszuweiten. Spezialisten schätzen, daß die derzeitigen Erträge nur 16 Prozent unseres landwirtschaftlichen Potentials ausschöpfen.

Ich beschloß, den Einwohnern von Jobra dabei zu helfen, mehr zu produzieren. Doch wie stellte man es an, mehr Nahrungsmittel zu erzeugen? Mußte man bei jeder Ernte mehr einfahren oder die Zahl der Ernten steigern? Ich war kein Agronom. Aber ich nahm mir vor, zuerst nach Wegen zu suchen, die jeweiligen Ernteerträge zu erhöhen.

Ich trommelte meine Studenten zusammen und erklärte ihnen, wie wichtig es war, die örtlich angebaute Reissorte mit geringem Ertrag durch eine auf den Philippinen gezüchtete Sorte mit höherem Ertrag zu ersetzen. Die Bauern nahmen uns nicht ganz für voll, doch wir waren entschlossen. Wir boten uns an, gratis beim Pflanzen der sehr ertragreichen Reissorte zu helfen.

Universitätsstudenten und -dozenten entwickelten sich zu freiwilligen Reisbauern. Das ganze Dorf und der Campus der Universität sahen uns dabei zu, wie wir, mit den Beinen bis zum Knie im Schlamm, die Reissetzlinge pflanzten. Hatte man jemals einen Universitätsprofessor mit Bauern zusammen Reis pflanzen sehen? Das war eine Sensation.

Meine Studenten und ich zeigten den Bauern, wie sehr es darauf ankam, die Setzlinge in gleichbleibenden Abständen und in gerader Linie zu pflanzen, um den Ertrag zu steigern. Anfangs machten sich die Bauern über uns lustig, und viele Studenten verachteten mein handfestes Eingreifen. Doch der Ernteertrag vervierfachte sich.

Ich beschäftigte mich auch weiter mit der Frage, welche neuen Wege die Universität gehen konnte, um der Gemeinschaft zu helfen. Mein Interesse und mein Engagement für die heimische Landwirtschaft waren ausschließlich praktisch ausgerichtet. Als Empiriker war ich bereit, aus meinen eigenen Fehlern und denen der anderen zu lernen.

Ich versuchte die akademische Welt der Universität und das Dorf im Rahmen eines Projekts zusammenzubringen, das ich Chittagong University Rural Development Project (CURDP, Landwirtschaftliches Entwicklungsprojekt der Universität Chittagong) nannte. Unter anderem gelang es mit Hilfe des CURDP, die Barrieren herunterzureißen, die in Bangladesch traditionell die Beziehungen zwischen einem Universitätsprofessor und seinen Studenten kennzeichnen.

Zu dieser Zeit gab ich fast vollständig die klassischen Lehrmethoden auf und entwarf zahlreiche Programme für CURDP, darunter auch ein Alphabetisierungsprojekt für die Bevölkerung. Ich ermunterte meine Studenten, mit mir ins Dorf zu gehen und zu überlegen, wie das alltägliche Leben verbessert werden konnte. Sie konnten sich ein Thema aussuchen und darüber eine Seminararbeit schreiben, für die sie dann den entsprechenden Seminarschein erhielten.

Im Laufe des Winters 1975 widmete ich mich dem Bewässerungsprogramm, um eine zusätzliche Ernte im Winter zu erzielen. Überall, wo ich hinkam, stellte ich überrascht fest, daß selbst der kleinste Fleck Erde bebaut wurde, darunter auch Sümpfe, die zwar als unfruchtbar galten, jedoch Reis und Fisch lieferten. Allerdings gab es nur eine oder zwei Ernten pro Jahr. Weshalb sollte man nicht versuchen, auch im Winter etwas zu ernten?

Jeden Tag ging ich an einem tiefen Brunnen vorbei, der mitten in unbebauten Feldern stand. Es herrschte gerade die trockene Jahreszeit, in welcher der Brunnen dazu hätte dienen sollen, den Boden für eine neue Ernte zu bewässern. Aber der völlig neue Brunnen stand ungenutzt da.

Als ich mich nach dem Grund erkundigte, erfuhr ich, daß sich die
Bauern während der letzten Trockenperiode nicht auf die Höhe einer
Nutzungsgebühr für das Wasser hatten verständigen können. Sie hat-
ten sich mit bitterem Reis begnügen müssen. Seitdem wollten die Bau-
ern kein Wort mehr vom Bewässerungsbrunnen hören. Welch eine
Vergeudung an Wasser und Kapital!

Ich war empört, daß man in einem Land mit einer großen Hungersnot und vielen Hungertoten einen 100 Meter tiefen Brunnen, mit
dem man 25 Hektar Land bewässern konnte, einfach ungenutzt stehen
ließ.

Von allen zur damaligen Zeit vorherrschenden Bewässerungstechniken erforderten die tiefen Brunnen die größten Investitionen, und
ihr Bau wurde von der Regierung und verschiedenen Geldgebern mit
großzügigen Finanzmitteln unterstützt. (Die billigeren, von Hand be-
triebenen Brunnen dagegen, die sich für die bedürftigsten Familien
am besten eigneten, waren noch nie systematisch von der Regierung
gefördert worden.) Doch diese tiefen Bewässerungsbrunnen sind mit
hohen Betriebskosten belastet und haben sich als wenig zweckmäßig
erwiesen: Verschwendung und Korruption waren unerläßliche Begleit-
erscheinungen, weil man zu ihrem Betrieb Kraftstoff, Schmiermittel
und Ersatzteile benötigte. Die in Jobra entstandenen Probleme waren
daher durchaus kein Einzelfall, sondern für das ganze Land typisch
und hatten ihre Wurzeln im vorherrschenden System.

Der effiziente Betrieb eines tiefen Brunnens setzt ein ausgeklügeltes
Wasserverteilungssystem voraus, und eine große Anzahl von Kleinbauern mit Kleinstparzellen muß einheitliche Anbauentscheidungen
umsetzen. Diese Bauern benötigen ein entsprechendes Fachwissen auf
dem Gebiet der Düngemittel und des Pflanzenschutzes sowie über die
Reparatur und den Betrieb der Pumpen. Außerdem brauchen sie Ab-
satzmöglichkeiten für ihre Erzeugnisse. Eine Bewältigung all dieser
Aufgaben erfordert ein intensives Mikro-Management.

Leider wurde bei den Regierungsprojekten immer versäumt, eine
Verbindung zwischen den Wasserabnehmern und der Technologie der
tiefen Brunnen herzustellen. Die durch großzügige Geberagenturen
unterstützte Regierung hatte zwar in die moderne Bewässerungstechnik investiert, doch niemand machte sich die Mühe, sich mit den Men-

schen und ihren konkreten Problemen zu beschäftigen. Wegen der anhaltenden Managementprobleme lassen sich die Bauern von ihrem natürlichen Widerwillen gegen zusätzliche Risiken leiten.

Fast die Hälfte der tiefen Brunnen, die mit Millionenaufwand gebohrt worden waren, wurde nicht genutzt. Die in aufgegebenen Pumpenhäusern vor sich hinrostenden Maschinen sind ein Beweis dafür, daß dieser Versuch eines Technologietransfers den Bedürfnissen der Bauern nicht entsprach. Sie sind ein weiterer Skandal, ein weiterer Mißerfolg einer verfehlten Entwicklungshilfe.

Vor dem Hintergrund dieser Erfahrungen kam mir die Idee, eine landwirtschaftliche Genossenschaft neuen Typs zu schaffen, die ich Nabajug (Neue Ära) des Bauernhofs der drei Drittel zu nennen beschloß. Ich berief eine Versammlung der örtlichen Bauern ein und schlug ihnen folgendes Experiment vor: Die Grundbesitzer stellen während der Trockenzeit ihr Land und die Pächter ihre Arbeitskraft zur Verfügung. Ich wollte die Gelder für alle weiteren Ausgaben einschließlich der erforderlichen Kraftstoffkosten für den Pumpenbetrieb, das Saatgut für ertragreichere Ernten, die Düngemittel, die Pestizide und das technische Know-how bereitstellen. Jede der drei Parteien (Landbesitzer, Pächter und ich) sollte ein Drittel der Ernte erhalten.

Die Dorfbewohner standen meinem Vorschlag zunächst ablehnend gegenüber. Zwischen den Brunnenbetreibern und den Bauern war so viel Unwillen und Mißtrauen entstanden, daß sie niemandem mehr zuhören mochten, weder mir noch irgendeinem andern. Sie wandten ein, nichts könne ihnen beweisen, daß mein Vorhaben funktioniere, und die Gefahr einer enormen Zeitvergeudung sei zu groß. Einige trugen vor, ein Drittel des Ernteertrags für mich allein sei weit übertrieben, ein Fünftel müsse ausreichen! Sogar mein Vorschlag, für alle Verluste aufzukommen und die eventuellen Gewinne unter ihnen allein aufzuteilen, brachte mir nicht ihre Zustimmung ein. Während dieser ersten Versammlung lehnten sie meine Vorschläge rundweg ab.

Eine Woche darauf gelang es mir, sie im Verlauf einer zweiten Versammlung zu überzeugen, daß sie nichts verlieren würden. Wasser zum Bewässern, Dünger, Saatgut und Pestizide würden sie völlig gratis erhalten. Sie brauchten sich nur zu verpflichten, mir ein Drittel der

Ernte abzutreten. Für die armen Pächter war dies ein ausgezeichneter
Vorschlag. Die reichen Bauern dagegen ließen sich nur widerwillig auf
das Experiment ein. In der aufgeregten Atmosphäre der Versammlung
begannen die Dorfbewohner, allerhand Mutmaßungen über den Ausgang des Unternehmens anzustellen.

Es war eine strapaziöse Zeit. Nachts konnte ich vor Angst, daß irgend
etwas schieflief, nicht schlafen. Andererseits wartete ich ungeduldig
auf die Ergebnisse. Ich war mir sicher, daß das Projekt, wenn alles
sachgerecht umgesetzt wurde, erfolgreich sein mußte. Und ich war davon überzeugt, so das Problem der Wasserbewirtschaftung lösen zu
können. Aber leicht war es nicht.

Jeden Donnerstagabend besuchten wir die Bauern und hielten mit
den vier Studenten, die ich zu »Gruppenführern« ernannt hatte, und
meiner Mannschaft aus 13 Beratern eine offizielle Versammlung ab.
Wir diskutierten und setzten uns erneut mit den Problemen des Dün-
gens, der Bewässerung, der Technik, der Lagerung, des Transports
und der Vermarktung auseinander. Für uns alle war dies ein Lern-
prozeß.

Das erste Jahr endete mit einem Riesenerfolg. Alle Bauern waren
begeistert. Sie hatten nicht einen Taka bezahlt, und die Ernten waren
üppig ausgefallen. Ich dagegen verlor 13 000 Taka (also um die 325 Dollar), weil die Bauern mich mit meinem Anteil betrogen. Trotzdem hatte
ich das Gefühl, gewonnen zu haben, denn es war uns gelungen, auf
einer Fläche etwas zu ernten, auf der in der Trockenzeit nie zuvor
irgend etwas gewachsen war.

Es gibt nichts Schöneres, Üppigeres und Grüneres als ein Reisfeld
zur Erntezeit. Wir hatten uns daran gewöhnt, dies während der sehr
wichtigen Monsunerntezeit zu sehen, die das Leben auf dem Lande bestimmt, doch von nun an konnten wir dasselbe während der Trockenzeit erleben.

Mit welchem Eifer unsere bengalischen Bauern den Reis säen! Sie
streuen die Körner mit der Hand, und schon schießt der neue Reis em-
por. Danach kommt die gewissenhafte und ermüdende Aufgabe, die
Setzlinge in den Boden zu pflanzen. Dank ihrer Praxis fällt den Bauern
diese Arbeit viel leichter als uns Akademikern.

Unser Experiment des Bauernhofs der drei Drittel erhielt 1978 den »Rashtrapati Puroshkar« (Preis des Präsidenten).

Aber ich hatte große Sorgen. Der Erfolg unseres Experiments lenkte das Augenmerk auf ein Problem, das ich bis dahin nicht bemerkt hatte. Nach der Reisernte müssen die Körner vom trockenen Reisstroh getrennt werden. Diese unangenehme Arbeit blieb, wie zu erwarten, den am schlechtesten bezahlten Tagelöhnern vorbehalten, in unserem Fall jenen Frauen, die sonst dazu verurteilt waren, betteln zu gehen. Frühmorgens trafen sie wie Lasttiere ein, um dann stundenlang mit ihren Füßen auf den Reispflanzen herumzutreten und so die Körner herauszulösen.

Ich konnte folgende Szene nicht mehr vergessen: Etwa 25 Frauen bearbeiteten den abgeernteten Reis. Sie waren barfuß und standen aufrecht vor einer Mauer, an der sie sich mit der Handfläche abstützten. Mit den Füßen führten sie kontinuierliche Drehbewegungen aus, um das Reisstroh einzuklemmen und die Reiskörner zu lösen. Das taten sie den ganzen Tag lang, von frühmorgens bis spätabends. Ihr Lohn wurde nach der Menge Reiskörner berechnet, die sie an einem Arbeitstag von den Halmen lösten. Sie erhielten ein Sechzehntel der Menge, die sie auf diese Weise erzeugten. Dies entsprach gewöhnlich vier Kilo Reis pro Tag, also dem Gegenwert von etwa 80 Pfennigen.

Diese Frauen stritten miteinander um einen Platz an der Mauer, der ihre Arbeit etwas erleichterte. Sie kamen gehastet, um morgens als erste einen günstigen Platz zu ergattern. Ihre Konkurrenz untereinander ging so weit, daß sich viele an ihrem Arbeitsplatz einfanden, wenn es noch dunkel war, um dann meist festzustellen, daß andere Frauen noch früher gekommen waren.

Welch schreckliche Lebensumstände: für 80 Pfennige Tagesverdienst das Körpergewicht und die Drehbewegung der nackten Füße einsetzen, und das einen ganzen Tag lang!

Es ging mir auf, daß für meinen Bauernhof der drei Drittel galt: je reicher der Bauer, um so größer sein Profit. Dagegen galt ebenso: je ärmer ein Mensch und je kleiner sein Eigentum, um so kleiner sein Gewinn. Die Frauen, die den Reis droschen, wurden am schlechtesten bezahlt. Diese Erkenntnis entmutigte mich sehr.

Ich suchte nach Möglichkeiten, diesen Prozeß umzukehren, damit
ein Maximum an Gewinn in die Hände der Armen gelangte. Ich
spielte mit verschiedenen Ideen, doch keine schien mir erfolgverspre-
chend zu sein.

Schließlich entdeckte ich, daß eine Frau in derselben Arbeitszeit ihr
Einkommen vervierfachen konnte, wenn sie den Reis kaufen konnte,
bevor sie ihn bearbeitete.

»Weshalb sollte mich euer System der drei Drittel interessieren?«
fragte mich eine der Frauen. »Nach einigen Wochen Drescharbeit sind
wir arbeitslos, und es hat uns nichts eingebracht.«

Diese Frauen, von denen sehr viele verwitwet, geschieden oder mit
Kleinkindern allein gelassen worden waren, hatten noch nicht einmal
die Mittel, um Land zu pachten. Sie besaßen kein Land und auch sonst
nichts und hatten keinerlei Perspektive.

So kam es, daß ich mich den Ärmsten unter den Armen widmete.

Im Jargon der internationalen Entwicklungshilfe hat man sich an-
gewöhnt, als »Kleinbauern« arme Bauern zu bezeichnen, die man sich
selbst überläßt. Entsprechend sind die Entwicklungsprogramme für
die Dörfer immer auf Bauern mit Landbesitz zugeschnitten. Diese
Sichtweise mißbillige ich aus zwei Gründen:

Zunächst bringt uns die Zuordnung der Landlosen zu den »Bauern« fast unwillkürlich dazu, eine diskriminierende Haltung gegenüber
dem weiblichen Geschlecht einzunehmen. Sobald an einen Teil der Bevölkerung das Etikett »Bauern« vergeben wird, beschäftigen wir uns
nur noch mit den Männern. Dabei übersieht man die andere Bevölke-
rungshälfte, die Frauen. Und wenn man sie dann doch berücksichtigt,
so nur als subalterne Hilfskräfte für die alles beherrschenden männlichen Mitglieder eines Haushalts. Diese Einstellung läßt sämtliche
Entwicklungsprogramme scheitern.

Zweitens stellen auf dem Land die Personen ohne Landbesitz und
jene, die man »fast Landlose« nennt (die also weniger als 0,2 Hektar
besitzen), den Großteil aller landwirtschaftlichen Arbeitskräfte dar.
Und dennoch machen ihre Tätigkeiten nur ein Fünftel der Gesamtheit
der Arbeitszeit aus, die sie zu leisten imstande wären. Es werden also
80 Prozent ihrer potentiellen Arbeitszeit für andere Tätigkeiten oder
für Müßiggang aufgewendet, nicht aber für die Landwirtschaft, die

nur eine geringfügige Rolle in ihrem Leben spielt. Sie über die Landwirtschaft definieren zu wollen, wäre nicht nur unkorrekt, sondern würde auch den Blickwinkel auf einen wenig vielversprechenden Aspekt ihres Lebens verengen und uns daran hindern, ihnen andere Einnahmequellen und Arbeitsmöglichkeiten zu erschließen.

Aus all diesen Gründen ist es mir wichtig erschienen, endlich die wirklich armen Menschen von den Bauern zu unterscheiden.

Zu jener Zeit nahmen sich die Bürokraten und die Soziologen nicht die Zeit, klar zu definieren, wer wirklich »arm« ist. Zweifellos nahmen sie an, daß jeder wisse, was »arm« heißt. Und trotzdem vertritt bereits jeder einzelne Soziologe je nach dem konkreten Zusammenhang unterschiedliche Auffassungen von der Armut. Ein »armer Mensch« kann in dem einen Fall ein »Mensch mit einem zerrissenen Hemd« und in einem anderen ein »Mensch mit einem schmutzigen Hemd« bedeuten. Wer in der Liste der folgenden Menschen ist arm und wer nicht:

- ein Arbeitsloser,
- ein Analphabet,
- ein Mensch ohne Land,
- ein Obdachloser,
- ein Mensch, der nicht genügend produziert, um seine Familie das ganze Jahr über zu ernähren,
- ein Mensch mit weniger als zehn Hektar Landbesitz,
- ein Mensch, der in einem Haus mit Strohdach wohnt, das den Regen durchläßt,
- ein Mensch, der an Unterernährung leidet,
- ein Mensch, der seine Kinder nicht zur Schule schicken kann,
- ein Straßenverkäufer?

Eine solch vage Begrifflichkeit hat unsere Versuche, die Armut abzuschaffen, erheblich behindert, und diese mangelnde definitorische Genauigkeit kann zu eigenartigen Situationen führen. Die »Armen« umfassen eine viel größere Gruppe als die Klein- oder Mittelbauern. Zu allererst schließt dieser Begriff die Frauen und Kinder aus. In Bangladesch ist die Hälfte der Gesamtbevölkerung ärmer als ein Kleinbauer.

Deshalb halte ich es im Zusammenhang mit Bangladesch für

zweckdienlich, drei Definitionen der Armut zu verwenden, die stufen-
weise immer größere Bevölkerungsgruppen umfassen:

A1: dauerhaft, absolut Arme,
     die unteren 20 Prozent der Bevölkerung;
A2: die unteren 35 Prozent der Bevölkerung;
A3: die unteren 50 Prozent der Bevölkerung.

Innerhalb jeder Kategorie von Armen arbeite ich oft mit einer Un-
terteilung in Region, Handwerk, Religion, ethnische Zugehörigkeit,
Geschlecht, Alter usw. Stützt man sich auf Handwerk oder Region als
Kriterium für eine Definition der Armen, so ist dies, begrifflich gesehen, nicht so präzise wie die Definition nach einem Kriterium, das den
Besitz oder das Einkommen als Grundlage nimmt und eine mehr-
dimensionale Armuts-Matrix zu erarbeiten erlaubt.

Selbstverständlich fallen diese Kriterien in einem Land mit geringe-
rer Armut anders aus. Jedes Land müßte seine eigene Definition von
Armut erarbeiten (der Besitz von zehn Hektar Ackerland macht jemanden in einem fruchtbaren Land zu einem Reichen, in einem nicht
sehr ertragreichen dagegen zu einem Armen). Und es wäre analytisch
hilfreich, wenn die internationalen Organisationen die für jedes Land
spezifischen Identifizierungskriterien für Armut benennen würden,
statt zu versuchen, international gültige Normen durchzusetzen.

Das Vorhaben zu definieren, wer zu den Armen zählt und wer unter den Armen am meisten der Hilfe bedarf, entspringt keinem theore-
tischen Perfektionsdrang – und ist auch keine Haarspalterei –, sondern
dem Bemühen um praktische Effizienz. Fehlen klare Trennungslinien,
so überschreiten all jene, die sich auf diesem Gebiet betätigen und das
schlimmste Leid zu lindern versuchen, unversehens jene Grenze, die
Arme von Nicht-Armen scheidet.

Ähnlich wie die Navigationsmarkierungen in unbekannten Gewässern müssen auch die Definitionen präzise und unzweideutig sein.
Eine unklare Definition ist so schlecht wie eine fehlende Definition.

Zur Kategorie der Armen würde ich ohne Zögern die Frauen zählen, die 1975 auf unserem Bauernhof der drei Drittel den Reis gedro-
schen haben. Ebenso Sufia Begum, die Hocker aus Bambus anfertigte,
und Bajlul, der einen kleinen Laden besaß und sich zu monatlich oder
manchmal auch wöchentlich zehn Prozent Zinsen Geld leihen mußte.

Außerdem auch alle anderen, die ebenso wie sie kaum ihren Lebensunterhalt verdienen, wenn sie Körbe flechten, Teppiche aus Jute oder *patis* (Schlafmatten) herstellen und zuweilen gezwungen sind, betteln zu gehen.

Niemand von diesen Menschen verfügt über das geringste Mittel, seine wirtschaftliche Lage zu verbessern.

Je mehr ich mich mit der Landwirtschaft und den Bewässerungstechniken vertraut machte, um so bestimmender wurde die Erfahrung in Jobra für mein Interesse an den Benachteiligten unserer Erde.

Schon bald vertrat ich die Ansicht, daß überall dort, wo die Nicht-Armen an Förderprogrammen zur Beseitigung der Armut partizipieren können, die wirklich Armen von denen, die wohlhabender sind als sie, aus diesen Programmen gedrängt werden.

Wie Greshams Gesetz beweist (es besagt, daß von zwei unterschiedlichen Elementen, die man willkürlich zusammenfaßt, sich das »höherwertige« stets durchsetzt), ist man gut beraten, wenn man bei Entwicklungsprojekten immer daran denkt, daß die Integration von Armen und Nicht-Armen in einem Projekt automatisch dazu führt, daß die Nicht-Armen die Armen und die weniger Armen die Allerärmsten verdrängen. Dieser Mechanismus könnte sich beliebig lange fortsetzen, wenn nicht von Anfang an entsprechende Vorkehrungen dagegen getroffen werden. Sonst besteht nämlich die Gefahr, daß die Nicht-Armen im Namen der Armen sämtliche Unterstützungsmittel für sich selbst in Anspruch nehmen.

9. KAPITEL

DEM GEFÄNGNIS DER VERHÄLTNISSE ENTKOMMEN

Nachdem ich mir klar geworden war, daß ich mit meiner Gemein-
schaftsaktion mit den Bauern nicht die Allerärmsten erreicht hatte,
arbeitete ich mich an das Problem jener heran, die weder Land noch
Güter besaßen und einen Steinwurf weit von meiner Universität lebten
und arbeiteten.

Ein an seine Scholle gebundener Bauer neigt dazu, sich konserva-
tiver, kurzsichtiger und selbstbezogener zu verhalten als ein landloser
Landarbeiter, der häufig unternehmungslustiger, mobiler und für neue
Ideen empfänglicher ist. Da er keine Bindung an ein bestimmtes Stück
Land hat, ist er nicht in die traditionelle Lebensweise eingezwängt, und
das Elend, in dem er lebt, bringt ihn dazu, dagegen anzukämpfen.

Sufia Begums Geschichte ließ mich nicht mehr los. Es war unglaub-
lich, einen Menschen zu einem Leben in Knechtschaft verdammt zu
sehen, nur weil es ihm nicht gelang, sich das wenige Geld auszuleihen,
das er zur Fortsetzung seiner Tätigkeit benötigte. Als ich die 27 Dollar
an 42 Personen verlieh, war ich überrascht, mit wie wenig Geld ich
so viele Menschen glücklich machen konnte.

Ich dachte an ein besseres System, an ein institutionalisiertes System, mit dessen Hilfe sich die Menschen bei Bedarf Geld beschaffen
konnten. Was war zu tun? Ich dachte an die vorhandenen Banken. Sie
konnten dieses Geld verleihen, denn dazu waren sie ja schließlich da.

Die Regierungsbank Janata ist eine der wichtigsten Banken unseres
Landes. Ihre Zweigstelle in Jobra befindet sich genau gegenüber dem
Eingang der Universität, auf der linken Seite, zwischen einer Reihe
winziger Läden, Stände und Restaurants, wo die Dorfbewohner den
Studenten sowohl Betelnüsse und ganze Mahlzeiten als auch Papier
und Schreibstifte verkaufen. Hier ist auch die Sammelstelle der Rik-

schafahrer, wenn sie nicht gerade Studenten vom Hügel zu den Unterrichtsräumen fahren.

Die Zweigstelle der Bank ist in einem einzigen quadratischen Raum untergebracht. Die beiden Fenster zur Straßenseite sind vergittert. Die Wände sind dunkelgrün gestrichen, doch stellenweise blättert die billige Farbe ab. Der Kassenschalter befindet sich rechts vom Eingang. Im übrigen Raum stehen Tische und Holzstühle. Der Leiter der Bank sitzt hinten links unter einem Deckenventilator. Ich gehe schnurstracks auf seinen Schreibtisch zu. Er begrüßt mich höflich und bittet mich, Platz zu nehmen.

»Was kann ich für Sie tun?«

Der Bürodiener bringt uns Tee und Gebäck. Ich erläutere den Zweck meines Besuchs.

»Zuletzt habe ich mir von Ihnen Geld geliehen, um das Projekt des Bauernhofs der drei Drittel zu finanzieren. Heute komme ich mit einem neuen Vorschlag zu Ihnen. Ich möchte, daß Sie den Armen in Jobra Geld leihen. Die benötigten Summen sind winzig. Ich habe es sogar selbst schon gemacht und 42 Menschen alles in allem 27 Dollar geliehen. Doch auch zahlreiche andere Unbemittelte benötigen Geld, um ihre Arbeit fortführen und Rohmaterial und Vorräte einkaufen zu können.«

»Was für Material?«

Der Filialleiter macht einen argwöhnischen Eindruck, als hätte ich ihm die Regeln eines neuen Spiels erklärt, das er noch nicht recht begreift. Aus Respekt meinem Rang als Fakultätsleiter gegenüber läßt er mich weiterreden, doch erkenne ich deutlich, daß er überfordert ist.

»Einige von ihnen stellen Bambushocker her, andere wieder weben Matten oder fahren Rikscha ... Wenn sie sich bei einer Bank Geld zum üblichen Zins leihen könnten, könnten sie ihre Produkte auf dem freien Markt verkaufen und einen angemessenen Gewinn erzielen, der ihre Lebenshaltungskosten abdecken würde.«

»Das bezweifle ich nicht.«

»So wie die Lage der Dinge derzeit ist, sind sie für den Rest ihrer Tage zur Zwangsarbeit verurteilt, und es wird ihnen nie gelingen, sich vom Joch der *Paikari*, der Zwischenhändler, zu befreien, die im Augenblick nur gewillt sind, ihnen einen Kredit zu Wucherzinsen zu gewähren.«

»Ja, ich kenne das Problem der Geldverleiher.«

»Ich bin heute zu Ihnen gekommen, weil ich möchte, daß Sie diesen Leuten Geld leihen.«

Dem Filialleiter verschlägt es zunächst die Sprache, dann beginnt er zu lachen.

»Das kann ich nicht.«

»Warum nicht?«

»Hören Sie«, stammelt er, denn er weiß nicht, welchen Einwand er zuerst vorbringen soll, »die erforderliche Geldsumme von geringer Höhe, die Sie erwähnt haben, würde nicht einmal die Bearbeitungskosten für den Antrag abdecken, den diese Leute ausfüllen müßten. Und die Bank wird ihre Zeit nicht mit so lächerlich geringen Summen vergeuden.«

»Lächerlich, sagen Sie? Für die Armen geht es hier um bedeutende Summen.«

»Das sind Leute, die weder lesen noch schreiben können, also nicht einmal unsere Formulare ausfüllen können.«

»In einem Land mit 75 Prozent Analphabeten ist die Forderung nach dem Ausfüllen von Formularen lächerlich.«

»Sämtliche Banken in unserem Land sind an diese Regel gebunden.«

»Das läßt doch tief blicken, oder etwa nicht?«

»Selbst wenn ein Kunde von uns Geld auf sein eigenes Konto einzahlen möchte, bitten wir ihn, die einzuzahlende Summe auf ein Stück Papier zu schreiben.«

»Warum?«

»Was meinen Sie mit ›Warum‹?«

»Ich will damit sagen: Wie kommt es, daß eine Bank sich nicht damit zufriedengeben kann, das Geld anzunehmen und eine Einzahlungsquittung über den Betrag auszustellen? Weshalb muß dies der Kunde und nicht der Bankangestellte erledigen?«

»Aber wie soll denn eine Bank mit Leuten funktionieren, die weder lesen noch schreiben können?«

»Ganz einfach: Die Bank stellt eine Quittung über den Eingang von Barmitteln aus, die sie entgegennimmt.«

»Und was geschieht, wenn jemand Geld abheben möchte?«

»Das weiß ich nicht ... Das muß auch nicht kompliziert sein. Der Kunde geht mit seinem Auszahlungsformular an den Schalter, und der Bankangestellte zahlt ihm das Geld aus. Die Buchführung bleibt eine Angelegenheit der Bank.«

Der Filialleiter schüttelt ermattet den Kopf.

»Mir scheint«, setze ich hinzu, »daß Ihr Banksystem darauf abzielt, die Analphabeten zu diskriminieren.«

»Herr Professor, eine Bank funktioniert nicht so einfach, wie Sie sich das vorstellen.«

»Mag ja sein, aber ich bin mir sicher, daß es wiederum auch nicht so kompliziert ist, wie Sie es hier darstellen.«

»Hören Sie, Tatsache ist doch, daß ein Kreditnehmer in gleich welcher Bank, gleich wo auf der Welt Formulare ausfüllen muß.«

»Richtig. Aber ich kann einige meiner Studenten damit beauftragen, die Formulare stellvertretend auszufüllen; das dürfte unproblematisch sein.«

»Sie verstehen mich nicht: Wir können an Unbemittelte auf keinen Fall Kredite vergeben.«

»Und warum nicht?«

Ich versuche höflich zu bleiben. Unsere Unterhaltung hat etwas Unwirkliches an sich. Der Zweigstellenleiter lächelt, als wolle er andeuten, er habe begriffen, daß ich mich über ihn lustig machen wolle. Die Unterredung ist zwar nicht ohne komische oder vielmehr absurde Seiten, doch ich sehe ihn mit dem gebotenen Ernst an.

»Sie bieten keinerlei Sicherheiten«, läßt er schließlich vernehmen und mag sich wohl fragen, ob ich wirklich dumm bin oder lediglich so tue. Jedenfalls ist ihm anzusehen, daß er unser Gespräch beenden möchte.

»Weshalb brauchen Sie eine Sicherheit, wenn Sie Ihr Geld zurückerhalten? Darauf kommt es Ihnen doch an, oder?«

»Ja, wir wollen unser Geld wiedersehen, aber wir verlangen auch eine Sicherheit. Das ist unsere Garantie.«

»Das ist völlig absurd. Die Ärmsten unter den Armen arbeiten zwölf Stunden am Tag. Sie müssen ihre Produkte verkaufen und ein Einkommen erwirtschaften, um sich ernähren zu können. Sie haben keinen Grund, Ihnen Ihr Geld nicht zurückzuzahlen, vor allem dann nicht, wenn sie einen weiteren Kredit beantragen wollen, um noch einen Tag länger zu leben! Eine bessere Garantie als deren Leben können Sie gar nicht bekommen!«

»Sie sind ein Idealist, Herr Professor«, sagt der Leiter mit einem tiefen Seufzer, »Sie verbringen zuviel Zeit mit Ihren Büchern.«

»Wenn Sie sicher sein können, daß der Kredit getilgt wird, wozu brauchen Sie dann noch eine Garantie?«

»So sind nun mal bei uns die Regeln.«

»Dann können sich demnach nur jene Geld leihen, die eine Garantie geben?«

»Ja.«

»Das ist eine dumme Regel, die dazu führt, daß nur den Reichen Geld geliehen wird.«

»Ich schreibe schließlich nicht die Regeln vor, sondern die Bank.«

»Na, dann müssen die Regeln eben geändert werden.«

»Jedenfalls verleihen wir in unserer Zweigstelle kein Geld.«

»Ach, wirklich nicht?«

»Nein, wir nehmen nur Einzahlungen für die Konten der Professoren und die der Universität entgegen.«

»Funktionieren die Banken eigentlich nicht hauptsächlich dank des Geldverleihs?«

»Nur die Zentrale unserer Bank. Unsere Zweigstelle hier verwaltet lediglich die Konten der Universität und der Angestellten. Der Kredit an Ihren Bauernhof der drei Drittel war eine Ausnahme, die unsere Zentrale bewilligt hat.«

»Wollen Sie damit sagen, daß, wenn ich Sie aufsuchen würde, um einen Kredit bei Ihnen zu beantragen, Sie ihn mir nicht bewilligen würden?«

»Genau das«, erwidert er feixend.

Offensichtlich hat sich dieser Zweigstellenleiter lange nicht mehr so köstlich amüsiert.

»Wenn ich also meinen Studenten beibringe, daß die Banken vor allem Geld verleihen, dann stimmt das nicht?«

»Tatsächlich müssen Sie sich für einen Kredit an unsere Zentrale wenden, und ich weiß nicht, wie die entscheiden würde.«

»Offenbar muß ich mich an Ihre Vorgesetzten wenden.«

»Ja, das wäre eine gute Idee.«

Während ich meinen Tee zu Ende trinke und mich zu gehen anschicke, sagt der Zweigstellenleiter noch zu mir: »Ich weiß, daß Sie nicht aufgeben werden. Doch nach allem, was ich über die Arbeitsweise der Banken weiß, kann ich Ihnen nur sagen, daß dieses Projekt nie verwirklicht werden wird.«

Zwei Tage darauf suche ich Mr. Howladar, den Regionalmanager der Janata-Bank, in seinem Büro in Chittagong auf. Ich erkläre ihm, was ich vorhabe, und unser Gespräch gleicht jenem, das ich bereits mit dem Zweigstellenleiter in Jobra geführt habe. Außer den bereits vernommenen Einwänden werden mir noch einige weitere Punkte in der Bankenordnung genannt, die mit meinem Vorschlag unvereinbar sind.

In den nachfolgenden Jahren habe ich viel über die Ansichten der Menschen über die Armen gelernt. Im folgenden führe ich die Klischees und Mythen über die Armen auf, die mir von Menschen entgegengehalten wurden, die nie mit Armen zusammengearbeitet haben, sich aber dennoch mit der allergrößten Sicherheit über sie äußern:

– Die Armen müssen erst einmal eine Ausbildung absolvieren, bevor sie sich an eine einkommenssichernde Tätigkeit heranwagen können.

– Ein Kredit allein hilft ihnen auch nicht, sondern er muß von Maßnahmen auf dem Gebiet der Ausbildung, des Marketings, des Transports, der Technologie und der Erziehung begleitet werden.

– Die Armen können nicht sparen.

– Die Armen haben die Angewohnheit, alles zu konsumieren, was ihnen in die Hände gerät, weil ihr Konsumbedürfnis so dringend ist.

– Die Armen können nicht zusammenarbeiten.

– Die chronische Armut hat katastrophale Auswirkungen auf das Denken und die Sehnsüchte der Armen. Sie ähneln einem lebenslang eingesperrten Vogel, der sich wegzufliegen scheut, wenn man ihm die Käfigtür öffnet.

– Die armen Frauen besitzen keinerlei Fähigkeiten. Es ist also sinnlos, Hilfsprogramme für sie auszuarbeiten.

– Die Armen sind zu ausgehungert und verzweifelt, um vernünftige Entscheidungen treffen zu können.

– Die Armen haben eine äußerst beschränkte Lebensauffassung und sind nicht daran interessiert, ihre Lage zu verbessern.

– Die Armen (insbesondere die Frauen) stehen so sehr im Bann von Religion und Tradition, daß sie sich um keinen Zentimeter vorwärtsbewegen.

– Die Machtstrukturen im ländlichen Bereich sind zu stark und zu tief verwurzelt, als daß ein Erfolg eines solchen Kreditprogramms möglich wäre.

– Ein Kredit für Arme ist konterrevolutionär. Er erstickt den revolutionären Elan der Armen und veranlaßt sie, den Status quo zu akzeptieren.

– Der Kredit ist eine raffinierte Art, die Armen dazu zu bringen, sich gegen die Reichen zu verbünden und die bestehende gesellschaftliche Ordnung zu zerschlagen.

– Die Frauen können ihr aufgenommenes Geld oder ihr Einkommen nicht behalten, denn ihre Ehemänner würden sie sogar zu Tode foltern, um an ihr Geld zu kommen.

– Die Armen dienen lieber ihrer Herrschaft, als ihr Schicksal in die eigenen Hände zu nehmen.

– Kredite für Arme sind kontraproduktiv. Sie verlagern die schwere Last der Schulden auf die schwachen Schultern der Armen, die sie nicht zurückzahlen können. Sie werden noch mehr verarmen, wenn sie ihren Kredit tilgen (oder tilgen müssen).

– Ermutigt man die Armen, sich selbständig zu machen, so führt dies zur Verknappung von Lohnarbeitern. Folglich werden die Löhne ansteigen, was wiederum zu einer Erhöhung der Produktionskosten führt, die Inflation anheizt und sich schädlich auf die landwirtschaftliche Produktion auswirkt.

– Die Ausweitung der Kreditvergabe an Frauen wirkt sich auf ihre traditionelle Rolle innerhalb der Familie wie auch auf ihr Verhältnis zum Ehemann negativ aus.

– Mag sein, daß ein Kredit vorübergehend hilft, aber langfristig bewirkt er nichts, und er kann auch nicht zu einer gerechten Neustrukturierung der Gesellschaft beitragen.

Die Liste dieser Mythen und Halbwahrheiten, die man heutzutage auf der ganzen Welt vernimmt, ließe sich beliebig verlängern. Einige dieser Äußerungen stützen sich auf einzelne richtige Details, andere wiederum sind einfach an den Haaren herbeigezogen, doch alle schießen weit über ihr Ziel hinaus. Zahlreiche Argumente treffen ebensogut auf Reiche wie auf Arme zu, gleichgültig, ob es sich dabei um die Landwirtschaft, den Handel oder die Industrie handelt. Die Stichhaltigkeit der vorgebrachten Kritik hängt davon ab, wie ein Kreditprogramm verwaltet wird, also vom Zuteilungsverfahren der Gelder, den Rückzahlungsmodalitäten und der Organisation der Rückzahlung.

Dennoch werden einige dieser Mythen (wie der Zwang zur Sicherheit) ohne weitere Diskussion akzeptiert. Die Gesellschaften haben Einrichtungen und Verhaltensregeln geschaffen, die auf diesen Mythen beruhen und für einen bedeutenden Teil der Bevölkerung zu unüberwindlichen Barrieren werden, während sie einem anderen Bevölkerungsteil ungerechtfertigte Privilegien einräumen.

Im Laufe unseres Gesprächs im Regionalbüro der Janata-Bank in Chittagong sagt Mr. Howladar zu mir: »Die Regierungen sind dazu da, den Bedürftigsten zu helfen. Wenn Sie eine vermögende Person aus dem Dorf finden, die sich bereit erklärt, als Bürge für den Kreditnehmer aufzutreten, so glaube ich, daß die Bank einen Kredit ohne Sicherheit bewilligen könnte.«

Ich denke nach. Der Vorschlag wirkt auf den ersten Blick überzeugend, aber die Nachteile überwiegen.

»Das kann ich nicht machen. Wie soll ich den Bürgen daran hindern, die Person, für die er bürgt, nicht zu übervorteilen? Er könnte schließlich sogar den Kreditnehmer als seinen Sklaven betrachten.«

Keine Reaktion. Die Diskussionen, die ich in letzter Zeit mit Bankleuten hatte, machen eindringlich deutlich, daß ich mich nicht nur gegen die Janata-Bank, sondern gegen die Bankenordnung an sich stelle.

»Ich könnte doch als Bürge auftreten, oder?«

»Sie?«

»Ja. Wären Sie damit einverstanden, daß ich für die Kredite bürge?«

Der Regionalmanager lächelt.

»Um welche Summe geht es denn dabei?«

Um mir einen Sicherheitsspielraum und eine Ausbaumöglichkeit zu gönnen, antworte ich: »Um höchstens 10 000 Taka (etwa 250 Dollar), nehme ich an.«

»Gut.«

Er durchsucht seine Papiere auf dem Schreibtisch und schüttelt den Kopf. Hinter ihm sehe ich verstaubte Stöße von gebundenen Formularen. Die senkrechten Stapel bestehen aus riesigen, krummen Türmen blaßblauer Aktenordner, die bis zur Fensterbank reichen.

Die Deckenventilatoren wirbeln die Luft auf, so daß jedes Blatt ohne Briefbeschwerer davongetragen wird. Auf dem Schreibtisch flattern die Dokumente im Luftzug, doch sie sind solide verankert und warten auf seine Entscheidung.

»Gut. Wir sind damit einverstanden, daß Sie bis zur Höhe dieser Summe bürgen, aber richten Sie sich darauf ein, nicht mehr zu verlangen.«

»Abgemacht.«

Wir schütteln uns die Hand. Dann setze ich noch hinzu: »Aber wenn einer der Kreditnehmer nicht zurückzahlt, komme ich nicht für die ausstehende Schuldsumme auf.«

Beunruhigt sieht mich der Regionalmanager an und fragt sich, weshalb ich die Dinge wohl so kompliziert mache.

»Als Bürgen könnten wir Sie zur Zahlung zwingen.«

»Wie das?«

»Indem wir Sie vor Gericht verklagen.«

»Einverstanden. Das möchte ich gern erleben.«

Er sieht mich an, als sei ich verrückt geworden. Das ist mir gerade recht, denn ich will in dieses ungerechte, verrückte System ein wenig Panik säen. Ich möchte das Sandkorn sein, das diese Teufelsmaschine am Funktionieren hindert. Wenn ich auch als Bürge auftrete, so werde ich doch für nichts garantieren.

»Professor Yunus, Sie wissen sehr wohl, daß wir einen Dekan nicht vor Gericht zitieren werden, der als persönlicher Bürge für einen Bettler auftritt, der sich von uns Geld leiht. Die eingetriebene Geldsumme würde uns nicht für den entstandenen Imageverlust entschädigen. Jedenfalls beläuft sich der Kredit auf solch eine lächerliche Summe, daß sie weder die Gerichtskosten noch den für das Eintreiben des Geldes erforderlichen Verwaltungsaufwand abdecken würde.«

»Sie sind eine Bank und müssen Ihre eigene Kosten-Nutzen-Rechnung aufstellen. Aber im Fall des Zahlungsverzugs eines Kreditnehmers stehe ich nicht gerade.«

»Sie machen die Dinge schwer für mich, Professor Yunus.«

»Ich bedaure, aber die Bank macht vielen Leuten die Dinge schwer; insbesondere jenen, die nichts besitzen.«

»Ich versuche zu helfen, Herr Professor.«

»Ich weiß, und ich gebe auch nicht Ihnen die Schuld. Es sind die Vorschriften Ihrer Bank, mit denen ich meine Probleme habe.«

Nach einigem weiteren Hin und Her meint Mr. Howladar schließlich: »Ich werde Ihren Vorschlag der Zentrale in Dhaka übermitteln, und dann werden wir sehen, wie man dort entscheidet.«

»Aber ich dachte, daß Sie als Regionalmanager dazu bevollmächtigt sind, hierüber selbst zu entscheiden.«

»Das stimmt. Aber diese Angelegenheit ist viel zu unorthodox, als daß ich sie allein entscheiden kann. Ich brauche die Genehmigung meiner Vorgesetzten.«

Der Kredit wurde erst nach sechs Monaten und einem regen Briefwechsel bewilligt. Im Dezember 1976 schließlich gelang mir die Freistellung eines Kredits der Janata-Bank, der unter den Armen von Jobra aufgeteilt werden konnte.

Im Laufe des Jahres 1977 mußte ich ausnahmslos alle Kreditanträge unterschreiben. Selbst wenn ich in Europa oder Amerika unterwegs war, schickte mir mein Mitarbeiter sämtliche Unterlagen nach, da die Bank meine Unterschrift verlangte. Sie verhandelte nicht direkt mit den Kreditnehmern. Ich war der Bürge, und für die Bank zählte allein diese Tatsache. Mit den Armen, die sich ihres Kapitals bedienten, wollte sie nichts zu tun haben. Und ich sorgte dafür, daß den eigentlichen Kreditnehmern, die ich die »bankgeschäftlichen Unberührbaren« nannte, die Schmach und Demütigung erspart wurde, die ein Gang zur Bank für sie mit sich gebracht hätte.

Ich war dabei, das Grundprinzip aller Banken kennenzulernen, nämlich: Je mehr du hast, desto mehr bekommst du.

Und umgekehrt gilt: Hast du nichts, bekommst du nichts.

Vielleicht haben die Banken, ohne es eigentlich zu wollen, eine

Kaste der »nicht Kreditwürdigen«, der »Unberührbaren«, geschaffen. Weshalb bestehen die Banken auf Sicherheiten? Weshalb sind sie ihrer Meinung nach unverzichtbar? Weshalb haben die Schöpfer des Bankensystems sich dafür entschieden, ein finanzielles Apartheidsystem aufzubauen? Ich vermute, daß Konzepte und Anschauungen unhinterfragt von Generation zu Generation weitergegeben werden.

Aus schierer Not heraus haben wir bei der Grameen-Bank die Sicherheit als zentrale Voraussetzung aller Bankgeschäfte in Frage gestellt. Ich wußte nicht, ob ich recht hatte. Ich hatte keinerlei Vorstellung davon, worauf ich mich einließ. Ich tappte im Dunkeln vorwärts und lernte den Weg durch Erfahrung kennen. Unsere Arbeit entwickelte sich zu einem Kampf, der beweisen sollte, daß die finanziell Unberührbaren durchaus zahlungsfähig sind.

Zu meiner großen Überraschung erlebte ich, daß Personen, die für ihre Kredite keine Sicherheiten bieten können, eine weit höhere Rückzahlungsmoral haben als Personen mit Sicherheitsgarantien. Tatsächlich werden über 98 Prozent der von uns gewährten Kredite zurückgezahlt, weil die Armen wissen, daß dies für sie der einzige Ausweg aus der Armut ist und ihnen keine andere Rückzugsposition bleibt. Wie wollen sie überleben, wenn man sie von diesem Kreditsystem ausschließt?

Zugleich fürchten die Wohlhabenderen nicht das Gesetz, denn sie wissen damit zu ihren Gunsten umzugehen. Wer auf der untersten Sprosse der Leiter steht, fürchtet alles. Er wird alles tun, seine Sache gut zu machen, weil er erfolgreich sein muß. Ihm bleibt keine andere Wahl.

Die Armen sind von allem ausgeschlossen und von Barrieren umgeben. Armut bedeutet, wie von hohen Mauern umringt zu sein.

Grameen ist kein Paket – und sollte auch nie eines sein –, das man über diese Mauern wirft, um die Existenz der darin Eingeschlossenen einen oder zwei Tage lang aufzuhellen. Grameen – und ihre Nacheiferer in aller Welt – hilft den Menschen dabei, ihren Willen und ihre Kraft, die sie brauchen, zusammenzunehmen, um die sie umgebenden Mauern einzureißen.

Der einfachste Weg, so dachte ich, die Geldverleiher auszuhebeln, ist der, den Armen Bankkredite zu ermöglichen. Sowohl Banken als auch Geldverleiher arbeiten im Kreditgeschäft. Also war es sinnvoll, sie unter den Bedingungen des freien Marktes miteinander konkurrieren zu lassen.

Da es kein Institut gab, das sich der Bedürfnisse der Armen annahm, war das Kreditgeschäft in die Hände der Geldverleiher geraten, die hier ein blühendes Geschäft für sich entdeckten. Es stellte ein ausgezeichnetes Transportmittel auf jener vielbefahrenen Einbahnstraße dar, die in die Armut führt.

Dieser alles mitreißende Strom in die Armut hätte abgebremst und der Verkehr in beiden Richtungen wiederhergestellt werden können, wenn die Finanzinstitute jene Rolle gespielt hätten, die ihnen eigentlich zukam.

Die Lebensgeschichte von Ammajan Amina, die sich als eine der ersten Geld von uns lieh, zeigt, was ein Kleinstkredit für einen Straßenbettler tun kann.

Von Ammajans sechs Kindern waren vier an Hunger oder Krankheit gestorben. Nur zwei Mädchen hatten überlebt. Ihr bedeutend älterer Mann litt an einer schweren Magenerkrankung. In den letzten Jahren vor seinem Tod gab er fast den ganzen Familienbesitz dafür aus, ein Heilmittel für seine Krankheit zu finden.

Nach seinem Tod blieb Ammajan Amina nur das Haus. Damals war sie 40 Jahre alt, was in Bangladesch, wo die durchschnittliche Lebenserwartung der Männer 58 und die der Frauen 53 Jahre beträgt, als alt gilt.

Sie konnte weder lesen noch schreiben und hatte sich nie ihren Lebensunterhalt verdienen müssen. Dennoch versuchten ihre Schwiegereltern, sie mit den Kindern aus dem Haus zu jagen, in dem sie seit 20 Jahren lebte. Sie weigerte sich jedoch, das Haus zu verlassen.

Sie versuchte, Gebäck aus eigener Herstellung von Tür zu Tür zu verkaufen. Doch eines Tages mußte sie beim Heimkommen feststellen, daß ihr Schwiegervater das Dach aus Wellblech verkauft hatte und der Käufer gerade eifrig dabei war, es abzumontieren.

Die Regenzeit kam, und sie fror, hungerte und war zu arm, um

Nahrungsmittel herzustellen und zu verkaufen. Alles, was sie an Lebensmitteln besaß, gab sie ihren Kindern. zu essen.

Ammajan hatte ihren Stolz, und aus diesem Grund bettelte sie nicht
in ihrem eigenen Dorf, sondern suchte dazu die Nachbardörfer auf. Da
sie kein Dach mehr auf dem Haus besaß, zerstörte der Monsunregen
allmählich die Lehmwände. Eines Tages stellte sie bei ihrer Heimkehr
fest, daß die Mauern ihres Hauses eingestürzt waren, und sie fing an zu
schreien: »Wo ist meine Tochter? Wo ist mein Baby?«

Sie fand ihre älteste Tochter tot unter den Trümmern ihres Hauses.

Als Nurjahan ihr 1976 begegnete, trug Ammajan Amina das einzige
überlebende Kind auf den Armen. Sie war hungrig, erschöpft und verzweifelt. Es war undenkbar, daß sie von einem Geldverleiher einen
Kredit bekam – von einer Bank ganz zu schweigen.

Aber ein Kredit von Grameen ermöglichte es ihr, Bambuskörbe
herzustellen. Inzwischen ist ihre Tochter Mitglied bei Grameen.

Wir könnten zwei Millionen ähnlicher Geschichten erzählen, eine
für jedes unserer Mitglieder.

ZWEITER TEIL
DIE VERSUCHSPHASE (1976-1979)

10. KAPITEL

WARUM WIR FRAUEN UND NICHT MÄNNER ALS KREDITNEHMER BEVORZUGEN

In Bangladesch verhalten sich die traditionellen Banken sexistisch: Sie weigern sich, Frauen Geld zu leihen.

»Ja, siehst du denn nicht unsere über die ganze Stadt verstreuten ›Zweigstellen für Damen‹?« entgegnen meine Banker-Freunde. »Sie sind ausschließlich für Frauen bestimmt.«

»Stimmt schon, aber ich sehe vor allem die dahinterstehende Absicht. Ihr wollt an die Ersparnisse der Frauen herankommen. Aus diesem Grund habt ihr für sie spezielle Zweigstellen eingerichtet. Was aber geschieht, wenn eine dieser Frauen von euch Geld leihen möchte?«

In meinem Land wird eine Frau, ob reich oder arm, die bei einer Bank Geld aufnehmen möchte, vom zuständigen Bankangestellten gefragt: »Haben Sie das mit Ihrem Mann besprochen?«

Wenn sie diese Frage bejaht, so will ihr Finanzberater weiter von ihr wissen: »Und ist er damit einverstanden?«

Antwortet sie erneut mit Ja, so fügt er hinzu: »Gut. Könnten Sie dann mit Ihrem Mann wiederkommen, damit wir uns mit ihm darüber unterhalten?«

Selbstverständlich würde es keinem Bankangestellten je einfallen, einen potentiellen Kreditnehmer männlichen Geschlechts zu fragen, ob seine Ehefrau über seine Absichten unterrichtet sei und ob er für ein weiterführendes Gespräch mit ihr zurückkommen könne. Ein derartiges Ansinnen würde vielmehr als glatte Beleidigung gewertet werden.

Es ist also kein Zufall, daß die Frauen vor der Geschäftsaufnahme der Grameen-Bank mit weniger als einem Prozent unter den Kreditnehmern vertreten waren. Vor diesem Hintergrund stand für mich fest, daß das Bankensystem sexistisch war. Ich legte deshalb großen Wert darauf, daß im Rahmen unseres Versuchsprojekts mindestens 50 Prozent unserer Kreditnehmer Frauen waren.

Sobald wir eine hinreichend große Anzahl von Frauen erreicht hatten, konnten wir einige beachtliche Ergebnisse unserer Kreditvergabe beobachten. Wir entdeckten beispielsweise einen zusätzlichen Grund, uns auf weibliche Kreditnehmer zu konzentrieren, der über die Gleichberechtigung der Geschlechter hinausging. Es gab einen entwicklungspolitischen Grund, Frauen bei der Kreditvergabe zu bevorzugen.

Je mehr ich mit meinem Projekt vorankam, um so mehr gewann ich die Gewißheit, daß ein an Frauen vergebener Kredit viel schneller zu Veränderungen führte als ein an Männer vergebener.

Hunger und Armut sind tendenziell eher eine Angelegenheit der Frauen als der Männer. Frauen sind unmittelbarer als Männer von Hunger und Armut betroffen. Wenn nur ein Familienmitglied Hunger leiden muß, so geht man stillschweigend davon aus, daß es die Mutter sein soll. Sie macht auch die traumatisierende Erfahrung, daß sie in den Tagen der Hungersnot und des Mangels ihr Kind nicht stillen kann.

Armut ist in Bangladesch für jedermann hart, aber sie ist immer noch etwas härter, wenn man dem weiblichen Geschlecht angehört. Und sobald die Frauen auch nur die allerbescheidenste Möglichkeit erkennen, sich aus der Armut zu befreien, erweisen sie sich als kämpferischer als die Männer.

Die Armut in unserer Gesellschaft bringt die Frauen in eine Situation der permanenten Unsicherheit. Ihre Zukunft ist ungewiß, denn ihre Ehemänner können sie jederzeit aus dem Haus jagen. Um sich von ihr zu trennen, braucht er nur dreimal die Scheidungsformel auszusprechen: »Ich verstoße dich.«

Die arme Frau kann weder lesen noch schreiben, und im allgemeinen hat man ihr nie erlaubt, aus dem Haus zu gehen, um etwas Geld zu verdienen, auch wenn sie dies gewünscht hätte. Ihren Schwiegereltern gegenüber befindet sie sich ebenfalls in einer mißlichen Lage, und zwar aus denselben Gründen wie zuvor bei ihren eigenen Eltern: Sie erwarten nur eines, und zwar daß sie weggeht, damit ein Mund weniger zu versorgen ist.

Wenn sie als Geschiedene ins Haus ihrer Eltern zurückkehrt, um wieder bei ihnen zu leben, wird man auf sie als Schandfleck der Familie mit dem Finger zeigen. Sobald man daher einer armen Frau in unserer

Gesellschaft auch nur die geringste Gelegenheit dazu bietet, will sie selbst für ihre materielle Sicherheit sorgen.

Wir haben festgestellt, daß die im Elend lebenden Frauen sich besser und schneller an den Prozeß der Selbsthilfe anpassen als die Männer. Außerdem sind sie aufmerksamer, sind intensiver darum bemüht, die Zukunft ihrer Kinder sicherzustellen, und zeigen eine größere Beständigkeit bei der Arbeit.

Wenn in einem Haushalt eine Frau das Geld verwaltet, bringt dies der Familie insgesamt mehr Vorteile, als wenn ein Mann dies täte. Überdies besitzen die Männer eine völlig andere Wertehierarchie als die Frauen, bei denen die Kinder anders als bei den Männern an erster Stelle stehen. Wenn ein im Elend lebender Vater sein Einkommen steigert, kümmert er sich zuallererst um sich selbst. Weshalb sollte Grameen unter diesen Umständen auf die Männer bauen?

Wenn eine arme Mutter beginnt, etwas Geld zu verdienen, so verwendet sie ihr Einkommen zuerst für ihre Kinder. Danach kommt das Haus an die Reihe: Sie erwirbt einige Utensilien, läßt das Dach ausbessern und verbessert die Lebensumstände der Familie. Eine unserer Kreditnehmerinnen war so stolz auf die Verbesserung ihrer Lebensumstände, daß sie einen Journalisten am Ärmel mit sich zog, um ihm das Bett *für eine Person* zu zeigen, das sie für sich und ihre Familie hatte kaufen können.

Wenn zu den erklärten Entwicklungszielen die Verbesserung der Lebensumstände, die Überwindung der Armut, der Zugang zu einer dieser Bezeichnung würdigen Arbeit und die Verringerung der Ungleichheiten zählen, so ist es nur natürlich, bei den Frauen anzufangen. Als wirtschaftlich und sozial Benachteiligte und als Opfer der Unterbeschäftigung bilden sie die Mehrheit der Armen. Da sie den Kindern näherstehen, verkörpern die Frauen für uns zudem die Zukunft Bangladeschs. Die Untersuchungen, die wir innerhalb der Grameen-Bank durchgeführt haben, um die Verwendung der Kredite durch Männer und durch Frauen zu vergleichen, führen in diesem Zusammenhang zu völlig eindeutigen Ergebnissen.

Allmählich haben wir uns deshalb bei der Kreditvergabe fast ausschließlich auf die Familienmütter konzentriert. Das bereitete uns erhebliche Schwierigkeiten. Zuerst sind wir auf einen beträchtlichen Widerstand seitens der Männer gestoßen, danach auf den der Mullahs, schließlich auf den der kommerziellen Geldverleiher und sogar auf den der Politiker.

Für gewöhnlich wünschten die Ehemänner, daß wir den Kredit an sie vergaben. Aber unsere Kreditnehmerinnen sagten häufig, daß die größte Katastrophe, die sie heimsuchen kann, nicht eine Naturkatastrophe sei – ein Taifun oder eine Hungersnot –, sondern ein Mann, der ihnen ihr Geld stiehlt und es vergeudet.

Die Mullahs und die Geldverleiher empfanden unsere Praktiken ebenfalls als Angriff auf ihre Autorität innerhalb der Dorfgemeinschaft. Aber ich hatte mit derartigen Widerständen gerechnet. Überrascht war ich dagegen, als ich hörte, wie sich gebildete Beamte und kommerzielle Geldverleiher gegen unser Vorgehen wandten.

»Es ergibt keinen Sinn, den Frauen Geld zu leihen, wenn so viele Männer arbeitslos sind und kein Einkommen beziehen«, sagten die einen.

»Weshalb ausgerechnet den Frauen Geld leihen? Die geben ja sowieso ihren Männern alles ab. Damit verstärkt ihr doch nur die Ausbeutung der Frauen«, meinten andere.

Dabei bewirkte unser Experiment genau das Gegenteil. Indem wir den Frauen die Entscheidung überließen, ermöglichten wir es ihnen, den ersten Schritt auf dem Weg zum Erwerb von Menschenrechten innerhalb der Familie zu tun.

Zahlreiche Politiker betrachteten unser Vorgehen ebenfalls mit ziemlichem Mißbehagen. Ein Leiter unserer Zentralbank schrieb mir sogar einen Brief mit drohendem Unterton: »Wir stellen fest, daß ein erheblicher Prozentanteil Ihrer Kreditnehmer Frauen sind. Bitte schikken Sie uns umgehend eine ausführliche schriftliche Erklärung dafür.«

Man forderte uns also auf, uns zu rechtfertigen. Ich antwortete wie folgt: »Ich will Ihnen sehr gern die Gründe für den hohen Prozentsatz von Frauen unter den Kreditnehmern innerhalb unseres Grameen-Projekts erläutern. Doch zuvor möchte ich von Ihnen erfahren, ob die Zentralbank je einer anderen Bank einen Brief geschickt hat, um eine Erklärung dafür zu fordern, warum unter den Kreditnehmern ein so hoher Prozentsatz an Männern ist.«

Mein Brief blieb selbstverständlich unbeantwortet, doch sie bestanden nicht mehr darauf, daß ich mich ihnen gegenüber »erklärte«.

Durch meine Reisen in alle Teile der Welt habe ich erfahren, daß dieses Problem nicht allein für Bangladesch charakteristisch ist. Im Rahmen der Entwicklungsplanung werden die Frauen selten als wirtschaftlich Handelnde betrachtet. Ich verstehe nicht, weshalb dies so ist.

In Ländern, in denen die Tradition die Frauen zwingt, weitgehend im Haus zu bleiben, besitzen sie für den Mann kaum einen Wirtschaftswert. Und für ihre Eltern stellt die Frau wegen der Mitgift, die ihre Familie aufbringen muß, eine wahre Last dar. Unabhängige Untersuchungen über Fälle der Mißhandlung von Frauen durch ihre Ehemänner, die illustrieren, wie die Frauen vor ihrer Mitgliedschaft bei Grameen behandelt wurden, kommen zu höchst schockierenden Ergebnissen.

11. KAPITEL

DIE MAUER DES PURDAH

Wie bringt man Frauen dazu, in einem Land einen Kredit aufzunehmen, in dem sich nie zuvor eine Frau von einer Bank Geld geliehen
hat?

Hätte ich ein Plakat mit folgendem Text ausgehängt:
MEINE DAMEN, DIES GEHT SIE ALLE ETWAS AN:
WILLKOMMEN ZU EINEM SONDERKREDITPROGRAMM
IN UNSERER BANK – NUR FÜR FRAUEN!
dann hätte ich mit diesem reißerischen Text ein sehr großes Publikum ansprechen können, aber es hätte nur wenig Aussicht bestanden,
daß Frauen ihn lesen. Zum einen können 85 Prozent der Frauen auf
dem Land nicht lesen, zum anderen dürfen sie nicht ohne Erlaubnis
ihrer Ehemänner das Haus verlassen.

Mir fiel es über alle Maßen schwer, das Interesse der Frauen zu gewinnen. Zunächst kamen überhaupt keine weiblichen Kreditnehmer zu
uns. Daher entschlossen wir uns, zu ihnen zu gehen. Zu diesem Zweck
mußten wir zu mehreren Finten und Techniken Zuflucht nehmen.

Wegen der Regeln des Purdah durften wir uns nicht ins Haus einer
Frau vorwagen.

Der Begriff Purdah umfaßt eine Reihe von Vorschriften, die sich
aus der Forderung des Koran ableiten, die Tugend der Frauen zu
schützen. In seiner konservativsten Interpretation bedeutet dies, daß
die Frauen – außer von den nächsten männlichen Verwandten – von
keinem Mann angesehen werden dürfen. Häufig verlassen sie nicht
einmal ihr Haus für einen Besuch im Nachbarhaus.

In Dörfern wie Jobra geht der Purdah auf einen noch älteren Glauben als den Islam zurück und wird von den einheimischen Pseudo-
Mullahs tradiert, die in den religiösen Grundschulen oder Maktabs
unterrichten und den Islam für die Dorfbewohner interpretieren.

Diese von den des Lesens und Schreibens unkundigen Dorfbewohnern als Autoritäten in religiösen Angelegenheiten angesehenen Männer haben jedoch häufig nur eine oberflächliche islamische Erziehung
genossen, und ihre Lehren stimmen nicht immer mit dem Koran überein.

Doch selbst dort, wo der Purdah nicht so streng gehandhabt wird,
sind in Bangladesch die Beziehungen zwischen den Geschlechtern tra-
ditionsbedingt äußerst förmlich.

Wenn ich in den Dörfern mit den Frauen sprechen wollte, so erlaubte ich mir nicht, an ihre Türen zu klopfen. Ich blieb vielmehr an
einem gut einsehbaren Platz zwischen mehreren Häusern stehen, damit jeder genau beobachten konnte, was ich tat. Und dann wartete ich.
Mir war vor allem daran gelegen, daß ihnen auffiel, daß ich ihr Privat-
leben wie auch ihre Anstandsregeln respektierte.

Nie bat ich um einen Stuhl; ich verlangte nicht die geringste Respektsbezeugung. Die Dorfbewohner sind es gewohnt, sich vor Personen zu verbeugen, die eine Autorität verkörpern, und ich wollte vermeiden, daß sich auch nur die geringste Distanz dieser Art zwischen
der Bank und ihren Kreditnehmern aufbaute. Ich blieb draußen vor ihrer Tür stehen und erklärte mit der größtmöglichen Einfachheit, was
wir uns zu tun vorgenommen hatten. Ich scherzte auch ausgiebig, da
der Humor stets hilft, eine Botschaft zu übermitteln.

Ich erklärte meinen Mitarbeitern, daß sie sich den Kindern gegenüber besonders freundlich zeigen sollten; nicht nur, weil dies einem natürlichen Verhalten entspricht, sondern auch, weil es ein einfacher und
schneller Weg ist, das Herz einer Mutter für sich einzunehmen. Ich
empfahl ihnen auch, nicht in teurer Garderobe oder kostbaren Saris
aufzutreten.

Gewöhnlich ließ ich mich von einer Frau aus dem Dorf oder einer
meiner Studentinnen begleiten. Diese Mittelsfrau betrat das Haus,
während ich draußen vor der Tür stehenblieb, stellte mich vor und
sprach in meinem Namen, wenn sie die Möglichkeit eines Kredits erwähnte. Meine Botschafterin kam dann mit sämtlichen Fragen, die die
angesprochene Frau mir zu stellen wünschte, zu mir nach draußen. Ich
beantwortete sie, und das Mädchen ging wieder ins Haus zurück.
Manchmal pendelte sie eine Stunde lang in dieser Weise hin und her,

ohne daß es mir gelungen wäre, die versteckten Frauen davon zu überzeugen, einen Kredit von der Grameen-Bank zu beantragen.

Nach etwa einer Stunde brach ich den Versuch ab. Aber am folgenden Tag startete ich einen neuen Angriff, und meine Vermittlerin setzte
ihre Tätigkeit fort. Wir verloren eine Menge Zeit damit, die jungen
Studentinnen all das, was ich gesagt hatte, und ebenso die Fragen, die
die Frauen aus dem Dorf gestellt hatten, wiederholen zu lassen. Zuweilen verstand meine Vermittlerin nicht alles, was ich hatte erklären
wollen, und auch die von den Frauen vorgetragenen Probleme nicht.
Und erneut baten mich diese, fortzugehen und nie mehr wieder zu
kommen.

Manchmal griffen mich auch die irritierten Ehemänner an. Ich
glaube, daß die Tatsache, es mit einem geachteten Universitätsdekan
zu tun zu haben, sie dann beruhigte, aber sie verlangten immer, daß
unsere Kredite direkt an sie ausbezahlt wurden und nicht erst durch
die Hände der Frauen gingen.

Eines Tages stand ich wieder einmal zwischen den Häusern eines
Dorfes, als der Himmel sich bedeckte und es kurz darauf zu regnen begann. Da wir uns in der Monsunzeit befanden, entwickelte sich der an-
fängliche Regenschauer schnell zu einem wolkenbruchartigen Regenguß. Die Frauen des Hauses ließen mir einen Regenschirm bringen,
damit ich dem Regen nicht ungeschützt ausgesetzt war. Ich wurde verhältnismäßig wenig naß, doch den Frauen tat das junge Mädchen
leid, das bei jedem Botengang zwischen dem Haus und mir klatschnaß
wurde.

»Der Professor soll sich im Haus nebenan unterstellen«, sagte eine
von ihnen. »Dort ist niemand. Dann braucht das Mädchen nicht mehr
so naß zu werden.« Es war das erste Mal, daß man mich bat, ein Haus
zu betreten.

Es handelte sich um ein typisches Haus auf dem Land: ein kleines
Zimmer ohne Elektrizität und mit gestampftem Lehmboden, weder
Stuhl noch Tisch. Ich setzte mich im Dunkeln auf das Bett und wartete
ab. Die Luft war von herrlichen Küchendüften geschwängert, die mir
vertraut waren. Dieses Haus war vom Nachbarhaus durch eine Zwi-
schenwand aus Bambus und Regalwände getrennt, und jedesmal,
wenn meine Botengängerin bei den Frauen im Nachbarhaus war, ver-

stand ich Bruchstücke ihrer Unterhaltung, wenngleich die Stimmen nur gedämpft zu mir herüberkamen. Und wenn das junge Mädchen zurückkehrte und mir berichtete, was man ihr gesagt hatte, so drängten sich die Frauen von nebenan an die Bambuswand, um meine Antworten zu hören. Diese Art der Kommunikation erschien mir alles andere als ideal, aber immerhin war sie besser, als draußen im Regen stehen zu müssen.

Nach etwa zwanzig Minuten begannen die Frauen auf der anderen Seite der Wand direkt mit mir zu sprechen – oder vielmehr zu schreien –, ohne sich länger der Mittelsfrau zu bedienen, und richteten ihre Kommentare und Fragen im Dialekt von Chittagong direkt an mich. Je mehr sich meine Augen an die Dunkelheit gewöhnten, um so besser unterschied ich die menschlichen Schattenrisse, die mich durch die Zwischenräume in der Bambuswand betrachteten. Meine guten Kenntnisse des Dialekts von Chittagong waren natürlich ein Trumpf in meiner Hand.

Sie stellten, wie die Männer, immer dieselben Fragen.

»Weshalb sollen wir eine Gruppe bilden?«

»Weshalb kann ich nicht sofort einen persönlichen Kredit bekommen?«

Mindestens 25 Frauen beobachteten mich durch die Löcher in der Wand. Am Geruch erkannte ich, daß man inzwischen Atap-Reis zum Kochen aufgesetzt hatte. In Bangladesch essen wir jeden Tag Reis. Einige Spezialisten behaupten, daß wir einst 10 000 unterschiedliche Reissorten angebaut hätten, aber viele davon sind inzwischen verschwunden. Die Leute im Westen unterscheiden nicht wirklich zwischen dem vakuumverpackten Uncle Ben's Reis und dem Patna-Reis. Wir Bengalen dagegen, die wir uns seit Generationen von Reis ernähren, haben unsere eigenen Vorlieben entwickelt. Der Balam, eine geschälte Reissorte mit langem Korn, ist besonders schmackhaft und meine Lieblingssorte.

Da immer mehr Frauen ihr Ohr gegen die Wand preßten, fiel schließlich ein Teilstück von ihr um. Plötzlich befanden sie sich mit mir in ein und demselben Raum, und nun redeten sie auch direkt mit mir. Einige verhüllten ihr Gesicht, andere lachten laut auf und trauten sich nicht, mich offen anzusehen, aber schließlich brauchten wir keine Mittelsperson mehr. Dies war das erste Mal, daß ich direkt mit einer Gruppe Frauen aus Jobra gesprochen habe.

»Was Sie uns sagen, Mister, macht uns angst«, sagte mir eine Frau und verbarg ihr Gesicht hinter einem Zipfel ihres Saris.

»Um Geld kümmert sich nur mein Mann«, entgegnete eine andere, die sich von mir abwandte, damit ich ihr Gesicht nicht sehen konnte.

»Leihen Sie meinem Mann das Geld, denn um Geldsachen kümmert er sich; ich hab' nie welches in den Fingern gehabt. Das will ich auch nicht«, erwiderte mir eine weitere Frau.

»Ich wüßte nicht, was ich mit dem Geld anfangen sollte«, antwortete noch eine andere, die in meiner Nähe saß, aber jedem Blick auswich.

»Wir hatten es schon schwer genug, die Mitgift aufzubringen, Professor, wir wollen keine Scherereien mehr mit unseren Männern«, versicherte mir eine alte Frau.

An diesen Reaktionen erkennt man die katastrophalen Auswirkungen der Armut. Die außerhalb ihres Hauses ständig gedemütigten Ehemänner besitzen nur über ihre Ehefrauen zu Hause Macht; wahre Sündenböcke, die sie nach Belieben beschimpfen, schlagen und wie Sklaven behandeln dürfen, bevor sie die Scheidung aussprechen. Ich wußte, daß die Mißhandlungen in der Ehe ein wirkliches Problem darstellten, und keine dieser Frauen wollte mit Geldfragen, einer traditionell den Männern vorbehaltenen Domäne, etwas zu schaffen haben.

Die Regierung hat zwar Gesetze zum Schutz der Frauen verabschiedet, doch noch heute verhindert die Tradition deren Anwendung. Und die meisten Frauen in den ländlichen Gebieten zeigen sich immer dann höchst ängstlich, wenn man auf Geldfragen zu sprechen kommt.

Ich bemühte mich, ihre Befürchtungen so weit als möglich zu zerstreuen.

»Weshalb sollten Sie denn nicht einen Kredit aufnehmen? Damit könnten Sie ein Unternehmen aufbauen.«

»Nein, nein, nein, wir wollen Ihr Geld gar nicht.«

»Um Himmels willen, wenn Sie es investieren, dann können Sie Geld verdienen und die Tagesration Ihrer Kinder aufbessern und sie zur Schule schicken.«

»Nein. Als meine Mutter starb, gab sie mir als letzten Rat mit auf den Weg, daß ich mir nie von jemandem Geld leihen sollte.«

»Ihre Mutter hatte damals sicher tausendmal recht; sie hat Sie gut beraten. Aber wenn sie heute noch leben würde, würde sie Ihnen raten, bei Grameen mitzumachen. Zu ihrer Zeit gab es nur Wucherer, die zehn Prozent Zinsen pro Monat nahmen oder sogar pro Woche! Hätte Ihre Mutter aber uns gekannt, so hätte sie Ihnen bestimmt geraten, sich an uns zu wenden.«

»Weshalb reden Sie nicht mit meinem Mann darüber? Er kümmert sich ums Geld.«

Ich hatte diese Art von Argumenten so oft gehört, daß ich darauf Standardantworten parat hatte, aber diese Frauen waren nur sehr schwer zu überzeugen. Sie hatten es nie mit einer Institution zu tun gehabt, hatten Angst vor allem und jedem, und es fiel ihnen äußerst schwer, diese Angst zu überwinden.

Am Ende eines jeden Tages mußten meine Studenten mir Bericht erstatten. Häufig zählten sie die Namen potentieller Kreditnehmer auf, die sie sich in aller Eile auf einer Zigarettenschachtel notiert hatten. Wir tauschten Geschichten und Namen aus und planten unsere Aktivitäten für den folgenden Tag.

Eines Tages wollte eine Frau namens Marium, geschieden und Mutter von drei Kindern, 1000 Taka (24 Dollar) von uns leihen. Bisher hatte sie Stoffe von Tür zu Tür verkauft, und ich war nicht überzeugt davon, daß man ihr anfangs so viel Geld leihen sollte. Ich befürchtete, daß es ihr schwerfallen würde, den Kredit zurückzuzahlen, und wir dann Schwierigkeiten mit dem ganzen Dorf bekämen, wenn sich daraus Probleme ergeben würden. Wir bemühten uns, sie davon zu überzeugen, daß es besser sei, wenn sie erst mit einem Kredit in Höhe von 500 Taka begann, um ihn später möglicherweise allmählich aufzustocken.

Meine Assistentin betrat das Haus und kam dann wieder auf den Hof zurück, wo ich wartete. Schließlich wurde ich ungeduldig und ging selbst hinein, um die Situation zu entkrampfen. Die etwa zwölf Frauen im Innern verhüllten nun vollständig das Gesicht mit ihren Saris und wandten die Köpfe ab, als sie mich erblickten; aber eine alte Frau kam mit einem Hocker auf mich zu und bat mich, darauf Platz zu nehmen. Ich begann ihnen zu erklären, daß man erst mit einem Korn beginnt, wenn man eine neue Kultur ausprobieren möchte. Dann wachse die Pflanze, man säe erneut, und zuletzt erhalte man eine reiche Ernte.

Schließlich wandten sich die Frauen mir zu, und wir sprachen von Angesicht zu Angesicht miteinander, auch wenn sie ihre Gesichter weiterhin vor mir verhüllten.

An diesem Tag kamen wir kaum weiter, und auch die sich über den gesamten folgenden Tag hinziehenden Gespräche verliefen sehr zäh.

Die ganze Monsunzeit über durchkämmten wir das Dorf und auch während des Monats Ashar, in dem die Menschen so schmackhafte Gemüse essen wie *Kalmi, Pui shak* oder *Kachu shak*, eine Art langen Spargel, der durch das Kochen einen sehr delikaten Geschmack erhält. Die Gemüse sind während des Monsuns immer besonders aromatisch. Meine vegetarische Leibspeise ist das schmackhafte *Kachu shak*, das man zubereitet, indem man den *Shak* zusammen mit Lorbeerblättern, gemahlenem Kreuzkümmel, Chili und Kurkuma kocht.

Als der Monsun vorbei war und die Trockenzeit kam, fuhren wir fort, die Frauen in ihren Häusern zu besuchen.

Im folgenden will ich eines der zwölf Millionen Schicksale in Bangladesch beschreiben, dessen Lauf wir verändern halfen:

Hajeera Begum wurde 1959 in Kirati Kapasi in Monohardi, einem Unterbezirk der Hauptstadt Dhaka, geboren. Ihr Vater, ein Landarbeiter, konnte seine sechs Töchter nicht ernähren, und deshalb verheiratete er Hajeera an einen Blinden. Seine Wahl hatte einen einfachen Grund: Dieser Mann verlangte keine Mitgift.

Hajeera und ihr Mann überlebten durch das wenige Geld, das sie sich durch Haushaltsarbeiten verdiente, doch es wollte ihnen nicht gelingen, ihre drei Kinder ausreichend zu ernähren. Deshalb bat sie ihren Mann um Erlaubnis, Grameen beitreten zu dürfen. Aber er hatte davon gehört, daß diese Organisation sich den Tod des Islam auf die Fahnen geschrieben habe, und drohte seiner Frau mit der Scheidung, wenn sie dort Mitglied werde.

Ohne irgend jemandem etwas zu sagen, ging Hajeera in ein Nachbardorf, um an den Informationsveranstaltungen teilzunehmen, bei denen Angestellte von Grameen die Arbeitsweise der Bank erklärten. Als die Mitglieder ihrer Gruppe zum erstenmal eine mündliche

Prüfung ablegten, bei der das Wissen über die Regeln von Grameen geprüft wurde, war Hajeera so ängstlich, daß sie nicht auf die Fragen antworten konnte. »Mein ganzes Leben lang hat man mir immerzu gesagt, daß ich zu nichts tauge«, erklärte sie. »Meine Eltern meinten, ich sei ihr Unglück, weil ich eine Frau sei, und daß sie mir keine Mitgift stellen könnten. Oft habe ich meine Mutter sagen hören, daß sie mich am besten gleich nach meiner Geburt getötet hätte. Ich glaubte, keinen Kredit wert zu sein oder ihn nie zurückzahlen zu können.«

Ohne die Unterstützung der anderen Gruppenmitglieder hätte sie schließlich aufgegeben. Als sie einen Kredit in Höhe von 2000 Taka (50 Dollar) erhielt, liefen ihr die Tränen die Wangen herunter. Ihre Gruppe überredete sie, von dem Geld ein Mastkalb und ungedroschene Reishalme zur Reiskorngewinnung zu kaufen. Als ihr Vater ihm das Kalb brachte, war Hajeeras Ehemann so begeistert, daß er alle Scheidungsdrohungen sofort vergaß.

Ein Jahr darauf hatte Hajeera ihren ersten Kredit getilgt und einen neuen aufgenommen, um ein Feld zu pachten, auf dem sie 60 Bananenbäume pflanzte. Vom restlichen Geld kaufte sie sich ein zweites Kalb. Inzwischen besitzt sie ein Reisfeld mit Hypothek, dazu Ziegen, Enten und Hühner.

»Jetzt haben wir drei Mahlzeiten am Tag«, berichtet Hajeera, »und meine Kinder können sich satt essen. Einmal pro Woche können wir uns sogar Fleisch leisten. Ich habe vor, meine drei Kinder zur Schule und aufs College zu schicken und sogar auf die Universität, damit sie es einmal besser haben als ich. Wollen Sie wissen, was ich von Grameen halte? Grameen ist wie meine Mutter. Nein, Grameen ist nicht *wie* meine Mutter. Grameen *ist* meine Mutter – und hat mir ein neues Leben geschenkt.«

12. KAPITEL

FRAU SEIN UND FÜR GRAMEEN ARBEITEN

Dank der Erfahrungen mit Nurjahan und Jannat, den beiden ersten weiblichen Arbeitskräften, die wir angeworben hatten, ist mir Anfang 1977 klar geworden, daß unsere Mitarbeiterinnen alles andere als ein leichtes Spiel hatten. Alles in unserer Kultur hatte sich gegen die Arbeit von Frauen auf diesem Gebiet verschworen.

Unser Kampf gegen die schlechte Behandlung und Benachteiligung von Frauen betraf also nicht nur unsere Kreditnehmerinnen, sondern auch unsere eigenen Mitarbeiterinnen.

Die Frauen, die für uns arbeiteten, mußten allein durch die Dörfer gehen. Viele Eltern empfanden dies als unpassend. Und jene unter ihnen, die zugelassen hätten, daß ihre Tochter in einem Büro arbeitete, waren nicht damit einverstanden, daß sie den ganzen Tag unterwegs war.

Von meinen eigenen Studentinnen abgesehen, warben wir unsere Angestellten anfangs vor Ort an, damit sie zu Hause leben konnten, während sie für uns arbeiteten.

In der ersten Zeit kam es nicht selten vor, daß eine Vertreterin der Bank während ihres Besuchsprogramms bei Kreditnehmerinnen eine Menge Neugieriger anzog. Wenn sie sich mehr als drei Kilometer von zu Hause entfernte, zog sie sich die Kritik von Leuten zu, nach deren Auffassung eine junge Frau ins Haus gehörte.

Meistens werben wir unsere Mitarbeiterinnen gleich nach Beendigung ihres Studiums an, wenn sie auf ihre Verheiratung warten oder bereits verheiratet sind und ihr Ehemann keine Arbeit findet. Wenn eine ledige Frau Arbeit findet, nimmt der durch ihre Familie auf sie ausgeübte Druck zu heiraten schlagartig ab. Zugleich verbessert ein fester Arbeitsplatz ihre Heiratsaussichten erheblich. Durch ihre Einkünfte wird sie von einer Belastung zu einer guten Partie.

Ein weiteres Problem bestand in den langen Wegstrecken, die unsere Angestellten zu bewältigen haben. In Bangladesch darf ein Mann Fahrrad fahren, aber für eine junge Frau gilt dies als unschicklich. Noch heute sind die meisten unserer Praktikantinnen nie in ihrem Leben Rad gefahren.

Wir kauften Fahrräder und veranstalteten Radfahrkurse und bemühten uns, unsere jungen Frauen zu sicheren Radfahrerinnen auszubilden. Doch in einigen Orten beschimpften die Einheimischen die Radfahrerinnen mit wüsten Ausdrücken. Eine Frau darf einen Ochsenkarren, ein Minitaxi, eine Rikscha, ein Motorrad fahren. Doch für die religiös Konservativen war es undenkbar, daß eine Frau radelte.

Selbst heute noch, 20 Jahre später, wo 94 Prozent unserer Kreditnehmer Frauen sind, und trotz aller sozialen Veränderungen, die wir mit auf den Weg gebracht haben, müssen wir uns noch immer mit derartigen Problemen herumschlagen.

Es ist unverändert schwierig, unsere Mitarbeiterinnen zu halten. In den meisten Fällen drängt die Familie ihres Mannes die arbeitende junge Frau, den Arbeitsplatz nach ihrer Heirat aufzugeben. Für sie kommt es nicht in Frage, daß ein »anständiges« Mädchen seinen guten Ruf aufs Spiel setzt, indem es allein durch die Dörfer zieht. Außerdem befürchtet die Familie, daß es sich nicht verteidigen kann, falls es in Schwierigkeiten kommt.

Mit der Geburt des ersten Kindes wächst der Druck, der auf unsere Mitarbeiterinnen durch die Schwiegerfamilien ausgeübt wird, damit sie ihre Arbeit aufgeben. Nach der Geburt des zweiten oder dritten Kindes wird es ihnen schier unmöglich gemacht, diesem Drängen nicht nachzugeben. Außerdem möchten sich auch die Frauen ihren Kindern widmen. Aus diesem Grund entscheiden sich eher die weiblichen Angestellten für das Angebot von Grameen, nach zehn Jahren Arbeit für die Bank mit 50 Prozent der Sozialleistungen in den frühzeitigen Ruhestand zu gehen.

Nurjahan Begums Geschichte illustriert gut diesen Druck, dem unsere jungen Mitarbeiterinnen ausgesetzt sind.

Nurjahan studierte als Graduierte an der Universität Chittagong, als wir unser Projekt Grameen begannen. Sie war 23 Jahre alt und bereitete sich auf ihre Magisterprüfung in Literaturwissenschaft vor. Einer konservativen Familie aus der Mittelschicht entstammend, hatte sie ihren Vater im Alter von elf Jahren verloren, und ihre Mutter wollte, daß sie heiratete und Kinder bekam. Doch als sie das letzte Studienjahr erreichte, widersetzte sie sich: Sie war die erste Frau in ihrem Dorf, die ein solches Ausbildungsniveau erreicht hatte, und man hatte ihr eine Arbeit bei einer nichtstaatlichen Organisation angeboten. Sie flehte ihre Mutter an: »Ich bitte dich, laß mich Nutzen aus meinem Wissen ziehen.«

Aber so sehr Nurjahan auch bat und flehte, ihre Mutter wollte nichts davon hören. In Bangladesch gehört es zum guten Ton, daß Töchter aus gutem Hause nicht arbeiten. Nurjahan versuchte ihren ältesten Bruder zu überzeugen. Dieser wollte ihr zwar erlauben zu arbeiten, doch fürchtete er das Gerede der Dorfbewohner, und Nurjahan mußte ihren Arbeitgeber um Geduld bitten. Dreimal verschob die Organisation das Einstellungsdatum, doch letztendlich konnte sie nicht mehr warten, und die junge Frau verlor den ihr zugesagten Arbeitsplatz.

Nurjahan bewarb sich dann schließlich bei Grameen, und wir machten ihr ein Angebot. Diesmal sagte sie zu ihrer Mutter: »Du hast mir erlaubt, auf dem Campus im Studentinnenwohnheim zu leben, und jetzt wird es eben genauso sein. Ich werde in einer nur für Frauen reservierten Unterkunft leben, in einem Schlafsaal für Mädchen. Das kannst du mir nicht verbieten.«

»Was für eine Art Arbeit wirst du tun?« wollte die Mutter wissen.

»Ich werde in einer Bank arbeiten.«

Nurjahans Brüder setzten ihre ganze Überredungskunst ein, und schließlich gab die Mutter nach. Die Familienangehörigen dachten, es handle sich um eine Büroarbeit mit Telefon und Sekretärin, und Nurjahan hütete sich wohlweislich davor, ihnen zu verraten, daß sie in Wirklichkeit den ganzen Tag durch die Elendsquartiere der ärmsten Dörfer zog, um mit Bettlern und mittellosen Frauen zu sprechen. Hätten sie das erfahren, wären sie entsetzt gewesen und hätten Nurjahan gezwungen, ihre Arbeit aufzugeben.

Im Oktober 1977 trat sie ihre Arbeit bei Grameen an. Am ersten Tag bat ich sie, eine Fallstudie über Ammajan Amina anzufertigen, die bereits erwähnte Frau aus dem Dorf Jobra, die keinerlei Auskommen hatte. Ich übertrug ihr diese Arbeit, die zur Ausbildung all unserer Mitarbeiter gehört, aus drei Gründen:

Erstens meine ich, daß einen neuen Mitarbeiter nichts so sehr motiviert wie das Kennenlernen der Schwierigkeiten, denen die Armen in ihrem Lebensalltag ausgesetzt sind. Und ich wollte, daß Nurjahan durch die Realität des Elends in ihrem Innersten berührt wurde.

Zweitens wollte ich sie bei der Arbeit erleben, sie testen. Es ist nicht leicht, mit den Armen zu arbeiten. Nurjahan besaß zwar einen Magistertitel, doch reicht diese Qualifikation allein nicht aus, um in einer Bank für die Armen zu arbeiten. Man muß wirklich motiviert sein. Damit ein Mitarbeiter Vertrauen erweckt und dem Kreditnehmer den notwendigen Mut einflößt, muß er über seltene Fähigkeiten verfügen: einen großen Überlebensinstinkt, Kommunikationsgeschick und psychologisches Feingefühl. Für Grameen zu arbeiten bedeutet, dem Kreditnehmer viel von der eigenen Zeit zu widmen, ihn zu beobachten, wie er lebt und arbeitet, wie seine Kinder weinen, größer werden, studieren, sich entwickeln usw.

Drittens bitte ich unsere Mitarbeiter stets, ihr Hauptaugenmerk nicht etwa auf das angebotene Produkt (den Kredit) zu richten, sondern sich primär für die *Personen* zu interessieren, mit denen sie es zu tun haben. Sie müssen ihre Kunden in ihrer ganzen menschlichen Komplexität begreifen, wenn sie ihnen dabei helfen wollen, ihr Leben zu verändern. Und genau darin besteht der Sinn ihrer Arbeit, nicht im reinen Verkauf eines Produkts, das lediglich ein Mittel zum Zweck ist.

»Gehen Sie zu Ammajan Amina«, sagte ich zu Nurjahan, »und versuchen Sie ihre Sicht der Dinge zu verstehen. Gehen Sie am ersten Tag ohne Stift und Papier zu ihr, damit Sie ihr Vertrauen gewinnen.«

Das tat sie. Sie besuchte Ammajan Amina mit meinem Kollegen Assad. Diese fragte sie: »Ist das Ihr Mann?«

»Nein«, erwiderte Nurjahan, »nur ein Kollege.«

»Warum kommen Sie mit einem Mann zu uns, der nicht Ihr Ehemann ist?« wollte Ammajan Amina wissen.

Ein solches Verhalten verstieß gegen die Sitten, und das machte sie Nurjahan gegenüber mißtrauisch. Doch jeden Tag gewann Nurjahan ein wenig mehr ihr Vertrauen.

Eines Tages überbrachte Nurjahans Schwager ihr Neuigkeiten von seiner Familie. Als er in unseren Räumen eintraf (zu dieser Zeit hatten wir nur eine einzige Bürostelle), stellte er als erstes fest, daß unser Büro in einer einfachen Hütte mit einem Dach aus Wellblech untergebracht war und es weder Telefon, Toiletten noch Wasser gab. Er war sehr schockiert, denn dies entsprach überhaupt nicht seinen Vorstellungen von einer Bank.

Assad, der verantwortliche Leiter der Bank, teilte ihm mit, daß sich Nurjahan im Dorf aufhalte. Der Schwager machte sich auf die Suche nach ihr und fand sie zu seiner großen Überraschung unter einem Baum sitzend, wo sie mit Dorfbewohnerinnen diskutierte. Nurjahan schämte sich so sehr, daß sie ihm etwas vorlog und behauptete: »Mach dir keine Sorgen, das ist heute nur eine Ausnahme. Bitte sag Mutter nichts davon, wo ich gewesen bin.«

Natürlich hatte er nichts Eiligeres zu tun, als es ihrer Mutter zu erzählen, die sehr zornig reagierte. Wie die meisten strenggläubig und religiös eingestellten Menschen in Bangladesch war sie der Ansicht, daß ihre Tochter sich nicht draußen aufhalten dürfe, wenn sie nicht gegen die geltenden Anstandsregeln verstoßen wolle. Nurjahans Mutter selbst ging nie aus, nicht einmal, um die eigenen Kinder zu besuchen. Stets waren es die Kinder, die die Mutter besuchten. Sie konnte sich also weder vorstellen, daß ihre Tochter außerhalb des Hauses arbeitete, noch, daß solch eine Arbeit zu einer respektablen Frau passen konnte.

Nurjahan gestand ihrer Mutter die Wahrheit. Da sich diese ihrerseits stets bemüht hatte, die Armen zu helfen, verzieh sie ihr schließlich. Heute gehört Nurjahans Mutter zu unseren großen Unterstützerinnen.

Eines Tages bat ich Nurjahan, sich mit zwei jungen Bankangestellten in die Stadt Comilla zu begeben, um dort auf einem Kulturfest die Arbeit von Grameen vorzustellen. Ich hatte nicht dafür gesorgt, daß ein Mann die Frauen begleitete, denn die Reise von Chittagong nach Comilla ist weder lang noch gefährlich. Dies war nicht etwa auf eine Unachtsamkeit meinerseits zurückzuführen, sondern auf meinen Wunsch, daß sich meine Angestellten alleine zurechtfanden. Nichts verleiht einem jungen Menschen mehr Selbstsicherheit als die Fähigkeit, mit Schwierigkeiten allein fertig zu werden, und ich finde, daß das

Stereotyp von der Frau, die unfähig ist, eine kurze Reise allein hinter sich zu bringen, zu jenen Vorurteilen gehört, die Grameen bekämpfen muß.

Nurjahan jedoch war wütend darüber, daß ich keinen Mann damit beauftragt hatte, sich um sie und um sämtliche Details der Reise zu kümmern, und so rief sie einen ihrer Kollegen an und bat ihn, sie zu begleiten. Dieser war jedoch zu beschäftigt, und sie, die nie zuvor allein gereist war, bat daher Allah, ihr Kraft und Mut zu verleihen. Ihre Präsentation unserer Arbeit war ausgezeichnet und stieß auf allgemeine Anerkennung.

Inzwischen begibt sich Nurjahan ohne irgendein Problem überall dorthin, wo sie es für nötig hält. Sie ist eine von drei Generaldirektoren der Grameen-Bank und für unsere Informationsabteilung verantwortlich, und sie unterstützt Hunderte von künftigen Bankangestellten dabei, sich ihre Unabhängigkeit zu erwerben.

13. KAPITEL

DIE STRUKTURIERUNG UNSERES LEISTUNGSSYSTEMS:
WIE WIRD MAN MITGLIED?

Wir wußten ganz und gar nicht, wie man eine Bank für die Armen führt; wir mußten alles lernen.

Im Januar 1977, zur Zeit unserer Anfänge, analysierte ich, wie die anderen Geldinstitute geführt wurden, und lernte aus ihren Fehlern. Die traditionellen Banken und Kreditgenossenschaften verlangten stets die Rückzahlung der gesamten Kreditsumme auf einen Schlag. Die Verpflichtung, am Ende der Kreditlaufzeit eine einzige Überweisung zu tätigen, läßt die Zahlungsmoral eines Kreditnehmers nicht gerade steigen. Er versucht diesen Termin so weit wie möglich hinauszuzögern, wodurch er die auflaufenden Schulden noch erhöht. Zu guter Letzt beschließt er vielleicht sogar, sie überhaupt nicht zurückzuzahlen.

Ich hatte mich entschlossen, ganz anders vorzugehen: Die Rückzahlungsraten sollten so gering sein, daß der Kreditnehmer den Geldabfluß nicht einmal richtig bemerkt. Dadurch wollte ich die psychologische Blockade überwinden helfen, die entsteht, wenn man sich von »so viel Geld« trennen soll. Tägliche Einzahlungen waren mir da lieber. Sie würden uns auch die Kontrolle sehr erleichtern, und ich konnte zugleich erfahren, wer pünktlich zurückzahlte und wer mit seinen Zahlungen in Verzug geriet. Außerdem konnten sich auf diese Weise Personen, die sich noch nie zuvor in ihrem Leben Geld geliehen hatten, eine gewisse Disziplin aneignen und dabei erfahren, wie leicht es ihnen fiel, den Kredit zurückzuzahlen.

Um die Buchführung zu erleichtern, beschloß ich, daß die Kredite im Laufe eines Jahres zurückgezahlt werden mußten. Auf diese Weise konnte ein Kredit in Höhe von 365 Taka getilgt werden, indem man ein Jahr lang Tag für Tag einen Taka zurückzahlte.

Dies ist eine Summe, die eine große Heiterkeit auslöst, weil sie so lächerlich gering erscheint, doch ich muß immer wieder an folgende herrliche Geschichte denken, die illustriert, wie wichtig regelmäßige, stetig steigende Gewinne sind:

Ein zum Tode Verurteilter wird vor den König gebracht, damit er seinen letzten Wunsch äußere. Er zeigt auf das Schachbrett zur Rechten des Throns und sagt: »Ich will nur, daß Majestät zu meinen Gunsten ein einziges Reiskorn auf ein Feld dieses Schachbretts legt und die Zahl der Körner dann in jedem weiteren Feld verdoppelt.«

»Genehmigt«, sagt der König, ohne etwas von der Macht der geometrischen Progression zu ahnen. Kurz darauf gehört dem Gefangenen das gesamte Königreich.

Nach und nach bauten wir unser eigenes Leistungs- und Forderungssystem auf, und selbstverständlich machten wir unzählige Fehler. Wir mußten uns zu vielen Änderungen und Anpassungen durchringen.

So entdeckten wir, wie wichtig es für den Erfolg unserer Aktionen war, daß sich die Kreditnehmer in Gruppen zusammenfanden. Allein fühlen sich die Armen nämlich Gefahren aller Art ausgesetzt. Die Zugehörigkeit zu einer Gruppe dagegen vermittelt ihnen ein Gefühl der Sicherheit.

Ein einzelner Mensch neigt zudem dazu, sich unberechenbar und schwankend zu verhalten. Durch die Zugehörigkeit zu einer Gruppe dagegen profitiert er von dem internen Zusammenhalt aller, und der auf ihn ausgeübte Gruppenzwang läßt sein Verhalten kalkulierbarer und in puncto Kreditrückzahlung zuverlässiger werden.

Der Wettbewerb, der sich innerhalb einer Gruppe wie auch zwischen verschiedenen Gruppen entwickelt, treibt jeden dazu an, sein Bestes zu geben. Es ist schwierig, die einzelnen Kreditnehmer zu kontrollieren. Dies fällt erheblich leichter, wenn sie Mitglied in einer Gruppe sind. Überträgt man daher die Kontrollfunktion auf die Gruppe, so verringert man die Arbeit der Bankangestellten und erhöht die Selbständigkeit der Gruppe.

Die Gruppendynamik ist wichtig: Weil die Gruppe den Kreditantrag jedes ihrer Mitglieder befürworten muß, fühlt sie sich für diesen Kredit auch moralisch verantwortlich. Wenn daher eines der Gruppenmitglieder in Schwierigkeiten gerät, versucht die Gruppe normalerweise, dem Mitglied bei der Überwindung der aufgetauchten Probleme zu helfen.

Die Kredite werden Einzelpersonen bewilligt. Obwohl ein Teil der Verantwortung der Gruppe übertragen wird, ist natürlich jeder Kreditnehmer für seinen Kredit selbst verantwortlich. Jeder, der einen Kredit beantragt, ist aber gehalten, eine Gruppe von Personen außerhalb seiner Familie zu bilden, die dieselben Ansichten und denselben wirtschaftlichen und sozialen Hintergrund haben.

Wir ziehen es vor, daß eine Gruppe ohne unser Zutun zustande kommt, da ihre Solidarität viel stärker ist, wenn sie aus eigenem Antrieb heraus gebildet wird. Doch es ist nicht ganz einfach, eine Gruppe zu gründen: Eine potentielle Kreditnehmerin muß zunächst eine zweite Person (außerhalb ihrer Familie) finden und ihr erklären, wie die Bank funktioniert, und sie davon überzeugen, dem Projekt beizutreten.

Wenn die Dorfbewohner noch nicht mit dem Konzept der Grameen-Bank vertraut sind, so ist dies eine schwierige Aufgabe. Im allgemeinen muß die erste Frau mehrere ihrer Freundinnen aufsuchen, die zunächst entsetzt sind oder alle möglichen Ausreden finden, um das Ansinnen abzulehnen, oder die nicht die Erlaubnis ihres Ehemannes erhalten oder sich ganz einfach nicht mit dem Gedanken anfreunden können, irgend jemandem Geld zu schulden. Doch schließlich findet sich eine Freundin, die davon gehört hat, daß die Grameen-Bank einer Familie gute Dienste erwiesen hat, und die sagt: »Einverstanden. Ich schlafe mal eine Nacht darüber. Komm morgen wieder vorbei.«

Danach machen sich die beiden daran, ein drittes und ein viertes und ein fünftes Mitglied aufzutreiben. Hat sich endlich eine Gruppe gebildet, so ist es nicht ausgeschlossen, daß eines der fünf Mitglieder zurücktritt und sagt: »Nein, mein Mann hat es sich anders überlegt. Er läßt mich doch nicht mitmachen.« Dann besteht die Gruppe nur noch aus vier, drei oder nur noch aus einem Mitglied, und die ganze Überzeugungsarbeit muß wieder von vorn beginnen.

Unsere potentiellen Kreditnehmer müssen Kurse besuchen, damit sie genau verstehen, wie unsere Bank funktioniert.

Am Vorabend ihres Beitritts zu Grameen sind manche Frauen der-

artig nervös, daß sie zu Allah beten und ihn um Hilfe anflehen. Andere
wiederum sind dermaßen verängstigt, daß sie dem auf ihnen lastenden
Druck nicht gewachsen sind; und selbst am Vorabend der Zugangs-
prüfung kommt es vor, daß eine Aspirantin zu den Freundinnen aus
ihrer Gruppe sagt: »Nein, ich schaffe es nicht, ich steige aus.« Die übrigen vier Mitglieder müssen dann Grameen um einen Aufschub bitten, damit sie wieder die erforderliche fünfte Person finden, um eine
Gruppe zu bilden.

Ist der große Tag gekommen, so legen die fünf Mitglieder getrennt
voneinander ihre Prüfung ab. Da die meisten unter ihnen weder lesen
noch schreiben können, gibt es keine schriftliche Prüfung; dafür müssen sie nachweisen, daß sie wissen, wovon sie sprechen.

Wenn ein potentieller Kreditnehmer keine zufriedenstellenden Antworten gibt, so bittet der oder die Bankangestellte die Gruppe, sich erneut mit dem Lernstoff zu befassen. Die anderen Mitglieder sagen
dann zu dem Mitglied, das den Mißerfolg zu verantworten hat: »Du
meine Güte, selbst das Wenige kannst du nicht richtig! Du hast dir und
uns alles verdorben.«

Durch diesen Auslesevorgang haben wir die Gewißheit, daß nur
den Verzweifeltsten und Hartnäckigsten der Zutritt zu Grameen gelingt.

Einige unserer Kritiker behaupten, daß unsere ländlichen Kunden
viel zu unterwürfig seien und wir sie zum Mitmachen zwingen könnten, weil sie keinen Widerstand zu leisten wagen. Doch gerade um dies
zu vermeiden, erschweren wir das Aufnahmeverfahren. Wir wollen,
daß unsere Mitglieder zahlreiche Schwierigkeiten und Widerstände
überwinden müssen, damit sich uns nur die wirklich Armen zuwenden. Denn für bessergestellte Frauen lohnt es sich nicht, all dies auf
sich zu nehmen.

Andere Kritiker meinen, daß diese Auswahl uns einen Vorteil gegenüber einem Verfahren verschaffe, bei dem wir jeden Armen ohne
Berücksichtigung seiner persönlichen Qualitäten aufnehmen würden.
Dieser Ansicht kann ich nicht zustimmen. Als Pionier benötigt man
mehr Mut und Ehrgeiz. Sobald die Armen bewiesen haben, wie erfolgreich sie dank eines Kleinstkredits sein können, fällt es ihren Nachbarn
viel leichter, zu uns zu finden. Die nachkommenden Kreditnehmer

haben dann nicht den Eindruck, daß sie sich auf unbekanntes Gebiet vorwagen.

Wir konzentrieren uns darauf, den Frauen bei der Gründung von Gruppen zu helfen und die Darlehensaufnahme anzuregen. Und wir sorgen dafür, daß sich die Bewußtseinsbildungsprozesse und der Erwerb von Führungsqualitäten parallel zum Prozeß der Darlehensvergabe entwickeln, statt den Kreditnehmerinnen im vorhinein bestimmte Dinge einzutrichtern.

Zwischen dem Zeitpunkt der Gründung einer Gruppe und ihrer Anerkennung seitens des Bankprojekts können mehrere Wochen bis Monate vergehen. Die Mitglieder müssen, wie gesagt, zuerst an einer Schulung teilnehmen, damit sie unsere Regeln kennenlernen. Haben sie ihre Kenntnisse über unsere Arbeitsweise nachgewiesen und sind sie als Gruppe anerkannt worden, so nehmen sie etwa einen Monat lang an den wöchentlichen Versammlungen teil.

Dann kommt schließlich der Tag, da ein Gruppenmitglied einen Kredit beantragt. Gewöhnlich beläuft sich das erste Darlehen auf 12 oder 15 Dollar, was für die Kreditnehmerinnen schon sehr viel ist. Vor der Kreditvergabe durchleiden die Frauen zahlreiche Ängste.

Wovor haben sie Angst?

Sie haben Angst zu versagen, Angst vor einem Schuldspruch, Angst vor dem Ungewissen – einfach Angst vor dem Neuen.

Wenn die Frau am nächsten Morgen dann das Darlehen in Höhe von 15 Dollar entgegennimmt, so zweifelt sie ernsthaft daran, daß es ihr je gelingen wird, diese Summe wieder zurückzuzahlen. Keine Frau in ihrer Verwandtschaft hat je so etwas gewagt.

Dann kommen ihre Bekannten vorbei und beruhigen sie: »Sieh mal, wir alle müssen da hindurch. Wir helfen dir doch dabei. Hab keine Angst, wir sind bei dir.«

Tränen laufen ihr die Wangen herunter, weil sie in ihrem ganzen Leben noch nie so viel Geld in Händen gehalten hat. Sie mag kaum glauben, daß man ihr einen solchen Schatz anvertraut hat. Sie trägt die Scheine umher, als hielte sie einen kleinen Vogel oder ein Kaninchen in Händen, bis jemand ihr sagt, sie solle das Geld lieber sicher wegstecken, damit es ihr niemand stehlen kann. (Diebstahl kommt vor;

manche unserer Kreditnehmerinnen können ein Lied davon singen.)
So sieht gewöhnlich die Anfangsphase aus, die eine Kreditnehmerin
von Grameen durchlebt.

Bisher hatte man ihr immer gesagt, sie sei zu nichts nütze und habe
ihrer Familie nur Leid und Elend gebracht, weil sie ein Mädchen und
daher mit einer Mitgift auszustatten sei, die sich die Familie nicht leisten könne. Viele Male hat sie ihre Mutter oder ihren Vater sagen hören, daß man sie am besten gleich bei der Geburt hätte töten, verhungern oder zuvor abtreiben lassen sollen. Nie hat ihr jemand mitgeteilt,
daß es schön sei, daß sie existiere.

Doch heute vertraut eine Einrichtung ihr solch eine große Geldsumme an. Sie ist wie benommen. Sie schwört, niemals die Einrichtung
herabwürdigen zu lassen, die ihr soviel Vertrauen geschenkt hat. Sie
wird ihr Menschenmöglichstes tun, um die komplette Summe bis auf
den letzten Taka zurückzuzahlen. Und das tut sie auch.

Zunächst beschränken wir den Kredit auf zwei Gruppenmitglieder. Falls
diese in den sechs folgenden Wochen ihren Rückzahlungsverpflichtungen nachkommen, können zwei weitere Mitglieder einen Kredit beantragen. Die Gruppenverantwortliche erhält als letzte einen Kredit.

Wenn eine Frau, die sich zuvor noch nie Geld geliehen hat, ihre
erste Rate zurückzahlt, so ist ihr Glück immens, denn sie hat sich als
fähig erwiesen, genug Geld zu verdienen, um ihre Schulden zurückzuzahlen. Danach werden die zweite und die dritte Rate bezahlt. Das
ist eine außergewöhnliche Erfahrung für sie: Sie entdeckt das Ausmaß
ihrer Fähigkeiten und strömt über vor lauter Freude. Es ist eine offen-
sichtliche und ansteckende Freude. Sie entdeckt, daß sie mehr wert ist,
als alle Welt von ihr geglaubt hat, und daß in ihr ungeahnte Möglichkeiten schlummern.

Ein Kredit von Grameen umfaßt nicht nur das reine Geld, sondern
ist zugleich eine Art Passierschein zur Selbsterkenntnis und -erkun-
dung. Die Kreditnehmerin beginnt ihre Möglichkeiten auszukund-
schaften und ihre verborgene Kreativität zu erfahren.

Wir beschlossen auch, Geldmittel für Notfälle der Kreditnehmer zurückzulegen. Fünf Prozent eines jeden Kreditbetrags fließen automa-

tisch in einen Fonds, den wir Gemeinschaftsfonds nennen. Jedes Gruppenmitglied ist zudem verpflichtet, zwei Taka pro Woche in diesen Fonds einzuzahlen.

Wenn eines der Mitglieder seinen Verpflichtungen nicht nachkommt, kann niemand anderes aus dieser Gruppe einen Kredit erhalten. Wenn eine Person Schwierigkeiten mit den Rückzahlungen hat, suchen die Gruppenmitglieder gemeinsam nach einer Lösung, wie die Verpflichtungen gegenüber der Bank erfüllt werden können.

Die Zusammenfassung von bis zu acht Gruppen zu einem »Zentrum« erwies sich als weiterer Weg, um die Entwicklung von Führungsqualitäten und die Fähigkeit zur Selbsthilfe zu fördern. Diese Zentren treffen sich zu einem festen Termin mit einer oder einem Bankangestellten im Dorf, gewöhnlich frühmorgens, damit sie nicht von ihrer anderweitigen Arbeit abgehalten werden. Während dieser wöchentlichen Versammlungen tätigen die Mitglieder ihre Rückzahlungen sowie ihre Einzahlungen auf ihr Sparkonto, diskutieren über neue Kreditanträge oder über ein anderes wichtiges Thema.

Wenn eine Gruppe Probleme mit einem Mitglied hat, das seinen Rückzahlungsverpflichtungen nicht nachkommt, dann kann das Zentrum bei der Erarbeitung einer Lösung des Problems behilflich sein.

Der Geldverkehr und die Kreditverhandlungen spielen sich vor aller Augen ab. Dadurch wird die Korruptionsgefahr reduziert und die Gelegenheit für die Mitglieder erhöht, mehr Verantwortung zu übernehmen. Jede Gruppe wählt einen Vorsitzenden und einen Sekretär; das Zentrum einen Leiter sowie einen stellvertretenden Leiter, deren Mandat ein Jahr dauert und die nur einmal wählbar sind.

Die Gruppen zu verselbständigen, die Arbeit für die Bankangestellten zu reduzieren und Sparprogramme umzusetzen, das sind drei wesentliche Ziele unserer Bank. Das Vorhandensein eines Gemeinschaftsfonds verschafft den Mitgliedern Erfahrungen auf dem Gebiet der Kassenführung und der Finanzverwaltung.

14. KAPITEL

ABKEHR VOM TRADITIONELLEN
RÜCKZAHLUNGSSYSTEM

Grameen hat bei seiner Arbeit stets die größtmögliche Einfachheit angestrebt. Heutzutage sind wir bei folgendem Rückzahlungssystem angelangt, das so einfach ist, daß unsere Darlehensnehmer es sofort verstehen:
- Laufzeit der Darlehen: ein Jahr;
- wöchentliche Raten mit Festbetrag;
- Tilgungsbeginn: eine Woche nach Darlehenszuteilung;
- Zinssatz: 20 Prozent;
- Tilgung: zwei Prozent wöchentlich, 50 Wochen lang;
- Zinsen: zwei Taka wöchentlich bei einem Darlehensbetrag von 1000 Taka.

Wenn wir Erfolg bei unseren Kunden haben wollen, müssen wir ihnen vertrauen. Vom ersten Tag an beschlossen wir daher, daß in unserem System für die Polizei kein Platz ist. Wir ziehen auch nie vor Gericht, um an unser Geld zu kommen, denn wir setzen voraus, daß wir unsere Probleme selbst lösen können. Wenn wir es nicht schaffen, sollten wir das Bankgeschäft besser aufgeben und uns nach einer anderen Betätigung umsehen. Wir setzen auch keine Rechtsanwälte oder andere Personen außerhalb der Bank ein.

Außerdem besteht zwischen Kreditgeber und Kreditnehmer kein schriftlicher Vertrag. Wir stellen Beziehungen zwischen Menschen und nicht zu Papieren her. Unsere Beziehungen gründen auf Vertrauen. Der Erfolg oder Mißerfolg der Grameen-Bank wird durch die Tragfähigkeit unserer persönlichen Beziehungen zu unseren Kreditnehmerinnen bestimmt. Wir vertrauen unseren Kundinnen, und die wiederum schenken uns ihr Vertrauen.

Die ursprüngliche Bedeutung des Wortes »Kredit« ist »Vertrauen«. Dennoch basiert das gesamte Bankwesen traditionell auf gegenseitigem Mißtrauen. Moderne Banken hegen stets den Verdacht, daß jeder Kreditnehmer mit ihrem Geld das Weite suchen wolle, und deshalb setzen sie alle möglichen, von zahlreichen Anwälten ausgearbeiteten Verträge auf, die sicherstellen sollen, daß sich der Kreditnehmer dem Zugriff der Bank nicht entziehen kann.

Bei Grameen dagegen gehen wir von der Grundannahme aus, daß die Kreditnehmer ehrlich sind. Man kann uns vorwerfen, wir seien naiv, aber das erspart uns die Arbeit, allerlei Dokumente ausfüllen zu müssen. Und in 99 Prozent aller Fälle wird unser Vertrauen belohnt. Die schlechten Zahler machen nicht mehr als ein Prozent unserer Kunden aus. Und selbst in einem solchen Fall schließt Grameen daraus noch nicht, daß die Kreditnehmerin, die nicht zahlt, ein unehrlicher Mensch ist. Vielmehr nehmen wir an, daß ihre persönliche Lage sehr schwierig ist, da sie nicht einmal ihren winzigen Kredit zurückzahlen kann. Weshalb sollten wir uns angesichts solch einer Situation die Mühe machen, einen Rechtsanwalt aufzusuchen? 0,5 Prozent an nicht getilgten Krediten gehören zu unserem Berufsrisiko und dienen uns als Ansporn, unsere Arbeit zu verbessern, damit wir dauerhaft Erfolg haben.

Bei der Gestaltung des Rückzahlungssystems habe ich immer darauf geachtet, daß es so einfach wie möglich ist.

Eines Tages besuchte ich einen Mann in seinem winzigen Laden in Jobra, wo er mit Pan (Betelblättern) handelte. Der kleine, häufig schlecht rasierte Mann mit Pferdegebiß lebte Tag und Nacht in seinem Laden und kannte fast jeden im Dorf. Und gewiß kannten alle ihn. Begeistert ging er auf meinen Vorschlag ein, die Rolle des Einkassierers von Rückzahlungen zu übernehmen. Für diese Aufgabe verlangte er keine Bezahlung.

Wir sagten also unseren Kreditnehmern: »Wenn Sie über die Straße gehen oder Ihre üblichen Beschäftigungen erledigen, so geben Sie dem Pan-Händler ihre tägliche Ratenzahlung. Das ist einfach für Sie, denn Sie sehen ihn jeden Tag.«

Diese Maßnahme zeigte jedoch nicht die beabsichtigte Wirkung. Sehr bald erklärten die Kreditnehmer, ihre tägliche Rate gezahlt zu haben, und der Pan-Händler behauptete, daß dies nicht zutreffe.

»Erinnern Sie sich nicht«, sagte etwa eine Kreditnehmerin, »ich bin mittags vorbeigekommen und habe bei Ihnen Pan gekauft. Ich habe Ihnen fünf Taka gegeben, und als Sie mir das Wechselgeld herausgeben wollten, habe ich Ihnen gesagt, Sie sollten den Restbetrag für meine Rückzahlung einbehalten.«

»Nein, Sie haben mir keine fünf Taka gegeben.«

»Aber doch, ich erinnere mich ganz genau daran.«

»Sie haben mit einem Geldschein bezahlt, und ich habe Ihnen das gesamte Wechselgeld herausgegeben.«

Es ergaben sich Streitereien ohne Ende. Mein Gott, so hat das keinen Sinn, dachte ich. Man muß alles noch stärker vereinfachen. Ich kaufte ein Heft. Auf die linke Seite schrieb ich die Namen der Kreditnehmer, und rechts davon richtete ich zwei Spalten ein, in die der gezahlte Geldbetrag bei jeder Ratenzahlung und das Datum der Zahlung eingetragen werden sollten:

Name des Kreditnehmers,

Höhe der Rate,

Daten: 1 – 2 – 3 – 4.

Ich richtete das System so einfach ein, daß der Pan-Händler bei jeder Einzahlung nur die richtige Spalte abhaken mußte.

Doch nach einigen Tagen versagte auch dieses System: Die Kreditnehmer behaupteten, der Händler habe vergessen, ihren Namen abzuhaken oder den falschen Namen abgehakt.

Wir mußten uns bald belehren lassen, daß diese vereinfachte Methode schlechter war als überhaupt keine Methode. Zum Zweck der Buchführung mußte etwas unternommen werden, doch was? Ich wußte es nicht.

Wir entschieden uns schließlich dafür, auf unser System einer täglichen Rückzahlung zugunsten einer wöchentlichen zu verzichten. Noch heute, also 20 Jahre später, werden unsere Kredite in Form wöchentlicher Ratenzahlungen getilgt.

Unsere Rückzahlungsquote bewegt sich nach wie vor auf einem hohen Niveau, und im allgemeinen finden die Leute ausgerechnet dies bei unserem Abenteuer am unglaublichsten.

Die Reichen in Bangladesch, die sich von den Banken Geld leihen, haben die Angewohnheit, es nicht zurückzuzahlen. Diese groteske Parodie, die sich Bankensystem schimpft, erstaunt mich immer wieder. Mit Hilfe der Staatsbanken werden öffentliche Gelder in dieses System hineingepumpt, was denen zugute kommt, die ihre Kredite nie zurückzahlen.

Kommt in Bangladesch eine neue Regierung an die Macht, so erwartet die Bevölkerung, daß eine Amnestierung der säumigen Schuldner zu ihren ersten Amtshandlungen gehört. Die Politiker versprechen dies während ihrer Wahlkampagne: »Wenn Sie uns wählen, dann sorgen wir für einen Schuldenerlaß.« Verspricht eine Partei so etwas, so gerät die nächste in Zugzwang und verspricht das gleiche. Auf diese Weise haben die Schuldner – gleich, wie die Wahl ausfällt – immer die Gewißheit, ihre Schulden nicht zurückzahlen zu müssen. Die säumigen Kreditnehmer leben daher stets in Erwartung der nächsten Parlamentswahl.

Damals, als wir erst wenig mehr als zehn Kreditnehmer hatten, war es ein leichtes, die Ratenzahlungen täglich einzukassieren. Doch das System wurde allmählich komplizierter. Wir führten daher wöchentliche Rückzahlungen ein, wobei sich jede Tilgungsrate auf zwei Prozent des Gesamtkredits belief.

Psychologisch gesehen ist es am allerwichtigsten, das Vertrauen aufrechtzuerhalten: Hat eine Kreditnehmerin erst einmal drei Monate lang ihre wöchentlichen Ratenzahlungen geleistet, so ist sie zuversichtlich, die gesamte aufgenommene Summe zurückzahlen zu können, da ja inzwischen bereits ein Viertel dieser Summe getilgt ist und nur noch drei Viertel zu zahlen sind. Auf halbem Wege stellt sich ein Glücksgefühl ein: nur noch die Hälfte zurückzuzahlen! Nach einem Jahr sind Kredit und Zinsen vollständig beglichen.

Unsere Kreditnehmerinnen sträuben sich nicht dagegen, kleine Beträge zu zahlen, denn diese Ausgaben fallen kaum ins Gewicht. Im Gegenteil, sie vermitteln ihnen ein Gefühl der Sicherheit. Stellt sich jedoch eine Kreditnehmerin darauf ein, ihre Schulden nicht zurückzuzahlen, so können wir dies sofort feststellen. Wir brauchen nicht erst das Ende der langen Leihfrist abzuwarten, wenn sie schon verschwunden oder nicht mehr in der Lage ist, ihre finanzielle Lage zu korrigieren.

Das Rückzahlungssystem von Grameen ist daher so konzipiert, daß es nicht nur den Kreditnehmern hilft und ihre Entschlossenheit fördert, sondern auch unsere Aussichten vergrößert, unser Geld zurückzubekommen.

Seit unseren Anfängen haben wir jährliche Arbeitstreffen für die Verantwortlichen der Zentren jeder Zweigstelle eingerichtet. Eine Woche lang sollen sie über ihre Probleme und Fortschritte berichten, damit die anderen daraus lernen, Schwierigkeiten erkennen und soziale und wirtschaftliche Hürden zu meistern versuchen.

Im zweiten Jahr organisieren wir einen »nationalen« Workshop für ausgewählte Zentren-Leiter, um den Erfahrungsaustausch zu intensivieren. Das erste landesweite Arbeitstreffen fand 1980 in Tangail statt. Am Ende des Treffens entschlossen wir uns, die dort gefällten Entscheidungen zu protokollieren und jedem der Teilnehmer eine Abschrift dieses Protokolls mit auf den Weg zu geben.

Für uns war dieses Papier nichts weiter als das Protokoll eines Arbeitstreffens, doch bald darauf forderte man von uns zahlreiche weitere Exemplare an.

Das zweite landesweite Arbeitstreffen 1982 wurde mit dem Verfassen der »Zehn Regeln« beendet, die sich in allen Grameen-Zentren einer großen Beliebtheit erfreuten.

1984 wurden die »Zehn Regeln« während eines Treffens von 100 Zentren-Leitern in Joydevpur auf »Sechzehn Regeln« erweitert. Damals hätten wir uns deren durchschlagenden Erfolg nicht einmal im Traum vorgestellt. In jeder Zweigstelle kann heutzutage ein jedes Mitglied diese Regeln voller Stolz aufsagen und den Besuchern erklären, welche davon in seinem Leben tatsächlich eine Rolle gespielt haben und wie sehr es sich schuldig fühlt, nicht alle umgesetzt zu haben.

Während der landesweiten Arbeitstreffen von heute empfehlen wir den Verantwortlichen, die Anzahl der Regeln nicht zu erhöhen. Besser, man hält sich an die bestehenden 16 Punkte, als noch weitere hinzuzufügen.

Die »Sechzehn Regeln« geben dem Leben der Grameen-Mitglieder Ziel und Sinn. Sie lassen Grameen zu einem engeren Bestandteil ihres Lebens werden, als dies sonst der Fall gewesen wäre. Sie lauten wie folgt:

1. Wir werden die vier Prinzipien der Grameen-Bank respektieren und anwenden: Disziplin, Einheit, Mut und harte Arbeit in allen Bereichen unseres Lebens.

2. Wir werden unseren Familien zu Wohlstand verhelfen.

3. Wir wollen nicht in einer verfallenen Unterkunft wohnen. Wir werden unsere Häuser instandhalten und bestrebt sein, so schnell wie möglich neue zu bauen.

4. Wir werden das ganze Jahr über Gemüse anbauen. Wir werden viel davon essen und die Überschüsse verkaufen.

5. Während der Pflanzperiode wollen wir so viele Setzlinge wie möglich pflanzen.

6. Wir werden darauf achten, wenige Kinder zu haben. Wir wollen unsere Ausgaben einschränken und auf unsere Gesundheit achten.

7. Wir wollen für eine schulische Ausbildung unserer Kinder sorgen und die Mittel bereitstellen, um eine solche Ausbildung zu ermöglichen.

8. Wir werden auf die Sauberkeit unserer Kinder wie auch der Umwelt achten.

9. Wir werden Abortgruben ausheben und benutzen.

10. Wir werden Wasser aus sauberen Brunnen trinken. Ansonsten werden wir das Wasser abkochen oder mit Alaun desinfizieren.

11. Wir werden für unsere Söhne keine Mitgift verlangen, so wie wir unseren Töchtern auch keine mitgeben werden. Die Mitgift ist in unseren Zentren verboten. Wir widersetzen uns der Verheiratung von kleinen Kindern.

12. Wir werden keine Ungerechtigkeiten begehen und uns denen widersetzen, die welche begehen wollen.

13. Wir werden gemeinsam höhere Investitionen vornehmen, um größere Einkommen zu erzielen.

14. Wir werden immer bereit sein, einander zu helfen. Wenn jemand in Schwierigkeiten gerät, wollen wir ihm alle gemeinsam helfen.

15. Wenn wir erfahren, daß die Disziplin in einem Zentrum mißachtet wird, so werden wir hingehen, um sie wiederherzustellen.

16. Wir werden körperliche Ertüchtigung in unseren Zentren einführen. Wir werden gemeinsam an allen gesellschaftlichen Aktivitäten teilnehmen.

Es ist neu für Bangladesch, daß Frauen Zugang zu Krediten haben. Viele meinen, dies komme einer sozialen Revolution gleich. Daß armen Frauen Kredite gewährt werden, den Männern in den Familien dagegen nicht, mußte zwangsläufig zu Problemen führen. Wir haben damit gerechnet und versucht, darauf zu reagieren.

Anfangs machten wir viele Fehler. Da wir nicht behutsam genug vorgegangen waren, führte unser Darlehensprogramm anfangs zwischen den Männern und Frauen innerhalb der Familien zu erheblichen Spannungen. Doch allmählich lernten wir dazu. Wir wiesen unsere Kreditnehmerinnen darauf hin, daß sie »weder die Ehe des Geldes noch das Geld der Ehe wegen« aufs Spiel setzen dürften. Dies kam für sie einem schwierigen Balanceakt gleich. Daher brauchten sie eine gründliche Vorbereitung und viele Hilfen, bevor sie ihr Lebensdrama bewältigen konnten.

Statt innerhalb der Grameen-Bank nach einer Lösung für dieses Problem zu suchen, bemühten wir uns um eine institutionelle Regelung. Hierbei spielten die Gruppen der Kreditnehmerinnen wiederum eine wichtige Rolle. Sie ersannen kollektive Lösungen und unterstützten individuelle Strategien.

Wir wandten uns unmittelbar an die Ehemänner, indem wir sie in einen kollektiven Dialog mit der Bank einbezogen. Als Individuen erschienen sie ihren Frauen gegenüber womöglich als Tyrannen, doch als die Bank sie als Teil einer größeren Gruppe von Ehemännern zu einer Diskussion einlud, zeigten sie sich weit verständnisvoller und zugänglicher. Wir erklärten ihnen all unsere Aktivitäten. Im allgemeinen führte dies dazu, daß eine Reihe von Mißverständnissen über die Regeln und Methoden der Bank ausgeräumt werden konnten. Nicht weniger wichtig war in diesem Zusammenhang die Tatsache, daß die Männer sich nun nicht mehr übergangen fühlten.

Seither hat Grameen eine lange Wegstrecke zurückgelegt. Inzwischen gewähren wir auch den Ehemännern Darlehen, allerdings ausschließlich über die Ehefrauen. Der einzige und wichtigste Kreditnehmer in der Familie bleibt nach wie vor die Ehefrau.

Die Beziehung von Ehemann und Ehefrau steht vor ihrer dramatischsten Bewährungsprobe, wenn eine Kreditnehmerin ein Baudarlehen beantragt. Die Vergabe eines solchen Darlehens setzt voraus, daß sie drei einjährige Darlehen zur Aufnahme einer selbständigen Tätigkeit erfolgreich zurückgezahlt hat. Darüber hinaus muß der Ehemann seiner Frau notariell das Grundstück überschreiben, auf dem gebaut werden soll. In vielen Fällen finden die Ehemänner, daß dies zuviel verlangt ist. Doch Grameen besteht darauf, und wir rücken von dieser Voraussetzung nicht ab. Grameen hat über 400 000 Baudarlehen vergeben. In jedem dieser Fälle hat der Ehemann seiner Frau das Grundstück überschrieben.

Die Zusammenarbeit der Kreditnehmerinnen in Gruppen setzt zahlreiche positive Kräfte frei und verbessert das Verhältnis zwischen den Ehepartnern. Manchmal übernimmt die Gruppe Aufgaben, die denen einer Eheberatung entsprechen.

Dies fiel mir auf, als ich vor 1983 noch schwer darum zu kämpfen hatte, das Grameen-System in Tangail durchzusetzen. Nach einer Versammlung in einem Zentrum befand ich mich auf dem Rückweg zu unserer Zweigstelle und ging allein über eine Dorfstraße, als ich auf einen etwa 30 Jahre alten Mann traf, der in dieselbe Richtung ging. Er grüßte mich, und ich erwiderte seinen Gruß. Darauf gingen wir zusammen in derselben Richtung weiter.

»Sind Sie von der Grameen-Bank?« fragte er mich.

»Ja«, antwortete ich, »aber woher wissen Sie das?«

»Ich habe Sie auf dem Weg zur Versammlung des Zentrums im Dorf gesehen. Meine Frau ist auch in einer Gruppe.«

Dies veränderte sofort meine Beziehung zu ihm. Jetzt interessierte ich mich für ihn. Er sagte mir, sein Name sei Joynal, und er arbeite in der Landwirtschaft. Seine Frau Farida sei vor acht Monaten Mitglied der Grameen-Bank geworden. Sie hätten eine kleine Tochter von fünf Jahren.

»Farida arbeitet sehr fleißig, um jede Wochenrate pünktlich zurückzahlen zu können. Bisher hat sie nicht eine einzige Rate ausgelassen.«

»Haben Sie zugestimmt, bevor sie Mitglied bei Grameen wurde?«

»Ja, aber anfangs wußte ich nicht so recht, ob sie gut daran tun würde. Dann gingen noch andere Frauen aus dem Dorf zu Grameen. Sie hat mich immer wieder um meine Zustimmung gebeten. Schließlich habe ich nachgegeben.«

»Sind Sie froh, daß sie sich dafür entschieden hat? Oder glauben

Sie im nachhinein eher, daß sie sich besser anders hätte entscheiden sollen?«

»Nein, nein, ich bin froh, daß sie beigetreten ist. Sie hat sich ständig beklagt, daß wir nicht genug zu essen haben, aber jetzt beschwert sie sich nicht mehr. Wir drei haben jetzt genug.«

Mir war so zumute, als hätte ich eine gute Note in einer Abschlußprüfung erhalten. Ich freute mich, daß sich die Dinge so gut entwickelten. Eine Weile gingen wir schweigend nebeneinander her. Joynal brach schließlich das lange Schweigen und sagte mit bitterem Unterton:

»Da gibt es allerdings eine Sache. Früher schlug ich gern meine Frau. Aber als ich sie letztes Mal verprügelt habe, bekam ich Ärger. Die Frauen aus Faridas Gruppe kamen zu uns, stellten mich deswegen zur Rede und beschimpften mich. Das kann ich nicht vertragen. Wer gibt ihnen das Recht, mich zu beschimpfen? Mit meiner Frau kann ich anstellen, was ich will. Wenn ich früher meine Frau geschlagen habe, hat mir keiner Vorhaltungen gemacht, und niemand hat sich darum gekümmert. Das ist jetzt nicht mehr so. Wenn ich mich unterstehe, meine Frau noch einmal zu verprügeln, so hat die Gruppe mir gedroht, würden sie andere Saiten aufziehen.«

Ich versuchte Joynal zu trösten: »Vielleicht ist die Zeit gekommen, Ihre Frau in Ruhe zu lassen. Schließlich arbeitet sie sehr viel, und dabei braucht sie Ihre Unterstützung. Suchen Sie sich lieber eine andere Methode, Ihre Spannungen abzureagieren.«

15. KAPITEL

GRAMEEN – DAS GEGENTEIL
DER KONVENTIONELLEN BANKEN

Wenn man mich heute fragt: »Wie sind Sie auf all diese neuen Ideen gekommen? Von Ihrer Ausbildung her sind Sie doch kein Banker, wie haben Sie es geschafft, Grameen aufzubauen?«, so antworte ich: »Wir haben uns angesehen, wie die anderen Banken arbeiten, und dann das genaue Gegenteil davon gemacht.«

Im allgemeinen haben wir bei einer solchen Antwort die Lacher auf unserer Seite, dabei entspricht sie der Wahrheit.

Die traditionellen Banken bitten ihre Kunden, zu ihnen ins Bankgebäude zu kommen. Für einen Armen, erst recht für einen Analphabeten, besitzt ein Büro etwas Einschüchterndes, ja sogar Bedrohliches. Daher haben wir uns entschlossen, zu den Kunden zu gehen. Das gesamte Konzept von Grameen basiert auf der Idee, daß nicht die Menschen zur Bank gehen müssen, sondern die Bank zu den Menschen kommt. Ein Prinzip, das wir von Anfang an verfolgt haben.

Das ist nicht etwa nur ein simpler Werbegag, sondern ein bestimmender Bestandteil unserer Strategie. Denn schließlich wollen wir in einem von strengen religiösen Traditionen geprägten ländlichen Umfeld die diesen Traditionen verpflichteten Frauen als Kundinnen gewinnen.

Wenn Sie eine Zweigstelle der Grameen-Bank in Bangladesch besuchen, so werden Sie vor dem Schalter nie auf eine Menschenschlange stoßen. Sie sehen vielleicht einige Menschen bei der Arbeit, doch anfangs brachten wir in unseren Büros folgenden warnenden Hinweis an:

Wenn sich ein Angestellter im Büro aufhält, so wird dies als Verstoß gegen die Regeln der Grameen-Bank gewertet.

Wenn wir dies unseren neuen Mitarbeitern erzählen, rufen einige von ihnen aus:

»Ja, aber wo sollen wir denn dann sein?«

»Wo Sie wollen. Schlafen Sie am Fuß eines Baumes, unterhalten Sie sich in einem Teeausschank, aber lassen Sie sich nicht im Büro blicken.«

»Aber das Bankpersonal muß doch in die Bank gehen, um das Geld zu hüten und die Konten zu führen«, meinten einige entrüstet.

»Gut, dann legen Sie Ihre Anwesenheitszeiten fest«, antworteten wir. »Wenn Sie in dieser Zeit in Ihrem Büro angetroffen werden, wird Ihnen das nachgesehen. Aber wenn Sie darüber hinaus im Büro sind, dann wird das geahndet. Sie werden nämlich nicht dafür bezahlt, um an einem Schreibtisch zu sitzen, sondern um bei den Menschen zu sein.«

Wir unterscheiden uns von den üblichen Banken in fast allen Punkten. Zum Beispiel studiert eine konventionelle Bank vor einer Kreditbewilligung erst einmal die Bilanzen und gründet ihre Entscheidung auf Kriterien wie Verschuldungsrate, Rentabilität, aktueller Nettowert oder Ausschüttungspläne.

Nichts von alledem geschieht bei Grameen. Ja, es ist ausdrücklich verboten. Unsere Kunden brauchen nicht nachzuweisen, daß sie Vermögen besitzen. Im Gegenteil: Sie müssen beweisen, daß sie nichts besitzen und völlig arm sind.

Die Banker herkömmlicher Banken sind nur ihren Aktionären gegenüber verpflichtet. Sie sind dazu da, die Gewinne im Rahmen der bestehenden Gesetze und Auflagen zu maximieren.

Wir sind ebenfalls unseren Aktionären gegenüber verantwortlich. Doch bis auf die acht Prozent Aktien in Regierungshand sind unsere Kreditnehmer die Aktionäre. In dieser Hinsicht gleichen wir eher einer französischen *Banque mutuelle* oder einer britischen Bausparkasse.

Eine konventionelle Bank mißt Erfolg an Gewinn und Dividende. Wir achten darauf, daß wir unseren Kreditnehmer-Aktionären einen guten Ertrag garantieren, der häufig in Naturalleistungen, meist in Form von Wohnungen und Verbesserung des Lebensstandards, besteht. Wir hoffen, unseren Kreditnehmern eines Tages auch Dividenden in Form von Bargeld ausschütten zu können. Aber die Dividenden in Naturalien, die ihr alltägliches Leben verbessern, sind für sie viel wichtiger. Durch eine Senkung unserer Zinsen können wir ihnen ebenfalls Vorteile einräumen.

Grameen will hauptsächlich die Gemeinschaft fördern, die Bedürfnisse der Menschen befriedigen und ihr Wohlergehen gewährleisten. Diesem Bemühen, das Schicksal unserer Kreditnehmer und ihrer Familien zu verbessern, sind alle von uns eingesetzten Mittel untergeordnet. Unser Erfolg bemißt sich nicht an den ausstehenden Forderungen oder an der Rückzahlungsquote, die wir selbstverständlich auch in unseren Büchern verbuchen müssen. Was für uns zählt, ist allein, ob es uns gelungen ist, die Lebensumstände unserer Kreditnehmer ein wenig zu verbessern.

Grameen bildet – wie jede Bank – seine Angestellten aus. Aber nur ein verschwindend kleiner Teil der von Grameen durchgeführten Ausbildung findet in Schulungsräumen statt. Der wichtigste Teil unseres Trainings besteht in der direkten Arbeit mit den Menschen.

Der Jahresbericht von Grameen nennt unbedeutende Wirtschaftstätigkeiten, von denen viele Menschen möglicherweise noch nie etwas gehört haben, die für unsere Kreditnehmer jedoch eine lohnende Form selbständiger Arbeit darstellen.

Grameen drängt seine Kreditnehmer nicht zu einer bestimmten wirtschaftlichen Tätigkeit. Die Bandbreite der durch unsere Darlehen ermöglichten Beschäftigungen ist groß. Unsere Jahresberichte führen mehr als 500 unterschiedliche Unternehmen auf, die von der Buchbinderei über die Herstellung von Kosmetika, Spielzeug, Parfum, Moskitonetzen, Kerzen, Schuhen, Hörnchen, Brot, Bettdecken, Booten, Uhren, Regenschirmen, Erfrischungsgetränken, Gewürzen, Senföl, Feuerwerkskörpern bis zur Reifenreparatur reichen.

Eine Bank westlichen Typs fragt, bevor sie ein Darlehen gewährt, den Kreditnehmer stets nach den Sicherheiten, die er bieten kann. Ist das Darlehen erst einmal bewilligt, erlischt ihr Interesse an dem Kreditnehmer völlig. Erst wenn die Rückzahlungen ausbleiben, erinnert sie sich seiner wieder.

Durch wöchentliche und monatliche Besuche vergewissert sich Grameen immer wieder, daß es der jeweiligen Kreditnehmerin finanziell gutgeht, daß sie ihr Darlehen zurückzahlen kann und daß außerdem die ganze Familie von dem Darlehen profitiert.

Die Kreditnehmer von Banken leben alle über der Armutsgrenze. Unsere Kreditnehmer leben unter der Armutsgrenze, und wir möchten, daß sie sich über sie erheben können. Für Grameen heißt dies – zumindest für das ländliche Bangladesch –, daß sie folgende Bedingungen erfüllen:

- Die Familie muß über ein regendichtes Haus, sanitäre Anlagen und sauberes Trinkwasser verfügen;
- sie muß wöchentlich 300 Taka (acht Dollar) zurückzahlen können;
- alle Kinder im schulfähigen Alter müssen zur Schule gehen;
- die ganze Familie muß dreimal am Tag etwas zu essen haben;
- sie muß regelmäßig zu ärztlichen Untersuchungen gehen.

Bei Grameen wenden wir viel Zeit auf, um uns zu vergewissern, daß unsere Kreditnehmer in puncto Sanitäranlagen und Lebensqualität besser gestellt sind als die übrige Bevölkerung. Besondere Wohnungsdarlehen haben 425 000 Familien eine stabile, regendichte Unterkunft verschafft, und 150 000 weitere konnten sich dank der Einkünfte aus ihren durch unsere Kredite ermöglichten Tätigkeiten ein eigenes Haus bauen.

Wir bei Grameen versuchen nicht nur wirtschaftliche, sondern auch soziale Veränderungen herbeizuführen. Wir wollen erreichen, daß die Frauen von Bürgern zweiter Klasse zu entscheidungsfähigen Menschen werden, die selbst über ihr Schicksal und das ihrer Kinder bestimmen können.

In den Entwicklungsländern liegen die Rückzahlungsquoten allgemein deutlich niedriger. Die der staatlichen Bank für Industrieentwicklung in Bangladesch bewegen sich im Bereich von rund zehn Prozent.

Mit dem Präsidenten dieser Bank, mit dem ich befreundet bin, hatte ich eines Tages folgendes Gespräch:

»Ihr habt so gar nichts von einer Bank an euch.«

»Was willst du damit sagen?«

»Die Rückzahlungsquote eurer Kreditnehmer beträgt seit zwölf Jahren nicht einmal zehn Prozent. Wie kann ein Banker, der auf sich hält, weiterhin Millionen Dollar an Krediten für reiche Kunden bewilligen, die gar nicht daran denken, ihren Rückzahlungsverpflichtungen nachzukommen?«

»Na ja, die Zeiten sind eben schwierig! Viele junge Unternehmen sind bankrott gegangen«, erklärte er. »Es ist nicht leicht, in einem Land wie dem unseren als Industrieller Fuß zu fassen.«

»Ihr müßtet eigentlich die Bezeichnung ›Bank für Industrieentwicklung‹ aufgeben und statt dessen als ›Wohltätigkeitsorganisation für Reiche‹ firmieren.«

Er lachte, aber ich ließ nicht locker:

»Wie fühlt man sich, wenn man das Geld in dicken Bündeln an die Reichen verteilt und dabei genau weiß, daß sie es nie zurückzahlen werden?«

»Nicht besonders gut«, gestand er.

Ich schüttelte den Kopf und fügte hinzu:

»Die Banker versichern mir zwar ständig, daß Sicherheiten für die Vergabe von Krediten unverzichtbar seien, doch offensichtlich können sie die Investitionen der Banken nicht schützen. Sie bewirken lediglich, daß den Armen der Zugang verwehrt wird.«

Ich schlug eine Zeitungsseite auf und zeigte ihm die kurz zuvor veröffentlichte Liste jener Wohlhabenden, die ihre Darlehen nicht zurückgezahlt hatten. Kein großer Familienname fehlte. Mit einem Kopfnikken stimmte er mir zu.

»Soll ich dir mal sagen, was ich machen würde, wenn man mir die Leitung der Bank für Industrieentwicklung anvertrauen würde?«

»Du würdest Rechtsanwälte zu Hilfe rufen, um Gerichtsverfahren einzuleiten, die sich über Jahre hinziehen und die wegen eines Formfehlers keine Aussicht auf Erfolg hätten«, sagte er scherzhaft.

»Überhaupt nicht. Ich würde die Prozedur vereinfachen. Ich würde die Geldbündel nehmen, einen Hubschrauber damit füllen, über das Land fliegen und das Geld mit vollen Händen hinauswerfen. Am Tag danach würde ich über Presse und Rundfunk mit großem Werberummel bekanntgeben, daß dieses Manna von der Bank für Industrieentwicklung stammt. Diejenigen, die ein paar Geldscheine aufgeschnappt hätten, möchten doch bitte so gut sein, die Rückzahlungstermine einzuhalten und die fälligen Zinsen zu zahlen. Und hinzufügen würde ich noch: ›Wir hoffen sehr, daß Sie gut damit umgehen.‹«

Er brach in Gelächter aus, aber ich hatte es ernst gemeint.

»Ich gehe mit dir jede Wette ein, daß die Rückzahlungsquote bei meiner Methode der Verteilung und Rückforderung des Geldes weit

über zehn Prozent liegen würde. Und darüber hinaus würdet ihr noch
die Kosten für die vorherige Prüfung der Kreditanträge und die damit
verbundenen Ausgaben für Personal, Ingenieure, Techniker, Kredit-
berater und Rechtsanwälte sparen. Ihr brauchtet keine Akten anzulegen und hättet praktisch keine Verwaltungskosten – ihr müßtet nur
die Kosten für den Hubschrauberflug und die Werbekampagne übernehmen.«

Mein ironischer Vorschlag veranschaulicht gut die unterschiedliche
Haltung der Institutionen den Reichen und den Armen gegenüber.
Statt ihre Schulden zu begleichen, klagen die reichen Bangladeschi:

»Unsere Industrie krankt, wir wollen sie modernisieren. Leiht uns
noch mehr Geld!«

Diese säumigen Zahler sind sogar so weit gegangen, eine Vereinigung zur Verteidigung ihrer Rechte und Interessen zu gründen!

Und die Regierung zögert, sie alle miteinander ins Gefängnis zu
werfen, weil es sich dabei um Freunde, Verwandte, politische Anhänger, Förderer – kurz, um das Rückgrat der Oberschicht handelt. Wären sie arm und ohne Einfluß, würden die Politiker dagegen nicht
lange fackeln.

16. KAPITEL

GRAMEEN: EIN EXPERIMENT
DER LANDWIRTSCHAFTSBANK (1977–1979)

Im Oktober 1977 traf ich während einer Reise nach Dhaka zufällig
jenen Mann, der den entscheidenden Anstoß für die Realisierung unseres Kreditprojekts für die Armen in Jobra geben sollte.

Ich hielt mich gerade aus privaten Gründen in den Büroräumen
einer der größten Banken des Landes auf, als ich einem Bekannten begegnete, dem Managing Director der Bangladesh Krishi (Agricultural)
Bank (BKB, Landwirtschaftsbank von Bangladesch). Es war ein reiner
Glücksfall, wie er im Leben so häufig vorkommt. Er sollte unserem
kleinen Experiment Auftrieb geben.

Mr. Anisuzzaman war ein extrovertierter, gesprächiger Mann. Sobald er mich erblickt hatte, hub er zu einer langatmigen Schmährede
gegen mich und andere Akademiker an, die nichts für ihr Land leiste-
ten und sich lieber in ihren Elfenbeinturm zurückzögen. Trotz seines
scharfen Tons konnte ich ihm nur beipflichten.

»Ihr Intellektuellen seid nichts als ein Haufen Verräter; den Verpflichtungen eurem Land gegenüber kommt ihr nicht nach. Und sprechen wir lieber nicht über das Bankensystem in diesem Land. Das ist
bis auf die Knochen korrupt. Alle Jahre wieder verschwinden in dieser
Bank spurlos Millionen Taka. Ich muß es schließlich wissen, denn ich
bin Managing Director. Niemand ist jemandem Rechenschaft schuldig. Und ihr von der Universität mit euren weißen Westen, ihr auf
euren feinen Pöstchen, ihr reist in der Gegend herum und macht euch
einen schönen Lenz. Ihr seid allesamt nutzlos. Nutzlos, sage ich! Ich
bin zutiefst angewidert von dem, was ich in dieser Gesellschaft beobachten muß. Die Devise lautet: Jeder für sich. Niemand kümmert sich
um die Armen, und so versinken sie immer tiefer in Armut. Und
meine Landwirtschaftsbank ist auch nicht besser als alle übrigen. Ich
schäme mich für mein Land; es verdient die Probleme, die es hat.«

Mr. Anisuzzaman fuhr unermüdlich in diesem Ton fort. Er ist ein
dickes Energiebündel. Als er endlich fertig war, mir zu erklären, wie
nutzlos ich sei, antwortete ich:

»Nun, lieber Freund, ich bin entzückt, Sie das sagen zu hören, denn
ich trage mich zufällig mit einem Plan, der Sie interessieren dürfte.«

Ich erläuterte ihm, was ich versuchsweise in der Umgebung meiner
Universität begonnen hatte und wie ich mich der ehrenamtlichen Hilfe
meiner Studenten bediene.

»Sie stellen mir ihre Zeit zur Verfügung, und ich verwende den Etat
für die Felduntersuchungen, um daraus die Unkosten zu bestreiten.
Die Darlehen werden zurückgezahlt, die Lage unserer Kreditnehmer
bessert sich von Tag zu Tag, doch ein Problem bleibt: Ich müßte meine
Studenten entlohnen können, und sei es auch nur gering. Das ganze
Projekt hängt nur an einem seidenen Faden. Es wird Zeit für eine Förderung seitens einer Institution.«

Er hörte meinem Bericht aufmerksam zu, und je länger ich sprach,
um so deutlicher ließ seine Miene Begeisterung erkennen.

»Welche Probleme haben Sie mit der Janata-Bank?«

»Sie bestehen darauf, daß wir jeden dieser Kleinstkredite absichern.
Ich werde vier Monate lang in den Vereinigten Staaten sein, um an den
Sitzungen der Generalversammlung der Vereinten Nationen teilzunehmen, und sie werden mir alle Kreditunterlagen nach dort nachsenden,
damit ich sie abzeichne und zurückschicke. Sie können sich vorstellen,
wie sinnvoll das ist!«

Er schüttelte den Kopf.

»Sagen Sie mir, was ich tun kann, um Ihnen zu helfen.«

Ich war erfreut. Ich hätte noch jahrelang herumlaufen können,
ohne einem Banker zu begegnen, der sich unserer Sache gegenüber
derart aufgeschlossen zeigte. Ich fuhr fort:

»Die Janata-Bank kann eigentlich keinerlei Einwände erheben,
denn bei den Rückzahlungen haben wir keine Ausfälle. Aber für die
Bewilligung eines Kleinstkredits muß man zwischen zwei und sechs
Monaten rechnen, weil jeder einzelne von der Zentrale in Dhaka bewilligt werden muß. Jedesmal ist ein anderes Detail zu klären; das kann
Monate auf dem Dienstweg nach Chittagong und wieder zurück dauern. Auf diese Weise geht es nicht vorwärts.«

Mr. Anisuzzaman wischte all meine Probleme mit einer Handbewegung fort.

»Das ist ja absurd. Das kann wirklich so nicht weitergehen. Sagen Sie mir, was Sie von mir erwarten.«

»Von der Krishi-Bank?«

»Ja.«

»Ja nun«, begann ich und dachte flink nach, »ich wünsche mir, daß die Landwirtschaftsbank in Jobra eine Zweigstelle einrichtet und mir freie Hand gibt. Ich werde die Regeln und Methoden ausarbeiten, und Sie geben mir die Vollmacht, Darlehen bis zu einer Gesamtsumme von einer Million Taka zu bewilligen. Mein Personal heuere ich selbst an. Stellen Sie mir eine Million Taka zur Verfügung, und geben Sie mir ein Jahr lang Zeit. Schließen Sie den Deckel, und lassen Sie mich in Ruhe arbeiten. Nach einem Jahr nehmen Sie den Deckel von der Bank ab, so wie Sie es bei einem Kochtopf täten, in dem Sie etwas garen lassen, und dann werden Sie sehen, ob ich noch lebe. Sind Sie mit dem zufrieden, was ich geleistet habe, dann greifen Sie die Idee auf, und setzen Sie sie im ganzen Land um. Andernfalls schließen Sie die Zweigstelle und geben das Projekt auf. Betrachten Sie das Ganze einfach als Experiment. Falls niemand das Darlehen zurückzahlen sollte, haben Sie im schlimmsten Fall eine Million Taka verloren.«

Ich betrachtete meine Bemühungen damals noch als reines Experiment eines Akademikers, das von den Banken übernommen werden sollte, wenn wir bewiesen hatten, daß es funktionierte.

»Es wird funktionieren«, sagte Mr. Anisuzzaman. »Ist das alles?«

»Wenn Sie mir all das geben, worum ich Sie gebeten habe, dann habe ich keine Bitte mehr. Sie haben mich bereits zum Managing Director dieser Zweigstelle ernannt. Was will ich mehr?«

»Sind Sie da sicher?«

»Ja, mehr Unterstützung brauche ich nicht. Wie kann ich Ihnen danken?«

»Warten Sie, bis wir damit durch sind. Ich muß das jetzt noch der Verwaltung klarmachen.«

Mr. Anisuzzaman griff zum Telefonhörer und bat seine Sekretärin: »Verbinden Sie mich bitte mit unserem Distriktleiter von Chittagong.«

Er bedeckte die Sprechmuschel des Hörers mit der Hand und fragte mich:

»Wann fliegen Sie nach Chittagong zurück?«

»Morgen nachmittag.«

»Mit dem Nachmittags-Flugzeug?«

»Ja.«

Als Mr. Anisuzzaman den Distriktleiter am anderen Ende der Leitung hatte, erklärte er ihm:

»Mein Freund Professor Yunus kehrt morgen aus Dhaka zurück. Um 17 Uhr wird er auf dem Campus der Universität sein. Ich möchte, daß Sie in seiner Wohnung auf ihn warten und sich zu seiner Verfügung halten. Sie werden all seine Anweisungen ausführen, wie auch immer sie lauten mögen, als kämen sie von mir. Haben Sie das verstanden?«

»Ja, Mr. Anisuzzaman.«

»Haben Sie noch Fragen?«

»Nein, Mr. Anisuzzaman.«

»Sehr gut. Ich verlasse mich darauf, daß alles in Ordnung geht. Ich möchte nicht, daß Professor Yunus in mein Büro kommt, um sich darüber zu beschweren, daß seinen Anweisungen nicht entsprochen wird. Haben Sie das verstanden?«

Als ich sein Büro verließ und über die Folgen dieser Unterredung nachdachte, sah ich ein Mädchen beim Straßenfegen. Sie war dürr, barfuß und trug einen Nasenring wie Tausende anderer Straßenkehrerinnen auch, denen man in den Straßen Dhakas begegnet. Diese Frau konnte von morgens bis abends sieben Tage lang in der Woche arbeiten und würde doch stets nur so viel verdienen, daß sie gerade ihr Existenzminimum sichern und sich und ihre Kinder vor dem Verhungern retten konnte. Dabei gehörte sie noch zu den sogenannten »Glücklichen«, die eine Anstellung hatten. Für solche Frauen wie sie und für all jene, die noch nicht einmal auf solch eine Arbeit hoffen konnten, wollte ich mein Kreditprogramm entwickeln.

In Chittagong traf ich am nächsten Tag den Distriktleiter der Landwirtschaftsbank. Er erwartete mich in meinem Salon. Der Mann war verständlicherweise ausgesprochen nervös, denn er befürchtete, ich wollte seinen Platz einnehmen.

Ich erzählte ihm, wie ich Mr. Anisuzzaman getroffen, was mir dieser erstaunliche Mann gesagt und auch wie sehr ihn meine Arbeit und die meiner Studenten in Jobra begeistert hatte.

»Aber auf diesem Gebiet bin ich ein völliger Anfänger. Ich bin also darauf angewiesen, daß Sie mir bei der Umsetzung in die Praxis helfen.«

Der Distriktleiter schlug mir vor, ich solle einen Projektentwurf formulieren. Ich bat ihn, mir bei der Formulierung zu helfen. Darauf meinte er, er werde gemeinsam mit mehreren Kollegen vorbeikommen, die meine mündlich gegebenen Antworten in die Form eines offiziellen schriftlichen Antrags bringen würden.

Am Montag darauf suchten mich fünf Personen auf. Der Distriktleiter bombardierte mich mit einer Fülle von Fragen zu Punkten, über die ich nie nachgedacht hatte. Wie viele Kreditnehmer wollte ich erreichen? Wie viele Angestellte wollte ich haben? Wie hoch sollte deren Gehalt sein? Wie viele Panzerschränke brauchte ich? Ich beantwortete die Fragen, so gut ich konnte.

Danach fuhren sie nach Chittagong zurück. Einige Wochen später erhielt ich Post vom Distriktleiter, eine umfangreiche Schrift. Ich las sie sehr gründlich, und zu meinem Entsetzen und Ärger gab sie nichts von dem wieder, was ich gesagt hatte. Statt dessen war das Schriftstück in einem unerträglichen Verwaltungsjargon abgefaßt, der sich einer Lektüre hartnäckig widersetzte.

Ich nahm daher einen Federhalter und notierte geschwind, was ich zu tun beabsichtigte. Es war ein kurzer, direkter Vorschlag, der geradewegs auf mein Ziel zusteuerte. Als erstes änderte ich den Namen meiner Zweigstelle. Ich schrieb:

»Die Krishi-Bank benutzt in ihrem Namen das Wort Krishi, was ›landwirtschaftlich‹ bedeutet. Ich will jedoch nicht, daß sich diese Zweigstelle mit Landwirtschaft befaßt. Die Bauern gehören nicht zum ärmsten Bevölkerungsteil Bangladeschs. Diejenigen, die einen Bauernhof besitzen, sind im Gegenteil relativ privilegiert gegenüber den notleidenden Landlosen, die vom Verkauf ihrer Arbeitskraft leben. Ich möchte, daß sich diese Zweigstelle mit allen Aspekten des ländlichen Lebens wie dem Handel, der Kleinindustrie, dem Wiederverkauf und sogar dem Hausierertum befaßt. Ich möchte, daß dies eine ländliche

Bank ist und nicht eine Bank, die sich nur mit Bauernhöfen und Ernten befaßt. Daher habe ich beschlossen, sie ›Grameen‹ zu nennen.«
Grameen leitet sich aus dem Wort *Gram* her, das »Dorf« bedeutet. Das Adjektiv *Grameen* kann man mit »ländlich« oder mit »aus dem Dorf« übersetzen. In meinem Entwurf nannte ich die neue Filiale »Versuchszweigstelle Grameen«.

Mehrere Monate waren verstrichen, als Mr. Anisuzzaman mich zu einem Gespräch in sein Büro in Dhaka rief. Die Reise mit dem Zug dauert sechs Stunden. Als ich ankam, teilte er mir mit:
»Ich mußte Ihren Vorschlag meinem Board of Directors vorlegen, und die meinten, daß ich nicht befugt bin, den geplanten Versuch umzusetzen. Ich darf meine Bankvollmacht nicht auf Sie übertragen, da Sie kein Bankangestellter von uns sind, sondern von draußen kommen.«
Mr. Anisuzzaman machte hier eine Kunstpause, bevor er mich fragte:
»Yunus, Sie wollen wirklich eine neue Zweigstelle unserer Bank eröffnen, nicht wahr?«
»Nein, keineswegs. Ich will lediglich den Armen Geld leihen.«
»Wollen Sie auch weiter an der Universität bleiben?«
»Sicher. Ich habe nichts anderes gelernt, und ich lehre für mein Leben gern.«
Er blies den Rauch seiner Zigarette zur Decke und fuhr fort:
»Sonst könnten Sie Ihre Arbeit an der Universität aufgeben und einfach Angestellter unserer Bank werden. Dann könnte ich Sie ohne weiteres zu meinem Stellvertreter ernennen und Ihnen meine Vollmachten übertragen, ohne daß mir jemand dreinreden könnte.«
»Ich habe keine Lust, Banker zu werden. Ich möchte weiterhin Professor bleiben. Ich stehe einer Fakultät vor, beaufsichtige Studenten und Professoren und muß mich mit universitätspolitischen Fragen auseinandersetzen. Diese Arbeit im Kampf gegen die Armut erledige ich neben meinen anderen Tätigkeiten in meiner Freizeit.«
»Ich werde eine Lösung finden. Machen Sie sich keine Sorgen«, erwiderte Mr. Anisuzzaman, der zum Fenster schaute, an dem sich der Zigarettenrauch kräuselte. Offensichtlich spielte er in Gedanken mit mehreren Möglichkeiten.

»Und wenn ich Sie offiziell nicht mit der Leitung der Zweigstelle beauftragen würde? Offiziell wäre der Distriktleiter dafür zuständig, aber ich würde ihm sagen, daß er sich Ihren Wünschen zu beugen hätte.«

»Das müssen Sie entscheiden, Mr. Anisuzzaman. Sie wissen am besten, was da zu tun ist.«

»Er würde von Ihnen sämtliche Anweisungen erhalten. Und falls es Probleme geben sollte, könnte er immer noch zu mir kommen, damit ich sie lösen kann.«

»Das klingt gut. Wird die Leitung zustimmen?«

»Darum kümmere ich mich schon. Mittlerweile müssen Sie mir eine Liste derjenigen Studenten vorlegen, die für Sie in Jobra arbeiten. Einer könnte die Organisation der Zweigstelle übernehmen; andere könnten Angestellte der Bank werden.«

»Ich danke Ihnen. Das sind gute Arbeitsplätze.«

»Ja, und sie müssen auch keinen Aufnahmewettbewerb mehr bestehen, um sie zu erhalten.«

Bei dem Gedanken, daß meine Mitarbeiter Assad, Nurjahan und Jannat zum erstenmal in ihrem Leben eine gutbezahlte Anstellung fanden, mußte ich lächeln.

»Ich möchte die Zweigstelle Grameen nennen.«

Mr. Anisuzzaman nickte zustimmend.

»Gut. Die Versuchszweigstelle Grameen der Landwirtschaftsbank. Was sagen Sie dazu?«

»Hervorragend.«

Wir lächelten einander zu. Er stand auf. Von der Straße stieg kontinuierlich der Verkehrslärm hoch. Wir standen jetzt beide am Fenster und blickten auf das vertraute Schauspiel der Stadt: barfüßige Bettlerinnen mit einem Kleinkind auf dem Arm, schlafende Kinder auf den Gehwegen, von fürchterlichen Krankheiten befallene, verwachsene Kinder, die uns nicht mehr schockierten, weil man, wenn man hier leben will, all dem menschlichen Leid gegenüber, das einen umgibt, nahezu blind werden muß.

»Die Armut in den Städten ist noch ein ganz anderes Problem«, bemerkte er mit einem tiefen Seufzer.

»Wenn es uns gelingt, die Armut auf dem Land zu mildern, dann wird auch die Landflucht abflauen, und der Druck auf die Städte wird geringer.«

Er stimmte mir mit bedächtigem Kopfnicken zu.

»Viel Glück, Professor.«

Manchmal greift der Zufall regelnd in das Leben ein. Man muß nur die richtige Person im richtigen Augenblick treffen, damit sich alles einrenkt. Einige Monate zuvor war mein Projekt für die Armen keinen Zentimeter vorangekommen, und nun, da ich dem richtigen Mann begegnet war, bekam unser kleines akademisches Forschungsprojekt eine ganz andere Dimension und wurde zum Bankexperiment, das landesweite Aufmerksamkeit erregen würde.

17. KAPITEL

AÏD EL-FITR, 1977

Im Jahr 1977, dem ersten Jahr der Geschäftstätigkeit unserer ländlichen Bank, fuhr ich zu unserem alljährlichen Familientreffen nach Chittagong.

Ich richte es immer so ein, daß ich die religiösen Feste in meiner Familie verbringe, besonders den *Aïd el-fitr*, mit dem das Ende der einmonatigen Fastenzeit im Monat Ramadan gefeiert wird. Mein Vater und meine Mutter sind strenggläubige Moslems. Sie haben uns beigebracht, die Tradition zu achten, und sie legen großen Wert auf unsere Anwesenheit bei den Festen.

Mit dem *Aïd el-fitr* wird also das Fasten beendet. Die Büros in der Stadt bleiben einen Tag vor und einen Tag nach dem *Aïd* geschlossen, der zweifellos unser fröhlichstes Fest ist. Es dauert drei Tage, aber wie die meisten Familien in Bangladesch nehmen wir uns eine Woche lang zum Feiern Zeit. Bei dieser Gelegenheit treffen wir die Eltern, die wir seit längerem nicht mehr gesehen haben, und tauschen uns über das verflossene Jahr aus.

Wir versammeln uns im Haus »Niribili« (Stille), das mein Vater 1959 im damaligen neuen Wohnviertel Chittagongs, Pachlaish, hatte bauen lassen. Es war der erste Bau in Pachlaish und ist für uns mit so vielen Erinnerungen verbunden, daß wir ihn fast als Familienangehörigen betrachten.

Mehrere Tage lang war mein Vater damals in der Stadt herumgelaufen, um die Gebäude ausfindig zu machen, die ihm am besten gefielen. Er begeisterte sich besonders für ein großes, modernes Wohnhaus mit zwei Stockwerken und bat einen Künstler, ihm eine Zeichnung von dem Haus anzufertigen. Danach beauftragte er einen Architekten damit, die Zeichnung entsprechend umzusetzen.

Das Ergebnis ähnelt eher einem Ozeandampfer als einem Gebäude.

Eine Mauer umzäunt den Garten, ein Juwel aus Bananenstauden, Mango-, Teak-, Guaven-, Kokos- und Granatapfelbäumen. Niribili wartet mit drei großen Veranden und vielen ungenutzten Freiräumen auf. Zahlreiche Konstruktionsfehler fallen ins Auge: Die Zimmer sind zu groß, die Flure zu weitläufig und wenig praktisch, und viele Dinge wären zu verbessern, aber wir lieben dieses Haus. Heute werden vier in sich abgeschlossene Apartments von meinen Brüdern bewohnt, und mein Vater lebt im Erdgeschoß, umhegt von der Liebe seiner Söhne. Das gefällt ihm sehr, und er ist glücklich. Das Haus ist für die Familie ein Quell der Kraft und des Zusammenhalts.

Beim Familientreffen sind alle meine Brüder – Salam, Ibrahim, Ayub, Azam, Jahangir und Moinu – mit ihren Frauen anwesend, und auch meine Schwestern Momtaz und Tunu und all ihre Kinder sind da. Wir besuchen das Dorf Bathua, wo mein Vater geboren wurde und immer noch Land besitzt und die Familie während beinahe des gesamten Zweiten Weltkrieges Zuflucht gefunden hat.

Mein Vater zahlt den ganzen Ramadan über die religiöse Steuer (*Jakat*), die im Koran jedem gläubigen Moslem auferlegt ist. Wie von der *Scharia** vorgeschrieben, bedenkt er zuerst seine bedürftigen Verwandten, dann die unbemittelten Nachbarn und schließlich die Armen im allgemeinen.

Am Tag des *Aïd* stehen wir früh auf und waschen uns. Wir ziehen die neuen Kleidungsstücke an, die wir für diesen besonderen Anlaß gekauft haben.

Um sieben Uhr früh gehen wir zum *Aïdgah* (einer für diesen Zweck vorbereiteten Fläche im Freien, auf der sich zahlreiche Gläubige zum *Aïd*-Gebet treffen). Die Frauen bleiben währenddessen im Haus. Mit meinen sechs Brüdern folge ich meinem Vater, der uns anführt. Welche Freude, daß wir alle wieder zusammen sind! Unser Vater ist der Frömmste von uns allen, und wir wissen, was dieses Fest für ihn bedeutet.

Auf dem *Aïdgah* beten wir und sagen unser *Namaz* auf. Der Imam spricht seine *Kutbah*, seine Predigt. Mehrere tausend Menschen stellen sich hinter ihm auf, um zu beten. Als *Aïdgah* dient ein nicht umzäunter

---

* Das in Koran und Hadith festgelegte Gesetz, das das gesamte islamische Leben regelt. (Anm. d. Übers.)

Footballplatz. Es gibt nicht die geringste Möglichkeit, sich vor der sengenden Sonne zu schützen. Nach dem Gebet umarmen wir einander und wünschen uns *Aïd moubarak* (»Fröhlichen Aïd«). Nacheinander berühren meine Brüder und ich zum Zeichen unserer Ehrerbietung die Füße unseres Vaters.

Danach gehen wir gemeinsam zum Friedhof und sprechen ein Gebet für die Verstorbenen. Wir beten dafür, daß die Seelen der Toten in Frieden ruhen mögen. Mein Vater ist der Vorbeter, und die Gebete werden auf arabisch gesprochen.

Wenn wir gegen acht Uhr morgens wieder zu Hause sind, erweisen wir den anderen Alten – wie zu ihren Lebzeiten auch unserer Mutter – dieselbe Respektsbezeugung. Wir entrichten ebenfalls unsere *Fitra*, die obligatorische Steuer für die Armen, die dem Gegenwert von 1,25 Kilogramm Weizen entspricht.

Danach statten wir zahlreichen weiteren Familienangehörigen in ihren Häusern Besuche ab. Nachdem wir einen Monat lang gefastet haben, essen und lachen wir jetzt ohne Unterbrechung. Die Speisen bestehen überwiegend aus Naschwerk und Kuchen, von denen das *Semai* am beliebtesten ist, ein Schmaus aus süßen Nudeln, der nach unterschiedlichen Rezepten hergestellt wird.

Als sie noch lebte, las meine Mutter bei jedem *Aïd el-fitr* mit lauter Stimme aus dem Koran vor. Das verlieh ihr Kraft und Sicherheit. Sie war strenggläubig, und je weiter ihre Krankheit fortschritt, um so mehr suchte sie im Rezitieren dieser heiligen Texte Zuflucht.

Mein Vater hatte es inzwischen aufgegeben, für ihre Krankheit nach einer medizinischen Lösung zu suchen. Scharlatane aller Art hatten sich zu Hause die Klinke in die Hand gegeben und ihm Unsummen für Wundermittelchen abgeknöpft, die nichts taugten. Er hatte Psychiater, Schamanen, Neurologen, Chirurgen, Biologen und traditionelle Heilkundige zu Rate gezogen, doch alles vergebens.

Wir liebten unsere Mutter und umhegten sie zärtlich, doch Momtaz, Salam und mir (den drei ältesten Kindern), die wir sie in der Blüte ihrer Jugend erlebt hatten, als sie für die Familie ein Quell der Kraft, des Stolzes und der Ehre war, brach das Herz, wenn wir sie so beeinträchtigt erleben mußten. Wir konnten uns nur schwer damit abfinden. Wie schwer mußte es erst meinem Vater fallen!

Über meine Mutter hat er nie ein böses Wort verloren und sich nie über sein Los beklagt. Er ist ein starker, loyaler und liebevoller Mensch, und sein Verhalten dient uns allen als Vorbild.

Einer unserer rituellen Besuche während des *Aïd* gilt unserer ältesten Schwester Momtaz. Voller Ungeduld warten wir auf diesen Augenblick, denn sie stellt das beste Naschwerk her.

Momtaz hat ein ovales Gesicht und einen warmherzigen Blick. Auch nachdem sie im Alter von siebzehn Jahren geheiratet und ihr Elternhaus verlassen hatte, richtete sie es so ein, daß sie uns stets im Auge behielt und beschützte, ganz, als wäre sie unsere Ersatzmutter.

An jenem Tag während des *Aïd el-fitr* 1977 ist die Stimmung um uns herum heiter und ausgelassen, die Brüder und die Kinder rufen einander etwas zu, die Kleinen kichern, essen, amüsieren sich, schreien und rennen wild durcheinander. Momtaz nimmt meine Hände in die ihren. Wie gut sie ist! Wie freundlich und warmherzig sie uns gegenüber stets war! Während ich ihr in die Augen sehe, erinnere ich mich an jenen Tag 1950, als ich zu ihr fuhr, um ihr die Geburt unseres jüngsten Bruders Ayub mitzuteilen. Damals war ich zehn Jahre alt und strahlte sie außer Atem an. Sie lachte, nahm mich in ihre Arme und rief sogleich ihre Nachbarinnen zusammen, um ihnen die gute Neuigkeit mitzuteilen. Wir aßen und feierten die Geburt bis spätnachts, und am nächsten Morgen packte sie ihre Tasche und zog vorübergehend zu uns, um unserer Mutter zu helfen, den kleinen Ayub zu versorgen.

Ich erinnere mich an einen anderen Tag, es war 1947, als mein Bruder Ibrahim und ich bei ihr übernachteten. Ich ließ Ibrahim allein bei ihr zurück und ging ins Kino. Bei meiner Rückkehr war er ganz in Tränen aufgelöst, sein Gesicht aufgedunsen und puterrot. Er schrie mich an, ich hätte ihn verraten, indem ich ohne ihn fortgegangen sei, und konnte sich einfach nicht beruhigen. Damals war er ein Knirps von drei Jahren, und wir mußten ihn mit dem Pferdewagen nach Hause bringen.

Wir essen meine liebsten Süßigkeiten, die köstlichen *Rashogolla*, ein auf der Grundlage von Milch hergestelltes Bonbon. Ich nehme mir von dem *Semai*. Außerdem gibt es einen Brei aus Mango und *Kheer*, einer Art eingedickter Kondensmilch.

Nach der Geburt unserer Tochter Monica am 7. März 1977 bestand
meine Frau Vera auf den Annehmlichkeiten Amerikas für sich und das
Baby. Kurze Zeit später beschloß sie, Bangladesch zu verlassen, und
begründete dies damit, daß es zu gefährlich sei, Monica in diesem
Land großzuziehen.

Ich war verzweifelt, wußte aber keine Lösung. Vera und ich liebten
uns noch immer, aber die Schwierigkeiten, die ich vor unserer Heirat
vorausgesehen hatte, stellten sich doch als zu groß und unüberwind-
bar heraus.

Monatelang ließ ich Monicas Wiege, ihr Spielzeug und ihre Kleider
in der Hoffnung, daß Vera mit ihr zurückkehren würde, dort stehen
und liegen, wo sie waren. Es war ein unendlich trauriger Anblick, aber
ich konnte mich nicht dazu durchringen, mich von diesen Gegenstän-
den zu trennen.

Ich beschloß, Vera und Monica in den Vereinigten Staaten zu besuchen.

Das Projekt der Landwirtschaftsbank war noch nicht abgesegnet
worden; die Kreditanträge bei Grameen mußten also noch immer über
die Janata-Bank laufen, und jeder Antrag auf einen Kleinstkredit
wurde mir vorgelegt, damit ich ihn unterschrieb und persönlich für ihn
geradestand. Dieses Verfahren nahm viel Zeit in Anspruch und erschien mir mehr als absurd.

Vera übte Druck auf mich aus, nach New Jersey zu kommen und
dort mit ihr zu leben.

Ich konnte ihrem Drängen nicht nachgeben, denn es kam für mich
nicht in Frage, Bangladesch zu verlassen. Unsere Beziehung, die zehn
Jahre lang gehalten hatte, war zu Ende gegangen; im Dezember 1977
wurden wir geschieden.

Rückblickend muß ich gestehen, daß Momtaz recht gehabt hatte.
Ich hätte keine amerikanische Frau heiraten dürfen. Aber ich bedaure
nichts. Ich respektiere Vera, und ich habe nur gute Erinnerungen an
die Zeit mit ihr.

Und meine Tochter Monica fehlt mir sehr.

DRITTER TEIL
DIE GRÜNDUNG (1979–1990)

18. KAPITEL

ANFÄNGE IM ZEICHEN DER VORSICHT (1979–1983)

Nachdem ich von meinem dreimonatigen Aufenthalt in den Vereinigten Staaten zurückgekehrt war, gerade frisch geschieden, stürzte ich
mich voll und ganz in die Arbeit. Noch immer war ich Vollzeitprofes-
sor. Unter der Schirmherrschaft der Landwirtschaftsbank hatte unsere
Zweigstelle in Jobra ihr gesamtes Personal ausschließlich aus meinen
ehemaligen Studenten rekrutiert. Jetzt konnten wir schneller arbeiten
als zuvor mit der Janata-Bank, und ich mußte die Darlehen nicht mehr
persönlich garantieren. Dennoch war ich alles andere als zufrieden,
denn wir hatten nicht einmal 500 Kreditnehmer.

Einige Monate darauf erhielt ich eine Einladung zu einem Seminar
über das Thema »Finanzierung der Armen in ländlichen Gebieten«,
das die Zentralbank unter Leitung der US-AID (United States Agency
for International Development) organisierte. Ich sollte eine der Sitzungen leiten, zu der sich verschiedene Experten von der Universität von
Ohio angesagt hatten.

Diese Fachleute behaupteten, daß man beim Geldverleih an die
Armen höhere Zinsen verlangen müsse. Auf diese Weise, so meinten
sie, erziele man eine höhere Rückzahlungsquote. Das kam mir absurd
vor. Ich protestierte:

»Wenn man den Bauern Kredite anbietet, werden sie dieses Geld in
jedem Fall annehmen, gleichgültig, wie hoch der Zinssatz auch sein
mag. Sie befinden sich in einer dermaßen verzweifelten Lage, daß sie
sogar bereit sind, sich Geld von einem Geldverleiher zu borgen, der
ihnen ihr ganzes Hab und Gut abzunehmen droht.«

Im selben Ton fortfahrend, suchte ich mit den Teilnehmern in diesem großen Konferenzsaal einen Streit vom Zaun zu brechen. Sie blickten mich an, als wäre ich völlig übergeschnappt.

»Ich für meinen Teil ließe bei den Bauern einen negativen Zinssatz gelten. Ich würde ihnen 100 Taka geben, und wenn mir einer 90 Prozent zurückzahlen würde, erließe ich ihm die Restschuld von zehn Taka. Denn beim Geldverleih an Bauern kommt es auf die Rückzahlung des Kapitals und nicht etwa auf die Zinszahlungen an.«

Ich äußerte mich bewußt provozierend, denn ich wollte eine Botschaft übermitteln und eine landesweite Diskussion anstoßen.

Die Experten wandten dagegen ein, man müsse den Zugang zu einem Kredit erschweren, damit man es nur mit zahlungsfähigen Kreditnehmern zu tun bekomme. Im Gegensatz dazu meinte ich, man müsse den Menschen die Geldaufnahme erleichtern, weil sie dann auch eher zu einer Rückzahlung bereit seien. Ich verwies darauf, daß im Rahmen des Projekts Grameen in Jobra sämtliche gewährten Darlehen in voller Höhe zurückgezahlt worden waren, und forderte sie auf, Vergleichbares vorzuweisen.

Ein alter Banker machte seiner Verärgerung Luft:

»Professor Yunus, Ihr Projekt in Jobra ist eine Bagatelle im Vergleich zu den großen Banken, die wir führen. Unsere grauen Haare sind uns nicht ohne Grund gewachsen. Wir besitzen umfangreiche Erfahrung. Wenn Sie glaubwürdig sein wollen, müssen Sie in einer ganzen Region operieren und nicht nur in einem Dorf.«

Ich nahm diese Herausforderung bereitwillig an. Die meisten Banker nahmen mich nicht ernst. Sie berücksichtigten nicht, daß ich willens war, das Programm zu erweitern, und hielten an ihrer Überzeugung fest, daß es auf nationaler Ebene nicht funktionieren könne.

Mr. Gongopadhaya, der stellvertretende Generaldirektor der Zentralbank, hatte die ganze Diskussion stillschweigend verfolgt. Er bestellte mich in sein Büro und fragte mich, ob ich es ernst gemeint hätte, als ich sagte, ich wolle mein Projekt erweitern.

»Ja, aber sicher.«

»Glauben Sie wirklich, daß die Erfahrungen von Jobra auf andere Gebiete übertragbar sind?«

»Davon bin ich absolut überzeugt.«

»Was genau brauchen Sie?«

Ich hatte den Banken in Bangladesch immer vorgeworfen, daß sie Armen, Frauen und Analphabeten gegenüber feindselig eingestellt seien. Doch ich werde nie vergessen, daß wir es Mr. Gongopadhaya von der Zentralbank zu verdanken haben, daß Grameen seine Aktivitäten ausdehnen konnte.

Einen Monat darauf lud er mich zu einer Sitzung aller Direktoren der nationalen Banken ein, auf der mein Antrag geprüft werden sollte. Er wurde mit jener Nachsicht und Herablassung aufgenommen, die man einem Universitätsprofessor gegenüber an den Tag legt, der von der Wirklichkeit keinen blassen Schimmer hat. Als Mr. Gongopadhaya bei den Direktoren um Unterstützung für meinen Antrag warb, sicherten sie ihm großzügig ihre Hilfe zu, doch mit ihren Worten wollten sie sich nur beim stellvertretenden Generaldirektor der Zentralbank einschmeicheln.

Wollte man ihnen Glauben schenken, so zahlten unsere Kunden ihre Darlehen nur zurück, weil man mich zum einen als Universitätsprofessor sehr achtete und ich zum anderen aus Chittagong stammte. Es war notwendig, daß ich es in einer anderen Region versuchte.

Ich bemühte mich ihnen zu erklären, daß die Armen noch nie einen Fuß in meine Universität gesetzt hatten, daß sie weder lesen noch schreiben konnten und ich daher unmöglich auf sie einen professoralen Einfluß ausüben konnte. Aber sie waren sich trotzdem darin einig, daß ich meine Unterrichtstätigkeit aufgeben und in einer anderen Gegend Bankdirektor werden müsse, wenn ich beweisen wolle, daß das Projekt auf jede Bank übertragen werden könne.

Darauf antwortete ich ihnen, daß ich bereit sei, für die Dauer von zwei Jahren eine außergewöhnliche Beurlaubung zu beantragen und – der Unparteilichkeit wegen – ihnen die Wahl einer Gegend überließe, in der ich unbekannt war und noch nie unterrichtet hatte.

Ihre Wahl fiel auf die Gegend von Tangail: Sie war relativ klein und nicht weit von Dhaka entfernt, was ihnen die Beurteilung erleichterte, ob das Programm erfolgreich war oder nicht.

Die Universität von Chittagong bewilligte meinen Antrag auf eine zweijährige Beurlaubung. Das Bankprojekt von Tangail begann offiziell am 6. Juni 1979.

Jede nationale Bank mußte uns wenigstens drei Zweigstellen in Tangail zur Verfügung stellen. Dazu kam noch jene der Landwirtschaftsbank, die ich in Jobra eröffnet hatte, womit wir alles in allem über 19 Zweigstellen verfügten.

Ich nahm meine jungen Mitarbeiter aus Jobra mit: Assad, Dipal und Dayan.

Die Gegend von Tangail befand sich am Rand eines Bürgerkrieges. Bewaffnete Guerillas der Volksarmee (Gono Bahini), einer marxistischen Untergrundbewegung, verbreiteten Tod und Schrecken und brachten skrupellos Menschen um. In jedem Dorf konnte man Tote mitten auf der Straße liegen, an einem Strick von einem Baum hängen oder erschlagen an einer Mauer liegen sehen. Die meisten der regionalen Honoratioren, die um ihr Leben fürchteten, hatten sich zu Nachbarn oder in Hotels in der Stadt geflüchtet. Die ganze Gegend war der Anarchie ausgeliefert.

Was konnten wir mit unserem Projekt einer Bank in Gründung gegen diese Massaker ausrichten, wenn wir doch um die Sicherheit all jener bangen mußten, die wir als Zweigstellenleiter oder Angestellte einstellen wollten? Bei ihrer Einstellung verpflichteten sie sich, in weit abgelegene Dörfer zu gehen und dort zu leben. Es war eine schreckliche Situation.

Aus nichtigem Anlaß zückten Männer ihre Waffen und schossen wild um sich. Auf dem Land befanden sich wahre Waffen- und Munitionslager, die man nach dem Befreiungskrieg aufgegeben hatte. Noch schlimmer: Zahlreiche junge Leute, die wir einstellten, ehemalige Studenten also, waren häufig selbst Linke und daher für die Ziele der Rebellenbewegung empfänglich.

Wir befanden uns auf dem Höhepunkt der Trockenzeit. Tagsüber waren die Straßen menschenleer; die Leute suchten den Schatten auf und warteten auf einen Regenguß, der stets ausblieb, oder auf ein plötzliches *Kalbaisakhi* (Sommergewitter). Bei der geringsten Anstrengung brach einem der Schweiß aus. Aber die Dörfer, durch die wir kamen, schienen in den letzten Zügen zu liegen, und ihre Einwohner waren so arm und so ausgemergelt, daß ich das Gefühl hatte, in die richtige Gegend gekommen zu sein. Genau hier mußten wir aktiv werden.

Die Verwaltungen der Banken schätzten unsere Tätigkeit überhaupt nicht, allein schon deshalb, weil wir ihnen zusätzlich Arbeit machten. Bei vielen Gelegenheiten legten sie uns Knüppel in den Weg. Die Situation wurde schließlich dermaßen angespannt, daß einer unserer Angestellten seine Waffe gegen den örtlichen Filialleiter einer Bank richtete, von dem wir abhängig waren, und ihn umzubringen drohte, wenn er nicht mehr Geldmittel für die Kreditnehmer von Grameen zur Verfügung stellte. Zwar entließen wir diesen Angestellten sofort, doch dieser Zwischenfall zog eine ernsthafte Krise nach sich. Der bedrohte Zweigstellenleiter verlangte, nach Dhaka zurückversetzt zu werden, und keiner aus dieser Bank wollte mit uns zusammenarbeiten.

Trotzdem gaben wir nicht auf. Wir warben unter den örtlichen Armen um Kreditnehmer und versuchten uns weitestgehend auf uns selbst zu verlassen, denn jedesmal, wenn wir uns an eine nationale Bank wandten, blieb die Arbeit liegen.

Die Rebellen setzten sich aus sehr jungen Leuten von höchstens 20 Jahren zusammen. Im wesentlichen handelte es sich um fleißige und gewissenhafte Arbeiter, und wir waren bereit, ihnen eine Chance in der Bank einzuräumen, falls sie ihre Waffen niederlegten.

Die ehemaligen Gono Bahini entpuppten sich bei Grameen als ausgezeichnete Angestellte. Sie hatten ihr Land mit Waffengewalt und durch eine Revolution befreien wollen, und jetzt pilgerten sie zu Fuß durch dieselben Dörfer und auf denselben Straßen, um den Elenden ein Darlehen anzubieten. Alles, was sie brauchtes, war ein Ideal, ein Ziel, für das sie kämpfen konnten. Es gelang uns, ihre Energien auf etwas Konstruktiveres als den Terrorismus zu lenken. Etwas zu unternehmen bedeutet im Grunde nichts anderes, als all seinen Mut und seine Verzweiflung aufzubringen, um die Dinge zu verändern. Die Gono Bahini aus Tangail waren mit einem großen Kampfeswillen ausgestattet, der nur darauf wartete, mit Bedacht eingesetzt zu werden. Weshalb also hätte man ihnen keine Gelegenheit einräumen sollen, etwas Konstruktives für die Gesellschaft zu leisten?

Wenn ich in diesen schwierigen Anfangszeiten durchgehalten habe, so zwar teilweise deshalb, weil wir mit einer spannenden Arbeit beschäftigt waren, aber auch und vor allem dank der Großherzigkeit der Armen, denen wir begegneten. Manchmal verließ abends ein alter Mann seine strohgedeckte Hütte, um zu *Pantabhat** einzuladen. Seit ihren Anfängen hat Grameen es sich zur Regel gemacht, von einem Kreditnehmer oder einem Dorfbewohner weder Nahrungsmittel noch Geschenke anzunehmen.

Mit einem weißen Toyota-Kleinbus, den mir die Zentralbank zur Verfügung gestellt hatte, durchkämmte ich die Gegend. Dadurch konnte ich in Vollzeit tätig sein. Anfangs arbeiteten wir mit einer Minimalbesetzung, bestehend aus Assad, Dipal, Dayan und mir. Doch als sich nach einer gewissen Zeit die Sicherheitslage verbessert hatte, ließen wir Nurjahan und Jannat, unsere ehemaligen Kolleginnen aus Jobra, nachkommen.

In gewisser Weise war ich nach wie vor Professor, weil ich von einer Gruppe ausgezeichneter Studenten umgeben war. Und den Kreditnehmern wie auch unserem Personal erteilte ich ständig Unterricht.

Ich zog in ein noch unfertiges Gebäude um, lebte in einem einzigen Zimmer, und um mich herum arbeiteten die Bauarbeiter. Während des Ramadan aß ich abends nach Sonnenuntergang die *Iftaar*, die traditionelle leichte Fastenspeise: *Chira* mit Zucker und Kokosnuß, Kichererbsen mit zwei oder drei roten Chillis, Mangoscheiben und gebackene Linsenpfannkuchen mit grünen Chillis und Zwiebeln.

In meinem Büro gab es keine Toilette. Tagsüber mußte ich zu den Nachbarn gehen. Diese Situation dauerte ein ganzes Jahr an. Nachts suchte ich dann mein Zimmerchen im dritten Stock auf.

Jede noch so kleine Entscheidung von mir wurde während der monatlichen Sitzung der Zentralbank von Bangladesch in Dhaka in Anwesenheit aller Managing Directors der Banken überprüft – ein besonders langsamer und langwieriger Vorgang.

Der Antrag Nr. 37 (»Jedem Bankangestellten wird eine Taschenlampe zur Verfügung gestellt, damit er nachts von einem Dorf zum anderen gehen kann.«) löste heftige Reaktionen aus. Volle zwei Stunden

---

* Das *Pantabhat* besteht aus Reisresten vom Vortag, die man mit Wasser übergossen hat und die über Nacht dank der Wärme vergoren sind. Nach einem harten Arbeitstag ist dies für einen Armen ein stärkendes Gericht, besonders mit Beilagen aus gebratenen Chilis, rohen Zwiebeln und ein paar Gemüseresten. Wenn man hungrig ist und die Temperatur auf 30° Celsius im Schatten steigt, ist dies eine Köstlichkeit.

verbrachten wir mit Diskussionen über diesen Punkt, nur weil sich einer der Managing Directors dagegen aussprach. Er beanstandete nicht etwa die Kosten für die Batterien, sondern es ging ihm darum, die Traditionen in den Dörfern zu wahren. Unsere Angestellten sollten seiner Meinung nach alte Laternen und Benzinlampen benutzen. Schließlich akzeptierten die Banken unser Vorgehen, aber nur unter Vorbehalt.

Einige Sozialanthropologen werfen Grameen vor, die traditionellen Strukturen manipulieren und die Gesellschaft verändern zu wollen. Aber was ist daran Verwerfliches? Gewisse Vorgänge sind unumkehrbar. Veränderungen stehe ich grundsätzlich positiv gegenüber. Das Alte muß dem Neuen weichen, das verlangt der Gang der Dinge. Ohne Bruch mit der Vergangenheit kann es keine Veränderung geben. Allerdings bin ich nicht der Ansicht, daß man Traditionen in Frage stellen sollte, wenn sie der Bevölkerung förderlich sind.

Im November 1979 bewilligten wir landlosen Bauern in Tangail die ersten Darlehen.

Während einer großen Zeremonie in Dhaka, zu der ich einige Minister, die ich kannte, und einige Banker, mit denen ich zusammenarbeitete, eingeladen hatte, heiratete ich im März 1980 Afrozi. Ich war ihr einige Jahre zuvor bei gemeinsamen Freunden begegnet. Sie war Professorin und forschte auf dem Gebiet der angewandten Physik an der Universität Manchester, und ganz wie ich fühlte sie sich im Westen wie im Osten zu Hause.

Einige Monate lang wohnte Afrozi noch in England, um ihre Arbeiten zu Ende führen zu können, während ich die Arbeit von Grameen in Tangail vorantrieb. Als sie dann zu mir kam, zogen wir in den dritten Stock unseres Bürogebäudes. Seitdem wohnen wir stets in unmittelbarer Nähe unserer Büros, und die Geburt unserer geliebten Tochter Deena Afroz Yunus am 24. Januar 1986 hat daran nichts geändert.

Im November 1982 zählte die Grameen-Bank 28 000 Mitglieder, von denen weniger als die Hälfte (11 000) Frauen waren. Wie ist uns dieser Sprung von unter 500 Mitgliedern, die wir 1979 in Jobra hatten, auf solch eine Zahl gelungen? Das Geheimnis läßt sich in einem Wort zusammenfassen: langsam.

Bei jeder neuen Operation muß Grameen methodisch und ohne Eile vorgehen, denn davon hängt der Erfolg ab. Wir wollen vermeiden, diejenigen Leute vor den Kopf zu stoßen, die uns gegenüber ablehnend oder mißtrauisch eingestellt sind. Unserer Ansicht nach ist es besser, langsam und zielsicher vorzugehen und die Dinge richtig zu machen, als schnell zu sein und Fehler zu begehen.

Keine Zweigstelle sollte im ersten Jahr ihrer Geschäftstätigkeit mehr als 100 Kreditnehmer betreuen. Immer schön langsam! Je langsamer, desto besser! Man sollte nur dann das Tempo erhöhen, wenn alles gut funktioniert. Zu unseren Prinzipien gehört es, langsam und klein anzufangen.

Erhält eine Zweigstelle die vollständige Rückzahlungssumme der ersten 100 Kreditnehmer, so kann sie allmählich mit einem gewissen Optimismus in die Zukunft blicken. (Es dauert etwa zwei Jahre, bevor man strukturelle Fehler in einem Programm erkannt hat.)

Während unserer Zeit der Expansion in Tangail haben wir eine Methode entwickelt, die wir später immer und immer wieder angewandt haben:

Der Zweigstellenleiter, gewöhnlich in Begleitung eines Assistenten (ein Trainee, dem bald darauf die Einrichtung einer neuen Zweigstelle anvertraut wird), kommt in ein Dorf, in dem Grameen beschlossen hat, eine Zweigstelle zu eröffnen. Es ist sehr wichtig, daß dem Leiter und seinem Assistenten kein Büro, keine Unterkunft und keine Kontaktperson zur Verfügung stehen. Wenn sie ankommen, kennen sie niemanden, und sie haben keinen, der sie den Dorfbewohnern vorstellt. Die erste Aufgabe besteht darin, mit der Gegend vertraut zu werden und detailliert alles zu erfassen, was wichtig ist.

Die Dorfbewohner beäugen sie zuerst ungläubig und meinen, zwei hilflose Riesenbabys vor sich zu haben. Wer sind diese beiden Leute, die mit so wenig Gepäck kommen? Die beiden wissen ja noch nicht einmal, wo sie übernachten werden.

Wenn wir auf diese Weise vorgehen, so, um uns deutlich von jenen offiziellen Persönlichkeiten zu unterscheiden, die in einem Dorf ankommen, dessen Vorsteher bereits alle Maßnahmen getroffen haben, um sie würdig zu empfangen. Sie dürfen erwarten, daß sie bei ihrer

Ankunft köstliche Gerichte vorfinden, die ihnen im Hause der Hono-
ratioren aufgetragen werden. Die Grameen-Bank aber versteht sich als
Trägerin neuer Ideale und neuer Praktiken und möchte dies durch ihr
Auftreten von Anfang an klarstellen.

Daher müssen sich unser Leiter und sein Assistent ein Zimmer mie-
ten, wobei es ihnen nicht gestattet ist, in einer luxuriösen Umgebung
zu leben. Gewöhnlich kommen sie in einem verlassenen Haus, einem
Schulgebäude oder in Räumlichkeiten der Gemeinde unter. Sie sind
gehalten, Einladungen der Honoratioren auszuschlagen und ihnen zu
erklären, daß dies den Regeln von Grameen zuwiderläuft. Sie begnügen sich mit einem bescheidenen Essen, das manche Dorfbewohner
verschmähen würden.

Anfangs wird ihnen niemand abnehmen, daß sie leitende Angestellte einer Bank sind. Wie kommt es, daß sie weder ein Büro noch
Personal haben? Weshalb bereiten sie sich wie Tagelöhner ihr Essen
selbst zu?

Nach einigen Tagen erfahren die Einwohner, daß die beiden Fremden, die sich in ihrem Dorf niedergelassen haben, ein Universitätsdiplom besitzen. Häufig bemerken die einheimischen Lehrer dies als
erste. Keiner der Dorfschullehrer hat je eine Universität besucht. Sie
können es kaum glauben, daß man als Universitätsabsolvent in solch
einem elenden Dorf mit so armen Leuten arbeiten will, dabei auf ein
großes Büro mit bequemem Bürosessel verzichtet und statt dessen
jeden Tag kilometerweite Wege zurücklegt. Gewöhnlich unterstützen
die Lehrer denn auch als erste die neue Zweigstelle.

Beobachtet man die jungen Diplominhaber, so gewinnt man den
Eindruck, daß sie nicht nur freiwillig ins Dorf gekommen sind, sondern überdies ihre Arbeit mögen. Aus Erfahrung wissen wir, daß die
Dorfeinwohner diese Eigenschaft der Grameen-Mitarbeiter immer bemerken und für die jungen Leiter eine regelrechte Bewunderung entwickeln.

Die Einwohner kennen kaum jemanden vom Lande, der einen Uni-
versitätsabschluß besitzt. Und falls sie einen Diplomierten kennen, so
ist das jemand, der nie zurückgekehrt ist. Es kommt nicht selten vor,
daß der Zweigstellenleiter von Grameen in einem Umkreis von 15 Ki-
lometern der einzige Akademiker ist.

Sobald der Zweigstellenleiter auf der Bildfläche erscheint, wird der unterschiedlichste Klatsch über seine Person in Umlauf gebracht. Vor allem Geldverleiher und religiöse Führer, die ihre eigenen Interessen bedroht sehen, verbreiten Gerüchte über ihn.

Der Zweigstellenleiter und sein Assistent legen Tag für Tag mehrere Kilometer zu Fuß zurück, um sich mit den Dorfbewohnern zu unterhalten und ihre Fragen zu beantworten. Sie erläutern, wie man eine Gruppe bildet. Um die am meisten Benachteiligten zu begünstigen, nehmen wir prinzipiell nur Frauengruppen an, die fernab vom geplanten Standort der Zweigstelle leben. Aus Erfahrung wissen wir, daß man einen Mißerfolg riskiert, wenn man Arme und Nicht-Arme unterschiedslos mischt. Wir legen den Kreditanwärterinnen so viele Hindernisse in den Weg, daß nur die wirklich Armen bereit sind, diesen Weg zu gehen.

Tag für Tag sehen die Dorfbewohner den Grameen-Bankern bei der Arbeit zu. Sie scheuen weder Mühen noch Anstrengungen. Weder Regen noch Wind können sie von ihren Besuchen bei den Armen abhalten. Ein Grameen-Manager versucht nie, den Schwierigkeiten auszuweichen, indem er etwa Dorfbewohner zu seinen Agenten ernennt, wie Beamte und Banker dies normalerweise tun. Die Einheimischen stellen nach kurzer Zeit fest, daß die Grameen-Vertreter mehr Urteilsvermögen und Wissen besitzen als die meisten von ihnen.

Doch ausschlaggebend für die Gewinnung der Menschen sind nicht Reden, sondern Taten. Auch wenn die Ideen und Methoden von Grameen keine Zustimmung finden, steht doch bald fest, daß der jeweilige Mitarbeiter der Bank ins Dorf gekommen ist, um den Armen zu helfen, und nicht etwa aus persönlichem Interesse. Auf diese Weise gewinnt er nach und nach die Sympathie der Bevölkerung, und die Leute erkennen schließlich, daß er wirklich das Los der Bedürftigsten verbessern will.

Wenn einem jungen Mann die Gelegenheit geboten wird, eine Zweigstelle aufzubauen, so ist das für ihn die Chance, seine Leistungsfähigkeit zu beweisen. Es packt ihn die Abenteuerlust. Seine Ausbildung hat ihn darauf vorbereitet, einen schwierigen Berg zu besteigen. Jetzt will er den Gipfel stürmen. Er weiß, daß nichts unmöglich ist.

Es bleibt allein dem Manager selbst überlassen zu entscheiden, ob er an dem jeweiligen Ort tatsächlich eine Zweigstelle aufbauen will oder lieber darauf verzichtet. Er empfiehlt den Standort der künftigen Zweigstelle und zeichnet einen Plan von der Umgebung. Er verfaßt einen Bericht über die Geschichte des Dorfes, über seine Kultur, die wirtschaftlichen Verhältnisse und den Armutszustand in der Region.

Um Grameen bekannt zu machen, lädt der Leiter die führenden Köpfe des Dorfes, die religiösen Führer, die Lehrer, die politisch Verantwortlichen usw., ein. Ein leitender Angestellter von Grameen erklärt bis ins kleinste Detail, wie die Bank arbeitet. Alsdann überläßt er den Dorfbewohnern die Entscheidung, ob sie Grameen mit all seinen Regeln und Methoden akzeptieren wollen oder innerhalb eines bestimmten Zeitraums darum bitten, daß die Grameen-Vertreter das Dorf verlassen. Bisher hat noch kein Dorf gewollt, daß wir wieder fortgehen. Doch indem wir den Leuten diese Möglichkeit anbieten, zeigen wir ihnen, daß sie in keiner Weise zu irgend etwas gezwungen werden sollen.

Gegen Ende 1981, als sich unsere zweijährige Bewährungsperiode in Tangail dem Ende näherte, forderte die Zentralbank die Leiter ihrer Mitgliedsbanken auf, eine Einschätzung der Arbeit von Grameen abzugeben und über die weiteren Schritte zu entscheiden. Ihr Urteil verblüffte mich. Es lautete: »Ja, die Grameen-Bank arbeitet hervorragend, doch beruht ihr Erfolg darauf, daß Professor Yunus und sein Personal sich Tag und Nacht abmühen. Der Professor hat jeden Tag bis Mitternacht gearbeitet.«

Diese Reaktion machte mich sehr betrübt. Sie war eine scharfe Zurückweisung. Aber warum sollten wir dafür bestraft werden, daß wir hart gearbeitet hatten?

»Grameen ist keine echte Bank«, sagte ein anderer Banker. »Die Leute, die für Grameen arbeiten, verhalten sich wie Pfadfinder. Sie arbeiten nicht in einem Büro, sondern gehen von Haus zu Haus und halten sich auch nicht an die Öffnungszeiten der Banken.«

Und ein dritter Banker meinte:

»Grameen erzielt Ergebnisse, die wir nicht erreichen können. Es basiert auf keinem Modell, das wir übernehmen könnten, weil es zu eng an die Person von Professor Yunus gebunden ist. Wir können nicht in jeder Zweigstelle mit einem Yunus aufwarten.«

Ich war zornig. Statt einzugestehen, daß wir eine neue Bankstruktur entwickelt hatten, eine neue Idee, die die traditionelle Arbeitsweise der Banken revolutionieren konnte, versuchten sie um jeden Preis, unsere Erfolge meinen persönlichen Qualitäten und denen meiner Mitarbeiter zuzuschreiben. Dieselben Argumente hatte ich schon zwei Jahre früher vernommen, als wir unseren Versuch im kleinsten Umfang im Dorf Jobra durchführten.

Vieles an unserer Arbeit war in den Augen der Banker ein Alptraum. Wir hatten es mit einer Kundschaft zu tun, deren Betreuung recht aufwendig war. Unser Jahresbericht über Tangail verzeichnete Hunderte von Tätigkeiten, die unsere Kreditnehmer in Angriff genommen hatten, angefangen mit dem Reisschälen über den Handel mit Kupfer, die Herstellung von Senföl, den Anbau von Brotbäumen und die Herstellung von Eis am Stiel bis hin zu Radioreparaturen. Jede dieser Tätigkeiten mußten wir zusammen mit der jeweiligen Darlehenshöhe in eine Liste eintragen.

Herkömmliche Banker leihen einem Unternehmen einmalig und langfristig mehrere Millionen Dollar, weil die Verwaltungskosten für solche langfristigen Großkredite natürlich weit niedriger sind als für viele Tausende kurzfristiger Kleinstkredite.

»Einverstanden«, entgegnete ich und nahm ihre Herausforderung an. »Weshalb erweitern Sie unser Experiment nicht auf eine größere Region? Sie können sich die problematischsten Gegenden aussuchen und dafür sorgen, daß sie so weit voneinander entfernt liegen, daß es mir unmöglich sein wird, überall gleichzeitig anwesend zu sein, so daß mein persönlicher Einfluß stark begrenzt wird.«

Ich nahm ein Blatt Papier und skizzierte einen fünfjährigen Erweiterungsplan des Grameen-Projekts. Gleichzeitig versprach ich ihnen, daß sie dabei nichts riskieren würden, weil ich mir einen internationalen Geldgeber zur Absicherung der Kredite suchen würde.

Sie gingen auf meinen Vorschlag ein, weil unser großer Förderer Mr. Gongopadhaya, stellvertretender Generaldirektor der Zentralbank, bei der Sitzung anwesend war. Wenn sie ihre Entscheidung vernünftig begründen wollten, hatten sie angesichts unserer Ergebnisse in Tangail keinerlei Argument, meinen Vorschlag abzulehnen.

Seit ich an der Universität von Chittagong lehre, habe ich mich stets auf die Unterstützung einer internationalen Organisation verlassen können: auf die Ford Foundation nämlich. Männer wie Lincoln Chen, Stephen Biggs oder Bill Fuller haben unsere Arbeit immer auf unbürokratischem Wege unterstützt.

Damals überprüfte die Ford Foundation unser Projekt gerade, um uns dabei zu helfen, den Widerstand der traditionellen Banker zu überwinden. Adrienne Germain, Vertreterin der Ford Foundation in Bangladesch, ließ zwei amerikanische Banker als Berater einfliegen, um unsere Tätigkeit zu begutachten. Mary Houghton und Ron Grzywinski, beide von der South Shore Bank in Chicago, besuchten uns in Dhaka und vor Ort in den Dörfern, sie zeigten sich sehr beeindruckt von dem, was sie bei Grameen sahen.

»Ich brauche einen Fonds zur freien Verfügung«, erklärte ich Adrienne Ende des Jahres 1981. »Einen Fonds, der mir dazu verhelfen soll, die Probleme zu meistern, mit denen wir täglich konfrontiert werden. Ich möchte den Banken, die unser Erweiterungsprojekt unterstützen, einen Garantiefonds anbieten, damit sie nicht mit der Begründung abspringen können, unser Erweiterungsvorhaben sei zu riskant.«

Aufgrund der Empfehlungen von Mary und Ron willigte die Ford Foundation ein. Ich bat sie, für Grameen 800000 Dollar bereitzustellen, und versicherte ihnen, daß wir – nach unseren bisherigen Erfahrungen zu urteilen – auf diesen Garantiefonds nie zurückgreifen würden. »Allein die Tatsache, daß er existiert«, sagte ich, »wird ausreichen.«

Die Dinge entwickelten sich, wie von mir vorausgesagt. Wir deponierten diesen Fonds auf einem Konto bei einer Londoner Bank und kassierten Zinsen. Angerührt haben wir ihn nie.

Um unsere Kapitalbeschaffungskosten zu reduzieren, handelten wir einen Kredit in Höhe von 3,4 Millionen Dollar mit dem International Fund for Agricultural Development (IFAD, Internationaler Fonds für landwirtschaftliche Entwicklung) mit Sitz in Rom aus. Diesem Betrag sollte als Ergänzung ein Darlehen der Zentralbank in gleicher Höhe gegenüberstehen, damit das Programm von Grameen während der nächsten drei Jahre auf fünf Bezirke ausgedehnt werden konnte.

1982 begannen wir unser Erweiterungsprogramm aufzubauen, das fünf weit voneinander entfernt liegende Bezirke abdeckte: Dhaka im

Zentrum des Landes, Chittagong im Südosten, Rangpur im Nord-osten, Patuakhali im Süden und Tangail im Norden Bangladeschs.

Ende 1981 beliefen sich die von uns ausgezahlten Kredite auf ins-gesamt 13,4 Millionen Dollar. Allein im Jahr darauf verliehen wir wei-tere 10,5 Millionen Dollar.

19. KAPITEL

GEGEN ÜBERKOMMENE FORMEN

Nachdem sich endlich die Erkenntnis durchgesetzt hat, daß man mit Hilfe von Kleinstkrediten die Armut in Bangladesch wirksam bekämpfen kann, hört man folgenden Kommentar immer wieder: »Aber zweifellos kann man damit nur in dem spezifischen kulturellen Umfeld von Bangladesch erfolgreich sein.«

Eine groteske Behauptung: Grameen hat sich im Gegenteil ziemlich abrackern müssen, um in Bangladesch eine entsprechende Gegenkultur aufzubauen. Aus diesem Grunde betrachten uns auch viele Beobachter als Anstifter zu einer Sozialrevolution.

Der Kleinstkredit entspricht nicht nur nicht der herrschenden Kultur unseres Landes, er bewirkt sogar unmittelbar die Abschaffung besonders unmenschlicher Traditionen, wie der Unsitte der Mitgift, der Verheiratung von Minderjährigen oder der Mißhandlung von Frauen. Wir helfen notleidenden Frauen in einer Weise, sich eigene Einkommensquellen zu erschließen und selbst über ihr Leben zu bestimmen, wie dies ohne die Existenz der Grameen-Bank in einer Gesellschaft wie der unseren undenkbar wäre.

Wenn wir in ein neues Dorf kommen, so begegnen uns die konservativen Religionsführer häufig ausgesprochen feindselig. Sie verunsichern die leichtgläubigen Dorfbewohner, indem sie ihnen weismachen, daß eine Frau, die von Grameen ein Darlehen aufnehme, sich in verbotener Weise die Rechte von Männern aneigne. Zur Strafe werde ihr nach ihrem Tod eine Beerdigung nach den Regeln des Islam verweigert werden. Eine furchterregende Perspektive für eine Gläubige, die sich daraufhin sagt: Nicht nur habe ich nichts davon, sondern am Tage meines Todes werde ich noch nicht einmal wie eine Moslema beerdigt. Dann rühre ich wohl besser ihr Geld nicht an.

Aber selbst wenn wir auf heftige religiöse Feindseligkeit stoßen, raten wir unseren Angestellten, jede Provokation zu vermeiden und behutsam und schrittweise vorzugehen. Wenn auch nur eine kleine Handvoll Verzweifelter das von uns angebotene Geld annimmt, sehen die anderen Frauen ganz von selbst, daß der ersten Gruppe von Kreditnehmerinnen nichts Schreckliches zugestoßen ist.

Nachdem der erste Widerstand überwunden ist, ändern sich unserer Erfahrung nach die Dinge sehr schnell. Frauen, die zunächst unser Angebot abgelehnt haben, fragen sich nun, warum sie es nicht annehmen sollen. Und Schritt für Schritt breitet sich diese Haltung im ganzen Dorf aus, und die Feindseligkeit gegen uns schmilzt dahin. Aber in jedem Dorf muß dieser Kampf aufs neue ausgefochten werden.

Die Feindseligkeit der religiösen Führer führt zu den tollsten Gerüchten. 1987 wurde beispielsweise der 35jährigen Maharani Das aus der Küstenregion Patuakhali mitgeteilt, daß Grameen sie zum Christentum zwangsbekehren würde. Sie wurde außerdem von ihren Familienangehörigen wiederholt verprügelt, die sie daran hindern wollten, bei uns Mitglied zu werden. Heutzutage lacht sie darüber und meint: »Diejenigen, die diese finsteren Vorhersagen von sich gegeben haben, beantragen jetzt die Mitgliedschaft bei Grameen.«

Die Mutter und die Großmutter der 20jährigen Kuti Begum aus Faridpur arbeiteten zu einem Hungerlohn in Teilzeit als Hausangestellte. Sie traten der Grameen-Bank bei, obwohl man ihnen mit der Behauptung angst gemacht hatte, daß die Bank sie als Sklavin in den Vorderen Orient verkaufen würde! Mosammat Manikjan Bibi, 35, aus Paipara berichtet: »Die Geldverleiher und die Reichen haben mir gesagt, daß ich eine schlechte Moslema sei, wenn ich Grameen beiträte, und daß die Bank mich auf den Meeresgrund versenken und ich nie zurückkehren würde.« Der 38jährigen Sakina Khatun aus Dariash Mirershorai im Bezirk Chittagong drohte man damit, daß sie keine moslemische Grabstelle erhalte, wenn sie Mitglied bei Grameen werde. Und Manzira Khatun, 38, aus dem Bezirk Rajshahi versuchte man einzureden, man werde sie foltern, wenn sie uns beitrete; danach würden wir ihr eine Nummer auf den Arm tätowieren und sie zur Prostitution zwingen.

Hier eine Aufstellung der häufigsten über Grameen verbreiteten Lügen:

Grameen
- zwingt euch, zum Christentum überzutreten;
- nimmt euch euer Haus und euren Besitz weg;
- fungiert als verdeckter Frauenhändler;
- entführt die Kreditnehmerinnen, die auf Nimmerwiedersehen verschwinden;
- verschwindet mit eurem Geld;
- hat überhaupt nicht vor, euch Geld zu leihen;
- ist die Zweigstelle eines weitverbreiteten Netzes international arbeitender Schmuggler;
- ist eine neue East India Company und Teil einer Verschwörung des Westens mit dem Ziel, uns erneut zu kolonisieren;
- hat einen Direktor, der den Frauen hinterhersteigt, weil böse Absichten ihn umtreiben;
- brandmarkt die Leichen seiner Kreditnehmer mit einem Kreuz (dazu braucht man nur eines der Opfer auszugraben).

Sobald sich derartige Gerüchte zu verbreiten beginnen (und die obige Liste ist keinesfalls vollständig), wird die Situation schnell angespannt. Auf beiden Seiten stellt man sich auf eine kämpferische Auseinandersetzung ein.

Wenn sich eine Frau jedoch in einer verzweifelten Lage befindet, sie nichts mehr zu essen und ihr Mann sie verlassen hat und sie betteln gehen muß, um ihre Kinder ernähren zu können, dann bleibt sie bei ihrem Entschluß, Grameen beizutreten, was immer auch der Mullah dazu sagen mag. In einigen Fällen bleibt ihr nur die Wahl, das Darlehen von Grameen anzunehmen oder zuzusehen, wie ihre Kinder verhungern.

Und diejenigen, die sich vorsichtig abseits halten und sich angesichts der schrecklichen Gerüchte fürchten, stellen bald fest, daß der Manager von Grameen selbst in religiösen Fragen über ein breiteres Wissen verfügt als viele von denen, die ihn bezichtigen, gegen den Islam zu verstoßen.

Wenn unsere Angestellten ernsthaft körperlich bedroht werden, haben sie Anweisung, den Ort zu verlassen. Das folgende Beispiel veranschaulicht die Art unseres Vorgehens und ist für besonders konservative Dörfer typisch:

Eines Tages suchte ein religiöser Führer den Grameen-Manager auf und sagte zu ihm: »Wenn Sie in dieses Dorf kommen, geschieht das auf eigene Gefahr. Wir können weder für Ihre Sicherheit noch für die Ihrer Mitarbeiter garantieren.« Der Manager versuchte noch, vernünftig mit dem religiösen Führer zu reden, doch schließlich verließ er das Dorf. Die möglichen Mitglieder wollten von ihm wissen, was vorgefallen war. Darauf antwortete er ihnen: »Man gab mir zu verstehen, daß ich mein Leben riskiere, wenn ich ins Dorf käme. Wenn Sie daher bei Grameen Mitglied werden wollen, müssen Sie ins Nachbardorf kommen, um dort an unseren Einführungsveranstaltungen teilzunehmen.«

Einige machten sich Tag für Tag ins Nachbardorf auf, um eine Gruppe zu bilden und Grameen beizutreten. Andere Frauen wiederum, denen die positiven Auswirkungen der Arbeit von Grameen in anderen Dörfern aufgefallen waren, suchten wild entschlossen den Mullah auf und versuchten ihn dazu zu bringen, daß er Vernunft annehme:

»Weshalb haben Sie dem Leiter von Grameen gedroht?«

»Wollt ihr denn alle in die Hölle kommen? Wollt ihr das wirklich?«

»Wenn Grameen in unser Dorf gekommen ist, so ist das gut für uns alle.«

»Ihr Armseligen! Das ist eine christliche Organisation!«

»Der Direktor von Grameen ist Moslem, und er kennt den Koran besser als Sie!«

»Grameen will die Regeln des Purdah zerstören. Nur aus diesem Grund sind sie hergekommen.«

»Das stimmt überhaupt nicht. Wir können zu Hause arbeiten, Reis schälen, Matten flechten, Bambushocker herstellen oder ein Rind mästen und dabei unsere Kinder großziehen, ohne je aus dem Haus zu gehen. Die von der Bank kommen direkt zu uns ins Haus. Worin widerspricht das dem Purdah? Der einzige, der hier gegen den Purdah ist, das sind Sie, denn Sie zwingen uns, Kilometer zurückzulegen, um im Nachbardorf nach Hilfe zu suchen. Sie bringen unsere Lebensweise in Gefahr, und nicht etwa Grameen.«

»Geht lieber zum Geldverleiher! Das ist ein guter Moslem.«

»Er nimmt zehn Prozent die Woche!«

»Ihr kommt alle noch in die Hölle!«

»Wenn Sie nicht wollen, daß wir uns von Grameen Geld leihen, dann können Sie selbst uns ja welches leihen.«

»Geht zum Teufel! Wenn ihr verdammt sein wollt, dann geht ruhig zu Grameen. Ich habe getan, was in meiner Macht steht, um euch zu warnen. Leiht euch Geld und seid verdammt!«

Ausgelassen vor Freude eilten die Frauen ins Nachbardorf, um dem Manager von Grameen die gute Nachricht zu überbringen:

»Sie können wieder zurückkommen. Wir haben mit dem religiösen Führer gesprochen; er sagt, er hat nichts dagegen, daß Sie zurückkommen!«

Der Manager dankte ihnen für ihre Beharrlichkeit, antwortete jedoch:

»Ich bin körperlich bedroht worden und werde deshalb nur unter einer Bedingung zurückkehren: Derjenige, der mich bedroht hat, muß mir selbst sagen, daß ich ins Dorf zurückkehren kann. Ich möchte nicht, daß auch nur das geringste Mißverständnis bestehen bleibt und ich oder meine Kollegen einer Gefahr ausgesetzt sind.«

Die Frauen suchten deshalb ihren religiösen Führer noch einmal auf. Und erneut setzten sie ihm zu, ohne ihm auch nur einen Tag Atempause zu gönnen, bis dieser, um des lieben Friedens willen, nachgab und bedauerte, sich in die Angelegenheit eingemischt zu haben. Schließlich suchte er den Vertreter von Grameen in der Zweigstelle im Nachbardorf auf und bat ihn, in sein Dorf zurückzukommen. Er formulierte seine Einladung nicht sonderlich höflich, aber alle hatten sie vernommen, und darauf kam es an. Alle hörten den Mullah sagen:

»Vergessen Sie, was ich vorher gesagt habe. Sie können in unser Dorf zurückkommen. Ich werde dafür sorgen, daß Ihnen nichts geschieht. Die Frauen bestehen darauf, daß Sie zurückkommen, und ich habe nichts dagegen.«

Und wie gewöhnlich zog Grameen langsam und bedächtig ein, ohne irgend jemanden zu drängen oder zu brüskieren. Die Zeit arbeitet für uns.

Der Islam ist kein Hindernis für die Ausrottung der Armut durch den Kleinstkredit. Nichts im Islam spricht dagegen, daß Frauen für ihren Lebensunterhalt aufkommen oder ihre wirtschaftliche Lage verbessern.

1994 besuchte mich die Beraterin des iranischen Staatspräsidenten in Frauenfragen in Dhaka, und als ich sie fragte, was sie von Grameen halte, antwortete sie mir: »In der Scharia oder im Koran steht nichts, was Ihren Unternehmungen widerspräche. Weshalb sollten Frauen arm sein und hungern? Im Gegenteil, Sie leisten eine hervorragende Arbeit. Sie helfen dabei, daß eine ganze Generation von Kindern Zugang zu einer schulischen Ausbildung bekommt. Und dank der Darlehen von Grameen können die Frauen einer Heimarbeit nachgehen und sind nicht mehr gezwungen, in einer Fabrik arbeiten zu gehen.«

Überdies gehört die Grameen-Bank ihren Kreditnehmern. Viele islamische Gelehrte haben uns gesagt, daß die Scharia zwar den Geldverleih gegen Zinsen verbiete, daß dieses Verbot, das die Armen vor dem Wucherzins schützen soll, jedoch nicht auf die Grameen-Bank angewendet werden kann, da unsere Kreditnehmer zugleich die Eigner der Bank sind. Die an Grameen gezahlten Zinsen kommen also über die in ihrem Besitz befindliche Bank ihnen selbst zugute.

Unserer Meinung nach ist eine Konfrontation mit den konservativen religiösen Führern so, als würden wir zwei gegnerischen Lagern angehören, unsinnig. Das würde in einer ohnehin schwierigen Situation nur in eine Sackgasse führen, bei den Menschen Blockaden auslösen und auf beiden Seiten eine Verhärtung der Einstellung bewirken.

Grameen widmet sich im wesentlichen der individuellen wirtschaftlichen Entwicklung, und wer Entwicklung sagt, muß auch Veränderung sagen. Verbessert eine Person ihre Lage, so wird ihr ganzes Leben davon berührt. Diese Veränderung bedeutet nicht etwa den Sieg über einen Menschen, sondern über seinen individuellen Zustand des Elends.

Eine Verbesserung des Lebensstandards ist nichts anderes als eine Veränderung.

Wir ziehen gegen niemanden und auch gegen keine Weltanschauung zu Felde. Das einzige Ziel der Grameen-Bank ist die Befreiung der Menschen vom Joch der Armut und die Vermittlung neuer Hoffnung. Doch während unsere Erfolge im Kampf gegen die Armut allgemein bekannt sind, gibt es noch einen zweiten, häufig verkannten Aspekt unserer Arbeit: die sozialen und politischen Auswirkungen des Kleinstkredits, der die Armen nicht nur vom Hunger, sondern zu-

gleich auch aus der politischen Sklaverei befreit. Die Wahlen vom
12. Juni 1996 in Bangladesch bieten dafür ein gutes Beispiel.

Die Wahlbeteiligung von 1996 betrug 73 Prozent. Wir verfügen
über keine offiziellen Zahlenangaben darüber, wie viele Frauen darunter waren, aber nach den von Grameen im ganzen Land zusammengetragenen Informationen sind in allen Wahlbezirken mehr Frauen zur
Wahl gegangen als Männer.

Die Wahlbeteiligung der Männer war bis dahin stets höher als die
der Frauen gewesen, und so gab es doppelt so viele Wahlkabinen für
Männer als für Frauen. Das Ergebnis war, daß die Frauen für ihre
Stimmabgabe durchschnittlich drei Stunden lang in einer Schlange stehen, die Männer hingegen weniger als eine Stunde warten mußten.

Man brauchte den Frauen nicht erst zu sagen, wem sie ihre Stimme
geben sollten. Die meisten von ihnen litten schwer unter den Konservativen, Patriarchen und religiösen Fundamentalisten, die ihnen Strafen aller Arten androhten für den Fall, daß sie die von ihnen aufgestell-
ten Regeln übertraten.

Dem Zugriff der Geldverleiher zu entkommen, nicht mehr in den
Straßen betteln zu gehen und sich statt dessen von Grameen Geld zu
leihen – dazu braucht man ein hohes Maß an Willen, Disziplin und
Mut. Daher ist es nicht erstaunlich, daß solche Frauen auch den Mut
aufbringen, bei einer Wahl ihre Stimme abzugeben. Der Urnengang
unterstrich lediglich ihre Forderung nach Freiheit und Gerechtigkeit.
Und mehr noch als für einen Kandidaten oder eine politische Partei
entschieden sie sich für ein das Überleben garantierendes Einkommen,
ein Haus, sanitäre Einrichtungen und sauberes Trinkwasser.

In New York bestürmten mich 1995 Spezialisten für Geostrategie, die
wenig Interesse an der Überwindung der Armut zeigten, mit Fragen
nach den Mitteln zur Bekämpfung der islamischen Extremisten. Ich
betonte erneut, daß Grameen gegen niemanden zu Felde zieht, schon
gar nicht gegen islamische Fanatiker.

Statt dessen verwies ich darauf, daß der Kleinstkredit den Armen
einen Zugang zu Geldmitteln ermöglichte, die gewöhnlich den Reichen vorbehalten waren. Dadurch kam das, was bis dahin in der Gesellschaft starr und unveränderbar erschien, plötzlich in Bewegung.

Dank ihres wirtschaftlichen Aufstiegs konnten sich unsere Kreditneh-merinnen von einem ganzen Regelwust befreien, den ihnen religiöse Extremisten auferlegt hatten und von dem sie sich jetzt distanzierten. Wenn mein Publikum mir aufmerksam zuhörte, so deshalb, weil es ihm hauptsächlich darum ging, einer religiösen Bedrohung Einhalt zu gebieten. Aber meiner Meinung nach wird es keine Bedrohung geben, wenn die Armut beseitigt und den Armen ein menschenwürdiges, selbstbestimmtes Leben ermöglicht wird.

Es ist immer wieder erstaunlich, wie geradezu biologisch sanft der Kleinstkredit wirkt. Ebenso wie eine bedeutende Investitionssumme wirft auch ein Bruchteil davon Gewinn ab. Dank des Kleinstkredits als natürlichem Quell wirtschaftlicher Entwicklung sind die Armen in der Lage, ihr Humankapital und ihr Investitionskapital zu vereinigen, um ihre Lebensbedingungen und ihre Umwelt zu verbessern.

Für einige bedeutende westliche Intellektuelle bewegt sich die Welt auf einen Zusammenstoß der Kulturen zu, etwa auf einen Kampf zwi-schen Christentum und Islam. Sie scheinen davon auszugehen, daß derartige Konflikte wegen der Militanz einiger extremistischer Regime unvermeidlich seien.

Bei Grameen sehen wir die Lage etwas anders. Wir gewähren un-sere Kredite moslemischen oder hinduistischen ebenso wie christ-lichen oder buddhistischen Frauen, und in unserer Führungsmann-schaft sind alle religiösen und kulturellen Gruppen vertreten.

Es gibt keinen Grund dafür, warum ein Religions- oder Kulturkrieg ausbrechen sollte, wenn die Armen dank des Mikrokapitals und ihrer persönlichen Initiative ihre Lage verbessern können und auf diese Weise zu unabhängigen, aktiven, bewußten und schöpferischen Men-schen werden. Hoffen wir, daß der Westen als Hort des Kapitalismus aus den Erfahrungen lernt, die wir hier in Bangladesch haben sam-meln können.

Die Auswirkungen des Kleinstkredits sind nicht nur politischer und geostrategischer, sondern auch sozialer Natur:

Die ärmsten Frauen in Bangladesch, die wegen des Purdah zu Hause eingesperrt lebten, gehen inzwischen einer wirtschaftlichen Tätigkeit nach, die es ihnen erlaubt, zu reisen und sich mit anderen Frauen auszutauschen.

In der Polargegend Norwegens sind dank des Kleinstkredits Inseln neu besiedelt worden, auf denen die Frauen ihre Sozialkontakte verloren hatten. In Chicago und in Arkansas können durch den Kleinstkredit Frauen, die in der dritten Generation von Sozialhilfe lebten, nun darauf verzichten. Und in nordamerikanischen Indianerreservaten hat der Kleinstkredit Alkoholikern dabei geholfen, sich von ihrer Sucht zu befreien und zu arbeiten.

Warum sollten wir uns vor diesem Hintergrund also darüber wundern, daß er in Bangladesch den religiösen Fundamentalisten einen Mißerfolg bei den Wahlen eingetragen hat? Der Kleinstkredit ist möglicherweise kein Allheilmittel, aber er ist eine Kraft, die Veränderungen bewirkt – nicht nur wirtschaftliche und individuelle Veränderungen, sondern auch soziale und politische.

20. KAPITEL

WEITERE FEINDE: ÜBERSCHWEMMUNGEN,
HUNGERSNÖTE, STURMFLUTEN, ZYKLONE
UND ANDERE GEISSELN

Bangladesch ist das Land der Naturkatastrophen, und das müssen wir
bei unseren hiesigen Aktivitäten leider berücksichtigen. Aber gleichgültig, unter welcher Art von Unglück – Naturkatastrophe oder persönliche Tragödie – eine unserer Kreditnehmerinnen zu leiden hat, wir halten stets am Prinzip fest, daß sie ihr Darlehen zurückzahlen muß, auch
wenn wir die wöchentlichen Ratenzahlungen auf einen Pfennig zurück-
schrauben müssen. Dadurch wollen wir ihre Selbständigkeit stärken
und sie veranlassen, nicht mutlos den Kopf hängen zu lassen, sondern
ihren eigenen Fähigkeiten zu vertrauen. Erläßt man eine Schuld, so erreicht man das genaue Gegenteil davon und läuft Gefahr, jahrelange
Anstrengungen zunichte zu machen, die darauf gerichtet waren, das
Selbstvertrauen der Kreditnehmerin allmählich aufzubauen.

Wenn Überschwemmung oder Hungersnot ein Dorf dezimieren
und dabei die Ernte oder das Vieh einer Kreditnehmerin vernichten,
gewähren wir ihr sofort ein weiteres Darlehen, damit sie mit ihrer Tätigkeit von neuem beginnen kann. Das alte Darlehen löschen wir nie,
sondern wandeln es in ein langfristiges Darlehen um und fordern, daß
es zurückgezahlt wird, wie lange auch immer dies dauern mag.

Stirbt eine Kreditnehmerin, überweisen wir der Familie so schnell
wie möglich eine Abfindung aus dem zentralen Notfonds (eine Art Le-
bensversicherung für Kreditnehmer). Wir bitten dann die Gruppe
oder das Zentrum, den Kredit der Verstorbenen auf eine Familienan-
gehörige zu übertragen.

Bangladesch wird so häufig von Naturkatastrophen heimgesucht,
daß nicht selten ein und dieselbe Gegend im Laufe eines Jahres mehrmals davon betroffen ist. In einem solchen Fall geht Grameen stets auf
dieselbe Weise vor:

Zuerst einmal werden die Regeln und Arbeitsmethoden der Bank

vorübergehend außer Kraft gesetzt. Der Zweigstellenleiter vor Ort
und das gesamte Personal der Bank müssen sich sofort in die betrof-
fene Gegend begeben, möglichst viele Menschen retten, Schutzunter-
künfte, Medikamente und Nahrungsmittel zur Verfügung stellen sowie
Kindern und Alten helfen.

Dies in die Tat umzusetzen ist wichtig und zugleich sehr schwierig.
Nach einer Katastrophe wie der Sturmflut von 1991, bei der mehr als
150 000 Menschen in der Gegend von Cox's Bazar im Süden von Bangladesch ums Leben kamen, standen die Überlebenden unter Schock
und waren wie paralysiert. Sie hatten zwar um Mitternacht die Warn-
meldungen gehört, ihnen aber kaum mehr Beachtung geschenkt als
den zahlreichen Fehlmeldungen in der Vergangenheit. Die Sturmflut
überraschte den größten Teil der Bevölkerung um zwei Uhr nachts
völlig unvorbereitet. Das galt auch für die Mitarbeiter von Grameen.
Nachdem sie sich vom ersten Schock erholt hatten, machten sie sich
mit einem Boot auf die Suche nach Überlebenden. Überall stießen sie
auf die Leichen von Tieren und Menschen.

Die Überlebenden mußte man regelrecht bei der Hand nehmen
und an einen sicheren Ort bringen. Viele hockten auf dem Boden,
rührten sich nicht vom Fleck und wußten weder ein noch aus. Meistens harrten sie in der Nähe ihrer zerstörten Häuser aus, voller Angst,
daß Plünderer kommen und ihnen noch das Letzte wegnehmen würden, was sie besaßen. In den Stunden nach einer solchen Katastrophe
steigt meistens die Zahl der Toten weiter an, weil die traumatisierten
Überlebenden nicht in der Lage sind, sofort für Unterkünfte und Ver-
pflegung zu sorgen.

Das zweite, was die Angestellten der Grameen-Bank tun, ist, unsere
Mitglieder in ihren Häusern aufzusuchen und ihre Zuversicht wiederherzustellen, indem man ihnen zeigt, daß die Bank und andere Mitglieder ihnen zu Hilfe kommen. Danach finden wir heraus, was die Kata-
strophenopfer brauchen, um von neuem anfangen zu können, und
erledigen, was notwendig ist, um es ihnen zu geben.

Wir verteilen eine Notverpflegung sowie Trinkwasser und eine
Salzlösung gegen Dehydration und Durchfall an die Betroffenen;
außerdem Notsaaten für eine neue Aussaat, Geld für den Kauf von
neuem Vieh und neuen Ausrüstungsgegenständen.

In derartigen Fällen ist die Bedeutung eines neuen Darlehens vor allem psychologischer Natur. Gewiß geben wir unseren Mitgliedern die nötige Zeit, um über den Verlust ihrer Nächsten zu trauern, die ertrunken sind, doch wir möchten vermeiden, daß sie in Apathie, Lethargie und Verzweiflung verfallen. Wir wollen, daß sie wieder beginnen, neuen Lebensmut zu fassen, und wieder aufbauen, was sie verloren haben. Da nationale wie internationale Hilfe normalerweise sehr spät kommen und häufig nicht auf die bestehenden Bedürfnisse zugeschnitten sind, liegt der einzige Ausweg aus Schmerz und Niedergeschlagenheit im Wiederaufbau.

Es ist schon vorgekommen, daß unsere Kreditnehmer drei- oder viermal in einem Jahr Opfer einer solchen Katastrophe geworden sind. Trotzdem bieten die Angestellten von Grameen den Opfern neue Notkredite an, um ihnen die Chance zu geben, ein viertes oder fünftes Mal neu anzufangen. Ich schätze den Anteil unserer Sonderdarlehen, der an die Opfer von Naturkatastrophen fließt, auf etwa fünf Prozent.

Eine andere Lösung gibt es nicht, weder für sie, noch für eine Bank, der es ernst damit ist, ihnen zu helfen.

Die dritte Maßnahme, die Grameen ergreift, besteht in der Streckung der alten Darlehen auf eine ausreichend lange Zeitspanne. Das örtliche Zentrum besitzt die Vollmacht, im Rahmen einer Sondersitzung über eine Verlängerung der Rückzahlungsfrist zu entscheiden, die man Katastrophenopfern einräumt, damit sie ihr Darlehen zurückzahlen können.

Schließlich erarbeiten wir langfristige Pläne zur Erhöhung der Sicherheit in der Region, insbesondere durch den Bau von Schutzunterkünften und indem wir unsere Mitglieder und ihre Kinder darüber informieren, wann und wie sie diese Unterkünfte aufsuchen müssen.

Dies alles sind Situationen, mit denen wir gelernt haben umzugehen, was sich auch daran erkennen läßt, daß ein Großteil unserer Zweigstellen entlang der Küste nunmehr in Stahlbeton gebaut und mit weitläufigen Schutzräumen als Zuflucht vor Wirbelstürmen und Sturmfluten ausgerüstet wird.

Inzwischen wird immer wieder dasselbe Lied mit dem Refrain angestimmt, unsere Lage sei verzweifelt und wir könnten nur mit Hilfe der internationalen Gemeinschaft überleben. Wollte unsere jeweilige

Regierung in den vergangenen Jahren diese Hilfe erhalten, so bestand eine ihrer Methoden darin, diese Naturkatastrophen entsprechend herauszustellen.

Doch die von den bisherigen Regierungen initiierten Hilfsprogramme erwiesen sich als kontraproduktiv. Denn wenn eine Regierung zinsverbilligte oder zinslose Kredite anbietet und zugleich die Zinssätze der Banken für die Armen geißelt, so ist es unmöglich, ein sich selbst tragendes Kleinstkredit-Programm aufzulegen. Unabhängige Einrichtungen wie die unsere haben dann die größte Mühe, ihre Aktivitäten fortzusetzen und ihre Leistungen auf einem ausreichenden Rentabilitätsniveau zu halten, einem Niveau, unterhalb dessen sie nicht mehr existieren können.

Wenn die Regierung einen Schuldenerlaß für die von den nationalen Banken gewährten Darlehen einräumt, so entsteht dadurch eine fast unhaltbare Situation für die Kleinstkredit-Programme, da es uns unter solchen Umständen nur unter größten Mühen gelingt, unsere Außenstände einzutreiben.

Hier ist Pramilas Geschichte. Während des Befreiungskrieges wurde ihr Haus zweimal von der pakistanischen Armee in Brand gesetzt, zum erstenmal im Juni und zum zweitenmal im Oktober 1971. Dreizehn Jahre später trat sie Grameen bei. Zwei Jahre darauf lieferte man sie wegen einer Darmentzündung ins Krankenhaus von Tangail ein. Dort teilte man ihr mit, sie müsse operiert werden und dürfe nach der Operation ein bis zwei Jahre lang nicht mehr arbeiten. Die anderen Gruppenmitglieder rieten ihr, ein Darlehen aus Mitteln der Gruppe aufzunehmen, um die Kosten für die Operation zahlen zu können. Aber es war nicht genug Geld vorhanden, so daß sie ihre Kuh und ihren Lebensmittelladen verkaufen mußte.

Sie erhielt ein neues Darlehen, von dem sie sich Milchkühe kaufte. Als diese an einer unbekannten Krankheit verendeten, ging sie zu ihrer wöchentlichen Gruppenversammlung und lieh sich die bescheidene Summe von 60 Dollar aus Mitteln der Gruppe, um sich wieder eine neue Kuh zuzulegen.

Während der Überschwemmungen von 1988 wurde das Dorf Chhabbisha von den Wassermassen überflutet und ihr Haus zerstört.

Ihre komplette Ernte wurde vernichtet. Grameen setzte wegen einer Epidemie im Dorf die wöchentlichen Versammlungen drei Wochen lang aus. Das Bankpersonal teilte jeden Tag Tabletten für die Desinfektion des Wassers aus und gab den Mitgliedern Ratschläge fürs Überleben. Aus einem Nothilfefonds des Zentrums erhielt Pramila 40 Kilogramm Weizen sowie Gemüsesaaten, die sie zum Selbstkostenpreis erstand. Drei Wochen später, als sich die Lage im Dorf wieder normalisiert hatte, öffnete sie von neuem ihren Laden.

1992 setzte eine Petroleumlampe ihr Haus in Brand. Obwohl alle Nachbarn und andere Leute im Dorf das Feuer einzudämmen versuchten, griffen die Flammen um sich, und sie verlor ihren Lagerbestand, ihre Nahrungsmittelvorräte, ihren Laden und ihre beiden Kühe. Sie hatte nur die Kleider retten können, die sie und ihr Mann auf dem Leib trugen.

Die Angestellten von Grameen suchten sie am nächsten Tag auf und beriefen eine außerordentliche Versammlung ein, während der sie ihr ein Darlehen vorschlugen, das aus dem Hilfsfonds der Gruppe kommen sollte. Sie zog jedoch ein saisonbedingtes Darlehen vor sowie ein Darlehen aus dem Gruppenfonds. Von einem Teil eröffnete sie wieder einen kleinen Laden, vom Rest kaufte sie Dünger für ihre bewässerten Felder. Mit Hilfe ihrer drei erwachsenen Söhne begann sie, das Darlehen zurückzuzahlen. Drei Monate darauf gewährte Grameen ihr einen Wohnungsbaukredit, mit dem sie sich ein neues Haus bauen konnte.

Inzwischen hat sie ihr zwölftes Darlehen erhalten. Sie besitzt und pachtet genug Ackerland, um einen nach Abzug des Eigenbedarfs verbleibenden Überschuß von zehn Maunds (etwa 370 Kilogramm) Reis pro Jahr zu verkaufen.

21. KAPITEL

AUSBILDUNG DES PERSONALS BEI GRAMEEN

Unser Erfolg läßt sich zum großen Teil mit der harten Arbeit und dem Engagement unserer Mitarbeiter erklären. Wir stellen fast ausnahmslos junge Leute ohne jegliche berufliche Erfahrung ein. Wenn die Bewerber nämlich bereits in einem anderen Umfeld feste Arbeitsgewohnheiten angenommen haben, fällt es ihnen in aller Regel schwer zu verstehen, was man bei Grameen von ihnen erwartet.

Grameen hat es sich zum Prinzip gemacht, kein Personal von anderen Banken oder Einrichtungen abzuwerben. Denn wer nicht bei uns angefangen hat, der besitzt unserer Bank gegenüber nicht dieselbe Einstellung wie jene, die sich bei uns hochgearbeitet haben. Wir glauben daran, daß wir die Motivation und den Einsatz unserer Angestellten fördern, indem wir ihnen berufliche Aufstiegsmöglichkeiten eröffnen. Ohne Grameen hätten sie nämlich nie die Möglichkeit gehabt, in Führungspositionen zu gelangen.

Würden wir »Spezialisten« einstellen, so könnte man darauf wetten, daß sie immer dieselben Fragen stellen, ständig dieselben Werkzeuge benutzen und stets zu denselben Schlußfolgerungen wie in der Vergangenheit kommen würden, selbst wenn sie diese nun anders formulierten. Alte Spezialisten, die sich eine neue Sprechweise aneignen, um sich einer neuen Unternehmensstruktur anzupassen, sind der sicherste Weg in die Katastrophe. Aus diesem Grund stellen wir nur Menschen ein, die noch nie zuvor in einer klassischen Bank gearbeitet haben – denn andernfalls würde es uns zuviel Zeit kosten, sie mit den unkonventionellen Methoden von Grameen vertraut zu machen.

Braucht man fünf Personen, um eine Zweigstelle zu betreiben, so empfehle ich immer, zehn Personen anzuwerben und dann allmählich jene fünf auszusortieren, die es nicht schaffen werden.

Die Arbeit in einer Bank für die Armen ist ein hochspezialisierter

Job und muß als solcher erkannt werden. Dies trifft sowohl für die Planung und Konzepterstellung als auch für den Aufbau und die Pflege der persönlichen Kontakte vor Ort zu. Wenn man anerkennt, daß eine Bank für die Armen einen völlig neuen Typ Institution darstellt, ist es nur logisch, auch nach einem neuen Typ Mitarbeiter zu suchen.

Was unterscheidet einen Angestellten oder den Leiter einer Zweigstelle bei Grameen von anderen jungen Leuten, außer seiner erklärten Bereitschaft, unter außerordentlich schwierigen Bedingungen zu arbeiten?

Ein Teil der Antwort ist in unserem Training zu finden. Unsere Ausbildung ist sehr einfach, dafür aber rigoros. Sie ist einfach, weil sie im wesentlichen auf einer autodidaktischen Methode beruht. Es müssen keine umfangreichen Dokumente oder Handbücher studiert werden. Der Aufenthalt vor Ort bringt den jungen Leuten viel mehr über das Leben bei als alle Bücher der Welt.

Um eine Stelle als Bankmanager kann sich bei uns bewerben, wer ein Universitätsdiplom, gleich welcher Fachrichtung, mit der Mindestnote gut in allen Prüfungsfächern in der Tasche hat und nicht älter als 27 Jahre ist.

Wir inserieren in den landesweit verbreiteten Tageszeitungen und erhalten jede Menge Bewerbungen. Eigentlich bedauern wir immer, daß wir nicht über die notwendigen Einrichtungen verfügen, um alle aufzunehmen. Die Hälfte derjenigen, die uns schreiben, würde sich bei Grameen zu ausgezeichneten Bankmanagern entwickeln. Doch da unsere Ausbildungskapazitäten begrenzt sind, laden wir die Kandidaten zu Vorstellungsgesprächen ein und wählen eine begrenzte Anzahl von Bewerbern sorgfältig aus.

Die von uns für geeignet befundenen Anwärter müssen sich mit unserem Ausbildungsinstitut in Verbindung setzen. Dort klärt man sie zwei Tage lang über den Ablauf ihrer Ausbildung auf. Dann werden sie vor Ort geschickt. Jeder wird für sechs Monate einer bestimmten Zweigstelle zugeordnet. Vor ihrer Abreise sagt man ihnen im Institut: »Beobachten Sie alles aufmerksam. Am Ende Ihrer Ausbildung müssen Sie Ihre eigene Grameen-Zweigstelle eröffnen, die in jeder Hinsicht jene übertreffen muß, bei der Sie Ihr sechsmonatiges Praktikum gemacht haben.«

Auf diese Weise lernen die Trainees Grameen kennen, indem sie beobachten, wie andere eine Zweigstelle führen. In dieser Zeit erwartet man von ihnen, daß sie Kritik äußern, Veränderungs- oder Verbesserungsvorschläge formulieren und diese ihren Kollegen unterbreiten, wenn sie sich in unserem Trainingsinstitut in unserer Zentrale in Dhaka treffen. Sie müssen die anderen davon überzeugen, daß die Leistungsfähigkeit von Grameen gesteigert werden kann, wenn man ihre Vorschläge übernimmt.

Während dieser sechs Monate versammeln sich die Trainees außerdem dreimal nach jeweils zwei Monaten im Ausbildungsinstitut. Im Laufe dieser einwöchigen Treffen müssen sie ihre Fähigkeiten unter Beweis stellen, indem sie komplizierte Abläufe analysieren, neue Regeln und Methoden vorschlagen und ihre Kollegen davon überzeugen, daß unsere Arbeit dadurch effizienter gestaltet werden kann. Bestimmte Probleme werden kontrovers diskutiert, aber nicht gelöst. Die Trainees müssen danach in ihre Zweigstellen zurückkehren, um Lösungen für jene Probleme zu finden, die sie selbst aufgeworfen haben.

Während dieses halben Jahres wird der junge Mensch, der frisch von der Universität kommt, erstmals in seinem Leben unmittelbar mit der Wirklichkeit von Bangladesch konfrontiert. Niemand hat ihm je zuvor eine solche Ausbildung angeboten. Zuerst wird er sich fragen, womit er sich überhaupt beschäftigt. Er bedauert vielleicht, diese Beschäftigung bei Grameen angenommen zu haben. Dann stellt er fest, daß alle anderen, zu denen möglicherweise auch Absolventen seiner eigenen Universität gehören, ihre Arbeit sehr ernst nehmen. Vor allem aber bemerkt er, daß diese Arbeit zu konkreten Ergebnissen führt. Das, was er sieht, motiviert ihn. Es geht nicht um eine Veränderung in einer fernen Zukunft, sondern alles passiert hier und jetzt vor seinen Augen, und das verstärkt seine Lust, selbst ein aktiver Teil der Veränderung zu werden.

Wenn unsere Trainees nach zwei Monaten vor Ort für eine Woche zum Hauptsitz zurückkommen, so bringen sie immer einen frischen Wind mit ins Haus. Sie haben uns viele interessante Beobachtungen mitzuteilen.

Während wir von der alten Garde uns vor lauter Stolz auf die er-

reiche Arbeit in Selbstzufriedenheit ergehen, haben die Trainees, die
unmittelbar von der Basisarbeit auf dem Land kommen, schlimme
Nachrichten für uns. Sie berichten, daß unsere sakrosankten Regeln
ständig verletzt werden. Alles, was nach unseren Vorstellungen perfekt
organisiert sein müßte, scheint im Chaos zu versinken. Sie entwickeln
umfangreiche Konzepte, um unsere Arbeitsweise zu reformieren, und
schlagen schreckliche Strafen für jene vor, die unsere Regeln mißach-
ten. Und wir Methusaleme an der Spitze der Hierarchie greifen nach
unseren letzten Berichten, unseren neuesten Trendanalysen und nach
allem anderen, was wir in die Finger bekommen können, und halten
uns bereit, das Sperrfeuer der Kritik über uns ergehen zu lassen und
unsere Gegenargumente zu nennen.

In der von uns angeregten offenen Debatte wird vieles an der von
den Trainees vorgebrachten Kritik entschärft. Aber es ist dennoch
einiges Wahres an dem, was sie vorgetragen haben.

Obwohl wir möglicherweise nicht mehr ganz so alarmiert sind, lei-
ten wir all diese Informationen an unsere Abteilung für Analyse und
Auswertung weiter, damit sie diese Probleme im Auge behält und von
Zeit zu Zeit die notwendigen Kontrollen durchführt.

Wir lassen nicht nur unterschiedliche Meinungen und Vorgehens-
weisen zu, sondern wir fördern sie sogar. Innovation kann nur in einer
Atmosphäre der Toleranz, der Mannigfaltigkeit und der Neugier entstehen. In einer erstarrten Umgebung bleibt kein Platz für Kreativität.

Zu den Dingen, die von unseren jungen Managern bei ihrer Pro-
jektarbeit ausprobiert wurden und die wir bei Grameen inzwischen
landesweit übernommen haben, gehören:

1. eine alljährliche Sportveranstaltung, die von jeder Zweigstelle
   für die Kinder der Mitglieder organisiert wird,
2. ein jährliches Stiftungsfest jeder Zweigstelle und
3. Gymnastikübungen.

Anfangs gab es viele bei uns, die der Meinung waren, daß diese Art
Gymnastikübungen bei unseren Mitgliedern sehr schlecht ankommen
würde. Aber wir stellten fest, daß wir unsere männlichen Mitglieder
jede Woche freiwillig im Freien trafen, um etwas Gymnastik zu treiben
und mit den Mitgliedern aus den anderen Zentren und Zweigstellen zu
paradieren, denn das stärkt ihr Gefühl für Selbstdisziplin und ihren

Willen, sich aus der Armut zu befreien. Aus diesem Grund haben wir
diese Praxis in abgewandelter Form für die ganze Bank übernommen.

Im allgemeinen legen die jungen Männer und Frauen aus Bangladesch ein großes Maß an sozialer Verantwortung an den Tag. Die Studenten waren schon immer die Speerspitze der sozialen und politischen
Bewegungen. In unserem nationalen Befreiungskrieg sind sie an vor-
derster Front zu finden gewesen, und auch heute noch sind sie bereit,
für die nationale Sache beträchtliche persönliche Opfer zu bringen.

Im Gegensatz zur Belegschaft anderer Banken sind unsere Mitarbeiter
in erster Linie Lehrer. Lehrer sind sie insofern, als sie den Kreditnehmern dabei helfen, ihre verborgenen Fähigkeiten zu entfalten, ihre
Stärken zu entdecken, ihren Horizont zu erweitern und ihre Potentiale
mehr als je zuvor zu entwickeln. Unseren Mitarbeitern wird die Gelegenheit geboten, ihr gesamtes Wissen, ihre Phantasie und ihre Erfahrung einzusetzen, um wahre Lehrer zu werden. Die Tätigkeit als
Zweigstellenleiter ist für sie persönliches Abenteuer und Herausforderung zugleich.

Ich bin Lehrer aus Neigung. Zahlreiche leitende Angestellte bei
Grameen sind ehemalige Studenten von mir aus der Universität Chittagong, und ich freue mich, daß sie eher ihren Professor als ihren Vorgesetzten in mir sehen. Einem Vorgesetzten gegenüber muß man die
Form wahren, wohingegen man zu seinem Lehrer eine eher geistig-
intellektuelle Beziehung hat. Mit seinem Professor kann man offen
über seine Probleme und Schwächen reden. Man kann ihm seine Fehler eingestehen, ohne Gefahr zu laufen, bestraft zu werden.

Ein Beamter braucht ein Büro, Papiere, ein Telefon, wenn er ein Beamter bleiben will. Ohne seine Requisiten fühlt er sich meist verloren.
Einem Angestellten bei Grameen kann man dieses ganze Zubehör
wegnehmen, und doch bleibt er in seiner Seele ein Lehrer.

Im Unterschied zu unseren Managern besitzen unsere übrigen Angestellten keine Universitätsdiplome. Sie haben lediglich eine zweijährige
College-Ausbildung mit gutem Abschlußzeugnis absolviert. Gingen sie
in den Verwaltungsdienst, so würden sie auf unterster Ebene arbeiten
müssen.

Jedes Jahr treffen aus deren Reihen Tausende von Bewerbungen bei uns ein, aber wir können im Durchschnitt leider nur einen von zehn Kandidaten nehmen. Dies bedauere ich, denn nach meinem Eindruck gäben 75 Prozent all jener, mit denen wir ein Bewerbungsgespräch führen, gute Bankangestellte ab. Ein Jammer, daß wir nicht allen eine befriedigende Arbeit anbieten können! Viele unter ihnen suchen dringend eine Arbeit, und die Arbeitssuche in Bangladesch kann ein teurer und brutaler Hindernislauf sein.

Fast alle Firmen verlangen von einem Bewerber eine Vorauszahlung, die nicht erstattet wird. Manche unseriösen Firmen geben nur deshalb Stellenanzeigen auf, um das Geld von den Bewerbern kassieren zu können. In Bangladesch beträgt die ihnen abverlangte Summe das Zwei- bis Zwanzigfache des zu erwartenden Monatsverdienstes. Es kann sogar vorkommen, daß der Kandidat eine bestimmte Frau heiraten muß, um eine Stelle zu bekommen.

Bei Grameen kann ein Bewerber davon ausgehen, eine Stelle ohne finanzielle Eigenleistungen zu erhalten. Wir suchen unsere Kandidaten zu deren Verblüffung ausschließlich nach ihren Verdiensten aus. Wir verlangen weder einen Unkostenbeitrag noch eine Vorauszahlung von ihnen.

Beinahe alle Bewerber (85 Prozent der jungen Männer, 97 Prozent der jungen Frauen), die zu einem Vorstellungsgespräch bei uns eingeladen werden, kommen zum erstenmal in ihrem Leben nach Dhaka. Um die Reisekosten bezahlen zu können, müssen die Eltern vieler Kandidaten Teile ihrer Ernte verkaufen, ungeschlagene Bäume, Kühe, Ziegen, Kleinkram, oder sie müssen sich Geld leihen, häufig genug von Wucherern.

Mehr als die Hälfte unserer Bewerber trifft am Tag des Vorstellungsgesprächs in Dhaka ein, denn sie kennen niemanden, bei dem sie übernachten könnten, und eine Nacht in einer Pension, geschweige in einem Hotel, können sie sich nicht leisten. Etwa ein Viertel von ihnen übernachtet im Bahnhofswartesaal, weil sie für die Rückreise auf den Frühzug am nächsten Morgen warten müssen.

Fast alle, die sich vorstellen, sind wertvolle Menschen, die die traditionellen Werte hochhalten. Die meisten beten fünfmal am Tag, wie man es von einem Moslem erwartet.

Die Arbeit für die Bank ist hart, aber diejenigen, die wir auswählen, arbeiten gern für uns, weil sie dadurch Sicherheit, Ansehen, Selbstbewußtsein und die Chance erhalten, die Karriereleiter hinaufzusteigen – entweder bei uns oder woanders, wenn sie uns eines Tages verlassen.

Die Karriereaussichten eines ehemaligen Grameen-Mitarbeiters sind ausgezeichnet. Aber obwohl die Gehälter bei Grameen denen eines Beamten auf einem vergleichbaren Posten entsprechen, fühlen sich unsere Angestellten nur selten von den höheren Gehältern angesprochen, die andere Banken zu zahlen bereit sind.

Dies ist der typische Tagesablauf eines Angestellten bei Grameen, einer von 12 000 Personen, die wir inzwischen beschäftigen:

Name: Akhtar.

Alter: 27 Jahre.

Monatsgehalt: 2200 Taka, einschließlich des Mietzuschusses, der Vergütung für ärztliche Betreuung und des Fahrtkostenzuschusses.

Urlaub: zwei bezahlte Monate.

6 Uhr: Aufstehen, Waschen, Gebet, Frühstück.

7 Uhr: Akhtar packt seine Unterlagen ein, nimmt seinen Beutel, schwingt sich auf sein Fahrrad und radelt zur Zweigstelle.

7 Uhr 30: 40 Kreditnehmerinnen warten auf Akhtar. Sie sitzen in der Bambushütte, die sie selbst gebaut haben.

Die Kreditnehmerinnen haben in acht Reihen Platz genommen, jede bei den eigenen Gruppenmitgliedern. Jede Gruppensprecherin hat die Sparbücher aller Gruppenmitglieder dabei, auch das eigene. Die Versammlung beginnt mit Gymnastikübungen.

Akhtar nimmt die Ratenzahlungen der Kreditnehmer und die Einzahlungen auf die Sparbücher der Gruppenmitglieder entgegen.

9 Uhr 30: Akhtar radelt zu einem anderen Zentrum und zu einer zweiten Versammlung. Im Laufe einer Woche hat er zehn Zentren besucht. Dabei begegnet er 400 Kreditnehmern, für die er verantwortlich ist, und er kassiert die Zahlungen, entsprechend den verschiedenen Darlehensformen (allgemeines, saisonales oder Wohnungsbaudarlehen), sowie die Einzahlungen auf das Sparbuch.

11 Uhr: Akhtar besucht einzelne Mitglieder und gibt ihnen Ratschläge. Bei solchen Besuchen kann er sich über die Wünsche und die

Probleme der Kreditnehmer informieren. Dies ist ein wichtiger Aspekt seiner Arbeit, die auch seine Talente als Lehrer fordert.

12 Uhr: Rückkehr zur Zweigstelle. Akhtar füllt sämtliche Formulare für die Buchhaltung aus und erledigt die notwendigen Eintragungen ins große Buch.

Ist der Zweigstellenleiter mit seiner Arbeit zufrieden, so kann Akhtar über seine Zeit frei verfügen. Allerdings erst dann, wenn alles richtig übertragen wurde, denn selbst eine Abweichung um auch nur einen Taka wird nicht toleriert.

13.30 bis 14 Uhr: Mittagessen und Tee mit den Kollegen.

14 Uhr: Die während des Vormittags eingenommenen Gelder werden in Form neuer Kredite ausgegeben. Die Angestellten helfen dem Zweigstellenleiter bei seiner Aufgabe.

15 Uhr: Akhtar und seine Kollegen verzeichnen alle Informationen über die gerade ausgezahlten Darlehen in den Büchern.

16 Uhr 30: Akhtar trinkt Tee und unterhält sich mit den Kollegen.

17 bis 18 Uhr 30: Er besucht ein Zentrum, in dem Schwierigkeiten mit gewissen Darlehen aufgetaucht sind, oder organisiert eine Unterrichtsstunde für die Kinder.

19 Uhr: Rückkehr ins Büro, wo er noch Schreibarbeiten erledigt; anschließend Fahrt nach Hause.

So sieht das Leben eines Angestellten bei Grameen aus. Der Sitz in Dhaka ist lediglich unser Verwaltungszentrum. Das wirkliche Leben läuft vor Ort ab, auf dem Land.

22. KAPITEL

GRAMEEN ALS EIGENSTÄNDIGER
GESCHÄFTSBEREICH (1982/83)

In Bangladesch leben 120 Millionen Einwohner, aber nur eine Handvoll Menschen, von denen sich die meisten übrigens bereits im College
oder an der Universität begegnet sind, besitzt die Macht. Diese an sich
beklagenswerte Tatsache hat es Grameen allerdings ermöglicht, gewaltige bürokratische Hindernisse zu überwinden.

Als ich in den Vereinigten Staaten studierte, war A.M.A. Muhith als
Gesandter an der Botschaft Pakistans in Washington tätig. Während
des Befreiungskrieges übten wir auf die amerikanische Regierung
Druck aus, um ihre Unterstützung zu erlangen. Bei dieser Gelegenheit
lernte ich ihn näher kennen.

Ein Jahrzehnt darauf wurde er wider Erwarten zum Finanzminister
Bangladeschs ernannt. Diesem glücklichen Umstand ist eigentlich die
Gründung der Grameen-Bank als unabhängige Institution zu ver-
danken.

Erst 1982 sahen wir uns in der Akademie für ländliche Entwicklung
in Comilla wieder, in der ich die künftigen Möglichkeiten des Grameen-Projekts skizzieren sollte. Gerade als wir uns im Vortragssaal
versammelten, erfuhren wir vom Putsch des Stabschefs General Ershad, der die Zivilregierung gestürzt und die Macht durch einen Staats-
streich übernommen hatte. Das Kriegsrecht war ausgerufen und die
Verbindungen waren unterbrochen worden. A.M.A. Muhith und ich
verbrachten mit den anderen Delegierten den ganzen Tag in der Cafe-
teria der Akademie. Da Versammlungen jeder Art verboten waren,
ergriffen wir die Gelegenheit beim Schopf und tauschten ausführlich
unsere Erfahrungen aus.

A.M.A. Muhith war zu einem begeisterten Anhänger von Grameen geworden, als er noch Beamter war. Er hatte sich sogar mit dem

Gedanken getragen, in Eigeninitiative ein Grameen-Programm in seinem Dorf auf die Beine zu stellen. An diesem Tag also teilte ich ihm meine Pläne mit und legte ihm dar, daß ich Grameen zu einer unabhängigen Bankeinrichtung umgestalten wolle, bei den Beamten und der Verwaltung der Zentralbank jedoch auf großen Widerstand stieße. Gegen Ende des Tages stellte die Armee die allgemeine Bewegungsfreiheit wieder her, und wir konnten nach Dhaka zurückkehren.

An einem der folgenden Tage wurde Muhith zum Finanzminister ernannt, und es sollte sich herausstellen, daß mein »verlorener Tag« in der Akademie eine entscheidende Bedeutung für die weitere Entwicklung der Grameen-Bank haben sollte.

Einige Monate später traf ich ihn wieder und bat ihn, uns zu helfen. Kurz darauf rief er mich an, um mir mitzuteilen:

»Yunus, bei der nächsten monatlichen Versammlung des Zentralbankrats will ich mich dafür stark machen, daß Grameen einen neuen Rang erhält.«

»Stellen Sie sich auf starken Widerstand ein«, meinte ich.

»Ich rechne damit, aber ich werde diesen Punkt auf die Tagesordnung setzen lassen.«

Er tat es und erntete den heftigen Widerspruch der Chief Executives aller staatlichen Banken. Keinem gefiel der Gedanke, Grameen als unabhängige Bank zu sehen.

Zwei Monate später organisierte Muhith erneut eine Versammlung der sieben Banken, mit deren Filialen wir das Grameen-Projekt durchgeführt hatten. Wieder einmal warf er die Frage nach der Zukunft von Grameen auf. Abermals waren sich alle darin einig, daß Grameen eine hervorragende Arbeit leiste, es aber verheerend wäre, würde man eine unabhängige Bank daraus machen.

»Yunus müßte erhebliche Verwaltungskosten in Kauf nehmen, die er derzeit auf uns abwälzen kann«, meinte einer der leitenden Direktoren. »Er weiß gar nicht, wieviel Zeit und Geld eine solche Bank für die Armen kostet.«

Ein anderer wandte sich direkt an mich: »Sie könnten in unserer Bank eine Abteilung einrichten und darüber aktiv werden. Wäre das für Sie nicht viel praktischer?«

»Nein«, antwortete ich, »dann müßte ich mich an Ihre Arbeitsmethoden halten, und in Tangail haben wir festgestellt, daß dies extrem schwierig, ja, geradezu unmöglich ist.«

»Ihr Personal wird Sie betrügen«, warf ein dritter ein. »Sie wissen nicht, wie man interne Kontrollen durchführt. Sie sind kein Banker. Sie haben nie eine Bank geleitet. Sie sind Professor.«

Zum Glück für uns war der Staatssekretär im Finanzministerium, Mr. Syeduzzaman, ebenfalls ein Anhänger von Grameen. Muhith versicherte sich seiner Unterstützung und ließ meinen Antrag direkt dem Präsidenten unterbreiten, dem ich nie begegnet war. Als Militärdiktator fehlte ihm jegliche politische Legitimation, und vielleicht erkannte er, daß Grameen ihm dazu verhelfen konnte, an politischem Ansehen zu gewinnen, wenn er eine Bank für die Armen schuf. Jedenfalls wirkte sich dies zu unseren Gunsten aus. Muhith wußte genau, wie und wann er ihm den Antrag unterbreiten mußte, und gewiß stellte er die Angelegenheit in einem sehr günstigen Licht dar, denn der Präsident stimmte unserem Antrag zu.

Hat man erst einmal den Segen des Präsidenten, so ist die Eingabe eines Antrags in der Kabinettsversammlung nur noch eine reine Formalität. Die Minister stimmten dem Antrag ohne jeden Einwand zu, und der Finanzminister wurde beauftragt, diese Entscheidung in die Tat umzusetzen.

Nach meiner Vorstellung sollte die Grameen-Bank zu 100 Prozent ihren Kreditnehmern gehören. Das hatte ich in all meinen Vorträgen gesagt. Aber Muhith gab mir zu verstehen, daß mein Antrag eine größere Aussicht auf Erfolg hätte, wenn ich der Regierung einen Teil des Aktienpakets überlassen würde.

Er bat mich, einen Vorschlag für die rechtliche Organisationsform der neuen Bank einzureichen.

Ich nahm Kontakt mit Dr. Kamal Hossain auf. Als ehemaliger Außenminister Bangladeschs war er einer der engsten Mitarbeiter unseres ersten Staatspräsidenten Scheich Mujibur Rahman gewesen, als dieser nach seinem großen Sieg in Ost-Pakistan über die politische Zukunft Pakistans verhandelte. Als Bangladesch in die Unabhängigkeit entlassen wurde, gehörte Dr. Hossain zu den wichtigsten Urhebern der neuen Verfassung.

Mein Mitarbeiter und ehemaliger Student Muzammel kannte

Dr. Hossain sehr gut. Er war es gewesen, der mich gedrängt hatte, Dr. Kamal Hossain um Hilfe zu bitten, und es gelang ihm, ihn für unsere Schwierigkeiten zu interessieren. Muzammel hatte in Oxford studiert, als Dr. Hossain dort als Gastdozent lehrte; aus dieser Zeit kannten sie sich.

Dr. Hossain, der sich als überzeugter Anhänger von Grameen entpuppte, willigte ein, an der Ausarbeitung unserer Satzung mitzuwirken. Seiner Ansicht nach sollten wir der Regierung eine Beteiligung von 40 Prozent anbieten, wodurch unseren Kreditnehmern noch 60 Prozent blieben. Ohne große Begeisterung stimmte ich zu. Wir diskutierten unzählige Entwürfe bis ins kleinste Detail, sprachen erschöpfend über jeden Paragraphen, jede Zeile, jedes Wort. Schließlich legten wir dem Ministerium eine endgültige Fassung vor. Danach blieb uns nichts anderes übrig, als abzuwarten.

Ende September 1983, als ich auf Inspektionsreise in Rangpur weilte, rief mich Muzammel aus Dhaka an, um mir mitzuteilen, daß der Präsident den Entwurf unterzeichnet habe und die Grameen-Bank somit gegründet sei.

Für uns alle war das ein Tag großer Freude. Das bescheidene Projekt von Jobra war zum offiziellen Finanzinstitut geworden!

Als ich nach Dhaka zurückgekehrt war und den Text der Gründungsurkunde gelesen hatte, fiel ich aus allen Wolken. Die Anteile der Anteilseigner waren einfach ausgetauscht worden: Die Regierung hielt jetzt 60 Prozent der Aktien, die Kreditnehmer dagegen nur 40 Prozent. Grameen war eine Staatsbank geworden! Dabei hatte ich doch gerade dies zu vermeiden gesucht. Ich fühlte mich verraten und tief verletzt.

Ich rief sofort den Finanzminister an, um ihm mitzuteilen, wie betrübt mich der Verlauf der Dinge machte. Er war ein geduldiger Mann und lud mich zu sich ein, damit er mir erklären konnte, worin seine Strategie bestanden hatte. Ich wußte nicht, wie ich mich entscheiden sollte. Sollte ich seine Einladung annehmen oder lieber ausschlagen? Ich sagte mir schließlich, daß das Unglück bereits geschehen sei und ich nichts mehr zu verlieren hätte, und ging auf seine Einladung ein.

A.M.A. Muhith zeigte für meinen Standpunkt Verständnis, doch er unternahm alles Menschenmögliche, um mich davon zu überzeugen, daß die Lage nicht so katastrophal sei, wie ich annahm. Er erklärte, daß dies nur eine Etappe auf dem Weg zu dem Ziel sei, das ich mir gesteckt hatte.

»Yunus, ich weiß, daß Sie zornig auf mich sind. Aber Sie wollten doch eine Bank haben, oder? Anders war es einfach nicht zu verwirklichen.«

»Aber das stellt meine ganze Arbeit in Frage.«

»Nein, ganz und gar nicht. Ich habe einen sehr klaren Plan für Ihre Bank. Ich wollte nicht kaltgestellt werden. Hätte ich den Antrag so eingebracht, wie von Ihnen gewünscht, dann hätte das Kabinett sicherlich nicht zugestimmt. Daher habe ich das Anteilsverhältnis umgekehrt, um mich dieser Zustimmung zu versichern. Wenn Sie Ihre Bank eingerichtet haben, können Sie ins Finanzministerium zurückkommen, um die Kapitalstruktur neu zu ordnen. Das ist dann wesentlich leichter. Ich verspreche Ihnen, daß ich in zwei Jahren die Besitzverhältnisse umgekehrt haben werde. Darauf gebe ich Ihnen mein Ehrenwort.«

Ich war wenig überzeugt und unterhielt mich mit meinen Mitarbeitern Muzammel, Mahbub, Dipal, Nurjahan und anderen über dieses Thema. Wir waren alle der Meinung, daß uns gar keine andere Wahl blieb, und ob es uns nun gefiel oder nicht, die Grameen-Bank war gegründet. Es lag in unserem Interesse, uns damit abzufinden und die Bank so gut wie möglich zu führen, statt zu gehen und es der Regierung zu überlassen, die vollständige Kontrolle zu übernehmen.

Unsere Mannschaft vor Ort freute sich über die Entwicklung der Ereignisse. Die Tatsache, daß Grameen nun eine Staatsbank war, garantierte ihnen die Sicherheit ihres Arbeitsplatzes und ein verhältnismäßig leichtes Leben.

Wir beschlossen daher, die Angelegenheit von der positiven Seite zu betrachten, und nahmen bereitwillig an den Feierlichkeiten teil, wobei wir allerdings darauf achteten, daß sich unsere Mitarbeiter nicht wie Regierungsangestellte fühlten.

Wir setzten sofort ein Datum für die Eröffnung von Grameen als unabhängige Bank fest. Wir unterzeichneten mit sämtlichen involvierten Banken Kreditvereinbarungen und übernahmen ihre Aktiva und Passiva ab dem 1. Oktober 1983, der auf ein Wochenende fiel. Unser erster Arbeitstag war der 2. Oktober.

Außerdem beschlossen wir, eine Eröffnungszeremonie abzuhalten, und luden Finanzminister A. M. A. Muhith dazu als Ehrengast ein. Als wir jedoch das Ministerium darüber in Kenntnis setzten, daß die Zeremonie in einer unserer Zweigstellen in einem Dorf stattfinden sollte, machte man uns darauf aufmerksam, daß dies für die Eröffnung einer Bank nicht der angemessene Ort sei und man sie doch lieber in einer Stadt eröffnen solle, damit die hohen Würdenträger des Staates daran teilnehmen konnten.

Wir versuchten zu erklären, daß wir nicht in den Städten, sondern auf dem Land arbeiteten und es daher keinen Sinn ergeben würde, eine Zeremonie an einem Ort zu organisieren, an dem wir keine Kreditnehmer besaßen.

»Wenn die Zeremonie in der Stadt stattfinden würde«, gab ich zu bedenken, »dann könnten unsere Kreditnehmer nicht daran teilnehmen, die doch jetzt 40 Prozent der Bank besitzen. Man kann sie doch nicht in die Stadt bringen, nur weil sich die Regierungsvertreter nicht in ein Dorf begeben wollen!«

Wir gaben nicht nach, sondern bestanden darauf, daß diese Veranstaltung auf dem Lande stattfand – dort, wo wir inmitten unserer Kreditnehmer arbeiteten. Wir waren eine Bank für die Landbevölkerung, und dem Ort, an dem die Eröffnungszeremonie stattfand, kam eine besondere Bedeutung zu, die niemandem entgehen würde. Der für die Grameen-Bank zuständige Beamte im Finanzministerium teilte uns mit, daß der Minister vielleicht seine Teilnahme absagen müsse, wenn wir uns darauf versteiften, die Eröffnungszeremonie tatsächlich in einem Dorf abhalten zu wollen. Ich antwortete, es bleibe dem Minister überlassen, ob er sich die Zeit nehme oder nicht. Die Zeremonie jedenfalls werde wie vorgesehen stattfinden.

Um aus dieser Sackgasse herauszukommen, rief ich Muhith an und teilte ihm Datum und Ort sowie das Programm der vorgesehenen Veranstaltung mit. Er sagte sein Kommen sofort zu und nannte mir noch die Namen von Freunden, die wir einladen sollten. Jetzt wurde mir klar, daß es keineswegs der Minister, sondern ein Beamter im Finanzministerium war, der die Meinung vertrat, die feierliche Eröffnung müsse in einer Stadt stattfinden! Als ich Muhith dies sagte, meinte er: »Er ist doch verrückt! Warum sollte die schon von ihrem Namen her ländliche Grameen-Bank ihre Eröffnungszeremonie in einer Stadt abhalten? Noch nicht einmal im Traum käme ich auf solch eine absurde Idee.«

Während wir die rechtlichen Rahmenbedingungen der Bank entwarfen, dachte ich auch über ein Logo nach. Da sie aus dem Grameen-Projekt hervorging, war es nur folgerichtig, wenn dies auch im Logo zum Ausdruck kam, zumal seine Übernahme dann eine endlose Debatte innerhalb der vorwiegend aus Regierungsbeamten bestehenden neuen Bankleitung über das neue Logo verhindern würde.

Wenn ich in einer Sitzung bin und mich nicht an der Debatte beteilige, kritzele ich oft in meinem Notizheft. An jenem Tag kreisten meine Skizzen alle um ein passendes Logo. Drei Themenbereiche beschäftigten mich, die allesamt der ländlichen Welt entstammten. Eines der Themen umfaßte das Weben und Flechten, vor allem das Flechten mit Rohr, eine hübsche Anspielung darauf, daß jedes einzelne Element für sich betrachtet klein und unbedeutend ist, aber daß man, wenn man die Teile miteinander verbindet, aus ihnen etwas beliebig Großes schaffen kann. Ich zeichnete verschiedene Web- und Flechtmuster, die mir aber alle nicht gefielen.

Ich dachte ebenfalls über die Ziffer fünf nach, denn all unsere Gruppen setzten sich aus fünf Mitgliedern zusammen. Ich versuchte es mit verschiedenen Kombinationen: mit fünf Stäben, fünf Menschen, fünf Händen, fünf Gesichtern.

Das dritte Thema, das ich ins Logo einbringen wollte, war die typische Dorfhütte, die für alles Ländliche steht.

Wenn ich zu jener Zeit in ein Grameen-Dorf kam, achtete ich ganz besonders auf alle noch unvollendeten Rohrgeflechte, das Schälen von Reis, die verschiedenen Tätigkeiten der Dorfbewohner, ihre Häuser, ihre Werkzeuge und ihre Schmuckgegenstände, um etwas Verwertbares für das Logo zu finden. Die Anordnung des Rohrs zu Beginn der Herstellung eines Korbs erregte meine besondere Aufmerksamkeit. Ich variierte dieses Motiv mehrfach.

Einige Zeit später lud man mich zu einem Seminar nach Bangkok ein. Ich hörte einem Vortrag nur mit halbem Ohr zu und kritzelte auf meinem Notizblock herum. Ich dachte gerade über das Motiv mit dem Dorfhaus nach, als mir plötzlich die Grundidee für das Logo in den

Kopf schoß. Ich brachte sie in verschiedenen Fassungen zu Papier, und auf einmal wußte ich, daß ich die Lösung gefunden hatte. Ich notierte mir sogar die Farbkombinationen.

Nach meiner Rückkehr nach Dhaka ließ ich meinen Entwurf ausführen und kolorieren; dann zeigte ich ihn meinen engsten Mitarbeitern Muzammel, Mahbub, Dipal, Nurjahan und Dayan. Sie reagierten sehr diplomatisch. Da das Logo von mir stammte, konnten sie meinen Vorschlag nicht einfach verwerfen. Sie stellten mir also zahlreiche Fragen. Was sollte es bedeuten? Wofür standen die Farben? Ich erklärte es ihnen: Es handelte sich um eine Hütte als Symbol für alles Ländliche, um einen nach oben schießenden Pfeil, dessen rote Farbe seine Geschwindigkeit darstellen sollte, und das Grün stand für das neue Leben als Zielscheibe für den Pfeil.

Man konnte nicht gerade behaupten, daß sie vor Begeisterung überschäumten, doch schließlich stimmten sie meinem Vorschlag zu, und von nun an verwendeten wir dieses Logo auf unseren Broschüren und unserem Briefpapier. Damit das Logo endgültig mit Grameen in Verbindung gebracht wurde, verwendeten wir es auch am Tag unserer Eröffnungsfeier. Wir bauten ein Logo riesigen Ausmaßes aus Bambus und Farbpapier, das am Eingang zur Grameen-Zweigstelle aufgebaut wurde. Der grüne Teil umrahmte die Tür, durch die man die Zweigstelle betrat.

Unser Logo wurde von der Leitung nie in Frage gestellt. Jetzt, da alle es kennen, ist es untrennbar mit Grameen verbunden.

Am 2. Oktober 1983 wurde aus dem Grameen-Bank-Projekt endlich die »Grameen-Bank«.

Bis dahin waren unsere Mitarbeiter mit befristeter Dauer eingestellt worden; sie wußten, daß das Projekt irgendwann zu Ende gehen und sie dann arbeitslos werden würden. Sobald Grameen sich in eine unabhängige Bank verwandelte, wurden sie automatisch fest angestellt, ein wahrer Glücksfall für sie.

Unsere Eröffnungsfeier organisierten wir unter freiem Himmel auf einem großen Platz im Dorf Jamurki in Tangail. Vor lauter Menschen sah man den Platz nicht mehr. Wir hatten Gruppen von Kreditnehmerinnen aus den verschiedenen Zweigstellen eingeladen sowie das gesamte Personal der benachbarten Zweigstellen. Weitere Gäste kamen aus Dhaka. Minister Muhith, Vertreterinnen der Kreditnehmer und ich nahmen auf einem Podium Platz.

An diesem sehr schönen Tag schien die Sonne. Zur Eröffnung der Feier trug ich einige Suren aus dem Koran vor, wie es die Tradition in solchen Fällen verlangt. Die Reden der Kreditnehmerinnen waren sehr bewegend. Für uns alle war es die Krönung jahrelanger Anstrengungen.

Ich blickte auf all diese Frauen, die in ihren roten, grünen, braunen und rosafarbenen Saris vor mir saßen, ein Meer von Saris, Hunderte barfüßiger Kreditnehmerinnen, die teilweise von sehr weit her gekommen waren, nur um an diesem Fest teilzunehmen. Ihre Anwesenheit war über die Reden hinaus der beste Beweis für die Vitalität der Bank. An ihrem Willen und ihrer Entschlossenheit, die Armut zu überwinden, bestand nicht der geringste Zweifel. Es war eine beeindruckende Willensbezeugung, die Mut machte.

23. KAPITEL

DIE VOLLSTÄNDIGE UNABHÄNGIGKEIT
DER BANK (1985–1990)

Zu unserem Unglück trat Finanzminister Muhith 1985 zurück, bevor
er sein Versprechen, die Struktur des Kapitals bei Grameen betreffend,
hatte einlösen können. Glücklicherweise jedoch war M. Syeduzzaman,
der Staatssekretär im Finanzministerium, ein Freund Muhiths. Sie hatten im Staatsdienst zusammengearbeitet, und Syeduzzaman teilte die
Begeisterung Muhiths für Grameen und wußte von dessen Versprechen. Als ich Syeduzzaman daran erinnerte, versicherte er mir, daß er
das Notwendige veranlassen werde.

Und er hielt sein Versprechen. Auf diskrete Weise veränderte er die
Verteilung des Kapitals bei Grameen: Drei Viertel der Aktien bekamen
unsere Kreditnehmer, das restliche Viertel der Staat, die staatliche So-
nali-Bank und die landwirtschaftliche Krishi-Bank.

1986 wurde die Zusammensetzung des Board of Directors zugunsten
der Kreditnehmer-Aktionäre geändert.

Wir befanden uns in einer paradoxen Lage. Grameen war eine Privatbank, die von einem hohen Beamten geleitet wurde. Rechtlich gesehen war ich ein von der Regierung ernannter Managing Director.
Ich war an die in der Verwaltung geltenden Regeln gebunden, mußte
also auch die Genehmigung des Präsidenten einholen, wenn ich an
einer Versammlung im Ausland, wo auch immer, teilnehmen wollte.
(1985 etwa konnte ich nicht an der von den Vereinten Nationen einbe-
rufenen Frauenkonferenz in Nairobi teilnehmen, weil der Präsident
meinen Ausreiseantrag abschlägig beschieden hatte mit der Begründung, ein Mann habe auf einer Frauenkonferenz nichts zu suchen.)
Überdies war meine Zukunft auf diesem Posten alles andere als
sicher. In meiner Ernennungsurkunde stand ausdrücklich »Managing
Director bis auf weiteres«. Was nichts anderes zu bedeuten hatte, als

daß die Dauer meiner Tätigkeit an der Spitze von Grameen von der Zustimmung der Regierung abhing. Eines Morgens konnte ich aufwachen und beim Frühstück in der Tageszeitung lesen, daß jemand anderes statt meiner zum Managing Director ernannt worden war. Die Regierung brauchte weder zu begründen, warum man mich meiner Funktion enthoben hatte, noch, was man danach von mir erwartete.

Diese Regelung war mir ein ständiger Dorn im Auge, und ich erkannte, daß es notwendig war, diese Bestimmung ändern zu lassen, bevor man mich von Grameen entfernte.

Ich beriet mich mit Dr. Kamal Hossain, der Rechtsanwalt war. Er legte dem Parlament einen Antrag vor, den Rechtsstatus von Grameen zu ändern. Ich sollte diese Eingabe durch Vermittlung des Finanzministeriums der Versammlung vorlegen.

Aber die Beamten im Ministerium konnten sich für diesen Änderungsantrag nicht erwärmen. Weshalb sollten sie auch eine Bestimmung ändern, die es ihnen erlaubte, den Managing Director jederzeit auszutauschen, ohne die geringste Erklärung dafür liefern zu müssen?

Ich reichte meinen Änderungsvorschlag dennoch ein, aber das Finanzministerium widmete ihm nicht die geringste Aufmerksamkeit. Daraufhin sorgte ich dafür, daß er dem mit Ministern besetzten Leitungsgremium des nationalen Wirtschaftsrates vorgelegt wurde. Dieses empfahl, meinen Antrag anzunehmen.

Der ständige Staatssekretär im Finanzministerium jedoch ignorierte diese Empfehlung. Als ich ihn darauf ansprach, erwiderte er mir, der Wirtschaftsrat sei nicht die Regierung und das Finanzministerium keineswegs an die Empfehlungen des Rates gebunden. Für mich war dies eine unvergeßliche Lehre über die Funktionsweise des Staatsapparates und das eiserne Festhalten der Regierungsträger an jedem auch noch so kleinen Fetzen ihrer Macht.

Ich klopfte weiterhin an allen Türen, um das Problem schließlich Präsident Ershad persönlich vorzutragen, der seinen Staatssekretär für Finanzen anwies, diese Frage bei der nächsten Kabinettssitzung anzusprechen. Der Staatssekretär für Finanzen jedoch schickte dem Präsidenten die Unterlagen mit der Empfehlung zurück, die betreffende Bestimmung nicht zu ändern. Aber ich gab nicht auf.

Ich trug meinen Fall dem Sekretär des Präsidenten vor. Es stellte sich heraus, daß dieser hohe Beamte meine Vorlesungen besucht hatte, als ich an der Universität von Colorado in Boulder Mathematik lehrte, weshalb er mich auch stets mit »Herr Professor« ansprach. Er tat sein Bestes, um mich zufriedenzustellen, und organisierte unter Vorsitz von Präsident Ershad eine Versammlung auf höchster Ebene. Eingeladen wurden der Vizepräsident, der Präsident der Zentralbank, der Finanz- und der Planungsminister sowie ich.

Ich trug meine Argumente mit größtmöglichem Nachdruck vor. Alle Teilnehmer versicherten mir, sie seien bereit, mich zu unterstützen, ausgenommen der Staatssekretär für Finanzen, der zu bedenken gab, daß die Regierung Gefahr laufe, jede Kontrollmöglichkeit über die Grameen-Bank zu verlieren. Für den Fall, daß Professor Yunus nicht mehr die Geschäfte der Bank führe, so setzte er noch hinzu, müsse die Regierung einspringen und die Geschicke der Bank lenken.

Glücklicherweise wurde der Änderungsantrag schließlich noch in der letzten Parlamentssitzung der alten Regierung eingebracht und per Abstimmungsbeschluß genehmigt, bevor das Parlament aufgelöst und die Regierung Ershad durch einen Volksaufstand gestürzt wurde.

Von da an war gesetzlich geregelt, daß der Managing Director vom Board of Directors und nicht mehr wie bisher von der Regierung ernannt wurde. Nachdem mich das Board of Directors zum Managing Director von Grameen ernannt hatte, hörte ich auf, Staatsdiener zu sein, und wurde Bankangestellter.

Vor allem aber war die Grameen-Bank jetzt frei in der Wahl ihres eigenen Leiters, der nun ganz den Interessen der Aktionäre dienen konnte, ohne vom Wohlwollen der jeweiligen Regierungspartei oder eines einzelnen Beamten im Finanzministerium abhängig zu sein.

Aber es gibt noch eine weitere Änderung, die durchgesetzt werden muß, wenn das künftige Überleben der Grameen-Bank gesichert werden soll: Gegenwärtig ernennt die Regierung den Chairman unserer Privatbank. Damit sind künftige Probleme schon vorprogrammiert. Und auch in diesem Fall gilt die Ernennung nur »bis auf weiteres«, was nichts anderes heißt, als daß die Regierung den Chairman nach Gutdünken absetzen kann. Das ist nicht gerade eine Garantie für eine stabile Entwicklung. Innerhalb unseres Board of Directors spielt der Chairman vor allem auch deshalb eine entscheidende Rolle, weil neun der

13 Mitglieder dieses Gremiums Vertreter der Kreditnehmer und damit im allgemeinen Analphabeten sind.

Ich hoffe, daß die Freunde von Grameen die dringende Notwendigkeit dieser Änderung erkennen und wir sie durchsetzen können, bevor wir uns einer Krise gegenübersehen. Meiner Meinung nach wäre es für die Sicherheit der Grameen-Bank am besten, wenn unser Board of Directors selbst darüber bestimmen könnte, wer ihr Chairman ist.

VIERTER TEIL
KANN MAN DAS MODELL GRAMEEN
EXPORTIEREN?

24. KAPITEL

ÜBERTRAGUNG DES MODELLS GRAMEEN

Das Modell Grameen zu übertragen bedeutet nichts anderes, als die wesentlichen Elemente unseres Ansatzes zu übernehmen und sie entsprechend den jeweiligen Besonderheiten umzusetzen. In dieser Beziehung setzen wir auf praxisbezogene Innovationen und Veränderungen.

Es gibt vieles an der Grameen-Bank, was für uns selbst wichtig, aber für den Erfolg von Schwesterprogrammen nicht entscheidend ist. Das trifft beispielsweise für die »Sechzehn Regeln« zu: In einigen Ländern ergibt es keinen Sinn, sich dazu zu verpflichten, das ganze Jahr über Gemüse zu pflanzen oder keine Mitgift zu zahlen. Unsere Nacheiferer können ihre eigene Fassung der »Sechzehn Regeln« erarbeiten.

Wenn man beabsichtigt, unser Konzept zu übernehmen, muß man jedoch von Anfang an darauf achten, daß die Rückzahlungsquote an die 100 Prozent heranreicht, denn sonst handelt es sich nicht um ein Grameen-Projekt. Der Erfolg und die Stärke von Grameen speisen sich aus der fast vollständigen Rückzahlung der Kredite. Dabei geht es nicht nur um das Geld, sondern auch und vor allem um die durch die Rückzahlung realisierte Disziplin.

Ein weiteres unverzichtbares Element unseres Konzepts ist die sorgfältige Auswahl der anvisierten Zielgruppe. Alle, die unser System in einem anderen Land übernehmen wollen, sollten mit den untersten 25 Prozent der Bevölkerung beginnen und sich dabei auf die ärmsten Frauen konzentrieren.

Eine umfassende Kenntnis der Arbeitsweise der Grameen-Bank, ihrer Philosophie und ihrer Methoden ist ebenfalls erforderlich. Diese kann durch einen intensiven Gedankenaustausch mit bereits bestehenden Grameen-Niederlassungen erworben werden. Außerdem sollte jeder, der in einem anderen Land ein Grameen-Projekt ins Leben rufen will, das Grameen-Trainingsprogramm absolvieren, um sich so

auf mögliche Probleme vorzubereiten. Die viermal jährlich in Bangladesch stattfindenden »Internationalen Dialogprogramme des Grameen Trust« bieten eine gute Gelegenheit, sich mit den wichtigsten
Aspekten unseres Konzepts vertraut zu machen.

Zur Zeit werden in insgesamt 58 Ländern Kreditprogramme nach dem
Prinzip der Grameen-Bank aufgebaut:
    In Afrika geschieht dies in 22 Ländern: in Burkina Faso, der Zen-
tralfrikanischen Republik, im Tschad, in Ägypten, Äthiopien, Ghana,
Guinea, Kenia, Lesotho, Mali, Malawi, Mauretanien, Marokko, Nige-
ria, Sierra Leone, Somalia, im Sudan, in Südafrika, Tansania, Togo,
Uganda und in Simbabwe.
    In Asien sind 16 Länder beteiligt: Afghanistan, Bangladesch, Bhu-
tan, Kambodscha, China, Fidschi, Indien, Indonesien, Kirgisistan,
Libanon, Nepal, Pakistan, Philippinen, Malaysia, Sri Lanka und Viet-
nam.
    In Australasien ist Grameen in einem Land vertreten: in Papua-
Neuguinea.
    In Europa gibt es in vier Ländern Grameen-Projekte: in Albanien,
Frankreich, den Niederlanden und in Norwegen.
    Auf dem amerikanischen Kontinent wird in 15 Ländern nach dem
Grameen-Prinzip gearbeitet: in Kanada, in den Vereinigten Staaten,
in Mexiko und El Salvador, in der Dominikanischen Republik, in
Jamaika, Argentinien, Bolivien, Brasilien, Chile, Ecuador, Guatemala,
Guyana, Kolumbien und in Peru.

AFRIKA

Überall in Afrika stoßen wir auf überkommene Denkweisen – bei den
Planern, Gebern, Bankiers usw. Bei internationalen Treffen werde ich
häufig von Sozialwissenschaftlern und Intellektuellen angegriffen, die
behaupten, das Prinzip des Kleinstkredits könne nicht funktionieren.
    Im Hauptquartier der UNESCO in Paris griff eine intelligente und
beredte Frau aus Mali vor kurzem Grameen an und behauptete, die
Armen von Bamako seien zu arm, um vom Kleinstkredit profitieren zu

können. Sie brauchten zunächst einmal eine Ausbildung und Sozialleistungen, eine kostenlose Wasserversorgung, eine kostenlose Schulausbildung, eine kostenlose medizinische Versorgung und kostenlose Kleidungszuteilungen. Ich überließ es Abou Tall, dem technischen Leiter der FAARF, der das Grameen-Modell erfolgreich auf Togo übertragen hatte, zu antworten. Er erklärte, daß seine nach dem Vorbild von Grameen aufgebaute Organisation 18 000 Mitglieder zähle, die aus den ärmsten Slums und aus den verelendeten ländlichen Regionen Togos stammten. Trotzdem werde eine Rückzahlungsquote von 97 Prozent erreicht. Das Kreditvolumen umfasse eine Million Dollar, und die bisher gemachten Erfahrungen seien sehr positiv.

Meiner Freundin Maria Nowak ist es mit Unterstützung des Direktors der Zentralbanken gelungen, in *Guinea* und in *Burkina Faso* Grameen-Programme ins Leben zu rufen. Nachdem sie 1986 einen meiner Vorträge gehört hatte, kam sie zu uns nach Bangladesch, um das Vorgehen von Grameen in den Dörfern zu studieren. Sie war begeistert und machte sich umgehend daran, unser System auf Westafrika zu übertragen.

Dort wie in Bangladesch erkannten wir, daß nicht der Zinssatz, sondern die Tatsache, daß die Armen ein Darlehen erhalten können, zählt. Die Armen können Zinssätze von 20 bis sogar 30 Prozent ohne weiteres bedienen, und die befreiende Kraft des Kredits ist so groß, daß die Kreditnehmer schon bald zahllose Unternehmen ins Leben rufen, die einem Planer oder Sozialwissenschaftler nicht im Traum eingefallen wären.

In der Stadt Bobo Dioulasso führte einer unserer Projektanten mit einem Schuhputzer namens Moussa folgendes Gespräch:

»Was machen Sie mit dem Geld, das Sie verdienen?«

»Na ja, ich behalte die Hälfte, um Reis zu kaufen, und die andere Hälfte gebe ich meinem Chef.«

»Wer ist Ihr Chef?«

»Ach, das ist der Besitzer der Bürste und des Schuhputzkastens, die ich benutze.«

Moussas Bemerkung war eine Lektion über den Mehrwert des Kapitals, vergleichbar jener, die mir 20 Jahre zuvor in Jobra erteilt worden war. Sie ist ein Warnsignal für all jene, die um die Notwendigkeit wissen, den Besitzlosen Kapital zur Verfügung zu stellen, damit sich ihre Arbeit lohnt. Ein Darlehen von 40 Dollar würde ausreichen, um Moussas Leben von Grund auf zu ändern. Ohne ein solches Darlehen wird der Besitzer des Schuhputzkastens Moussas Einkünfte so niedrig wie möglich halten, so daß dieser sich gerade eben ernähren kann und gezwungen ist, sein Sklavenleben fortzusetzen.

In Yatenga, der verlassensten und trockensten Gegend von Burkina Faso, haben die Kreditnehmer von ihrem Geld zuerst ein Schaf zur Mast erstanden und es später verkauft. Danach haben sie sich ein Kalb zugelegt und sind auf dieselbe Weise vorgegangen, und nach und nach besaßen sie eine ganze Herde. Andere kauften und verkauften Seife oder stellten Gebäck her, das sie auf dem Markt verkauften. Wieder andere wollten sich der Goldwäscherei zuwenden und schafften sich die entsprechenden Geräte an. Schließlich gab es noch Kreditnehmer, die ihre Darlehen zusammenlegten und die alte Getreidemühle eines Dorfes kauften. Dank des Kleinstkredits blühte die Region wieder auf.

Ich hatte die Gelegenheit, Schwester-Programme von Grameen in Südafrika, Ghana, Kenia, Äthiopien und Ägypten zu besuchen.

Mitten im Fastenmonat Ramadan traf ich in Mombasa ein, der großen, am Indischen Ozean gelegenen Hafenstadt Kenias. Meine Gäste erklärten mir, daß dort keiner etwas von Kleinstkrediten hören wolle, die Dorfbewohner viel zu strenggläubig seien, das Fasten sie erschöpft habe und die Trockenzeit mit ihrer Hitze nicht gerade die am besten geeignete Zeit sei, um sich mit schwierigen Fragen auseinanderzusetzen, zumal unser Konzept für die Denkweise der einheimischen Bevölkerung viel zu fremd sei. Schließlich erklärten sie mir noch, daß ich die religiösen Empfindungen der Einheimischen verletzen würde.

Da ich selbst Moslem bin, wollte mir nicht einleuchten, daß es schlecht sein sollte, über eine Verbesserung seiner Lebensverhältnisse zu diskutieren, selbst während des Ramadan. Sobald ich auf das Thema Geld zu sprechen kam, gaben die Frauen aus dem Dorf im Handumdrehen ihre Zurückhaltung auf, vergaßen ihren durch das Fasten verursachten Hunger und stellten mir Tausende von Fragen.

Bei meiner Abreise begleiteten mich die Frauen bis zum Ufer, an dem das Schiff festgemacht hatte, das mich nach Mombasa zurückbringen sollte. Während der ganzen Strecke riefen sie immer wieder: »Wann kommen Sie wieder, Yunus?« und: »Bringen Sie nächstes Mal Geld mit!«

Immer wieder bin ich von neuem überrascht, wie leicht es fällt, das Grameen-Modell auf andere kulturelle Verhältnisse zu übertragen.

In *Südafrika* haben sich die Grameen-Projekte als besonders wirksam erwiesen.

Ich hatte die Möglichkeit, mit einem kleinen sechssitzigen Flugzeug nach Tzaneen im Norden Südafrikas zu fliegen. Dort besuchte ich die Versammlung der Small Enterprise Foundation unter einem großen Affenbrotbaum. Alle Gruppenmitglieder aus dem Umkreis hatten kilometerweite Märsche hinter sich und sangen, tanzten, aßen und organisierten Festlichkeiten aller Art.

Ich sprach mit jeder Kreditnehmerin unter vier Augen, dann mit dem Personal. Ich sagte ihnen, daß es mir nicht geraten schiene, gemischte Zentren aus Männern und Frauen zu bilden, da die Männer sogleich die Herrschaft an sich rissen und stets die Oberhand eines Zentrums gewinnen wollten.

Bisher sind uns nur die allerersten Schritte im Kampf gegen die schreckliche Not der Armen in Afrika gelungen. Wir haben noch einen langen Weg vor uns.

SÜDAMERIKA

In Zentral- und Lateinamerika sind viele Kleinstkredit-Anbieter tätig. Allerdings konzentrieren sich nicht alle diese Programme auf die Ärmsten, doch freue ich mich, daß sie Neuland betreten. Ich hoffe darauf, daß sie ihre Aktivitäten eines Tages bis unter die Armutsgrenze hinaus ausweiten werden.

Acción, der größte unter diesen Kleinstkredit-Anbietern, verfügt über ein Netzwerk von 25 Unterorganisationen, die in 13 lateinamerikanischen Ländern (und sechs Städten in den USA) tätig sind. Von 1991 bis 1997 hat Acción Darlehen in einer Gesamthöhe von 1,7 Milliarden Dollar an mehr als 1,3 Millionen Kleinstkredit-Nehmer vergeben. BancoSol, eine der ältesten Zweigorganisationen, nahm 1983 die Arbeit auf

und betreut in Bolivien 73 432 Kreditnehmer, von denen 69 Prozent
Frauen sind.

Daneben gibt es noch andere Kleinstkredit-Anbieter wie FINCA
oder Katalysis, die in Lateinamerika eine wichtige Rolle spielen. Und
1997 wurde in Washington, D. C., das amerikanische Büro der Grameen Foundation eingerichtet, um von dort aus noch besser Kleinstkredite an die Ärmsten Lateinamerikas zu vermitteln.

ASIEN

In den asiatischen Ländern, in denen die sozioökonomischen Verhältnisse denen Bangladeschs gleichen (Nepal, Indien, Sri Lanka, Pakistan, Indonesien), ist es relativ einfach, ein Kreditprogramm nach dem
Vorbild von Grameen aufzubauen. Sogar in Südasien, dessen Länder
durch krasse gesellschaftliche Unterschiede (wie etwa Indien mit seinem Kastensystem) gekennzeichnet sind, ist das Grameen-Modell sehr
gut aufgenommen worden.

Malaysia: Hier war das Interesse von Professor David S. Gibbons an
Grameen der Auslöser für den ersten ernsthaften Versuch dieser Art.
1986 bat er uns, die Arbeit einer unserer Zweigstellen in Bangladesch
genau beobachten zu dürfen.

Sein Kollege Sukor Kasim und er untersuchten unser Vorgehen in
Rangpur, einer armen Gegend im Nordwesten des Landes. Noch im
selben Jahr gründeten sie in Malaysia die erste echte Kopie Grameens,
die von der Regierung des Staates Selangor, der Universität von Malaysia und dem Asia Pacific Development Center (APDC) mit Sitz in
Kuala Lumpur subventioniert wurde. Nach einigen Monaten rief mich
der Professor an und teilte mir mit, daß nichts mehr funktioniere. Ich
schickte ihm zwei meiner treuesten Mitstreiter aus den ersten Tagen,
Nurjahan und Shah Alam, zu Hilfe. Sie sahen sich um und erklärten
unumwunden: »Das hier hat nichts mit Grameen zu tun. Die Kopie
von Gibbons taugt nicht viel.«

Ihr Bericht war alles andere als diplomatisch, und Gibbons war zuerst verärgert über die Art und Weise, wie sie ihn behandelten. Aber
nach und nach gaben wir ihm Ratschläge, wie er sein System verbes-

sern konnte, vor allem hinsichtlich der Disziplin, der Einheit der Gruppen und der ausschließlichen Kreditvergabe an Frauen. Die Malayen stellten fest, daß ihre Schwierigkeiten wuchsen, je weiter sie sich vom ursprünglichen Grameen-Modell entfernten, und daß sie umgekehrt um so erfolgreicher waren, je getreuer sie sich an unser Grundkonzept, das sie in Bangladesch hatten studieren können, hielten.

Amanah Ikhtiar Malaysia erreicht mittlerweile 30 000 arme Familien im ländlichen Malaysia und ist inzwischen so erfolgreich, daß Gibbons sich entschloß, dabei zu helfen, das Modell auf weitere Länder Asiens zu übertragen. In zahlreichen anderen Ländern wurden Pilotprojekte nach dem Grameen-Prinzip mit ähnlichem Erfolg realisiert.

Philippinen: Ich bin häufig auf die Philippinen gereist, um verschiedene Projekte auf der Insel Negros und in anderen Regionen zu überwachen, die von Überschwemmungen, Naturkatastrophen und den Verheerungen des Bürgerkrieges durch die bewaffneten Rebellen heimgesucht worden waren.

Grameen betreibt mittlerweile 32 verschiedene Projekte auf den Philippinen, zu denen unter anderem so bedeutende zählen wie: CARD, Project Dunganon, ASHI und TSPI.

China: Ich kann mir keinen Grund vorstellen, aus dem Grameen in einem kommunistischen Land nicht funktionieren sollte – vorausgesetzt, die Regierung erlaubt es den Armen, alles zu unternehmen, um sich aus ihrer Armut zu befreien.

Die Regierung der Volksrepublik China gibt zu, daß heutzutage etwa 80 Millionen Chinesen unterhalb der Armutsgrenze leben. Laut halbamtlichen Zahlen liegt dieser Bevölkerungsanteil allerdings eher bei zehn Prozent, also bei 120 Millionen Chinesen.

Welche Zahl auch stimmen mag, unbestritten ist jedenfalls, daß in China die meisten bedürftigen Menschen der Welt leben. Das Land hat zahlreiche Programme zur Bekämpfung der Armut aufgelegt, doch keines hat die Anzahl der Armen je wirklich reduzieren können. Die Regionen mit dem größten Elend sind jene mit einem besonders rauhen Klima sowie die Gebirgsregionen, in denen die Bodenerosion stark fortschreitet.

Ich habe zwei Provinzen besucht, in denen das Grameen-Modell angewandt wird. Der Versuch wird unter Vermittlung von vier Präfekturen durch das Chinesische Institut für ländliche Entwicklung durchgeführt, das der Chinesischen Akademie für Sozialwissenschaften angeschlossen ist.

Im Norden erschütterten mich die harten Winter, in denen die Temperatur auf unter minus 25 Grad Celsius fällt und die Armen sich mit einem äußerst findigen Mittel gegen den Frost zu schützen wissen: Sie graben ein Loch in den Lehmboden ihres Hauses, entzünden darin ein Holzfeuer und stellen ihr Bett darüber. Das Haus füllt sich mit Rauch. Die ganze Familie schläft auf dem Bett. Muß ein Familienmitglied aufstehen, um zu essen oder zur Toilette zu gehen, so ist das ein ziemliches Unternehmen. Schnell kommt es zurückgelaufen, starr vor Kälte und hustend, und kriecht schleunigst wieder ins Bett. Die Tiere leiden ebenfalls sehr unter der Kälte.

Im Sommer dagegen können die Tiere auf die Weideflächen. Die mittellosen Chinesinnen, denen ich begegnet bin, verwendeten ihre Darlehen für die Viehzucht und die Schweine-, Ziegen- und Rindermast, um die Tiere später zu verkaufen. Ich habe gehört, daß Li Peng, der Generalsekretär der Kommunistischen Partei Chinas, vor kurzem die Arbeit derjenigen gelobt hat, die Grameen nacheifern. Das ist deshalb wichtig, weil unsere Anstrengungen dadurch bei den Parteikadern an Akzeptanz gewinnen. Zum anderen können die chinesischen Projekte so eine Einmischung der Regierung vermeiden, was unerläßlich für unseren Erfolg ist, gleichgültig, ob es sich dabei um ein kapitalistisches oder ein kommunistisches System handelt.

Der chinesische Außenminister hat die Grameen-Methode übernommen, um im Regierungsauftrag das Elend in zwei Provinzen zu verringern. Aus diesem Grund kommen die verantwortlichen Beamten dieses Ministeriums regelmäßig nach Bangladesch, wo sie sich vor Ort über die Funktionsweise unseres Systems informieren.

EUROPA

Viele Wohlfahrtsorganisationen – ganz zu schweigen von den Intellektuellen, den Bankern und den Journalisten – interessieren sich für unsere Ideen, doch nur wenige sind gewillt, selbst Kleinstkredit-Programme ins Leben zu rufen. Ich habe mich an deutsche Parlamentsausschüsse in Bonn und an die deutsche Bischofskonferenz sowie an die französischen Fernsehzuschauer gewandt; ich bin außerdem in England mit Ehrendiplomen ausgezeichnet worden – alles ohne große Wirkung.

Mag sein, daß Grameen für europäische Verhältnisse ein zu eigenartiges Konzept vertritt, zu viele Vorurteile und tief in der europäischen Mentalität verankerte Grundeinstellungen in Frage stellt. In den entwickelten Ländern besteht das größte Problem darin, gegen die Verheerungen des Sozialhilfesystems anzugehen.

Wer sich in Europa von unserem Vorbild inspirieren läßt, stößt immer wieder auf dieselbe Reaktion: Die Empfänger der monatlichen staatlichen Hilfen sind derart entsetzt über das Ansinnen, daß sie ein persönliches Darlehen aufnehmen sollen, um sich eine selbständige Existenz aufzubauen, daß sie meinen, das Angebot eines Kleinkredits sei nicht von dieser Welt. Viele von ihnen rechnen schnell aus, was sie an Hilfen und sozialer Absicherung verlören, wenn sie ihre eigenen Chefs würden, und kommen zu dem Schluß, daß sich die Mühe für sie nicht lohnt.

Einige Kreditnehmer versuchen ihre Pläne heimlich zu verwirklichen in der Hoffnung, daß die Behörden nichts davon merken. Aber die Behördenvertreter finden solch ein betrügerisches Vorgehen schnell heraus und streichen umgehend die staatlichen Unterstützungsgelder.

Anfangs waren viele unserer Kollegen in Europa der Grund, daß Kreditnehmer Gesetzesverstöße begingen. Dies war eine unhaltbare Lage. In Frankreich rieten unsere Nacheiferer ihren Kreditnehmern, sich das Darlehen bar auszahlen zu lassen, und die Krediteinrichtung verzeichnete das Darlehen dann nicht in ihrer Buchhaltung.

Doch auch wenn das Gesetz den Armen Besitz zubilligt, so widerstrebt dies den Verantwortlichen der Wohlfahrtsorganisationen. Ein junger Mann, gerade frisch aus dem Gefängnis entlassen, wollte einen Stand eröffnen und dort Pommes frites verkaufen, aber die Pariser Wohlfahrtsorganisation, die ihn beherbergte, konnte den Gedanken nicht ertragen, daß er unabhängig wurde. Man wollte den Stand selbst kaufen und ihn als Angestellten einstellen, statt ihm zu erlauben, zum Besitzer zu werden.

Mit anderen Worten: Nächstenliebe kann sich, nicht anders als die Liebe auch, in ein Gefängnis verwandeln.

Doch allmählich vollzieht sich eine Entwicklung. Eine ständig wachsende Anzahl Intellektueller und Volkswirtschaftler verläßt sich nicht länger auf den Staat, wie dies in den sechziger Jahren noch der Fall war.

Eine der Einrichtungen, die unseren Spuren folgen, die l'Association pour le Droit à l'Initiative Economique (ADIE), hat errechnet, daß es den Staat umgerechnet 40 000 DM kostet, einen Arbeitsplatz zu schaffen, wogegen es die Gemeinschaft nicht mehr als 17 000 DM kosten würde, einem Menschen durch die Vermittlung eines Kleinstkredits zur Selbständigkeit zu verhelfen.

In *Frankreich* schlugen die ersten Versuche, Kreditnehmer zu finden, fehl. Da war zunächst einmal Léo, ein alter Pastor aus Zaire, der in einem Parkhaus lebte und dessen Frau in den Gefängnissen Zaires vergewaltigt und gefoltert worden war. Léo hatte eine Ausbildung als Buchhalter und beantragte einen Kredit, um sich eine Rechenmaschine zu kaufen und seinen Beruf ausüben zu können. Das Darlehen ermöglichte es ihm, auf die Beine zu kommen und eine Arbeit zu finden.

Dann gab es noch Madame Salima, die aus Nordafrika stammte und mit Hilfe eines Darlehens einen Laden eröffnete.

Außerdem meldete sich Bernard, ein sehr junger Mann, kurzsichtig wie ein Maulwurf. Er hatte seine Brille zerbrochen und konnte so schlecht sehen, daß er nicht einmal in einem Restaurant als Tellerwäscher arbeiten konnte. Mit seiner Freundin lebte er im Bahnhof Saint-Lazare. Da beide nicht einmal genug Münzen für die Gepäckaufbewahrung hatten, schleppten sie ständig riesige Plastiktüten mit sich herum.

Keine der drei Personen zahlte das Darlehen je zurück. Wenn ich diese Mißerfolge erwähne, so deshalb, weil unser französisches Schwesterunternehmen daraus schloß, daß es, im Gegensatz zu einer ländlichen Umgebung, wo sich alle kennen, in Paris nicht möglich sei, eine solidarische Gruppe zu bilden: Es war Madame Salima gleichgültig, ob Léo sein Darlehen zurückzahlte, und Léo interessierte sich nicht dafür, ob Bernard seinen Verpflichtungen nachkam oder nicht. Es war einfach nicht genügend sozialer Zusammenhalt vorhanden, um jenen ge-

genseitigen Druck entstehen zu lassen, der bei den Kleinstkrediten von Grameen eine entscheidende Rolle spielt.

Manche Kritiker von Grameen verweisen auf diese frühen Erfahrungen in Frankreich, um ihrer Behauptung Nachdruck zu verleihen, in Städten entwickelter Länder könnten »Gruppendarlehen« nicht funktionieren, weil das soziale Netz oder der soziale Zusammenhalt nur so unzureichend entwickelt sei, daß sich Gruppendruck und Gruppenunterstützung nicht herausbilden könnten. Doch die Einführung neuer Programme ist immer eine äußerst schwierige Angelegenheit. Nach den ersten vier Jahren in Jobra hatte Grameen kaum 500 Menschen angesprochen, und viele davon waren mit ihrer Ratenzahlung im Verzug oder standen kurz davor, das Programm zu verlassen. Der Erfolg stellt sich erst nach einem langen und schwierigen Prozeß wiederholten Scheiterns ein.

Ich sage jedem, der sich mit dem Gedanken trägt, eine Organisation nach dem Vorbild von Grameen aufzubauen, daß die ersten Jahre bei einem Kreditprogramm dazu dienen müssen, Erfahrungen zu sammeln und zu experimentieren. Die Anfangsphase ist im wesentlichen eine Lernphase. Durch Erfahrung wird man klug, und Fehler sind unvermeidbar. Doch man muß darauf achten, daß man seine Fehler nicht wiederholt, denn nicht alles, was man zum erstenmal probiert, ist erfolgreich. Erst wenn die Probleme beseitigt sind, kann die Organisation all ihre Kräfte darauf konzentrieren, einer größeren Anzahl von Kreditnehmern zu helfen.

Trotz aller in den städtischen Gebieten anzutreffenden Probleme sind die Tochterprojekte von Grameen dort rund um die Welt erfolgreich. In Dhaka hat die Shakti-Stiftung 18000 Slum-Bewohnern Kredite gewährt, und auch das Women's Self-Employment Project (WSEP) in Chicago hat sich wunderbar entwickelt. Nicht zu vergessen, was TSPI in Manila geleistet hat.

In Frankreich hat die von Maria Nowak ins Leben gerufene ADIE Kredite an von Arbeitslosengeld- oder Sozialhilfeempfängern gegründete Kleinunternehmen vergeben. 70 Prozent dieser dank ADIE auf Kleinstkredit-Basis gegründeten Unternehmen existieren nach anderthalb Jahren immer noch, womit sie dem Durchschnitt aller normalen Unternehmensneugründungen in Frankreich entsprechen.

In den Vereinigten Staaten gibt es mehr als 50 Kleinstkredit-Programme nach Grameen-Vorbild, von denen sich die meisten in der Zwischenzeit sehr gut bewährt haben.

Der Grund dafür, warum es in den Industrieländern so schwer ist, Kleinstkredite an die Ärmsten zu vergeben, ist darin zu suchen, daß nicht-registrierte Geschäfte als »illegale Straßengeschäfte« betrachtet werden. Will ein selbständig arbeitender Armer seine Tätigkeit legalisieren lassen, muß er Formulare ausfüllen, Anträge bei der Verwaltung einreichen und Buch führen. Aber es ist völlig unrealistisch zu erwarten, daß ein Laie in der Lage wäre, diesen Anforderungen der Regierungsbehörden zu genügen.

Osteuropa: Der Kleinstkredit funktioniert auch in den ehemals kommunistischen Ländern, wie etwa in Polen oder in jüngster Zeit auch in Albanien und Bosnien. Vor vier Jahren hat sich die Weltbank für ein Grameen-Projekt in Albanien verbürgt, das inzwischen mit einer sehr hohen Rückzahlungsquote aufwarten kann. In Bosnien vergibt Maria Nowak Kleinstkredite an die vom Krieg am schlimmsten betroffenen Gruppen, zu denen die nach Srebrenica geflüchteten Frauen gehören.

Norwegen: 1986 besuchte mich Bodil Maal mit ihrem Mann, einem norwegischen Berater, der in Bangladesch lebte. Sie arbeitete für das norwegische Fischereiministerium und interessierte sich für die Tätigkeit von Grameen. Eines der Probleme, mit dessen Lösung man sie beauftragt hatte, war, die Abwanderung junger Frauen von den Lofoten aufzuhalten. Die jungen Männer kehrten nach ihrer Ausbildung vom Festland auf die Inseln zurück und wurden Fischer, doch mit den jungen Mädchen, die keinerlei Arbeit fanden, verhielt es sich anders. Sie verbrachten ihre Zeit damit, untätig auf die Rückkehr ihrer fischenden Ehemänner zu warten, und langweilten sich sehr. Da die jungen Frauen die Inseln verließen und nicht mehr zurückkehrten, zogen schließlich auch die jungen Männer aufs Festland.

Das gleiche Problem tauchte im Norden Finnlands und der benachbarten Region Rußlands auf. Dank der beharrlichen Bemühungen von Bodil Maal beschloß die Regierung Norwegens jedoch, mit Hilfe des Fischereiministeriums ein Grameen-Programm aufzulegen, das es den Frauen ermöglichen sollte, einer selbständigen Tätigkeit nachzugehen, die sie zum Bleiben veranlassen und ihrem Leben einen neuen Sinn verleihen konnte.

Noch nie war ein an Grameen orientiertes Projekt in einer so unwirtlichen arktischen Gegend aufgelegt worden. Es wurde für uns alle eine bereichernde Erfahrung.

Als man mich einlud, mich davon zu überzeugen, wie gut diese Programme in Nord-Norwegen funktionierten, war ich überrascht, dort eine ähnlich umfassende gesellschaftliche Veränderung wie bei uns in Bangladesch feststellen zu können, wenn sie auch völlig anderer Natur war.

Zum erstenmal haben diese Frauen am Polarkreis jetzt Zugang zu einem Darlehen. Dank des Programms hat sich eine Gruppe zwecks gemeinschaftlicher Unterstützung gebildet, und sie haben Menschen, die ihnen mit Hilfe und Rat zur Seite stehen. Zuvor besaßen diese Frauen keine Möglichkeit, ihre Fähigkeiten einzusetzen. Nunmehr können sie durch ihre Darlehen Pullover, Briefbeschwerer in Form eines Seehunds, Fischs oder Vogels, Souvenirs, Postkarten, kleine Trollfiguren und Landschaftsmalereien herstellen. So ist ein florierender Souvenirhandel entstanden, denn das örtliche Kunsthandwerk verkauft sich gut.

Die norwegischen Erfahrungen sind ganz besonders in einer Hinsicht interessant: Hier wurde der Kleinstkredit nicht als Waffe zur Überwindung der Armut eingesetzt, sondern als Instrument zur gesellschaftlichen Einbindung von Menschen, die sonst die Inseln verlassen hätten. Der Kredit erweist sich also nicht nur als Instrument zur Einkommenssicherung, sondern als mächtige Antriebskraft für den gesellschaftlichen Wandel, ein Weg, den Menschen dabei zu helfen, einen neuen Lebenssinn zu finden.

Die auf den Lofoten gemachte Erfahrung erwies sich als solch ein durchschlagender Erfolg, daß die Finnen und Russen das gleiche Programm in ihren nördlichen Gebieten umsetzen.

NORDAMERIKA

Auch wenn die Armen in den entwickelten Ländern mehr Sach- und Geldwerte besitzen als die Armen in der Dritten Welt, so ist der psychologische Graben zwischen Arm und Reich doch erheblich. Das führt dazu, daß Armut in einer relativ reichen Gesellschaft schwerer zu ertragen ist.

In Bangladesch leben die Bedürftigen fast wie alle anderen auch: Sie besitzen keinen Fernseher, kein Auto und keine Klimaanlage; in den Dörfern haben selbst die Reichen so etwas nicht. In der Dritten Welt bestehen gewiß Unterschiede zwischen Arm und Reich, doch wir wachsen zusammen auf, ohne die Armen in Ghettos abzuschieben. Im Dorf meines Vaters konnten meine Spielkameraden zwar weder lesen noch schreiben, jedoch hinderte mich dies nicht daran, mit ihnen in den Teichen zu baden. Gemeinsam machten wir uns für ihre Familien auf die Suche nach den von den Ratten in den Feldern geschälten und in ihren Höhlen gelagerten Reiskörnern. Ich erinnere mich noch daran, daß ich meinen Spielgefährten dabei geholfen habe, die Reismenge zusammenzubringen, die ihre Eltern ihnen einzusammeln aufgetragen hatten, indem ich Reis vom Feld meiner Eltern stahl, damit diese Jungen mehr Zeit hatten, mit mir zu spielen.

Das wird sich vermutlich in Chicago kaum so zutragen: Ein junger Weißer aus wohlhabendem Haus wird niemals in ein Schwarzen-Ghetto spielen gehen.

Kanada: In Kanada hat die Calmeadow-Stiftung in den Indianerreservaten ein hervorragendes Programm auf die Beine gestellt – ebenso wie in den Vereinigten Staaten mit den Sioux in Süd-Dakota.

Martin Connell, der Leiter der Stiftung, hat uns in Bangladesch besucht. Seither ist er zum angesehenen Anhänger des Kleinkredits geworden. Seine Stiftung hat ihr eigenes Programm entwickelt und verleiht bis zu 5000 Dollar an Kleinunternehmer.

Als Beobachter der Fortschritte dieser Versuche und der Art, in der das Konzept von Grameen in Afrika, Asien, Europa und Nordamerika umgesetzt wird, bin ich zu der Schlußfolgerung gelangt, daß die Armen, abgesehen von den jeweiligen kulturellen, geographischen und klimatischen Unterschieden, überall auf unserem Planeten die gleichen Probleme haben. Die Kultur der Armut, dieses Gefängnisses, in das die Gesellschaft diese Menschen sperrt, überspringt die Unterschiede zwischen den Sprachen, den Rassen und den Traditionen. Da-

her kann der die menschlichen Kapazitäten freisetzende Kleinstkredit
weltweit angewandt werden.

Unsere Erfahrungen, die wir vom Polarkreis bis zu den Anden und
von Chicago bis China gemacht haben, belegen, daß der Erfolg von
Grameen nicht auf der Kultur Bangladeschs beruht.

Die Grameen-Bank behauptet nicht, sie könne die gleichen Probleme überall auf der Welt lösen. Die Initiativen müssen den jeweiligen
Bedingungen angepaßt werden. Entscheidend aber ist eine einfache
Botschaft, die man nicht oft genug wiederholen kann: daß der an Menschen, die sich nie zuvor Geld leihen konnten, ausgezahlte Kleinstkredit das gewaltige Potential freisetzt, das alle Männer und Frauen
besitzen. Er regt zur Kreativität an – nicht, indem er zur Übernahme
neuer Methoden oder eines neuen Glaubens zwingt, sondern indem er
jedem die Möglichkeit bietet, seine eigenen Fähigkeiten zu entwickeln
und seine eigenen Träume zu verwirklichen.

Doch eine Erkenntnis sollte jeder, der ein Kleinstkredit-Projekt ins
Leben rufen will, beherzigen: In den ersten Jahren, vor allem, wenn in
dem betreffenden Land noch keine andere Organisation ein ähnliches
Projekt realisiert hat, kann man nicht mit vielen Kreditnehmern rechnen. Man benötigt viel Geduld.

Ich bin fest davon überzeugt, daß sich eine gute Idee letzten Endes
immer durchsetzt. Und selbst wenn die Grameen-Bank eines Tages
nicht mehr existieren sollte, wird das von uns entwickelte Konzept des
Kleinstkredits weiterleben. Die Arbeit der Banken hat sich schon jetzt
endgültig verändert.

25. KAPITEL

DIE VEREINIGTEN STAATEN, VON ARKANSAS
BIS SÜD-DAKOTA

1985 erhielt ich einen Brief von Mary Houghton von der South Shore
Bank, die mir mitteilte, daß Bill Clinton, der damalige Gouverneur
von Arkansas, mich treffen wolle, um über die Durchführung eines
Grameen-Programms in seinem Staat zu sprechen. Da weder ein bestimmtes Datum noch ein konkretes Projekt genannt waren, nahm ich
an, daß diese Angelegenheit nicht weiter dringend war und ich mich
daher mit ihm bei einem gelegentlichen Aufenthalt in den Vereinigten
Staaten treffen könnte.

Mary Houghton und Ron Grzywinski waren die Gründer der
South Shore Bank, die sich 1981 sehr bemüht hatte, die Ford Foundation davon zu überzeugen, das Grameen-Projekt zu unterstützen. Bei
einem Besuch in Dhaka waren sie Jan Piercy begegnet, die damals für
eine amerikanische Privatorganisation in Bangladesch arbeitete. Bei
ihrer Rückkehr nach Amerika wurde Jan von der South Shore Bank
eingestellt. Während ihrer College-Zeit war sie die Zimmergenossin
von Hillary Rodham Clinton gewesen, und sie hatte Mary und Ron
dem Gouverneur von Arkansas vorgestellt, als dieser nach neuen
Möglichkeiten suchte, den Bedürftigen in seinem Staat durch die Eröffnung neuer Wirtschaftsperspektiven zu helfen.

Mary und Ron informierten den Gouverneur über die Programme
der einzelnen Finanzinstitute und wiesen ihn darauf hin, daß ihm ein
Programm vom Typ Grameen und eine eigens für die Armen von Arkansas gegründete Bank weiterhelfen könne. Auf diese Weise hatten
sie sein Interesse an Grameen geweckt.

Als ich mich im Februar 1986 wieder einmal in den Vereinigten
Staaten aufhielt, arrangierten Mary und Ron für mich ein Treffen mit
Bill Clinton. Wegen der alljährlichen Konferenz der Gouverneure hielt
er sich gerade in Washington auf, was mir die Angelegenheit erleich-

terte. Gouverneur Clinton, seine Frau Hillary, Mary, Ron und ich trafen uns im Hotel Four Seasons.

Der Gouverneur wollte von mir etwas über die Anfänge von Grameen erfahren, auch, wie die Bank funktionierte und warum niemand
früher auf diese Idee gekommen war. Nachdem wir uns eine halbe
Stunde unterhalten hatten, sagte Mrs. Clinton:

»Das nehmen wir. Kann man das Konzept auf Arkansas übertragen?«

»Warum nicht?« antwortete ich. »Wenn der Gouverneur es will,
warum sollte es dann nicht klappen?«

»Aber ja, natürlich will ich es«, erklärte Clinton.

Er wandte sich an Ron und fragte ihn:

»Wieviel Zeit braucht man, um mit dem Projekt zu beginnen?«

Ron zählte ihm sämtliche Anträge auf, die man einreichen mußte,
wenn man eine neue Bank gründen wollte, und schätzte daher, daß die
Vorbereitungszeit mindestens ein halbes Jahr betragen würde.

»Das ist zu lang!« meinte Clinton ungeduldig. »Geht es nicht etwas
schneller?«

Ron verneinte.

Der Gouverneur blickte mich an, als würde er mich um Hilfe bitten, und fragte seufzend: »Weshalb braucht man dazu soviel Zeit?«

»Wenn Sie wollen, daß ich mich darum kümmere«, erwiderte ich
ihm, »dann können wir morgen anfangen.«

Der Gouverneur sprang hoch: »Was? Wirklich? Einverstanden! Sie
kümmern sich um alles.«

Ich erläuterte ihm meinen Plan: »Ron dachte an die Gründung
einer Bank. Die brauchen wir aber nicht, um mit dem Grameen-Pro-
jekt zu beginnen. Wir können einfach ein Kreditprogramm auf die
Beine stellen, das heißt also, mit der Vergabe von Darlehen beginnen.
Dazu sind nicht so viele Vorbereitungen rechtlicher Art vonnöten.
Mary und Ron kaufen eine Bank, und unser Programm kann dann
Teil ihrer Projekte werden. Bis dahin beschäftigen wir uns damit, die
Kreditnehmer zusammenzustellen.«

Mrs. Clinton zeigte sich sehr interessiert. Sie stellte mir zahlreiche
Fragen über die Details des geplanten Vorgehens. Seit jenem Tag hat
ihre Unterstützung für Grameen nicht nachgelassen. Im April 1995 hat

sie uns besucht und sich über die Erfahrungen mit dem Kleinstkredit auf drei Kontinenten informiert. Und 1997 beteiligte sie sich an der Leitung des Weltgipfels über Kleinstkredite.

Ich versprach dem Gouverneur, nach Arkansas zu fliegen und ihm das weitere Vorgehen zu erläutern, nachdem ich mit den zuständigen Staatsbeamten sowie mit potentiellen Kreditnehmern, Bankern, Wissenschaftlern und Vertretern der Geschäftswelt gesprochen hatte.

Mary und Ron begleiteten mich nach Arkansas und bemühten sich sehr, mich mit mittellosen Unternehmern zusammenzubringen. Man stellte mir den Besitzer eines lokalen Radiosenders vor, den Betreiber eines Fast-Food-Services sowie die Eigentümer eines Einzelhandelsgeschäfts und eines Drugstores. Bei jeder neuen Begegnung wurde ich etwas reservierter. Ich verspürte keinerlei Lust, mich mit diesen Kleinunternehmern zu unterhalten. Für mich war das verlorene Zeit. Die Clintons hatten mir von der Armut erzählt, die in ihrem Bundesstaat so weit verbreitet sei und die ich bekämpfen sollte, aber ich sah weit und breit keine Spur davon.

Schließlich war ich so enttäuscht, daß ich meine Gastgeber bat, keine Treffen mehr zu arrangieren.

»Keine einzige dieser Personen, die ich getroffen habe, ist wirklich arm«, sagte ich.

»Aber sie besitzen die kleinsten Unternehmen im Bundesstaat!«

»Ich interessiere mich nicht für Kleinunternehmer, ich will Arme sehen.«

Sie blickten mich verdutzt an, als redete ich in Bengali mit ihnen. Sie waren ratlos und wußten nicht, was sie nun mit mir machen sollten.

Ich fragte sie: »Gibt es in Arkansas Sozialhilfeempfänger?«

»Ja, viele Einwohner werden vom Staat unterstützt.«

»Gibt es ein Büro, in dem diese Fälle zentral erfaßt werden? Gibt es Listen mit Sozialhilfeempfängern, die ich einsehen kann?«

»Ja.«

»Gut. Dann gehen wir hin.«

Meine Gastgeber sprachen sich kurz ab und telefonierten. Bald darauf kam eine weitere Person, die die Mitarbeiter des Sozialamts kannte. Allmählich begann das Ganze für mich interessanter zu werden. Ich traf Sozialhilfeempfänger und fragte eine Gruppe:

»Nehmen Sie mal an, Ihre Bank wäre bereit, Ihnen Geld zu leihen, damit Sie sich eine Existenz aufbauen könnten – wieviel würden Sie haben wollen?«

Alle blickten mich mit entsetzter Miene an, als würden sie ihren Ohren nicht trauen. Endlich antwortete jemand:

»Wir haben kein Bankkonto.«

»Und wenn Sie eins hätten und Ihnen Ihre Bank Geld leihen würde? Was würden Sie mit dem Geld anfangen? Möchten Sie ein neues Unternehmen gründen? Haben Sie ein Hobby, das Ihnen etwas Geld einbringen könnte, wenn Sie Ihre ganze Zeit darauf verwenden würden?«

Ich ging herum und fragte jede Person einzeln. Ich wollte erfahren, welche Vorstellung sich die Armen in Amerika von selbständiger Arbeit machten. Meine Kritiker hatten mir einen Mißerfolg für den Kleinstkredit in Amerika vorhergesagt und behauptet, daß zwar die Menschen in Bangladesch seit langem selbständig arbeiteten, daß dies jedoch in den Vereinigten Staaten nur bei zehn Prozent aller Menschen der Fall sei. Sie behaupteten, daß jeder Amerikaner, der sein eigener Chef werden wolle, dazu eine Ausbildung, technische Hilfe und Zugang zu einem branchenspezifischen Netzwerk haben müsse.

In meinem Innern dachte ich, eine solche Kritik verrate, daß man die Amerikaner bei weitem unterschätzte. Tag für Tag berichten Zeitungen über Fälle von Arbeitern oder Angestellten, die nach jahrelanger Tätigkeit für einen Arbeitgeber entlassen werden. In Zukunft wird jeder von uns im Laufe seines Lebens zwei oder drei unterschiedliche Karrieren durchlaufen. Die selbständige Arbeit wird daher an Bedeutung gewinnen und an Umfang zunehmen. Doch ich wollte sehen, wie Amerikaner, die manchmal schon seit zwei oder drei Generationen im Elend gefangen waren, auf unser Kreditangebot reagierten.

Im Gemeindezentrum von Pine Bluff fielen mir dieselbe Angst, dieselbe Schüchternheit und derselbe Blick völligen Unverständnisses auf, denen ich viele Male zuvor in Bangladesch begegnet war. Daher sprach ich so ruhig und natürlich wie möglich zu den Anwesenden:

»Hören Sie, in Bangladesch leite ich eine Bank, die an Arme Geld verleiht. In der vergangenen Woche habe ich Ihren Gouverneur getroffen, der mich darum bat, einen Ableger meiner Bank in Ihrer Gemeinde aufzubauen. Ich trage mich mit dem Gedanken, hier in Pine Bluff anzufangen, und ich bin heute hierhergekommen, um mich zu erkundigen, ob jemand von Ihnen daran interessiert wäre, sich Geld von mir zu leihen.«

Als ich auf den Gesichtern ein ungläubiges Lächeln aufleuchten sah, fuhr ich fort:

»Meine Bank wendet sich ganz besonders an die Armen. Sie verlangt keine Sicherheiten, keine Überprüfung ihrer Finanzen. Die einzige Voraussetzung ist die, daß man Sozialhilfe beziehen oder arbeitslos sein und eine Idee haben muß, was man mit dem Kredit machen will. Aber wenn es hier keine derartigen Pläne gibt, warum sollte ich dann meine Bank hier einrichten? Ich kann auch anderswo hingehen und den Armen aus einer anderen Region Kredite anbieten. Aus diesem Grund frage ich Sie, ob Sie wissen, was Sie mit einem Kredit anfangen würden.«

Eine Frau, die mir aufmerksam zugehört hatte, hob die Hand und rief mir, aus Angst, ich könnte sie übersehen, laut zu:

»He! Ich möchte mir von Ihrer Bank Geld leihen!«

»Gut«, antwortete ich lächelnd. »Nun kommen wir zum Thema. Wieviel wollen Sie?«

»375 Dollar.«

Alle Anwesenden lachten.

»Wofür wollen Sie das Geld haben?«

»Ich bin Kosmetikerin, und mein Salon hat nur eine begrenzte Kundschaft, weil ich nicht alle Leistungen anbieten kann. Wenn ich mir eine Ausrüstung für die Maniküre anschaffen könnte, die 375 Dollar kostet, dann könnte ich Ihnen mit Sicherheit aus dem zusätzlichen Einkommen die Kreditsumme zurückzahlen.«

»Möchten Sie vielleicht mehr Geld leihen?«

»Nein, keinen Dollar mehr, als mich die Ausrüstung kostet.«

Eine andere Frau meldete sich zu Wort:

»Seit der Schließung der Kleiderfabrik und ihrer Verlegung nach Taiwan bin ich arbeitslos. Ich brauche ein paar hundert Dollar, um mir eine gebrauchte Nähmaschine zu kaufen. Ich könnte Kleider nähen und sie an meine Nachbarinnen verkaufen.«

Eine dritte Frau sagte:

»Ich brauche 600 Dollar für einen Karren, damit ich meine Tamales* auf der Straße anbieten kann. Alle Leute im Viertel mögen sie, und ich könnte sie dann leichter verkaufen.«

All diese Vorschläge gaben mir Hoffnung, ähnelten sie doch dem, was ich in Bangladesch zu hören gewohnt war. Die Wünsche der wirklich armen Amerikaner sind denen der Bedürftigsten in Bangladesch, Malaysia oder Togo zum Verwechseln ähnlich.

Mit der Betreuung des Grameen-Projekts in Pine Bluff in Arkansas wurde Julia Vindasius beauftragt, eine Amerikanerin litauischer Herkunft in der zweiten Generation, die ihren Abschluß am Massachusetts Institute of Technology (MIT) gemacht hatte. Als ich sie kennenlernte, arbeitete sie für die South Shore Bank. Sie war jung und sehr kompetent, und ich schlug sie für das Projekt vor, was alle überraschte. Sie war nämlich noch nie in den Südstaaten gewesen.

Das Projekt wurde auf den Namen »Grameen Fund« getauft. In den ersten beiden Jahren verbrachte das Personal viel Zeit damit, den Namen der Einrichtung zu erklären, der sich als zu kompliziert herausstellte. Eines Tages, ich befand mich gerade in meinem Büro in Dhaka, rief mich Mary aus Chicago an:

»Es wäre einfacher, wenn wir den Fonds ›Good Faith Fund‹ (Treu-und-Glauben-Fonds) nennen würden, als Hinweis auf die Tatsache, daß es mehr auf Treu und Glauben gegenüber den Kreditnehmern ankommt als auf den Nachweis von Sicherheiten. Sobald die Leute den Namen ›Grameen Fund‹ hören, fragen sie uns über Bangladesch (›Wo liegt das?‹) und über Mr. Yunus (›Wer ist das?‹) aus, bevor wir die eigentlichen Probleme ansprechen können. Schließlich sagt der künftige Kreditnehmer nach einer oder zwei Stunden: ›Und das ist wirklich ein Darlehen auf Treu und Glauben?‹ Man könnte viel Zeit gewinnen, wenn man diese einfacheren Begriffe verwenden würde«, schloß Mary ihre Ausführungen. »Hättest du etwas dagegen?«

»Überhaupt nicht. Je einfacher es zu verstehen ist, desto besser.«

---

* Mexikanische Spezialität: gedämpfte Teigtaschen aus Maismehl mit pikanter Fleischfüllung (Anm. d. Übers.)

Die meisten Argumente, die man Julia Vindasius bei ihrem Versuch entgegenhielt, Grameen auf den Staat Arkansas zu übertragen, überraschten uns wenig. Wir hatten sie bereits in Bangladesch zu hören bekommen: Die Armen können nicht investieren; sie können nicht sparen; sie brauchen mehr an Ausbildung und sozialen Hilfeleistungen, bevor sie sich selbständig machen können; die Armen zahlen nie ihre Schulden zurück – und dergleichen mehr.

Als Bill Clinton während seines Präsidentschaftswahlkampfs im Jahr 1992 Redakteuren des Magazins *Rolling Stone* mitteilte, er beabsichtige, ein Bankkonzept aus Bangladesch zu importieren, antworteten ihm diese, das sei absurd. Eine solche Reaktion sei nicht weiter verwunderlich, erklärte mir ein amerikanischer Freund. Grameen steht für einen Know-how-Transfer aus der Dritten Welt, und so etwas könne die amerikanische Elite nicht zulassen. Angesichts der Zögerlichkeit der Amerikaner, sich von ihnen so nahestehenden Ländern wie Kanada, Deutschland oder Großbritannien hinsichtlich einer Reform ihres Gesundheitssystems inspirieren zu lassen, verwundere es nicht, wenn es Clinton schwerfalle, seine Landsleute davon zu überzeugen, ein aus Bangladesch stammendes Modell zu übernehmen!

Allerdings habe ich den Eindruck gewonnen, daß die Amerikaner das Konzept mit größerer Begeisterung übernommen haben als die europäischen Länder.

Auch nach seiner Wahl zum Präsidenten hat Bill Clinton sich weiterhin persönlich für den Good Faith Fund in Arkansas interessiert, und er unterstützt den Kleinstkredit. Leider wollte er nach der Wahl eines gegnerischen Kongresses nicht mehr das politische Risiko eingehen, dieses Programm auf die Liste der nationalen Prioritäten zu setzen.

Dennoch kommt der amerikanische Präsident bei jeder sich bietenden Gelegenheit auf Grameen zu sprechen und sagt dabei seine Unterstützung zu. Auf Reisen ins Ausland besucht er immer wieder Kleinstkredit-Nehmer, und sowohl durch seine Worte als auch durch seine Taten hat er geholfen, Kleinstkredit-Programme ins Leben zu rufen bzw. bereits bestehende auszuweiten.

Der Versuch von Arkansas wurde in zahlreichen anderen Regionen Amerikas wiederholt. Bei den Sioux in Süd-Dakota wohnte ich bei Gerald Sherman, dem Direktor des Lakota Fund. Gerald und das gesamte Personal des Lakota Fund gehörten zum Volk der Sioux. Ich bewunderte die schönen gesteppten Decken, die die Kreditnehmer voller Stolz herstellen. »Wir hatten nichts zu tun, keine Verdienstmöglichkeit«, teilten mir die Frauen mit. »Jetzt haben wir etwas zu verkaufen. Wir organisieren Versammlungen in den Kirchen oder den Gemeindezentren und verkaufen unsere Produkte in eigener Regie.«

In Oklahoma brachte sich Wilma Mankiller, ein beeindruckender Stammeshäuptling, sehr aktiv in das Grameen-Projekt ein. Als ich das Territorium der Cherokee besuchte, stellte man mir eine Gruppe von 15 bis 20 bedürftigen Frauen vor. Sie saßen vor mir, gleichgültig und unzugänglich. Ich sagte zu ihnen:

»Ihre Reaktion hier kommt mir sehr viel ermutigender vor als jene, die ich in Bangladesch gewohnt bin. Dort unternehmen die Frauen nämlich alles, um mir aus dem Weg zu gehen. Sie nehmen vor mir Reißaus, indem sie mir zurufen: ›Nein, wir brauchen Ihr Geld nicht.‹ Dann muß ich ihnen nachlaufen, um mit ihnen zu reden. Aber im allgemeinen weigern sie sich, mir zuzuhören. Sie aber hören mir wenigstens zu. Das ist für mich äußerst ermutigend.«

Niemand lachte.

»Braucht hier jemand Geld?«

Keine Antwort, keine Hand hob sich.

»Vielleicht können Sie mir einen Nachbarn oder einen Freund empfehlen?«

Nach langem Schweigen hob sich zaghaft eine Hand:

»Ja, ich habe einen Nachbarn, der ein wenig Geld brauchen könnte.«

»Was will er damit machen?«

»Einen kleinen Ofen auf Rädern anschaffen und Tacos verkaufen.«

»Hat er schon welche gebacken?«

»Ja, die leckersten weit und breit. Alle sind wie wild nach seinen Tacos.«

»Dann schicken Sie ihn zu mir. Ich bin sicher, daß wir ihm helfen können. Hat jemand einen Freund oder Nachbarn in einer vergleichbaren Lage?«

»Moment mal, wollen Sie sagen, daß Sie unserem Nachbarn Geld ohne Sicherheiten leihen? Einfach so?«

»Ja.«

Die anwesenden Cherokee-Frauen dachten einen Moment lang nach, dann hob sich eine andere Hand:

»Die Leute hier mögen gern Welpen.«

»Ja, und?«

»Könnte ich ein Darlehen bekommen, um Welpen zu züchten und zu verkaufen?«

»Wenn Sie glauben, daß Sie finanziell auf Ihre Kosten kommen und so viel verdienen, um ein Darlehen zurückzahlen zu können, lautet die Antwort: Ja, wir können Ihnen ein Darlehen geben.«

»Kein Problem, denn zur Zeit mache ich es gratis.«

»Wissen Sie, wo Sie sie verkaufen können?«

»Klar, ich habe doch schon Kunden.«

»Wieviel brauchen Sie denn?«

»Das kann ich nicht sagen. Jedenfalls genug, um einen Hundezwinger zu bauen, Werbung zu machen und loszulegen. Mit Hundefutter und allem Drum und Dran für den Anfang vermutlich 500 Dollar.«

»Einverstanden. Ich leihe Ihnen 500 Dollar.«

»Einfach so?«

»Ja, einfach so!«

Alle brachen in Gelächter aus, und ich bemerkte, daß einige Augenpaare aufleuchteten. Jetzt hoben mehrere die Hand:

»Ich möchte Topfpflanzen verkaufen.«

»Was bringt Sie zu dem Glauben, daß Sie das könnten?«

»Ich mag Pflanzen und habe ein grünes Händchen. Alles, was ich anrühre, wächst gut.«

»Haben Sie ein Stück Land?«

»Das ist kein Problem. Bei uns gibt es kein Grundeigentum. Alle vom Stamm können den Boden nutzen.«

»Glauben Sie, daß Sie hier Topfpflanzen verkaufen können?«

»Bestimmt, ganz leicht.«

Wir kamen zu einer Einigung, und ich spürte, wie im Saal die Phantasie zu blühen begann.

Ein Mann hob die Hand:

»Jahrelang haben wir unseren eigenen Mais angebaut, und dann haben die Weißen unseren Platz eingenommen. Ich weiß bestimmt, daß wir bessere Ernten erzielen als sie, und wir können den Gewinn behalten.«

Ich nickte zustimmend. Dann sprudelten die Vorschläge im ganzen Saal wie von selbst.

Im Laufe der Zeit bin ich immer stärker zu der Überzeugung gelangt, daß die Bankprobleme, mit denen ich in Bangladesch zu kämpfen hatte, auf der ganzen Welt die gleichen sind. 1990 schrieb ich einen Artikel mit dem Titel »Stimmt etwas nicht?«, in dem ich die Frage stellte, ob amerikanische Banken Menschen überhaupt wahrnehmen. Damals schrieb ich:

»Das System, das wir geschaffen haben, weigert sich, die Menschen anzuerkennen. Nur Kreditkarten werden akzeptiert. Führerscheine werden akzeptiert, nicht jedoch die Individuen. Wie es scheint, besitzen Gesichter keinen Wert mehr. Man nimmt Ihre Kreditkarte, Ihren Führerschein, Ihren Sozialversicherungsausweis unter die Lupe; wenn eine Karte offizieller als ein Gesicht ist, weshalb leistet man sich dann noch eins?

In Amerika erfuhr ich, daß das Einlösen von Schecks zum blühenden Geschäft geworden ist; sogar die Schecks von Regierungseinrichtungen werden nur gegen hohe Gebühren eingelöst. Viele Menschen sind auf diese Einlösestellen angewiesen, viele alte Menschen, die von Sozialhilfe leben, und Arme, denen die Banken kein Konto einrichten, weil sie keine entsprechend hohen Einkünfte nachweisen können... Manche gehen zum Einlösen ihrer Schecks stets in dieselbe Bank und an denselben Schalter. Dennoch wollen die dortigen Schalterbeamten jedesmal wieder den Führerschein sehen...«

Ich beendete den Artikel mit der Bemerkung, daß die amerikanischen Banken ihre Armen nicht besser behandeln, als es die Banken in meinem Land tun.

26. KAPITEL

IN DEN GHETTOS VON CHICAGO

Mary Houghton und Ronald Grzywinski sind Banker aus Chicago. Es
gab keinen Grund, aus dem ich die beiden hätte kennen müssen. Doch
das Leben führte uns zusammen, und wir wurden schnell enge Freunde
sowie Verbündete bei aufregenden und gewagten Unternehmungen.

Die Ford Foundation in Dhaka hatte mich schon immer bei meinen
Bemühungen, die Armut auszurotten, unterstützt. Es begann mit der
Förderung des landwirtschaftlichen Ökonomieprogramms, das ich ins
Leben rief, als ich noch an der Universität in Chittagong lehrte, lange
bevor ich mich mit der Vergabe von Krediten beschäftigte. Dieses Programm kam mir sehr gelegen, als es darum ging, den studentischen Freiwilligen des Kreditprogramms eine kleine Vergütung zu zahlen. Zwei
meiner Studenten erhielten 1978 (entsprechend dem damaligen Umrech-
nungskurs) zwei Dollar monatlich. Sie zählten zu den ersten, die im Rahmen meines Darlehensprojekts überhaupt Geld für ihre Dienste erhielten. (Inzwischen arbeiten fast 13 000 Angestellte für die Grameen-Bank
und beziehen jährlich insgesamt 22 Millionen Dollar an Gehältern.)

Als ich mich 1982 verzweifelt um eine Unterstützung durch die
Banken bemühte, damit ich mein Projekt der Grameen-Bank weiter-
führen konnte, fragte mich die Ford Foundation, welche strategische
Hilfestellung ich am dringendsten benötigte. Ich antwortete ihnen, daß
ich einen Bürgschaftsfonds brauchte, um das Argument der Banken
entkräften zu können, daß sie alle von ihnen investierten Finanzmittel
früher oder später als Verluste buchen müßten. Außerdem erklärte ich
der Ford Foundation, daß ich Gelder zur Ausbildung der Angestellten
sowie einen Notfallfonds für unvorhergesehene, dringende Ausgaben
benötigte, falls die beteiligten nationalen Banken aus bürokratischen
Gründen außerstande wären, mir Geld für laufende Ausgaben zur
Verfügung zu stellen.

Die Ford Foundation signalisierte mir sofort ihr grundsätzliches Einverständnis, mir die benötigten Mittel zur Verfügung zu stellen, doch zuvor sollten unabhängige Banker unser Programm begutachten. Ich war sehr entmutigt und sagte ihnen, daß uns kein Banker jemals als förderungswürdig einstufen werde.

Die Vertreter der Ford Foundation waren sehr entgegenkommend. Sie schlugen uns vor, daß wir selbst nach einem verständnisvollen Banker, aus welchem Land auch immer, für die Begutachtung unserer Arbeit suchen konnten. Uns fiel niemand ein, der für eine solche Aufgabe zur Verfügung stand. Daraufhin bot sich die Foundation an, uns ein paar Lebensläufe von möglichen Kandidaten zur Verfügung zu stellen. In den folgenden Monaten lieferten sie uns die Daten von sechs Kandidaten, unter denen wir Ronald Grzywinski auswählten. Sein Lebenslauf wirkte interessant, weil er am Südufer von Chicago zu einem Zeitpunkt eine Bank eröffnet hatte, als weiße Ladenbesitzer und von Weißen geführte Unternehmen die Gegend verließen, weil immer mehr Schwarze ins Viertel zogen. Ron arbeitete damals eng mit Mary Houghton zusammen, und sie blieben uns als Team bei vielen künftigen Unternehmungen erhalten.

Die Ford Foundation lud also Mary und Ron nach Bangladesch ein, um die Grameen-Bank zu begutachten.

Von Anfang an waren sie von unserer Arbeit eingenommen, und sie wünschten sich nur, das gleiche in den Ghettos von Chicago bewerkstelligen zu können. Es ist ihrem Elan und ihrer unendlichen Hingabe zu verdanken, daß die Erfahrungen von Grameen in die USA exportiert wurden.

Als ich 1985 zum erstenmal nach Chicago kam und Gast von Mary und Ron war, lud man mich ein, vor Sozialarbeitern, Volkswirtschaftlern, Bankern und führenden Persönlichkeiten der Stadt zu sprechen. Das war eine ziemlich neue Erfahrung für mich. Fast alle wiesen meine Argumentation zurück. Gewiß war jeder der Meinung, daß die in Bangladesch gesammelten Erfahrungen bei der Ausrottung der Armut in den USA nicht helfen konnten.

»Diese beiden Gesellschaften sind Welten voneinander entfernt«, hieß es. »Wer in Chicago kann schon etwas mit einem Kleinstkredit anfangen? Die Menschen hier brauchen Arbeitsplätze, eine Ausbildung, eine Gesundheitsversorgung und Schutz vor Drogen und unsinniger Gewalt. Selbständigkeit ist ein prähistorisches Konzept, das nur noch in der Dritten Welt und in primitiven Gesellschaften fortbesteht. Die von Niedriglöhnen lebenden Menschen in Chicago brauchen Geld für die Miete und fürs Überleben, nicht zum Investieren. Worin sollten sie auch investieren? Sie können doch nichts.« Und dergleichen mehr.

Ich trug genau die Argumente vor, die ich bereits den Bankern in Bangladesch genannt hatte, nämlich: »Die Armen sind sehr kreative Menschen; sie wissen, wie man seinen Lebensunterhalt verdient und sein Leben verändert; ihnen fehlt nur die Möglichkeit dazu. Und Kredite bieten ihnen genau diese Möglichkeit.« Und ich fügte hinzu: »Ja, unsere beiden Gesellschaften sind sehr unterschiedlich und Tausende Meilen voneinander entfernt, doch offen gestanden sehe ich keinen Unterschied zwischen den Armen in Bangladesch und denen in Chicago; die Probleme und Folgen der Armut sind überall die gleichen.«

So lagen die Dinge. Nur Mary und Ron glaubten an mich, und nur sie beschlossen, es in Chicago einmal mit einem Kreditprojekt nach der Art von Grameen zu versuchen.

Das von Mary und Ron initiierte Women's Self-Employment Program (WSEP) war eine vernehmbare und eindeutige Bestätigung dafür, daß selbständige Tätigkeiten nicht nur in der Dritten Welt wichtig sind, sondern auch in den meisten industrialisierten Gesellschaften der Welt das Problem der Armut lösen helfen. Die Selbständigkeit ist eine weit bessere Lösung als das Schlangestehen nach Almosen oder das Irrewerden wegen Arbeitslosigkeit und einer ungewissen Zukunft.

Ich besuchte die Büros des WSEP jedesmal, wenn ich mich auf Einladung von Mary und Ron in Chicago aufhielt. Für Connie Evans, die Geschäftsführerin des WSEP, stellte diese Tätigkeit zwar ein neues Arbeitsgebiet dar, doch sie war lernbegierig und wollte dem Projekt in Chicago zum Erfolg verhelfen. Susan Matteucci, die gerade ihr Studium am MIT abgeschlossen hatte, unterstützte Connie als Angestellte des Full Circle Fund (FCF) des WSEP. Der FCF war einem Grameen-Programm genau nachempfunden und für die Innenstadt Chicagos entworfen worden.

Ich schlug vor, Connie und Susan sollten uns in Bangladesch besuchen und das Grameen-System von allen Seiten kennenlernen, bevor sie den FCF aus der Taufe hoben. Damit waren sie einverstanden. Also kamen sie und lebten mit unseren Angestellten in Grameen-Dörfern, um aus nächster Nähe zu beobachten, wie Grameen arbeitete. Als sie nach Chicago zurückkehrten, um die Idee in die Wirklichkeit umzusetzen, strotzten sie vor Selbstvertrauen. Und es hat funktioniert.

Beim Aufbau des FCF erlebte ich in der Praxis mit, wie die Sozialgesetzgebung der Vereinigten Staaten die Wohlfahrtsempfänger entmutigt, sich selbst aus ihrer Abhängigkeit zu befreien. Bezieht man Sozialhilfe, dann sind alle Türen und Fenster hermetisch verschlossen, so daß man nicht einmal daran denken mag, nach einer Öffnung zu suchen, um zu entkommen, und man ist nicht nur ein Gefangener der Armut, sondern auch derer, die einem helfen: Verdient man auch nur einen Dollar, so muß man dieses Einkommen dem Sozialamt melden, damit es einem von der Sozialhilfe abgezogen wird. Und man darf sich kein Geld mehr von irgendeiner offiziellen Quelle borgen.

Nach den damals bestehenden Gesetzen von Illinois war es unmöglich, mit Sozialhilfeempfängern ein Kleinstkredit-Programm wie das des FCF durchzuführen. Die WSEP mußte mit dem Sozialamt verhandeln, um eine Ausnahmegenehmigung zu erwirken. Man brachte mich mit Vertretern der staatlichen Wohlfahrt zusammen, damit ich ihnen gegenüber bezeugte, daß es den Menschen mit Hilfe eines Kredits möglich sei, sich von der Wohlfahrt unabhängig zu machen; daß es eine gute Idee sei, den Sozialhilfeempfängern Kredite zu bewilligen, und daß sie in Betracht ziehen sollten, jenen Wohlfahrtsempfängern, die Mitglieder des FCF wurden, für eine Probezeit von drei Jahren eine Befreiung von den gesetzlichen Auflagen zuzugestehen.

Nach langwierigen Verhandlungen stimmte der Staat von Illinois schließlich einer Befreiung für die Dauer eines Jahres zu. In der Folge wurde diese Frist jeweils um ein Jahr verlängert. Dank des Erfolgs des FCF ist das Gesetz in Illinois inzwischen dahingehend verändert worden, daß die Menschen dort auch dann einen Kredit aufnehmen können, wenn sie noch Sozialhilfe beziehen.

Der FCF wagte einen beherzten Anfang und schlug jeden konventionellen Rat aus. Jedermann behauptete, daß die Idee mit den jeweils fünf Frauen umfassenden Gruppen nicht funktionieren könne, weil

Amerikanerinnen dafür zu unabhängig seien. Doch genau dieser Ansatz erwies sich ausgerechnet in einem der schwierigsten Viertel von Chicagos Innenstadt als erfolgreich. Eines der größten Probleme für die potentiellen Mitglieder bestand darin, Freunde zu finden, mit denen sie sich zu einer Gruppe zusammenschließen konnten, so daß der FCF sich veranlaßt sah, regelmäßige Kennenlern-Partys zu organisieren.

Man lud mich ein, die Kreditnehmerinnen zu treffen, sie zu Hause zu besuchen und an ihren Feiern teilzunehmen; damals war der FCF bereits gut angenommen worden. Am meisten überraschten mich die Ähnlichkeiten zwischen dem Projektverlauf in Bangladesch und in Chicago. Ich war immer davon überzeugt gewesen, daß diese Ähnlichkeiten vorhanden waren, doch sie so deutlich vorgeführt zu bekommen, war für mich ein besonderes Erlebnis. Bei den Armen in Illinois entdeckte ich die gleiche Begeisterung wie bei den Armen in Tangail, hörte die gleichen Äußerungen der Entdeckung ihres Selbst, die gleichen Sehnsüchte, die gleiche Wärme in der Stimme.

Natürlich ging es in Chicago nicht darum, Hühner zu züchten oder Reis zu schälen, womit sich die Frauen in Bangladesch beschäftigten. Aber wie dort wußten die Frauen hier, was sie zu tun hatten, um ein Einkommen zu erwirtschaften. Ich hätte nie geahnt, mit welchen Fähigkeiten sie aufwarten und welche Nische sie möglicherweise im Markt besetzen würden. Auch die Wirtschaftsexperten an den Universitäten hätten dies nicht vermocht. Doch für die Kreditnehmerinnen war dies kein Problem.

Eine von ihnen sagte zu mir: »Alle meine Bekannten haben mir immer gesagt, daß ich den besten Käsekuchen der Welt backe. Sie haben mich sogar gebeten, für sie Kuchen zu backen, wenn sie Gäste hatten. Jetzt habe ich daraus meinen Erwerb gemacht. Ich bin froh, daß das WSEP mir das Geld geliehen hat, damit ich aus meinem Hobby ein Geschäft machen konnte. Eine Menge Kunden kommen zu mir. Mein Käsekuchen ist noch immer der beste auf der Welt. Kommen Sie und probieren Sie selbst.«

Eine andere Frau verriet mir, sie habe aus dem Geschichtenerzählen einen Beruf gemacht, und beim besten Willen konnte ich mir nicht vorstellen, wie man davon leben sollte. Doch sie erklärte mir: »Ich werde zu Partys eingeladen, um Geschichten zu erzählen. Dafür werde ich bezahlt. Die Leute mögen meine Geschichten. Dank des Kleinstkredits habe ich Kassetten mit meinen Geschichten produziert, die ich jetzt über die Geschäfte im Viertel verkaufe. Haben Sie mein Plakat schon gesehen? Ist es nicht wunderbar?«

Es war wirklich wunderbar.

Eine weitere Frau berichtete, sie sei Schauspielerin. Um ihren Lebensunterhalt zu verdienen, trat sie auf Partys auf. Doch sie hatte nicht genug Einladungen annehmen können, weil ihr die entsprechenden Kostüme zum Auftreten fehlten. Mit dem Kleinstkredit vom WSEP konnte sie sich die notwendige Garderobe zulegen und war inzwischen sehr beschäftigt.

Zwei andere Kreditnehmerinnen aus Chicago gingen in die Modebranche. Sie entwarfen Kleider, nähten sie und verkauften sie anschließend. Sie luden mich zur Eröffnung ihrer neuen Boutique ein, die sie gemeinsam gemietet hatten. Es war eine große Feier, und auch alle übrigen Kreditnehmerinnen des WSEP nahmen daran teil.

Es war bewegend, diesen Frauen dabei zuzusehen, wie sie den Erfolg ihrer wirtschaftlichen und sozialen Unabhängigkeit feierten; sie, die noch vor kurzem keinerlei Hoffnung gehabt hatten, jemals auf eigenen Füßen zu stehen, und deren tägliches Überleben jahrelang davon abgehangen hatte, daß sie auf der Liste der Wohlfahrtsempfänger standen, um einen Scheck entgegenzunehmen, der ihre Menschenwürde herabsetzte. Viele brachten zu dem Fest die Ergebnisse ihrer Tätigkeiten mit, die sie mit Hilfe ihres Kleinstkredits in Angriff genommen hatten – sie fertigten Schmuck nach eigenen Entwürfen, Quilts, Puppen, Afro-Kleider usw.

Als der FCF im Begriff war, ein Programm im Ghetto von Englewood zu starten, lud man mich ein, dieses Viertel zu besichtigen. Als man mich dorthin begleitete, bemerkte ich, daß man eine besondere Vorsicht walten ließ. Ich hatte vor, durch die Straßen zu gehen, um mir einen Eindruck vom alltäglichen Leben dort zu verschaffen, doch man verhinderte dies. Ich traf die Organisatoren in einem Raum und wurde zwar mit einigen der Kreditnehmerinnen bekanntgemacht, doch überall herrschte eine Atmosphäre der Spannung und der Angst.

Nachdem wir in die Büroräume des WSEP zurückgekehrt waren,

erklärte man mir, weshalb dies so sei. »Es ist eine ungewöhnlich gewalttätige Gegend. Keiner in diesem Viertel fühlt sich sicher. Wenn jemand von auswärts kommt, spielt man gern ein bißchen mit ihm herum oder überfällt ihn. Sieht man fremd aus, erweckt man möglicherweise großes Interesse. Nach Einbruch der Dunkelheit trauen sich selbst die Einheimischen nicht mehr auf die Straße.«

Aber heute führt das WSEP ein sehr erfolgreiches Kleinstkredit-Programm in Englewood durch.

Ganz besonders erinnere ich mich an ein bewegendes Erlebnis bei einem Besuch im Viertel der Hispanos im Westen Chicagos. Das WSEP war bereits seit zwei Jahren in dieser Gegend tätig, als ich es besuchte. Das erste, was mich schockierte, als ich dort eintraf, war das plötzliche Verstummen der englischen Sprache. Ich hörte nur noch Spanisch, das ich überhaupt nicht verstehe. So wurde ich ein zweifach Fremder und völlig von den Mitarbeitern des WSEP abhängig, die zweisprachig waren. Sie stellten mir mehrere Mitglieder aus der Gruppe der Kreditnehmerinnen vor. An eines dieser Mitglieder, eine furchteinflößend aussehende Frau von Anfang Vierzig, die nur Spanisch sprach, erinnere ich mich lebhaft.

Ich fragte sie: »Sie machen schöne Quilts und Stickereientwürfe. Konnten Sie das schon, bevor Sie ein Darlehen erhielten?«

Sie antwortete mir im Flüsterton auf Spanisch: »Ja, das konnte ich immer schon. Meine Mutter hat es mir und auch all meinen Schwestern beigebracht. Sie war eine sehr talentierte Frau. Früher habe ich sie nur für den Hausgebrauch angefertigt, entweder für meine Familie oder für meine Freunde.«

»Wann dachten Sie daran, daraus einen Broterwerb zu machen?«

Sie erzählte mir ausführlich ihr Leben. Ich beobachtete ihre Miene, während sie sprach. Sie war schüchtern und auch glücklich, daß sich so viele Menschen bei ihr zu Hause in ihrer kleinen Wohnung versammelt hatten, fühlte sich allerdings zugleich unwohl. Das Wohnzimmer, in dem wir uns alle aufhielten, war peinlich genau aufgeräumt. Wo man auch hinsah, bemerkte man das schöpferische Werk einer talentierten Näherin und Nadelkünstlerin. Ihr Zimmer war mit Stickereiarbeiten dekoriert, die Christus, Maria mit dem Kind und religiöse Szenen darstellten. Sie berichtete:

»Als Jenny [eine Mitarbeiterin des WSEP] kam und mit mir sprach, fürchtete ich mich. Ich glaubte ihr nicht. Ich dachte, sie wollte mir etwas verkaufen. Ich mied sie, aber sie kam später mit einer anderen Frau wieder, einer Hispana aus unserem Viertel. Sie versuchten mit mir zu reden, aber ich hatte Angst, ihnen zuzuhören.

Sie redeten über Geschäfte, und davon verstand ich nichts. Mein Mann hat ein schweres Leben. Er arbeitet in der Fabrik und regt sich furchtbar auf, wenn ich mit Leuten von auswärts rede. Er mag es auch nicht, wenn ich allein aus dem Haus gehe. In Chicago kenne ich keinen. Vor 15 Jahren bin ich von Mexiko hierhergekommen, und seitdem wohne ich hier mit meinem Mann.

Jenny kam jedoch immer wieder. Sie erzählte mir etwas von einer Grameen-Bank in Bangladesch, einem fernen Land. Sie sagte, daß die Frauen in diesem Land damit begonnen haben, ihr Leben zu verändern. Ich mochte die Geschichten, die sie mir erzählt hat, und wünschte mir, so sein zu können wie die Frauen in diesem Land. Aber hier ist das Leben so schwierig. Ich traute mich nicht, selbst etwas zu unternehmen. Mein Mann würde mich umbringen, wenn ich ihm Ärger machte.

Ich fing an, mit Jenny zu reden. Sie machte mich mit anderen Frauen aus unserem Viertel bekannt. Denen habe ich zugehört. Da habe ich von ihrem harten Leben erfahren, von ihren Ehemännern, von den Eltern, Brüdern und Schwestern und der Kindheit. Als ich sah, wie sehr sich unsere Lage ähnelte, hatte ich keine Angst mehr vor ihnen. Wir redeten über Jenny, über das WSEP und die Grameen-Bank.

Allmählich stellten wir uns vor, das gleiche zu tun wie die Frauen in Bangladesch. Wir beratschlagten über die Art der Geschäftstätigkeiten, die wir in Angriff nehmen konnten. Wir ermutigten uns gegenseitig und sammelten gemeinsam Informationen und baten Jenny um weitere. Schließlich bildeten wir eine Gruppe. Jeweils zu zweit nahmen wir einen Kredit auf und unterstützten einander bei den Geschäften. Meinen ersten Kredit von 600 Dollar habe ich zurückgezahlt. Zur Zeit habe ich die Hälfte meines zweiten Kredits in Höhe von 1000 Dollar abbezahlt.«

»Haben Sie Probleme, Ihre Produkte zu verkaufen?«

»Nein, überhaupt nicht. Ich hinke meinen Aufträgen hinterher. Ich
könnte sehr viel mehr verkaufen, aber ich mache alles selbst in Hand-
arbeit. Ich habe niemanden, der mir dabei hilft. Mein Sohn geht in die
Schule und ist ständig unterwegs. Ich bin als einzige zu Hause.«

»Sind Sie mit Ihrem Einkommen zufrieden?«

Sie überlegte eine Weile, bevor sie antwortete. Dann begann sie zu
flüstern und sprach sehr leise. Ich vermutete, daß sie sagte, ihre Ein-
nahmen seien zwar gering, aber insgesamt eine große Hilfe oder dergleichen.

Als sie mit ihrer Flüsterrede zu Ende war, übersetzte man mir: »Ich
habe nie damit gerechnet, daß ich in meinem Leben einmal Geld verdienen würde. Mein Mann gibt mir nie Geld, das ich ausgeben kann.
Er bezahlt immer alles. Ich hatte nie eigenes Geld. In den 15 Jahren, in
denen ich inzwischen in Amerika lebe, hatte ich nie ein eigenes Bankkonto. Jetzt habe ich Geld und ein eigenes Bankkonto und ein Scheckheft. Mein Mann weiß nichts davon. Ich habe mich nicht getraut, es
ihm zu sagen.«

Mir fehlten die Worte. Um meine Rührung zu verbergen, fragte
ich: »Viele Leute sagen mir, daß es ihnen viel leichter fiele, sich Geld
zu leihen, wenn das WSEP nicht so sehr darauf beharren würde, daß
sie sich in Gruppen zusammenfinden. Teilen Sie diese Meinung?«

Während man ihr meine Frage übersetzte, sah sie mich groß an. Sie
antwortete leise: »In den 15 Jahren, in denen ich hier bin, hatte ich nie
eine einzige Bekannte. Ich kannte niemanden hier und war ganz allein.
Jetzt habe ich viele Bekannte. Meine vier Freundinnen aus der Gruppe
sind für mich wie Schwestern. Selbst wenn das WSEP uns kein Geld
gäbe, würde ich unsere Gruppe nie verlassen.«

Ihre Augen wurden feucht. Sie bedeckte ihr Gesicht mit beiden
Händen, während man mir ihre Worte übersetzte. Ich war sprachlos.

27. KAPITEL

DIE PARTNERSCHAFT
ZWISCHEN GRAMEEN UND RESULTS

Im Ausland fing man an, über uns zu sprechen. Unser Engagement bei den amerikanischen Projekten machte uns bei den aktiven Gruppen in den Vereinigten Staaten bekannt. Fast überall interessierte sich die Presse für uns. Zu diesem Zeitpunkt begegnete ich auf einer Konferenz den ehrenamtlichen Mitarbeitern von Results.

Results war von Sam Daley-Harris, einem ehemaligen Musiklehrer an einer High School in Miami, angesichts des Hungers in der Welt gegründet worden. Sein ganzes Erwachsenenleben lang hatte er sich innig gewünscht, bei der Abschaffung des Hungers mitzuhelfen. Um dies zu erreichen, entschied Sam sich dafür, den Kongreßabgeordneten Briefe zu schreiben, was er mit seinen Freunden vier Jahre lang tat. 1984 versammelten sich 95 Ehrenamtliche aus 20 Bundesstaaten in Washington zu einer Konferenz. Results war nun in der Lage, ein nationales Netzwerk aus Ehrenamtlichen zu bilden.

Als ich mich 1987 wieder einmal in den USA aufhielt, hielt ich vor dem House Banking Subcommittee on International Development Institutions and Finance sowie dem House Select Committee on Hunger einen Vortrag. Anschließend kam ein Mitglied von Results auf mich zu und führte mich in einen winzigen Raum, in dem man mich bat, vor einem Telefon mit Lautsprecher Platz zu nehmen. Ich hatte noch nie etwas von einer Telefonkonferenz gehört. Niemand erklärte mir, worum es ging, und mir blieb keine Zeit, mich bei irgend jemandem darüber zu erkundigen. Da saß ich also plötzlich vor einem Telefon mit Lautsprecher, dem 15 Journalisten von führenden Tageszeitungen zugeschaltet waren, die mir alle Fragen stellen wollten.

In dem Zimmer hielt sich noch jemand auf, der ebenfalls vor einem Telefon mit Lautsprecher saß und eifrig hineinsprach. Es war Sam Daley-Harris. Ich war ihm nie zuvor begegnet. Sam war sehr liebenswürdig. Als ich ihn am Telefon sprechen hörte, begriff ich, worum es ging. Ich war in eine Telefon-Pressekonferenz gekommen, und die Leitartikler warteten darauf, mir Fragen zu stellen. Ich antwortete ihnen und erklärte die Arbeitsweise von Grameen.

Es dauerte eine Stunde. Dann wurde eine kurze Pause gemacht, und anschließend wurde ich von weiteren 23 Journalisten interviewt. An jenem Tag erfuhr ich, wie effektiv Results arbeitete.

Sam und ich schlossen gleich bei jener ersten Begegnung Freundschaft, und seit damals ist meine Bewunderung für ihn ständig gewachsen. Er ist ein bescheidener Mann, aber seine Entschlossenheit ist unerschütterlich, wenn es um die Bekämpfung von Hunger und Armut geht.

Seit jener ersten Begegnung sind die Beziehungen zwischen Grameen und Results immer enger geworden, und jedes Mitglied von Results wird über kurz oder lang zum Grameen-Spezialisten.

FÜNFTER TEIL
UNSERE PHILOSOPHIE

28. KAPITEL

DAS ÖKONOMISCHE PRINZIP ENTDECKEN:
DIE SOZIALLIBERALE MARKTWIRTSCHAFT

In meiner Jugend war ich ziemlich fortschrittlich eingestellt und politisch etwa Mitte links einzustufen, weil ich weder mit dem Zustand der Welt sonderlich zufrieden war noch mit dem Vorgehen der Konservativen übereinstimmte. Ideologien allerdings habe ich noch nie geschätzt und auch keine Gruppen, die mir vorschrieben, was ich zu denken und zu tun hatte.

Obwohl ich nie zu den Islamisten gehörte, würde ich meine Kultur nicht aufgeben. Ich wollte nie so radikal sein, daß ich meine Gebete nicht mehr sprechen oder dem Propheten nicht mehr meine Verehrung erweisen konnte.

Die meisten meiner Freunde an der Universität waren Sozialisten, die dachten, die Regierung müsse sich um alles kümmern. Professor Georgescu-Roegen in Vanderbilt war kein Kommunist, aber er bewunderte das logische Gedankengebäude des Marxismus. In seinen Vorlesungen und Kursen wies er der Wirtschaft eine soziale Dimension zu. Eine Ökonomie ohne Menschlichkeit ist sinnlos und unfruchtbar.

In den Vereinigten Staaten sah ich, daß die Marktwirtschaft das Individuum befreit und ihm gestattet, seine persönliche Wahl zu treffen. Der einzige Nachteil dieses Systems liegt darin, daß es immer nur die Mächtigen begünstigt, wohingegen meiner Meinung nach die Armen von dem System profitieren sollten, um ihr Los verbessern zu können.

Grameen ist eine Privatbank zur Selbsthilfe, und wenn ihre Mitglieder zu Wohlstand kommen, so investieren sie in Wasserpumpen, Latrinen, neue Unterkünfte, Schulen, Gesundheitsdienste usw.

Es gibt noch eine andere Möglichkeit, dieselben Ergebnisse zu erzielen: Man gestattet es den Unternehmen, Gewinne zu erwirtschaften, die dann von der Regierung besteuert werden, wodurch es ihr möglich ist, Schulen, Krankenhäuser usw. zu bauen. Doch in der Praxis funktionieren die Dinge nicht auf diese Weise. In der Praxis kommen die erhobenen Steuern primär der öffentlichen Verwaltung für die Steuergelder zugute, und es bleibt nichts oder nur wenig für die Armen übrig. Da die öffentliche Verwaltung zudem nicht gewinnorientiert arbeitet, hat sie kein Interesse daran, ihre eigene Effizienz zu steigern.

Ein weiterer Nachteil: Die Regierung kann die Sozialhilfe unter keinen Umständen reduzieren, ohne gewaltige Proteste seitens der Bevölkerung zu riskieren. Auf diese Weise verewigt sich die Ineffizienz des Monsters.

Wenn Grameen keine Gewinne machen und unsere Angestellten nicht motiviert und hart arbeiten würden, dann wären wir bald ruiniert. Unabhängig davon, ob wir wie ein Privatunternehmen oder ein gemeinnütziger Verein organisiert sind – unsere einzige Antriebskraft darf nicht die »Habgier« sein. Wir haben uns immer darum bemüht, Gewinne zu erwirtschaften, unsere Ausgaben zu decken, unsere Zukunft zu sichern und uns ständig weiterzuentwickeln. Vor allem haben wir das langfristige Wohlergehen unserer Aktionäre und nicht die sofortige Dividendenausschüttung für ihr investiertes Kapital im Auge.

Zweifellos bietet die Marktwirtschaft in ihrer heutigen Form keine Lösungen für die Übel der Gesellschaft an. Dies wird besonders an der Vernachlässigung von sozialen Bereichen wie den wirtschaftlichen Chancen, der Gesundheitsversorgung und Ausbildung der Armen sowie dem Wohlergehen alter und behinderter Menschen deutlich. Jedenfalls bin ich der Ansicht, daß sich der Staat in seiner jetzigen Form hier völlig zurückziehen – die Gesetzgebung und Rechtsprechung, die Landesverteidigung und die Außenpolitik ausgenommen – und alles nach dem von sozialer Verantwortung getragenen Modell von Grameen privatisieren sollte.

Von Anfang an hat Grameen viele Kontroversen ausgelöst. Für die Linken war unsere Organisation eine von den Amerikanern angezettelte Verschwörung, um den Kapitalismus unter den Armen zu verbreiten. Sie behaupteten, als wahres Ziel verfolgten wir die Zerstörung jeder Hoffnung auf Revolution, indem wir den Armen ihre Hoffnungslosigkeit und ihren Zorn rauben würden.

Ein kommunistischer Professor meinte mir gegenüber: »In Wirklichkeit verabreichen Sie den Armen kleine Dosen Opium, damit sie jedes Interesse an den größeren politischen Zusammenhängen verlieren. Mit Ihren Kleinstkrediten schlafen sie friedlich und machen nicht den geringsten Lärm. Ihr revolutionärer Eifer versiegt. Daher ist die Grameen-Bank eine Gegnerin der Revolution.«

Auf der Rechten beschuldigten uns konservative Moslemführer, unsere Kultur und unsere Religion preisgeben zu wollen.

Stets bemühe ich mich darum, bombastische Philosophien und Theorien und »-ismen« zu vermeiden. Ich ziehe einen Pragmatismus vor, der auf sozialen Überlegungen beruht und praxisnah ist. Ich baue auf ein Learning by doing und sorge dafür, daß ich ein gesetztes soziales Ziel tatsächlich auch erreiche.

Ich bin kein Kapitalist nach einem vereinfachenden Rechts-Links-Schema. Vielmehr glaube ich an die globale freie Marktwirtschaft und an die Teilhabe daran durch den Einsatz kapitalistischer Mittel. Ich glaube an die Macht des freien Marktes und an die Macht des Kapitals innerhalb dieses Marktes.

Ich bin fest davon überzeugt, daß die Zahlung von Almosen nicht zu einer Lösung des Problems beiträgt, sondern die Schwierigkeiten der Armen nur zementiert und sie in ihrem Elend festhält. Die arbeitsfähigen Armen wollen keine Almosen und haben sie auch nicht nötig. Die soziale Wohlfahrt erhöht nur ihren Jammer, denn sie beraubt sie ihres Unternehmungsgeistes und ihrer Würde.

Doch nicht die Armen sind für ihre Armut verantwortlich, sondern Armut ist ein Produkt bestimmter Gesellschaftsstrukturen und politischer Strategien. Baut man die Gesellschaft um, wie wir dies in Bangladesch versuchen, so ändern sich die Lebensbedingungen der Armen. Die Erfahrungen der Grameen-Bank zeigen, daß die Armen durch den Zugriff auf Kapital, so niedrig der jeweilige Kredit auch sein mag, in die Lage versetzt werden, ihr Leben in unglaublicher Weise zu verändern.

Einige benötigten eine Summe von umgerechnet etwa 36 DM, andere von 180 oder 900 DM; die einen wollen Reis schälen, jene Puffreis herstellen, andere wiederum Tonkrüge fertigen oder Kühe kaufen. Aber – und dies sei allen Spezialisten für Entwicklungshilfe ins Stammbuch geschrieben – keine unserer Kreditnehmerinnen brauchte hierfür eine besondere Ausbildung. Entweder hatten die im Haushalt zu erledigenden Aufgaben ihnen in der Praxis eine Ausbildung vermittelt, oder sie hatten sich bereits die für ihr Arbeitsgebiet benötigten Kenntnisse angeeignet. Ihnen fehlte lediglich ein wenig Kapital.

In gewisser Weise haben wir alle die Überzeugung verinnerlicht, daß nur die Habgier der Motor des Kapitalismus sein kann. Daraus wurde eine sich selbst erfüllende Prophezeiung. Nur die reinen Profitmaximierer wagen sich auf den Markt und versuchen ihr Glück. Menschen, deren Hauptantriebskraft nicht das Gewinnstreben ist, wenden sich davon ab, verdammen es und suchen nach Alternativen.

Wir können der Privatwirtschaft all ihre Fehler vorhalten, aber wie rechtfertigen wir es, daß wir nichts unternehmen, um die Dinge zu verändern oder zu verbessern, indem wir daran teilhaben? Im Gegensatz zum Regierungsbereich ist die Privatwirtschaft jedermann zugänglich, selbst für die, die nicht nach Gewinn streben. Jeden, der ein privatwirtschaftliches Engagement verdammt, frage ich: Wenn Sie sozial engagiert sind, weshalb führen Sie Ihre Geschäfte dann nicht in einer Weise, die dazu beiträgt, Ihre sozialen Ziele zu erreichen?

Meine mehr als zwanzigjährigen Erfahrungen mit Grameen haben mich zu der Auffassung gebracht, daß die Habgier nicht die einzige Triebkraft der freien Marktwirtschaft ist. Soziale Ziele können die Habgier als mächtige Motivationskraft ersetzen. Unternehmen, die von sozialem Engagement angetrieben werden, können sich zu prächtigen Herausforderungen für solche Unternehmen entwickeln, die auf der Grundlage von Habgier funktionieren. Wenn wir es richtig anstellen, können sozial engagierte Unternehmen eine marktbeherrschende Stellung einnehmen.

Wo ist die Philosophie von Grameen ideologisch einzuordnen? Rechts, links oder in der Mitte?

Wir befürworten weniger Staat, ja wir treten sogar für einen auf ein Minimum reduzierten Staatsapparat ein. Wir halten an der freien Marktwirtschaft fest und fördern das Unternehmertum. Daher müßten wir ganz rechts stehen.

Gleichzeitig jedoch verfolgt Grameen soziale Ziele: die Ausrottung

der Armut, Ausbildung für alle, medizinische Versorgung, die Schaffung von Arbeitsplätzen, die Durchsetzung der Gleichheit von Mann
und Frau, indem man den Frauen die Möglichkeit gibt, für sich selbst
zu sorgen, und schließlich Sicherstellung des Wohlergehens alter Menschen. Grameen träumt von einer von Armut und Almosen freien Welt.

Grameen mißbilligt den bestehenden institutionellen Rahmen
sowie ein allein von Habgier angetriebenes Unternehmertum und
möchte ihm starke, sozial bewußte Unternehmen entgegenstellen.

Grameen vertritt kein Laissez-faire. Wir glauben an die soziale
Intervention, jedoch nicht durch den Staat. Die soziale Intervention
durch den Staat sollte sich auf politische Maßnahmen beschränken, die
die Unternehmen zum sozialen Engagement animieren.

All dies spricht dafür, Grameen links einzuordnen. Aber Grameen
ist nicht nur der Privatwirtschaft, sondern auch dem Staat gegenüber
kritisch eingestellt und setzt sich für die Schaffung eines neuen Bereichs
ein, eine von sozialem Engagement angetriebene Privatwirtschaft.

Wer will oder kann diesen Bereich schaffen? Menschen, die von
einem starken sozialen Gewissen angetrieben werden. Dieses kann
ebenso motivieren wie die Habgier, wenn nicht sogar noch mehr. Weshalb sollte man diesen Menschen nicht einen Freiraum auf dem Markt
schaffen, damit sie die sozialen Probleme zu lösen versuchen und die
Menschen auf eine immer höhere Ebene von Frieden, Gleichheit und
Kreativität hinführen?

Der öffentliche Sektor ist durch Subventionen, wirtschaftliche und
politische Protektion sowie mangelnde Transparenz und die daraus
hervorgegangene Bürokratisierung und Korruption zugrunde gerichtet worden.

Übrig geblieben ist also nur noch die Privatwirtschaft, die von Gewinnstreben und Habgier angetrieben wird. Bevor sich die Welt jedoch damit abfindet, Habgier und Korruption zu erliegen, sollten wir
das soziale Engagement als mögliche Alternative überprüfen – Grameen beispielsweise.

Die Kritiker des Kleinstkredits behaupten häufig, er trage nicht oder
nur in höchst geringem Maße zur wirtschaftlichen Entwicklung eines
Landes bei.

Doch was heißt Entwicklung? Für mich besteht sie darin, daß sich bei der Hälfte des am meisten benachteiligten Bevölkerungsteils die Lebensqualität verbessert. Um noch strenger zu sein, möchte ich die Definition von Entwicklung von der Lebensqualität des unteren Viertels der Bevölkerung abhängig machen.

An diesem Punkt gehen die Auffassungen von Wachstum und Entwicklung auseinander. Jene, für die beide Begriffe dasselbe bedeuten, nehmen an, die unterschiedlichen Schichten der Gesellschaft seien aneinandergekoppelt wie die Waggons eines Güterzugs. Wenn die Lokomotive losfahre, meinen sie, folgten alle Waggons und alle, die sich darauf befinden, mit derselben Geschwindigkeit. Doch das stimmt nicht. Nicht nur kommen die unterschiedlichen Schichten nicht mit derselben Geschwindigkeit voran, sondern sie bewegen sich normalerweise sogar in entgegengesetzte Richtungen.

In der menschlichen Gesellschaft verfügt jede wirtschaftliche Einheit oder Gruppe über einen eigenen Motor. Und erst die vereinigte Kraft aller Motoren zusammen zieht die Wirtschaft vorwärts. Wenn die Gesellschaft jedoch vergißt, einige der Motoren in Gang zu setzen, so vergißt sie einfach einige dieser Schichten, und die kombinierte Kraft der Wirtschaft fällt um einiges geringer aus.

Schlimmer noch: Wenn die Motoren der am Ende des Zuges befindlichen sozialen Gruppen nicht angeworfen werden, können sie nicht nur von den Motoren vorne nicht gezogen werden, sondern es besteht die Gefahr, daß sie – unabhängig von der übrigen Gesellschaft und zum Schaden aller Beteiligten, auch der Bessergestellten – zurückrollen.

Der Kleinstkredit bringt den Wirtschaftsmotor im hintersten Wagen in Gang, indem er bei jedem Passagier in diesem gewöhnlich vermodernden und übelriechenden Güterwaggon den Motor ankurbelt. Dadurch kann die Zuggeschwindigkeit nicht abgebremst, sondern nur erhöht werden, was die meisten der heutigen sogenannten Entwicklungsprojekte nicht zu leisten vermögen.

Die Investitionen in die Infrastruktur – Straßennetze, Stromversorgung und Flughäfen – setzen den Motor im vordersten Erste-Klasse-Abteil in Bewegung. Die Abteile hier sind am schönsten und reichhaltigsten ausgestattet, und sie steigern die Leistung der Zugmaschine um ein Vielfaches. Ob sie allerdings dazu beitragen, daß die Motorenleistung in den nächsten Zugwaggons, also in allen anderen Schichten der Gesellschaft, überhaupt gesteigert wird, bleibt ungewiß.

Durch den Kleinstkredit hingegen werden die winzigen Wirtschaftsmotoren der vernachlässigten Unterschicht der Gesellschaft angeworfen. Läuft erst einmal eine große Anzahl dieser winzigen Motoren, ist das Terrain für größere Unternehmungen bereitet. Die Kreditnehmer und Sparer können sich zusammenschließen, um große Unternehmen zu erwerben.

Grameen hat mehrere Gesellschaften mit dem Ziel gegründet, die Überwindung der Armut zu beschleunigen. Bei einigen davon handelt es sich um große Unternehmen zur Schaffung von Infrastruktur. GrameenPhone beispielsweise ist eine nationale Telefongesellschaft für Mobiltelefone, die in Bangladesch bis zum Jahr 2003 die Bedürfnisse von einer halben Million Benutzern in den Städten wie auf dem Land befriedigen möchte.

Grameen Check ist ein nationaler Produzent und internationaler Exporteur von Baumwolltuch, das von armen Arbeitern aus Bangladesch gewebt wird.

Grameen Fisheries Foundation beschäftigt sich mit dem Aufbau eines nationalen Netzes von Fischfarmen, an denen die Armen Aktien halten und die sie auch bewirtschaften.

Grameen Cybernet bietet in Bangladesch einen Internet-Dienst an, um die weltweiten Stellenangebote bis ins entlegenste Dorf zu bringen. Die intelligenten Söhne oder Töchter armer Familien werden dank des Internet Zugangs zur bestmöglichen Ausbildung erhalten. Sie sind nicht mehr gezwungen, auf der Suche nach Arbeit in die Städte zu strömen, sondern werden Arbeit finden, die sie in ihrem Dorf erledigen können.

Grameen Shakti (Grameen Energie) bringt die Solarenergie in die Dörfer, die keine Stromversorgung besitzen, um damit Handys, Lampen, Radios, Fernseher und Computer zu betreiben. Grameen Shakti wird Kleinstunternehmen zur Energieversorgung einrichten, die den Armen vor Ort gehören und von ihnen geführt werden.

Nach der traditionellen Entwicklungsstrategie gehören die Energieversorgungseinrichtungen, die Unternehmen der Telekommunikation und andere Infrastrukturunternehmen entweder den Reichsten des Landes oder den multinationalen Konzernen. Doch Grameen und der Kleinstkredit können zugunsten der Armen zu einer Veränderung des Denkens und hoffentlich auch des Handelns führen.

Die Lebensqualität einer Gesellschaft sollte nicht am Lebensstil der Reichen, sondern an jenem der auf der untersten Sprosse der Sozialleiter Stehenden gemessen werden.

29. KAPITEL

SELBSTÄNDIGE ARBEIT:
RÜCKKEHR ZUM WESENTLICHEN

Die Arbeitslosigkeit ist eine Geißel der modernen Gesellschaften. Selbst die industrialisierten Staaten sind nicht in der Lage, jedem Bürger einen Arbeitsplatz zu garantieren.

Die amerikanischen ebenso wie die europäischen Staatsoberhäupter bemühen sich, in ihren Ländern große Unternehmen anzusiedeln, indem sie ihnen Steuervorteile anbieten, um so Arbeitsplätze zu schaffen. Aber die Industrie kann nicht alles leisten. Zudem produziert sie häufig giftige Abfälle, verschmutzt Wasser und Luft und erzeugt Umweltprobleme, die zuweilen die durch die Schaffung von Arbeitsplätzen erzielten Vorteile wieder zunichte machen. Überdies werden die von den ausländischen Investoren erwirtschafteten Gewinne an die Muttergesellschaften und die ausländischen Aktionäre überwiesen.

Das ist anders bei selbständiger Arbeit. Sicherlich tritt sie nicht so spektakulär auf wie eine funkelnagelneue Fabrik, aber dafür bleiben die Gewinne in dem Land, in dem sie erwirtschaftet wurden, und die auf diese Weise entstandenen Kleinunternehmen produzieren meist auf eine relativ umweltverträgliche Art.

Hier einige Vorteile der selbständigen Arbeit gegenüber einer Festanstellung:

1. Die Arbeitszeiten sind flexibel und können der familiären Situation angepaßt werden. Die Menschen können also entscheiden, ob sie in Voll- oder in Teilzeit arbeiten möchten, wenn sie in vorübergehenden Schwierigkeiten sind. Und sie können sogar ihre Selbständigkeit für eine gewisse Zeit aufgeben, um einer unselbständigen Tätigkeit nachzugehen.

2. Die selbständige Arbeit kommt ganz besonders denen entgegen, deren Stärke darin besteht, sich auf der Straße durchsetzen zu können,

und die eher praktische Fertigkeiten als theoretisches und technisches Wissen besitzen. Dies heißt, daß die Analphabeten und die Armen ihre starken Seiten ausspielen können, ohne von ihren Schwächen behindert zu werden.

3. Auf diese Weise kann aus einem Zeitvertreib eine einträgliche Beschäftigung werden.

4. Die Selbständigkeit gibt all denen eine Chance, die Schwierigkeiten haben, sich in eine starre Hierarchie einzugliedern.

5. Sie bietet die Möglichkeit, der Abhängigkeit von der Sozialhilfe zu entkommen, indem man nicht etwa zum Lohnsklaven wird, sondern einen Laden oder eine kleine Werkstatt eröffnet.

6. Sie kann denen helfen, die zwar eine Arbeit, aber immer noch keinen Ausweg aus der Armut gefunden haben.

7. Sie gibt allen, die arbeitslos geworden sind, den notwendigen Impuls, um auf eigene Rechnung tätig zu werden, statt in Depressionen zu fallen oder in die Isolation zu geraten.

8. Sie gibt Opfern des Rassismus, die ihrer Hautfarbe oder ihrer Herkunft wegen keinen Arbeitsplatz finden, eine Chance, ihren Lebensunterhalt zu verdienen.

9. Die durchschnittlichen Kosten zur Schaffung einer selbständigen Existenz sind zehn-, zwanzig- oder sogar hundertmal geringer als die für die Einrichtung eines unselbständigen Arbeitsplatzes erforderlichen Aufwendungen.

10. Die Selbständigkeit ermöglicht es einem isolierten Armen, wieder Selbstvertrauen zu gewinnen.

Man kritisiert am Kleinstkredit häufig, daß die selbständige Arbeit im Zeitalter der Massenmärkte und der Massenproduktion nur im kleinen Maßstab und mit niedrigen Gewinnmargen stattfinden könne, da nur Großunternehmen wirkliche Gewinne machen könnten. Ich glaube aber, daß die Familienproduktion sehr wohl in eine Massenproduktion einmünden kann, auch wenn sie nicht unter ein und demselben Dach und auf der Basis von Lohnarbeit bewerkstelligt wird.

Um die Armut auszurotten, muß man globalere und tiefergehende Maßnahmen ergreifen, als sich einfach nur auf die Schaffung von Arbeitsplätzen zu verlassen. Denn nicht die Arbeit rettet die Armen, sondern das mit der Arbeit verbundene Kapital: In den meisten Fällen eliminiert es die Armut ohne oder mit nur minimalen Kosten für den Steuerzahler.

Statt die Sozialhilfe monatlich zu überweisen, sollte man meiner Meinung nach den Betrag für ein Jahr auf einen Schlag überweisen, damit jene, die dies wünschen, sich eine selbständige Tätigkeit aufbauen können. In Großbritannien hat ein Programm mit der Bezeichnung »Enterprise Allowance Scheme« die Gründung von 88 000 Unternehmen erleichtert, von denen nach drei Jahren immerhin noch 86 Prozent aktiv waren.

Zweifellos hat die selbständige Arbeit ihre Grenzen, aber in vielen Fällen bietet sie die einzige Möglichkeit, das Los jener zu verbessern, denen unsere Wirtschaft eine Anstellung verweigert und deren Last die Steuerzahler zu übernehmen sich weigern.

Betrachten wir zum Beispiel den Fall der 39jährigen Manzira Khatun aus dem Dorf Outakhin Noadeeari im Bezirk Chapainoabganj, in dem sie geboren wurde und wo sie heute noch immer lebt.

Manzira war eine fleißige Studentin und hatte im Alter von 17 Jahren geheiratet. Dann ging ihr Vater bankrott und verlor infolge endloser Prozesse all seinen Landbesitz. Ihr Mann wurde arbeitslos, und nach der Geburt des dritten Kindes verließ er seine Familie, um eine andere Frau zu heiraten. Manzira verlor so viel an Gewicht, daß sie ihren kleinen Sohn Rubel nicht mehr stillen konnte. Ihr Vater war sehr arm und hatte selbst 17 Münder zu stopfen, so daß er sich weigerte, Manziras beide älteren Kinder bei sich aufzunehmen. Sie verdiente nur wenig Geld mit Haushaltsarbeiten. Daneben absolvierte sie noch unentgeltlich eine Lehre bei einem Schneider. Ihr kleinster Sohn, der an Unterernährung litt und sehr schwach war, bekam plötzlich Durchfall und starb innerhalb eines Tages. Ihr Kummer war so groß, daß sie ein halbes Jahr brauchte, um sich von diesem Schock zu erholen. Schließlich fand sie bei einem Schneider im Dorf Arbeit.

Manzira lebte von der Hand in den Mund, und ihr Traum war es, eine eigene Nähmaschine zu kaufen und sich selbständig zu machen. 1989 hörte sie von Grameen und bat ihren Vater, sich über die Beitrittsbedingungen zu informieren. Dank unseres Darlehens besitzt sie heute ein kleines Stück Land mit Guavenbäumen und hat ein Feld gepachtet, auf dem hochertragreicher Reis wächst. Ihr gehört ein Steinhaus mit Zinndach, das von Grameen finanziert wurde. Außerdem nimmt sie Kredite auf, um Stoffe einkaufen zu können, aus denen sie Kleidungsstücke schneidert, die sie zu Hause verkauft. »Der Tag, an dem ich anfangen konnte, mein Haus zu bauen, war der schönste Tag in meinem Leben«, sagt sie. »Grameen hat mir das gegeben, was meine Eltern mir nicht geben konnten.«

Ihre wöchentlichen Ratenzahlungen belaufen sich auf etwa vier Dollar, die sie mühelos aufbringen kann. »Zum erstenmal seit Jahren esse ich genug und kann darüber hinaus noch meine alten Eltern versorgen.«

1990 wurde sie von ihren Gefährtinnen gewählt, um das Gebiet Rajshahi-Rangpur im Board of Directors von Grameen zu vertreten. Sie war es auch, die 1989 aus den Händen des belgischen Königs Baudouin einen Preis entgegennahm, mit dem er Grameen in seinem Palast auszeichnete. Bei dieser Zeremonie gab sie sich ganz kosmopolitisch – wie man es von einer leitenden Mitarbeiterin erwartet. David Bornstein hat das Ereignis in seinem Buch *The Price of a Dream* ausführlich beschrieben.

30. KAPITEL

AUSBILDUNG UND TRAINING FÜR DIE ARMEN?

Wir haben uns gegen die traditionellen Methoden im Kampf gegen das Elend gewandt, indem wir Kredite vergeben haben, ohne daß wir vorher für irgendeine Ausbildung gesorgt hätten.

Weshalb sind wir auf diese Weise vorgegangen?

Weil alle Menschen einen angeborenen Instinkt besitzen, den zum Überleben nämlich. Der Umstand, daß die Armen leben, ist ein klarer Beweis für diese Fähigkeit. Sie haben es nicht nötig, daß wir sie darin unterweisen. Statt also unsere Zeit damit zu vergeuden, daß wir ihnen neue Fähigkeiten beizubringen suchen, haben wir uns dazu entschlossen, einen maximalen Nutzen aus ihren bereits vorhandenen Fähigkeiten zu ziehen. Indem wir den Armen Kredite gewähren, erhalten sie die Möglichkeit, ihr vorhandenes Können sofort gewinnbringend umzusetzen – zu weben, Kühe aufzuziehen, eine Rikscha zu fahren usw.

Die öffentlichen Entscheidungsträger, internationale Berater und zahlreiche Nicht-Regierungsorganisationen schicken jeder ihrer Maßnahmen gegen die Armut ein ausgeklügeltes Ausbildungsprogramm voraus. Dafür gibt es drei Gründe: Erstens gehen sie von der Annahme aus, daß die Menschen arm sind, weil sie keinerlei Qualifikation besitzen, und daß sie nicht mehr arm wären, wenn sie eine besäßen. Zweitens entsprechen diese Ausbildungsprogramme ihren eigenen Interessen: Sie beschaffen sich so noch mehr Arbeitsplätze, Karriereperspektiven und bedeutende Finanzmittel, ohne Ergebnisse nachweisen zu müssen. Sie können etwas vortäuschen und den Eindruck vermitteln, als würden sie handeln. Drittens fällt ihnen sonst nichts ein, was sie tun könnten.

Dank der Unterstützungsfonds und Entwicklungshilfegelder ist weltweit eine riesige Maschinerie zu dem einzigen Zweck entstanden, die Ausbildung zu organisieren. Die Experten für den Kampf gegen die Armut behaupten nach wie vor, daß die Ausbildung eine unverzichtbare Voraussetzung für jeden sozialen Aufstieg ist.

Nimmt man jedoch die Verhältnisse vor Ort genauer in Augenschein, so muß man feststellen, daß die Armen nicht etwa arm sind, weil sie Analphabeten sind oder wenig Bildung besitzen, sondern weil sie die durch ihre Arbeit entstehenden Gewinne nicht behalten können. Der Grund hierfür wiederum liegt darin, daß sie keinen Zugang zum Kapital haben und allein jene, die es kontrollieren, die Spielregeln definieren.

Weshalb sollten die Armen kein Kapital haben? Weil sie kein Kapital erben und man ihnen auch keins leiht, denn uns wurde beigebracht, daß die Armen nicht kreditwürdig sind. Aber sind die Banken menschenwürdig?

Viele Ausbildungsprogramme sind kontraproduktiv. Für die Teilnahme erhalten die Armen eine Gegenleistung, häufig in Form von Ausbildungsstipendien oder von Geld- oder Sachleistungen. Selbstverständlich zieht sie das an, auch wenn sie an der Ausbildung selbst keinerlei Interesse haben.

Die Ausbildungsprogramme sind immer darauf ausgerichtet, neue Fähigkeiten zu entwickeln, statt auf denen aufzubauen, die bereits vorhanden sind. Dabei wird das neue Wissen so vermittelt, daß die Auszubildenden den Eindruck gewinnen, sie seien völlig unwissend und dumm.

Hätten wir von unseren Kreditnehmern verlangt, daß sie einen Kurs in Unternehmensführung besuchen müßten, bevor sie einen Kredit beantragen können, so hätten wir die meisten abgeschreckt. Derartige formelle Schulungen haben etwas Bedrohliches für sie. Jedes Individuum besitzt sein eigenes Lernschema. Wird es nicht beachtet, indem der betreffenden Person ein fremdes Lernschema aufgezwungen wird, kann die eigene Lernfähigkeit zerstört werden, ohne daß sie durch eine neue ersetzt würde.

Das soll allerdings nicht heißen, daß jede Ausbildung von vornherein abzulehnen ist. Sie verhilft dazu, die wirtschaftlichen Schwierigkeiten schneller und sicherer zu überwinden, doch sollte man das Pferd nicht vom Schwanz aufzäumen. Besser ist es, den natürlichen Fähigkeiten freien Lauf zu lassen, statt sie im Rahmen einer einzwängenden Struktur zu ersticken. Man darf den Armen keine Ausbildung aufzwingen, nur weil man selbst davon überzeugt ist, sie hätten sie nötig. Viel produktiver ist es, eine Situation zu schaffen, die bei ihnen die Lust auf eine Ausbildung hervorruft. Wenn sie sie selbst finanzieren müssen, so werden sie sie ihren Ansprüchen entsprechend auswählen. Wer zahlt, sucht aus. Darin liegt das ganze Geheimnis.

Die Kreditnehmer von Grameen sind durchaus an einer Aus- und Weiterbildung interessiert. Dies gilt vor allem für den Bereich der Alphabetisierung. Sie möchten die Ziffern in ihren Sparbüchern lesen können und verstehen, was sie bedeuten. Sie möchten ihre Konten führen, die Grundsätze von Grameen und Informationen über wirtschaftliche Zusammenhänge, Gesundheitsfragen, Geflügelzucht, Viehzucht, neue Pflanzmethoden, über Lagerhaltung und Produktionsmethoden lesen können.

Unsere Kreditnehmer schicken ihre Kinder zur Schule, und die Kinder wiederum helfen den Eltern bei der Buchhaltung und lesen und schreiben für sie. Aber das reicht nicht aus, um ihre Zukunft zu sichern. Grameen bringt ihnen neue Technologien nahe: Handy, Solarenergie und Internet. Das erzeugt bei ihnen das Bedürfnis, die Kosten für ein fünfminütiges Ortsgespräch oder eine internationale Verbindung in die Vereinigten Staaten, nach Malaysia oder Dubai berechnen zu können.

Eine der »Sechzehn Regeln« von Grameen lautet: »Wir werden unsere Kinder ausbilden lassen«, und für alle Kreditnehmer kommt sie an erster Stelle. Sie verstehen, daß eine Ausbildung ihren Kindern dazu verhilft, die tradierten Ketten der Armut leichter zu sprengen. Sie wollen ihren Kindern all die Möglichkeiten bieten, die weder ihnen noch ihren Eltern oder Großeltern offengestanden haben.

Grameen vergewissert sich, daß dieser Vorsatz tatsächlich auch in die Wirklichkeit umgesetzt wird, indem wir kontrollieren, ob die Kinder der Kreditnehmer regelmäßig zur Schule gehen. Anfangs haben wir uns nicht direkt in die Ausbildung unserer Mitglieder eingemischt. Im Laufe der Zeit allerdings haben wir bemerkt, daß dies notwendig war. Die meisten von ihnen haben überhaupt keine Schulbildung genossen; beinahe 80 Prozent sind Analphabeten, was ihre Fähigkeit zur Eigeninitiative einschränkt, auch wenn sie das erforderliche Geld besitzen.

Ohne Kenntnisse im Lesen und Schreiben fällt es ihnen außerdem schwer, sich über andere Geschäftsstrategien zu informieren, Nutzen aus den neuen Möglichkeiten der Betriebsführung zu ziehen oder neue Marktchancen zu erkennen usw.

In einer Mitteilung an Federico Mayor, den Generaldirektor der UNESCO, und seine Kollegen hatte ich 1995 die folgende Herausforderung formuliert:»Heutzutage zählen wir zwei Millionen Kreditnehmer, und wir möchten sicherstellen, daß sie bis zum Jahr 2000 endgültig die Armutsschwelle überwinden. Nach diesem Datum wäre es gut, wenn die unter dem Namen ›Bank der Armen‹ bekannte Bank eine neue Identität annähme, und zwar die der ›Bank der ehemals Armen‹. Das ist unser Ziel, und wir bemühen uns sehr, unseren Traum zu verwirklichen. Nun möchte ich die UNESCO zu folgendem auffordern: Würde die UNESCO uns bei unserem Bemühen unterstützen, die Alphabetisierungsquote der Mitglieder von Grameen bis zum Jahr 2005 auf 100 Prozent zu erhöhen?«

Mr. Mayor erklärte sich sofort einverstanden. Im darauffolgenden Jahr unterzeichneten UNESCO und Grameen bei der Konferenz in Peking ein gemeinsames Memorandum. Drei Jahre später sind wir auf diesem Gebiet zwar kaum vorangekommen, doch weder die UNESCO noch Grameen haben dieses Vorhaben aufgegeben.

1995 haben wir den ersten kleinen Schritt getan und eine Nicht-Regierungsorganisation, das Center for Mass Education in Science (MES, Zentrum für naturwissenschaftliche Massenausbildung), gebeten, ein praxisorientiertes Ausbildungsprogramm im Dorf Joymontop, etwa 30 Kilometer von Dhaka entfernt, ins Leben zu rufen. Jeder erwachsene Schüler muß zwei Taka pro Monat zahlen, was zwar eine geringe Summe ist, vielen aber zu zahlen schwerfällt. Dennoch: Nach einem Jahr nahmen bereits 1600 Schüler in insgesamt 25 Zentren am Schulungsprogramm teil. Pro Kurs treffen sich 40 Personen jeweils morgens oder nachmittags.

Parallel dazu haben wir das neue Unternehmen Grameen Shikkha (Grameen-Ausbildung) gegründet, das eine Methodik des schnellen

Lernens entwickeln soll. Dabei bedienen wir uns auch der neuen Technologien, beispielsweise des interaktiven Fernsehens über Satellit, des Radios und des Internets. Die UNESCO und Infodev von der Weltbank gewähren uns die notwendige technische Hilfe. Die norwegische Telenor sowie Worldview International helfen uns, breite Massen via modernster Informationstechnologie mit unseren Bildungsprogrammen zu erreichen.

Damit die materiellen Lebensbedingungen einer Familie verbessert werden können, müssen bestimmte Grundvoraussetzungen geschaffen werden. Mit Hilfe des Kleinstkredits wird der Motor gestartet, doch wenn es vorwärtsgehen soll, braucht man Kraftstoff, eine regelmäßige Wartung, eine Erhöhung der Kapazität und eine befahrbare Straße. Das Überleben zu garantieren fällt nicht schwer, doch bei den nachfolgenden Etappen ist es unerläßlich, ein funktionierendes System der Gesundheitsfürsorge und Ausbildung, einen Pensionsfonds und gute Kommunikations- und Informationsmittel einzurichten. Fehlt ein solches Unterstützungssystem, so drohen die von den Kreditnehmern erzielten Erfolge irgendwann wieder in sich zusammenzubrechen.

31. KAPITEL

DIE BEVÖLKERUNGSEXPLOSION

Ich bin fest davon überzeugt, daß jeder Mensch ein nicht nutzbar gemachter Schatz mit unbegrenzten Fähigkeiten ist. Alle Neugeborenen werden zu Konsumenten, die die weltweiten Ressourcen belasten, andererseits aber den allgemeinen Wohlstand erhöhen können, wenn sie ihre Fähigkeiten entsprechend einsetzen.

Thomas Malthus sagte im Jahr 1798 voraus, daß das Bevölkerungswachstum die weltweiten Ressourcen erschöpfen und in großem Maßstab zu Armut, Hunger und Elend führen würde. Seine Vorhersage hat sich nicht bewahrheitet. Die Lebensverhältnisse haben sich ständig verbessert. Malthus hatte die industrielle Revolution nicht vorhergesehen, die zu einer verstärkten Verstädterung und zu einer Verringerung der Familiengröße führte.

Bangladesch ist für all jene ein interessantes Land, die sich mit Fragen der Bevölkerungsstatistik befassen. Ständig haben wir uns anhören müssen, daß wir arm seien, weil unsere Bevölkerung für ein so kleines Land viel zu groß sei. Bangladesch ist etwa so groß wie Florida und hat 120 Millionen Einwohner. Will man sich eine Vorstellung von der Bevölkerungsdichte Bangladeschs machen, so braucht man sich nur auszumalen, daß die Hälfte der Amerikaner beschließen würde, in Florida zu leben.

Was bedeutet das für Bangladesch? Müssen wir uns Sorgen machen und den Leuten verbieten, Kinder zu bekommen? Eine Panik dieser Art wird im wesentlichen von den westlichen Ländern und den Entwicklungsdiensten verbreitet, allerdings neigen die Länder der Dritten Welt dazu, diese Behauptung als Echo wiederzugeben. Wir sind sogar fast schon so weit zu glauben, eine Verdopplung der Bevölkerung führe zugleich zu einer Verdopplung der Armut.

Seit der Unabhängigkeit Bangladeschs vor 27 Jahren hat sich unsere Bevölkerung fast verdoppelt, und dennoch sind wir nicht doppelt so arm geworden wie vorher. Im Gegenteil: Unsere Lage hat sich gegenüber früher sogar verbessert. Damals erlebten wir viel mehr Engpässe in der Lebensmittelversorgung als heutzutage, da wir Selbstversorger sind und dabei doppelt so viele Menschen ernähren. »Ja«, erwidern die Demographen, »aber euer Lebensstandard hätte doppelt so hoch sein können, wenn die Bevölkerung von 1971 an nicht gewachsen wäre.« Das kann man nicht beweisen. Spekulationen dieser Art sind immer leicht anzustellen, aber gewiß ist eines: Die Katastrophenszenarien zur Bevölkerungsexplosion sind nicht Wirklichkeit geworden.

Ich habe die Regierungen und die internationalen Organisationen im Verdacht, daß sie den Leuten deshalb angst machen, weil sie verheimlichen wollen, daß man eine Bevölkerungsbegrenzung auch dadurch erreichen könnte, daß man die wirtschaftliche Lage der Menschen im allgemeinen und die der Armen im besonderen verbessert. Jeder ist in der Lage zu erkennen, wo sein eigener Vorteil liegt. Stellt ein Ehepaar fest, daß es vorteilhafter ist, weniger Kinder zu haben, so wird es sich dafür entscheiden, vorausgesetzt die Einrichtungen, die ihm dabei helfen, sind in Reichweite. Doch die Regierungen und die Organisationen, die sich mit Bevölkerungsproblemen beschäftigen, bemühen sich weit weniger darum, die Lebensqualität zu verbessern, als darum, den Armen und Analphabeten einen Schrecken einzujagen und Druck auf sie auszuüben, damit sie weniger Kinder zeugen.

Dabei ist es viel wirksamer, den armen Frauen eine Möglichkeit zu verschaffen, ihren Lebensunterhalt zu verdienen, indem man sie in kollektive Strukturen einbezieht. Die Familienplanung müßte der Initiative der Familien überlassen bleiben und nicht von Regierungen und internationalen Organisationen übernommen werden.

Untersuchungen der UN in mehr als 40 Schwellenländern ergaben, daß die Geburtenrate abnimmt, sobald die Frauen gleichberechtigt sind. Die Gründe hierfür sind zahlreich: Ein Studium verzögert zumindest Heirat und Fortpflanzung, und gut ausgebildete Frauen sind eher imstande, zu empfängnisverhütenden Mitteln zu greifen. Auch sind Kinder in ihrem Leben nicht der einzige Lebenssinn. Grameen wird übrigens in allen Studien über die Bevölkerungsentwicklung in Bangladesch erwähnt, weil herausgefunden wurde, daß Familienplanung unter den Mitgliedern von Grameen doppelt so häufig wie im Landesdurchschnitt praktiziert wird.

Wenn die Familienplanung durch den Kleinstkredit zunimmt, warum sollte man ihn dann nicht fördern? Wer hat ein Interesse daran, daß die Bevölkerungsprogramme weiterhin so funktionieren wie bisher?

Ich glaube, daß die Aufmerksamkeit, die wir der Notwendigkeit widmen, das Bevölkerungswachstum abzubremsen, uns von anderen wichtigen Fragen ablenkt, wie etwa der nach den Maßnahmen, die Bevölkerung autonomer zu machen. Je schneller wir unsere Prioritäten ändern, um so besser ist dies für die Zukunft aller Bewohner unseres Planeten.

32. KAPITEL

EINE WELT OHNE ARMUT: WIE UND WANN?

Wo werden wir in einem Jahrhundert stehen? Ich glaube, daß niemand in der Lage ist, uns zu sagen, wo sich die Menschheit in 100 Jahren befinden wird. Die Welt verändert sich mit rasanter, ständig zunehmender Geschwindigkeit, und die eigentliche Frage muß meiner Meinung nach lauten: Führen diese Veränderungen für die Menschheit zu wirtschaftlichen und sozialen Verbesserungen?

In jüngster Zeit zeichnet sich vor allem eine Technologie ab, die in allernächster Zukunft die Welt zuverlässiger und radikaler verändern wird, als dies je zuvor eine andere Technologie in der Geschichte der Menschheit getan hat. Es handelt sich um das Zusammenwachsen von Informations- und Telekommunikationstechnik. Das Internet breitet sich mit einer phänomenalen Geschwindigkeit aus. Man hat errechnet, daß sich seine Dichte alle neun Monate verdoppelt. Hält dieses Tempo an, verfügen ab 2003 alle Menschen über eine E-Mail-Adresse!

Das Interessante an dieser Informationsrevolution liegt darin, daß sie nicht mehr kontrollierbar ist. Weder der Staat noch Händler noch irgend jemand anderes kann die Informationsflut eindämmen, die über das Internet verbreitet wird. Ein weiterer Vorteil liegt darin, daß die Informationen immer billiger werden.

Dieses Phänomen läßt hoffen, daß wir uns auf eine Welt zubewegen, in der sich Wissen und Macht nicht mehr im alleinigen Besitz einer Kaste von »Entscheidungsträgern« befinden werden. Jeder wird an den Schalthebeln sitzen, und alle Geschmäcker, alle Bestrebungen wird man berücksichtigen müssen. Es wird überflüssig werden, sich bei irgendeiner Autorität die Genehmigung einzuholen, wenn man die Bühne betreten will. Dies eröffnet allen benachteiligten Gruppen, die keine Stimme haben, völlig neue Möglichkeiten.

Ich hoffe, daß alle Informationen allen zugänglich sein werden (auch den Ärmsten, den Dümmsten), und zwar jederzeit, zu minimalen Kosten und unabhängig von den Entfernungen. Die Kommunikation zwischen zwei Menschen, wer immer sie sein mögen und wo immer sie sich befinden, sollte das Natürlichste von der Welt sein.

Alle Einrichtungen der Universitäten und die Sozialeinrichtungen müssen zu Zentren der Informationsverbreitung werden. Jeder wird dann über jedes beliebige Thema informiert sein können, und zwar in der von ihm gewünschten Form (ohne Veränderung an den Inhalten). Insbesondere muß man frei wählen können, in welcher Sprache man die Nachricht hören und lesen möchte. Alles wird automatisch in gleich welche Sprache und gleich welchen Dialekt übersetzt.

Die Informationstechnologien müssen auf jeder Stufe ihrer Entwicklung dazu beitragen, ein planetarisches Umfeld zu schaffen, in dem ein unerschöpfliches Reservoir an Kreativität, Erfindungsreichtum und Produktivität freigesetzt wird.

Jeder Mensch, wo immer er lebt, muß sich – entsprechend seinem Interesse und seinen Fähigkeiten, ohne Ansehen seiner sozialen und geographischen Herkunft und ungeachtet seiner finanziellen Möglichkeiten – in der akademischen Einrichtung seiner Wahl einschreiben können. Vor einem solchen Hintergrund wird man nicht staunen, wenn man erfährt, daß die beste Studentin einer sehr angesehenen Universität in einem Dorf im hintersten Winkel Chinas, Äthiopiens oder Bangladeschs lebt und nie einen Fuß in eine Stadt gesetzt hat.

Wenn wir uns als passive Passagiere auf dem Raumschiff Erde betrachten, dann müssen wir uns nicht wundern, wenn wir uns auf einer Reise ohne Ziel, ohne Piloten und ohne Streckenplan wiederfinden und ziellos umhertreiben. Wenn wir aber begreifen, daß wir in Wirklichkeit die Mannschaft dieses Raumschiffs bilden und unsere Mission darin besteht, es an einen von uns zu bestimmenden sozio-ökonomischen Zielort zu bringen, müssen wir uns nur noch an den Kurs halten, so gut es eben geht, auch wenn wir uns zuweilen verfahren oder wir bestimmte Umwege in Kauf nehmen müssen, um an den Zielort zu kommen, über den wir immer wieder neu sprechen und auf den wir uns einigen müssen.

Ich war schon immer fest davon überzeugt, daß die Ausrottung der Armut mehr eine Frage des Willens als der finanziellen Mittel ist.

Noch heute widmen wir diesem Problem nicht die gebotene Aufmerksamkeit, sicherlich weil wir selbst nicht davon betroffen sind. Zur
Abwehr nach außen genügt die Behauptung, daß die Armen nur zu
arbeiten brauchten, um nicht mehr arm zu sein.

Die Wohlfahrt allerdings bietet auch keine Lösung. Sie trägt lediglich dazu bei, die Armut zu zementieren, indem sie den Armen jede
Initiative entreißt. Sie ermöglicht es uns, weiterhin ein ruhiges Leben
zu führen, ohne daß wir uns um das der anderen kümmern müssen.

Die wahre Lösung besteht darin, alle mit den gleichen Waffen
kämpfen zu lassen und eine wirkliche Chancengleichheit zu garantieren.

Die menschliche Gesellschaft hat sich zahlreiche Möglichkeiten ausge-
dacht, um Chancengleichheit zu schaffen. Aber das Armutsproblem
wurde nie gelöst und seine Lösung dem Staat überlassen. Um den Armen zu Hilfe zu kommen, haben sich die Staaten mit riesigen Verwaltungen ausgestattet, die einen Wust von Gesetzen und Verordnungen
zur Betreuung der Armen hervorgebracht haben und einen Großteil
der Steuergelder verschlingen.

Wie auch immer der erzielte Ausbau des sozialen Netzes aussehen
mag – fest steht, daß er keinesfalls zu einer allgemeinen Chancengleichheit geführt hat. Die Kinder von Sozialhilfeempfängern wachsen
mit Sozialhilfe auf und werden meist auch selbst lebenslang zu Sozialhilfeempfängern.

Der Protektionismus, der angeblich die Armen schützt, dient letztendlich nur den Reichen und denen, die das Räderwerk des Systems beherrschen. Den Armen muß sehr daran gelegen sein, daß sich ihnen
wichtige Märkte erschließen, statt daß sie in beschränkten Märkten
eingezwängt bleiben. Wenn wir den freien Verkehr der Waren, des Kapitals und der Menschen sicherstellen können, so werden nicht nur die
Armen, sondern alle daraus einen Nutzen ziehen.

Es hat keinen Zweck, sich hinter die eigenen Grenzen zurückzuzie-
hen. Außerdem werden Reisepässe und Visa im nächsten Jahrhundert
ohnehin in Vergessenheit geraten. Zwar werden die nationalen Iden-
titäten auch in Zukunft gewiß ihren Stellenwert haben. Alle Religions-,

Stammes- und Sippengemeinschaften, alle regionalen, lokalen, politischen und kulturellen Vereinigungen müssen ihre Stimme erheben können, allerdings mit Respekt vor den anderen und ohne expansionistische Bestrebungen. Wenn wir für den Dialog offen sind, wird diese Mannigfaltigkeit das Erbe der Menschheit bereichern und die gemeinsame Ausrottung der Armut ermöglichen.

Ich möchte, daß die Welt im Jahr 2050 endlich die Armut überwunden hat. Nicht ein einziger Mensch auf unserem Planeten sollte dann mehr als arm bezeichnet werden können. Das Wort »Armut« würde dann keinerlei Bedeutung mehr besitzen und nur noch von historischem Interesse und in die Museen verbannt sein. Wenn die Schüler dann diese Museen besuchen, werden sie über das entwürdigende Elend ihrer Vorfahren entsetzt sein und sich wundern, daß wir nicht früher etwas dagegen unternommen haben.

33. KAPITEL

DIE ARMUT, EIN VON DEN ÖKONOMEN
VERNACHLÄSSIGTES PROBLEM

Es ist unbestritten, daß das beste Mittel gegen die Armut die Schaffung
von Arbeitsplätzen ist. Die Volkswirtschaftler erkennen jedoch nur
einen einzigen Typ von Arbeit an, nämlich die abhängige Beschäftigung. Von selbständiger Arbeit ist in ihren Publikationen nie die Rede.

Die Volkswirtschaftler haben ein Weltbild geschaffen, demzufolge
man seine Kindheit und einen Teil seiner Jugend damit verbringt, sich
darauf vorzubereiten, später seine künftigen Arbeitgeber von sich einzunehmen. Ist man soweit, stellt man sich dem Arbeitsmarkt zur Verfügung, um angestellt zu werden. Wenn man keinen Arbeitgeber findet,
fangen die Probleme an. Wer das Glück hat, in einem industrialisierten
Land zu leben, kann sein Leben als Sozialhilfeempfänger fristen; wer in
einem Entwicklungsland lebt, muß mit einer Existenz in Armut und
Elend rechnen.

Die Vorstellung, daß ein junger Mensch für einen Arbeitgeber hart
arbeiten soll, empört mich. Das erinnert mich an die Zeiten, da die
Mütter ihren Töchtern beibrachten, sich kokett und verführerisch zu
verhalten, damit sie einen Mann abbekommen. Das menschliche
Leben ist viel zu kostbar, als daß man es damit vergeudet, sich auf den
Arbeitsmarkt vorzubereiten, um dann sein ganzes Leben lang im
Dienst eines Arbeitgebers zu stehen.

Als unsere entfernten Vorfahren auf diesem Planeten aufgetaucht
sind, haben sie nicht als erstes den Arbeitsmarkt ersonnen. Vielmehr
haben sie ihr Schicksal in die eigene Hand genommen und sich ihre
eigenen Tätigkeiten geschaffen: die Jagd und das Sammeln, später
den Landbau. Sie waren Selbständige.

Die wirtschaftswissenschaftlichen Fachbücher gehen nicht auf den
Begriff der Selbständigkeit ein. Das hat in der Realität zu schwerwie-
genden Folgen geführt. Weil die Fachbücher diesen Begriff stets ausge-

klammert haben, haben ihn die Politiker ebenfalls aus ihrem Bewußtsein ausgeklammert.

Würde man hingegen darangehen, für selbständige Tätigkeiten neue Bereiche zu erschließen und entsprechende Institutionen einzurichten, und zugleich die dafür erforderlichen politischen Rahmenbedingungen schaffen, wäre dies die beste Strategie, um die Arbeitslosigkeit und die Armut zu beseitigen.

Die Wirtschaftswissenschaftler haben erheblich dazu beigetragen, die Welt so zu gestalten, wie sie heute ist; aber im sozialen Bereich haben sie versagt. Die eleganten Strukturen der wirtschaftswissenschaftlichen Theoriegebäude, die von ihnen im Laufe der Zeit ausgearbeitet wurden, haben gewiß dazu beigetragen, die volkswirtschaftlichen Mechanismen zu verstehen, die unser Wirtschaftsleben ausmachen, aber sie haben die soziale Frage übergangen und sind dem Problem der Armut ausgewichen.

Die Volkswirtschaftler haben intensiv nach den Ursachen für den Reichtum der Nationen geforscht, ohne jemals nach einer Erklärung für die Armut zu suchen. Die Armut wird höchstens im Rahmen der Entwicklungspolitik berücksichtigt.

Die Wissenslücken sind geblieben. Meiner Meinung nach haben diese Unzulänglichkeiten unterschiedliche Ursachen. Vor allem meine ich, daß die mikroökonomische Theorie – ein zentraler Baustein der Volkswirtschaftslehre – unvollständig ist: Mal wird das Individuum als Konsument dargestellt (Konsumtheorie), mal als Arbeiter (Produktionstheorie). Die Produktionstheorie beginnt mit der Funktion der Produktion: Auf welche Weise kann ein Unternehmer bei einer bestimmten Technologie Arbeit und Kapital verbinden, um dieses oder jenes Produktionsniveau zu erreichen? Dies ist die Basis für die Unternehmenstheorie.

Für selbständige Arbeit ist in diesen Konzepten kein Platz. Unternehmer werden demnach als eine Gruppe besonders begnadeter Individuen betrachtet, während der Rest der Menschheit dazu geboren wird, ihnen zu dienen. Daß jedes Individuum zum Unternehmer werden könnte, ist für die Vertreter solch einer Vorstellung, die selbständige Arbeit für ein Symptom unterentwickelter, armer Länder betrachten und nur das Angestelltendasein als solide Erwerbsquelle gelten lassen, nicht vorstellbar.

Eine die Wirklichkeit der selbständigen Arbeit aussparende Wirtschaftslehre hat sich jedoch von ihrem einstigen Versprechen, eine aufregende Gesellschaftswissenschaft zu werden, verabschiedet und verkümmert zur reinen Wissenschaft von den Geschäften. Zugleich negiert sie eine andere sehr wichtige gesellschaftliche Dimension: die Familie mit Mann, Frau und Kindern.

Ich habe mich immer gefragt, wie die Wirtschaftswissenschaft den Titel einer Sozialwissenschaft für sich beanspruchen kann, wenn sie systematisch die Dimension der Familie und ihre häuslichen und makroökonomischen Beziehungen ausklammert.

Würden die Volkswirtschaftler die Theorie der selbständigen Arbeit in die Mikroökonomie einbeziehen, könnten sie ohne weiteres Themenbereiche wie Armut, Entwicklung, Familie, Bevölkerung oder die Beziehung der Geschlechter untersuchen und gesellschaftlich relevante Theorien über andere Gebiete entwickeln (wie Bankgeschäfte, den Zugang zu den Ressourcen usw.).

In zahlreichen Ländern der Dritten Welt lebt die überwiegende Mehrheit der Bevölkerung von selbständiger Arbeit. Da die Wirtschaftswissenschaft über kein passendes Raster verfügt, in das sich dieses Phänomen einordnen kann, hat sie es in eine allumfassende Rumpelkammer geworfen, die sie als »Schattenwirtschaft« bezeichnet. Je schneller sich die Entwicklungsländer ihrer »Schattenwirtschaft« entledigten, so heißt es, um so besser erginge es ihnen.

Das ist ein kapitaler Fehler. Statt die Kreativität und das Engagement der Menschen politisch und institutionell zu fördern, haben wir nichts Eiligeres zu tun, als sie in unser Denkschema einzupassen. Die »Schattenwirtschaft« aber wurde von Einzelpersonen und nicht etwa von Planern oder Wirtschaftstheoretikern aufgebaut. Sie entstand aus dem Willen heraus, sich eine eigene Arbeit zu schaffen.

Jeder, der auch nur das geringste Verständnis für die Menschen und die Gesellschaft hat, würde mit Begeisterung nach Mitteln suchen, auf dem bereits Erreichten aufzubauen, es weiterzuentwickeln und seine Effizienz zu steigern, statt es zu unterminieren und ihm die Basis zu entziehen. Indem sie diesen Bereich als »Schattenwirtschaft« bezeichnen, signalisieren die Wirtschaftswissenschaftler ihr Unbehagen, das sie ihm gegenüber empfinden.

SECHSTER TEIL
NEUE PERSPEKTIVEN (1990–1997)

EINLEITUNG

Da sich die Grameen-Bank inzwischen bewährt hat und das Leben der Menschen aktiv verändert, möchten wir an diesen Erfolg anknüpfen und in weitere Bereiche expandieren, um die Lebensqualität unserer Kreditnehmer wie auch die der Gesellschaft im allgemeinen zu verbessern. Ganz besonders suchen wir nach marktorientierten Wegen für eine Verbesserung der sozialen Infrastruktur, die die Regierung nicht oder nur in unzureichender Weise zur Verfügung stellt.

Grameen fällt diese Verlagerung der Aktivitäten alles andere als leicht. Wir expandieren derzeit in horizontaler Richtung, um viele Funktionen abzudecken, die wenig oder gar nichts mit dem Bankwesen zu tun haben, und dennoch ist dies ein aufregender und lebenswichtiger Bestandteil unserer Arbeit.

Wir haben die Angebotspalette unserer Kredite erweitert, damit sich unsere Darlehensnehmer Brunnen, Wasserklosetts und Häuser zwecks Verbesserung ihrer Lebensqualität leisten können. Ebenso haben wir eigenfinanzierte Genossenschaften für die Gesundheitsfürsorge, den Ruhestand und die Ausbildung gegründet, die ebenfalls der Gesellschaft insgesamt zugute kommen sollen.

Wir reden zwar von einer Expansion in horizontaler Richtung, doch in gewissen Fällen, bei denen sich unsere Kreditsummen erhöhen, könnte man auch von einer vertikalen Expansion sprechen, weil wir unseren Kreditnehmern hier die gesamte Palette an Dienstleistungen anbieten, wozu auch Hilfestellungen bei der Vermarktung ihrer Produkte oder Beteiligungen an großen Joint-ventures gehören.

Ich werde mich im folgenden auf einige ausgewählte Initiativen beschränken, doch ihre Anzahl nimmt ständig zu, und ihre Rolle innerhalb von Grameen gewinnt zunehmend an Bedeutung.

34. KAPITEL

BAUDARLEHEN: EIN ERFOLGREICHES PROGRAMM

Die Zentralbank von Bangladesch schaltete 1984 eine Anzeige in den Zeitungen, um darüber zu informieren, daß sie einen Refinanzierungsplan für Baudarlehen einrichte, der für die Landbevölkerung gedacht sei.

Unter Berufung auf diese Anzeige stellten wir einen Antrag und begründeten ihn damit, daß wir ein Bauprogramm für unsere Kreditnehmer auflegen wollten. Weiter erklärten wir, daß unsere Möglichkeiten durch die geringen Geldmittel unserer Kreditnehmer eingeschränkt seien und wir solch hohe Summen, wie sie in der Anzeige der Zentralbank erwähnt wurden, nicht verleihen könnten. Unsere Mitglieder könnten es sich nicht leisten, 75 000 Taka (etwa 2000 Dollar) zu leihen. Statt dessen würden wir ihnen Kredite über 5000 Taka (etwa 125 Dollar) bewilligen wollen.

Die Zentralbank lehnte unseren Antrag ab, da ihre Experten und Berater meinten, für 125 Dollar könne man nichts bauen, was man als »Haus« bezeichnen und das den Hausbestand des Landes erhöhen könne.

Ich protestierte. »Wer redet davon, ›den Hausbestand des Landes zu vergrößern‹? Wir wollen lediglich, daß unsere Kreditnehmer ein regendichtes Dach über dem Kopf haben.«

Wir taten unser Bestes, um die Berater der Zentralbank zu überzeugen, und argumentierten, daß selbst rudimentäre Wohnungen für unsere Kreditnehmer eine erhebliche Verbesserung gegenüber ihrer gegenwärtigen Unterbringungssituation darstellten. Doch alle Mühe war vergebens; unser Antrag wurde endgültig abgelehnt.

Da kam uns eine Idee. Wir stellten einen neuen Antrag, in dem von Baudarlehen keine Rede mehr war, sondern von Darlehen zum Bau von Unterständen. Wir hofften darauf, daß sie uns nun nicht mehr mit

Definitionen des »nationalen Hausbestandes« kommen konnten. So
war es auch, und man signalisierte uns sogar ein grundsätzliches Einverständnis.

Aber diesmal meinten die Berater, daß Grameen zwar in Sachen
Einkommensbeschaffung gute Arbeit leiste, daß aber die Bauten der
Häuser und Unterstände keine weiteren Einkommen entstehen lassen
würden, da es sich hierbei um »Konsumprodukte« handele. Ihrer Meinung nach konnten es sich die Kreditnehmer von Grameen nicht
erlauben, Geld für Konsumzwecke aufzunehmen, denn dabei handele
es sich um einen unproduktiven, keine neuen Einkünfte erschließen-
den Kredit, was es ihnen erschweren würde, ihre Kredite zurückzuzahlen.

Dann kam uns wieder eine neue Idee, um die Bürokraten zu über-
listen. Wir wollten einfach nicht aufgeben und entschieden uns für
eine Salami-Taktik des beharrlichen Nachsetzens. Diesmal formulierten wir unseren Antrag so: »Wir möchten unseren Kreditnehmern
Kredite zum Bau von Produktionswerkstätten gewähren.«

Das brachte die Spezialisten und die Berater der Zentralbank in
größte Verlegenheit. »Wozu brauchen Obdachlose eine Produktionswerkstätte?«

Wir erklärten ihnen, daß die überwiegende Mehrheit unserer Kreditnehmer Frauen seien, die zu Hause arbeiteten: »Sie kümmern sich
um ihre Kinder, und zugleich arbeiten sie und verdienen ihren Lebensunterhalt; alle Arbeitsverrichtungen werden zu Hause erledigt. Da es
sich um einen Arbeitsort handelt, verwenden wir den Begriff ›Produktionswerkstätte‹.«

Wir fügten hinzu: »In Bangladesch gibt es fünfmal im Jahr den
Monsun, und während dieser Zeit können unsere Kreditnehmer nicht
arbeiten, weil sie kein festes Dach über dem Kopf besitzen. Damit sie
weiterarbeiten und ein Einkommen erwirtschaften können, brauchen
sie einen Regenschutz. Aus diesem Grund wollen wir ihnen ein Darlehen für den Bau einer Produktionswerkstätte anbieten. Natürlich
wird diese ›Werkstätte‹ zugleich als Unterkunft dienen. Sie wird eine
direkte Auswirkung auf die Fähigkeit unserer Mitglieder besitzen, ein
Einkommen zu erwirtschaften, denn auf diese Weise können sie mit
einem gewissen Komfort das ganze Jahr über arbeiten.«

Wieder einmal verwarfen die Berater unseren Antrag. Ich traf mich mit dem Präsidenten der Zentralbank, um ihn zu bitten, sich über die Entscheidung seiner Untergebenen hinwegzusetzen.

»Wissen Sie denn genau, daß die Armen zurückzahlen werden?«

»Ja, da bin ich mir sicher. Bisher haben sie immer zurückgezahlt, und es gibt keinen Grund dafür, weshalb sie es ausgerechnet diesmal nicht tun sollten. Anders als die Reichen können die Armen es sich nicht leisten, nicht zurückzuzahlen. Darin liegt für sie die einzige Chance, voranzukommen.«

Der Präsident der Zentralbank betrachtete mich einen Augenblick lang und erwiderte:

»Ich bedaure, daß Sie mit unseren Beamten Schwierigkeiten hatten. Einverstanden, Sie können Ihr Programm versuchsweise auflegen. Ich will Grameen eine Chance geben.«

Dank einer persönlichen Intervention beim Präsidenten der Zentralbank gelang es uns daher, unser Projekt mit den Baudarlehen zu starten. Im Zeitraum von zwölf Jahren haben wir auf diese Weise auf der Grundlage monatlicher Ratenzahlungen mehr als 350 000 Baudarlehen bewilligen können. Die Rückzahlungsquote betrug fast 100 Prozent. Mit dem von den traditionellen Banken aufgelegten Programm für Baudarlehen dagegen geschah das, was geschehen mußte: Nur sehr wenige Kreditnehmer haben ihr Darlehen zurückgezahlt, und nach drei Jahren wurde das Programm eingestellt.

Das Programm für Baudarlehen von Grameen wurde 1989 von der aus den berühmtesten Architekten der Welt bestehenden Grand Jury für den Aga Khan International Award for Architecture vorgeschlagen. Während der Preisverleihung in Kairo wollte einer nach dem anderen der versammelten Spitzenarchitekten von mir wissen, wer unser schönes 300-Dollar-Haus entworfen habe (zu jener Zeit war der Darlehensbetrag auf 300 Dollar heraufgesetzt worden).

Das im Rahmen unseres Projekts gebaute Haus war jedoch nicht das Werk eines ausgebildeten Architekten. Es war von unseren Kreditnehmern selbst mit Liebe entworfen und gebaut worden. Sie sind die Architekten ihrer eigenen Häuser, so, wie sie auch die Architekten ihres eigenen Lebens geworden sind.

35. KAPITEL

GESUNDHEIT UND RENTEN

In ihrem Bemühen, ein enges soziales Netz und einen Wohlfahrtsstaat zu schaffen, haben die Industrieländer eine katastrophale Lage heraufbeschworen. Der Weg in die Hölle ist mit guten Vorsätzen gepflastert, und nirgends wird dies deutlicher sichtbar als in den Altenheimen, in denen die betreuungsbedürftigen Alten ihrer Würde und ihrer Selbstachtung beraubt werden.

Weshalb sollten alte Menschen dazu verurteilt werden, nur noch zu vegetieren? Weshalb werden sie in der ihnen noch verbleibenden Lebenszeit in einer deprimierenden Umgebung gerade noch am Leben erhalten und sonst nichts?

Auch wenn sie von Pensionen, Renten oder von dem leben können, was ihre Kinder oder Enkel ihnen geben, so gibt es doch keinen Grund dafür, daß sie den ganzen Tag lang mit Nichtstun verbringen. Das Überleben ist nicht nur eine finanzielle, sondern auch eine emotionale Frage. Nichtstun ist grausam, unwürdig und ungesund. Und es ist ein Verlust – nicht nur für die alten Menschen, sondern auch für die gesamte Gesellschaft.

Gibt es eine bessere Möglichkeit, menschliche Würde zu erlangen, als etwas Kreatives, aus eigenem Antrieb Gewähltes zu tun, das einem das Gefühl gibt, nützlich zu sein?

Es versteht sich von selbst, daß zahlreiche alte Menschen nicht in der Lage sind zu arbeiten und nichts lieber tun möchten, als den lieben langen Tag fernzusehen. Aber ich denke an alle, die noch arbeitsfähig sind und eine nützliche Arbeit verrichten könnten, wenn man ihnen nur die Gelegenheit dazu einräumen würde.

Wie im Fall all jener, von denen der Kapitalismus nichts mehr erwartet, so kann Grameen auch bei alten Menschen erheblich dazu beitragen, daß sie wieder einen Lebenssinn finden. Alle abhängig Be-

schäftigten, selbst wenn sie leitende Positionen innehaben, müssen
inzwischen ihre Arbeit im besten Alter aufgeben. Mit 60 oder 65 Jahren, wenn das Unternehmen ihnen nahelegt, ihren Arbeitsplatz zu räumen, sind sie an einem Punkt angelangt, an dem sie sich freiwillig einbringen können.

Das Alter sollte kein Vorwand dafür sein, einem Menschen seine
emotionalen Rechte, wenn nicht gar seine elementaren Menschenrechte vorzuenthalten. Auch wenn jemand in einem Alten- oder Pfle-
geheim lebt, sollte er ein kreatives und produktives Leben führen können, sofern die eigenen Kräfte noch dazu reichen.

Die traditionellen Gesellschaften verstehen dies besser als die modernen. In den Indianerreservaten habe ich Alte dabei beobachtet, wie
sie schöne heilige Teppiche anfertigten, und in Afrika, wie Dorfälteste
wertvolle Musikinstrumente bauten.

Die westlichen Gesellschaften beschleunigen den Verfall ihrer alten Mitbürger. Verzweifelt und dem Müßiggang überlassen, sterben sie
langsam vor sich hin.

Das Darlehenssystem von Grameen kann nur so lange wirksam funktionieren, wie der Kreditnehmer (und seine ganze Familie) bei guter
Gesundheit und arbeitsfähig ist. Andernfalls muß man nach einer
neuen Lösung suchen.

Unabhängige Studien über die Kreditnehmer von Grameen haben
ergeben, daß gesundheitliche Gründe ausschlaggebend dafür sind,
wenn es 25 Prozent unserer Kreditnehmer nicht gelingt, ihre finanzielle
Situation entscheidend zu verändern.

Überall auf der Welt befinden sich die Sozialversicherungssysteme in
einer Krise und sind die Armen stark benachteiligt, ob in den Vereinigten Staaten, wo das Prinzip des freien Marktes herrscht, oder in Großbritannien, Frankreich oder Deutschland, wo der Staat den Sozial- und
Gesundheitssektor bestimmt.

In Bangladesch, wo die Regierung mit vollen Händen Geld ausgibt,
ist die Qualität der Leistungen für die Armen nicht weniger bedrük-
kend. Ein Grund dafür: Die im öffentlichen Dienst stehenden Ärzte
vernachlässigen ihre Pflichten zugunsten ihrer Privatpatienten. Möchte

man eine qualitativ hochwertige Behandlung in Anspruch nehmen, muß man sich an die sündhaft teuren Privatkliniken wenden, die für die Armen unerschwinglich sind.

Die wirkliche Lösung bestünde darin, daß jeder ein hinreichend hohes Einkommen erzielen könnte, um die erforderliche medizinische Versorgung, Ausbildung und andere grundlegende Dinge bezahlen zu können. Die »Kostenlosigkeit« der Leistungen ist nichts weiter als ein Trug, der uns von den wirklichen Problemen ablenkt.

Solange die Armen nicht über die notwendigen Mittel verfügen, erscheint es allerdings vernünftig, ihnen eine Ausbildung und Gesundheitsversorgung im Rahmen allgemeiner Sozialleistungen zuzugestehen.

Wir bei Grameen haben festgestellt, daß den steigenden Einkommen unserer Kreditnehmer ständig wachsende Ausgaben für den Kampf gegen schlechte Ernährung, allgemeine Erkrankungen sowie Kinder- und Müttersterblichkeit und weitere Gesundheitsrisiken gegenüberstehen. Angesichts des erbärmlichen Zustands des öffentlichen Gesundheitswesens suchen unsere Kreditnehmer häufig die Hilfe von Heilern – Männern, die ein Glas Wasser holen, darüber hinweg pusten und es einem dann als Wunderheilmittel zu trinken geben. Statt sich für ihr Geld eine bessere Gesundheitsbetreuung zu leisten, setzt sich eine große Anzahl unserer Kreditnehmer einem zusätzlichen Gesundheitsrisiko aus.

Wenn es uns gelingt, unsere Mitglieder davon zu überzeugen, daß sie die traditionellen Heiler nicht mehr um Hilfe bitten und die dadurch gesparten Summen in ein von Grameen betreutes Gesundheitsprogramm einzahlen, dann könnten wir ihnen dafür eine moderne und wirkungsvolle Gesundheitsversorgung anbieten. Unsere Vorarbeiten dazu haben begonnen.

Wir versuchen allen Mitgliedern von Grameen zum Selbstkostenpreis einen Gesundheitsdienst zur Verfügung zu stellen, ebenso allen Dorfbewohnern, die keine Darlehen aufgenommen haben. Wir verlangen von unseren Kreditnehmern, einen Jahresbeitrag von drei Dollar pro Familie für die Krankenversicherung einzuzahlen. (Nichtmitglieder zahlen einen höheren Beitrag – fünf Dollar für die ganze Familie.) Bei jedem Arztbesuch entrichten sie einen symbolischen Betrag in

Höhe von zweieinhalb Cent. Laboruntersuchungen und Medikamente werden zu einem ermäßigten Preis angeboten.

Nach drei Jahren Laufzeit haben wir etwa 60 Prozent der Kosten für unseren Gesundheitsdienst gedeckt. Wir streben danach, einen Deckungsgrad von 90 Prozent und schließlich 100 Prozent zu erreichen, indem wir immer mehr Leute davon überzeugen, unseren Gesundheitsdienst in Anspruch zu nehmen. Wenn es uns gelingt, ihn national (oder auch international) als Franchising-System auszuweiten, könnten wir unsere Gesundheitsversorgung zu einer mächtigen, wettbewerbsfähigen Organisation ausbauen, die voll und ganz im Dienst der Bevölkerung steht.

Der Aufbau einer sozialen Infrastruktur ist in der Tat ein wichtiger Schritt zur Bekämpfung der Armut. Aber für sich genommen erzeugt eine gute soziale Infrastruktur noch keinen Wohlstand. Sie schafft lediglich die für einen effektiven Kampf gegen die Armut erforderlichen Grundvoraussetzungen.

Der Grund, warum wir uns derart intensiv mit Gesundheitsfragen befassen, ist der, daß Krankheit selbst unsere größten Erfolge zunichte machen kann.

Morley Safer berichtete in seiner amerikanischen Fernsehsendung *Sixty Minutes* über eine unserer Kreditnehmerinnen in der Nähe von Chittagong, die dank eines Darlehens von Grameen von einer ehemaligen Straßenbettlerin zur Besitzerin von sieben Kühen, einem großen Acker, einem neuen Haus, einer modernen Toilette und einem kleinen Dreirad-Taxi für ihren Mann geworden war und sogar all ihre Kinder in die Schule schickte. (Letzteres ist sehr wichtig, wenn man den Teufelskreis der Armut durchbrechen will. Denn die bedürftigen Familien hindern ihre Kinder im allgemeinen daran, zur Schule zu gehen, damit sie für sie arbeiten können.)

»Sie ist der Inbegriff von Zufriedenheit und Erfolg«, urteilte Safer über diese Frau. Als ich sie und ihren Mann jedoch vor kurzem wiedertraf, waren die beiden nicht mehr wiederzuerkennen. Er hatte ein Magenleiden, das nie richtig diagnostiziert worden war, und um die Kosten für die Behandlung bezahlen zu können, hatten sie das Taxi, den Acker und ihr Vieh verkaufen müssen. Sie war so hinfällig und erschöpft, daß sie nicht mehr genug Selbstvertrauen hatte, ein neues Darlehen aufzunehmen. Nur noch vier Hühner waren ihnen geblieben. Nie habe ich etwas Traurigeres gesehen. Dieses Ehepaar erwartete nichts mehr von der Zukunft. Sie hatten sich aufgegeben und siechten langsam vor sich hin.

Ich habe diesen Fall erwähnt, um zu verdeutlichen, welch schweren Weg wir vor uns haben. Grameen besteht nicht nur aus einer Reihe von Erfolgsgeschichten; wir sind nicht immer erfolgreich. Wenn wir die Armut wirksam bekämpfen wollen, müssen wir unsere Fehler erkennen, sie analysieren und in Zukunft vermeiden.

Der Kleinstkredit kann nicht alle gesellschaftlichen Probleme lösen. Aus diesem Grund treiben wir den Aufbau unseres Gesundheitsprogramms so schnell wie möglich voran. Dabei beschränken wir uns keineswegs auf Bangladesch. Aboul Tail aus Togo hat uns gegenüber erklärt: »Wir haben den Finger ins Räderwerk gesteckt, und es gibt so viele Probleme zu lösen – im Bereich der Ernährung, der Familienplanung, der Umwelt –, daß wir uns um alles mögliche kümmern müssen. Darin liegt eine Gefahr. Eine Bank für Kleinstkredite kann nicht alles leisten. Wir müssen Partnerschaften mit Spezialisten aus anderen Bereichen aufbauen, die wissen, was jeweils zu tun ist.«

Weshalb sollte sich Grameen mit Fragen der Gesundheits- und Altersversorgung, der Ausbildung der Kinder und anderer Fragen der Lebensqualität beschäftigen? Weil sich sonst niemand darum bemüht, eine soziale Infrastruktur nach den Prinzipien der Marktwirtschaft aufzubauen. Wir brauchen zahlreiche innovative Initiativen, aber bisher sind kaum welche in Sicht.

36. KAPITEL

DIE GRAMEEN-STIFTUNG FÜR FISCHZUCHT

1985 rief mich der Staatssekretär im Fischereiministerium von Bangladesch an.

»Doktor Yunus, wir sind uns noch nicht begegnet, aber ich kenne Ihre Arbeit. Ich möchte mich mit Ihnen über ein Fischzuchtprojekt unterhalten. Waren Sie schon einmal in Serajganj?«

»Ja, aber nur an wenigen Orten. Wir fangen gerade in Bogra mit unserer Aufbauarbeit an.«

»Sie müssen unbedingt nach Nimgachi fahren, wo das Fischereiministerium ein großes Projekt gestartet hat. Dort gibt es rund 1000 große Teiche, die während der hinduistischen Pal-Dynastie vor über 1000 Jahren zur Versorgung der Bevölkerung und der königlichen Viehherden mit Trinkwasser angelegt worden waren. Aber schließlich sind alle versandet. Für unser Projekt wollten wir sie wieder wie ursprünglich ausheben lassen und darin Fische züchten.«

»Und was ist daraus geworden?«

»Das ist ja gerade das Drama, über das ich mit Ihnen sprechen wollte. Vor kurzem war ich vor Ort. Die dort herrschende Korruption und das Mißmanagement haben mich zutiefst schockiert. Ich wollte in Erfahrung bringen, warum sich die britische Entwicklungshilfeagentur ODA weigert, uns weiter Geld für die Umsetzung dieses Projekts zu geben. Nun habe ich eine Bitte an Sie.«

»Worum handelt es sich?«

»Ich möchte Sie darum bitten, sich dieses Projekts anzunehmen. Führen Sie es ganz nach Ihrem Belieben weiter. Wir ziehen uns daraus zurück.«

»Was soll ich denn mit den 1000 Teichen anfangen?«

»Ich bitte Sie, weisen Sie meinen Vorschlag nicht zurück. Fahren Sie wenigstens hin, um sich ein Bild zu machen. Ich bin mir sicher, daß die

Schönheit dieser Teiche und die für unser Land damit verbundenen Möglichkeiten Sie inspirieren werden.«

»Wir sind eine Bank und verstehen nichts von Fischzucht.«

»Ja, aber wenn Sie sich nicht in der Lage sehen, dort Fische zu züchten, dann nehmen Sie sie wenigstens in Verwahrung. Wenn sie nämlich weiterhin unter staatlicher Aufsicht stehen, bleibt bald nichts mehr davon übrig, sondern alles fällt der Habgier unserer Beamten zum Opfer. Wenn Sie dagegen die Kontrolle übernehmen würden, wäre zumindest der Erhalt dieser Teiche sicher.«

Der Staatssekretär, der seine eigenen Mitarbeiter der Korruption beschuldigte und den Staatsbesitz vor seinen Beschützern schützen wollte, war schlechter Stimmung. Ich wollte mich jedoch nicht in einem Bereich engagieren, der mir nicht vertraut war, und das sagte ich ihm auch.

Er war sehr enttäuscht und beendete unser Gespräch mit den Worten:

»Überlegen Sie es sich wenigstens noch einmal in Ruhe. Geben Sie mir Ihre Antwort nicht jetzt. Besuchen Sie erst einmal die Anlage, bevor Sie sich endgültig entscheiden.«

Trotz meiner Vorbehalte reizte mich diese Herausforderung. Ich sprach mit meinen Kollegen darüber. Auch sie waren der Meinung, daß wir das Projekt übernehmen sollten, wenn die Regierung es uns wirklich anvertrauen wollte.

Eine Woche später rief mich der Staatssekretär wieder an. Aber ich wollte meine Haltung zu diesem Zeitpunkt noch nicht ändern, und so teilte ich ihm mit, meine Antwort sei noch immer abschlägig.

»Ich rufe Sie aus einem anderen Grund an«, erwiderte er. »Ich berufe ein Treffen ein, auf dem wir über die künftige Politik des Fischereiministeriums sprechen werden. Ich möchte, daß Sie daran teilnehmen und uns helfen, unsere Politik zu definieren.«

»Wenn ich daran teilnehme, werden Sie die Gelegenheit nutzen, um das Projekt von Nimgachi erneut zur Sprache zu bringen und mich zu drängen, es zu übernehmen.«

»Nein, ich gebe Ihnen mein Wort, daß während des Treffens nicht über Nimgachi gesprochen werden wird.«

Ich nahm seine Einladung an, aber ich war davon überzeugt, daß er

sein Wort nicht halten würde. Allerdings wollte ich diesen Mann kennenlernen, der mir einen solchen Vertrauensvorschuß gab, ohne daß
er mich je gesehen hatte.

Zu dem Treffen erschien rund ein Dutzend Personen. Die Hälfte
bestand aus hohen Beamten des Fischereiministeriums, die andere aus
Universitätsangehörigen und Vertretern von Forschungsinstituten.
Das Treffen dauerte zwei Stunden. Der Staatssekretär erwähnte das
Nimgachi-Projekt kein einziges Mal, und ich glaubte schon, er werde
sein Wort halten. Kurz vor dem Ende der Versammlung flüsterte er
mir ins Ohr: »Bleiben Sie bitte noch einen Augenblick. Wir können
dann Tee trinken und uns unter vier Augen unterhalten.«

Ich nahm seine Einladung an. Nachdem alle fortgegangen waren,
brachte man uns Tee und Gebäck. »Sehen Sie, ich habe Wort gehalten«, fing er an. »Ich habe Nimgachi während des Treffens nicht erwähnt. Jetzt aber können wir uns darüber unterhalten, nicht?«

Es freute ihn, daß ich ihm eine Chance gab. Er berichtete kurz über
die Entstehung des Projekts und seine Entwicklung und kam dann
wieder auf die Korruption seines Personals sowie seinen Plan zu sprechen, uns alles zu überlassen. Danach drückte er mir einen Stapel
Akten mit Berichten über das Projekt in die Hände, damit ich sie studieren und meine Entscheidung treffen konnte.

Als ich in mein Büro zurückkam, wußte ich, daß wir einwilligen würden. Ich hatte es hier mit einem höchst ungewöhnlichen Staatssekretär
zu tun, dem tatsächlich das Wohl seines Landes am Herzen lag und der
den öffentlichen Besitz vor korrupten Beamten schützen wollte. Es gab
keinen Grund, warum wir ihm nicht helfen sollten. Und selbst wenn uns
das nicht viel einbringen würde, was konnten wir dabei schon verlieren?

Ich verfaßte eine lange Notiz für den Staatssekretär. Darin willigte
ich ein, das Projekt zu übernehmen, stellte allerdings scharfe Bedingungen. Wir verlangten eine Pacht über 99 Jahre und boten ihm nur
einen sehr niedrigen jährlichen Pachtzins an. Außerdem forderten wir,
daß die Regierung ihr gesamtes Personal gleich nach der Übernahme
abzog. Und es sollte eine detaillierte Liste aller übertragenen Güter
aufgestellt werden.

Am Morgen darauf schickte ich ihm mein Schreiben. Der Staatssekretär rief mich sogleich an: »Wir akzeptieren all ihre Bedingungen.

Ich freue mich, daß Sie sich dazu entschieden haben. Ich bin sehr erleichtert!«

Das war wirklich eigenartig. Bis zu diesem Zeitpunkt hatte Grameen sich von den Behörden nichts als Absagen eingehandelt. Doch
jetzt trafen wir unversehens auf jemanden auf höchster Staatsebene,
der uns bekniete, wir sollten auf seinen Vorschlag eingehen, und der
sogar unsere Bedingungen zur Übernahme eines Regierungsprojekts
akzeptierte. Dies war für mich ausgesprochen ungewohnt und kam
mir wie ein Spiel mit vertauschten Rollen vor.

Wenn der Staatssekretär auch auf unsere Bedingungen eingegan-
gen war, so konnte er sie doch nicht alle gegenüber der Ministerial-
bürokratie durchsetzen. Zumindest wurde die gewünschte Pachtzeit
von 99 Jahren auf 25 Jahre reduziert, weil dies sonst gegen die Vorschriften verstoßen hätte. Doch dank seines Einsatzes wurde alles mit
blitzartiger Geschwindigkeit vorangetrieben. Seinem Vorschlag mußten noch der Präsident und das Landwirtschaftsministerium zustimmen. In nur zwei Monaten war alles erledigt.

»Fisch und Reis sind der Bengalen Speis'«, lautet ein Sprichwort.
Für unsere Bevölkerung ist Fisch gleichermaßen eine wichtige Protein-
und Einnahmequelle. Land, Wasser und Menschen haben in Bangladesch schon immer ein harmonisches Gleichgewicht gebildet, und
Fisch ist zum Grundnahrungsmittel unseres Landes geworden.

Wir sahen in der Fischzucht eine Möglichkeit, den landlosen Armen eine wichtige Grundlage zum Broterwerb zu bieten. Wenn uns
dieses Unternehmen gelang, konnten wir ihnen nicht nur dazu verhelfen, sich zu ernähren, zu kleiden und sich eine Wohnung zu verschaffen, sondern darüber hinaus zu einem wirtschaftlich wichtigen Faktor
für Landwirtschaft, Industrie und Handel zu werden. Die Fischzucht
erschien uns als wunderbare Gelegenheit, unsere Joint-venture-Strate-
gie im großen Maßstab anzuwenden.

Wenn der Staat den Armen helfen will, so äußerst sich dies meistens in einer Politik des Verschenkens von Geld, Land und anderen
Gütern. Doch nur selten erreichen diese Wohltaten die Armen. Vom
Staat bis zu den Armen ist ein weiter Weg, und die Mittelsleute wissen
nur allzu gut, wie sie dieses Verteilungssystem für sich selbst nutzen
können. Erhalten dann ein paar Arme doch einmal etwas, behalten sie

es nicht lange – ob es sich nun um einen Teich, eine Fischzucht oder
bloß eine Decke handelt.

Wir sind fest entschlossen, diese Entwicklungsrichtung ein für allemal umzukehren.

Im Januar 1986 unterzeichneten wir mit der Regierung ein Abkommen und übernahmen das Projekt Nimgachi, zu dem 783 unterschiedliche Teiche gehörten. Zwei Jahre darauf verpachtete die Regierung
weitere Teiche an uns, wodurch sich deren Zahl auf insgesamt 808 er-
höhte. Wir begaben uns auf das neue, mit zahlreichen Hoffnungen
verbundene Gebiet der Fischzucht. Doch schon bald wurde deutlich,
daß wir einen außerordentlich schweren Weg vor uns hatten.

1987 suchten außergewöhnlich heftige Sturmfluten Bangladesch
heim und verursachten auch auf der Fischfarm große Schäden. Im Jahr
darauf traf uns die schlimmste Überschwemmung des Jahrhunderts. Zu
den Verlusten aus dem Vorjahr kamen neue hinzu. Raubfische wander-
ten ein und wilderten in den Teichen, und unsere Bemühungen, sie zu
eliminieren, wurden durch die Wassermassen zunichte gemacht, die
neuen Raubfischen den Weg in die Teiche bahnten. Und während die
Zahl der Diebstähle insgesamt abnahm, kamen sie in den abgelegenen
Regionen auch weiterhin vor. Wir mußten daher jede Hoffnung aufgeben, im ursprünglich vorgesehenen Maßstab zu produzieren.

Außerdem mußten wir gegen menschliche Widerstände aller Art
und gegen Sabotage ankämpfen, und dies kostete uns mehr Kraft als
der Kampf gegen die Naturkatastrophen. Die alte Bürokratie und die
Vertreter von Einzelinteressen, die wir verdrängten, wollten sich mit
unserer Anwesenheit nicht abfinden. Von Anfang an stieß unser Personal auf eine Mauer extremer Feindseligkeit. Die zuvor mit der Pro-
jektleitung beauftragten Beamten waren über die ohne Rücksicht auf
sie getroffene Entscheidung, Grameen das Gesamtprojekt zu überlassen, zutiefst verletzt und verbittert. Sie beschwerten sich unaufhörlich
und behaupteten, es handle sich um eine parteiische Entscheidung, die
nur darauf abziele, sie zu diskreditieren. Man habe abgewartet, bis sie
das Projekt bis an die Schwelle der Wirtschaftlichkeit geführt hätten,
um sie dann loszuwerden und die Grameen-Bank ins Spiel zu bringen,
der nun die Früchte ihrer Arbeit zugute kämen.

Viele dieser Beamten machten in der Bevölkerung Stimmung gegen

Grameen. Auch die lokalen Führer der wichtigsten politischen Parteien nahmen uns ins Visier. Wer in dieser Region an der Macht gewesen war, hatte am meisten zu verlieren und wurde zu unserem erbittertsten Gegner. Die Führer der linken Parteien brachten gegen uns vor, Entwicklungsprojekte seien eine Aufgabe des Staates und nicht die der Privatwirtschaft, schon gar nicht die einer Privatbank. Doch in Wirklichkeit rührte ihre Animosität aus der Tatsache her, daß sie im alten System auf die Beamten, die mit der Leitung der Fischfarm beauftragt waren, hatten Einfluß ausüben können und daß diese Zeiten nun endgültig vorbei waren.

In Tarash organisierte eine führende politische Partei Demonstrationen und Versammlungen gegen Grameen. Die Parteiführer versuchten die Dorfbewohner davon zu überzeugen, daß es sich bei Grameen um eine ausländische Organisation handele, die nur darauf abziele, die Bevölkerung vor Ort auszubeuten und ihre Gewinne ins Ausland zu verschieben. Es waren Gerüchte in Umlauf, nach denen wir von der CIA ferngesteuert würden und im Dienste der amerikanischen Regierung die revolutionären Ideale der Armen von Bangladesch ersticken sollten.

Die Haltung der Bevölkerung reichte von Skeptizismus bis zur offenen Rebellion. Es gab Tage, an denen unsere Mitarbeiter wegen der Feindseligkeit vor Ort ihre Arbeitsräume nicht verlassen konnten.

Aber wir hatten schon früher viele Anfeindungen erlebt und überstanden, so daß uns diese Situation nicht unvorbereitet traf. Selbst auf dem Höhepunkt der Spannungen waren wir davon überzeugt, daß es uns noch gelingen werde, das Blatt zu unserem Vorteil zu wenden und das Vertrauen der Bevölkerung zu gewinnen.

Wir organisierten Versammlungen mit den Einheimischen und erklärten ihnen, was wir vorhatten, und baten sie um Unterstützung. Wir erläuterten ihnen, daß ein vernünftiges Management des Fischzuchtprojekts nicht nur den Landlosen, sondern auch der Gemeinschaft insgesamt zugute kommen werde. Als Beweis für unsere guten Absichten richteten wir etwa 40 Vorschulen für die Kinder mittelloser Eltern ein. Nach und nach zahlten sich die Geduld und die Aufrichtigkeit unseres Personals aus, und die anfänglichen Feindseligkeiten und Verdächtigungen klangen allmählich ab.

Die bewaffneten Untergrundgruppen der extremen Linken, die unsere Büros angezündet und unser Personal mit Waffengewalt gezwungen hatten, die Dörfer zu verlassen, zogen sich jetzt aus der Region zurück. Endlich konnten wir uns auf die Fischzucht konzentrieren.

Wir mußten uns erst einmal das erforderliche Wissen aneignen. Daher schickten wir unsere Mitarbeiter auf entsprechende Fortbildungskurse über die Organisation und Betreibung einer Fischzuchtanlage und die Aufzucht und Haltung von Fischen. Denn ohne diese Basis konnten wir den an den Teichen lebenden Armen nicht helfen.

Unsere Mitarbeiter fuhren unter anderem nach China, um sich dort Fischfarmen anzusehen und auf ihnen zu arbeiten. Schließlich begannen unsere bedeutenden Anfangsinvestitionen und die Ausbildung unseres Personals Früchte zu tragen. Wir boten den Armen in der Umgebung der Teiche Partnerschaften an. Sie brachten ihre Arbeitskraft ein, bewachten die Teiche, um jedes Wildern zu verhindern, und Grameen übernahm den gesamten Einkauf, die Technologie und das Management. Die Erträge wurden zu gleichen Teilen zwischen Grameen und den Züchtern aufgeteilt, und während unsere Partner auf diese Weise zu einem guten Jahreseinkommen kamen, hatten wir große Mühe, unsere Unkosten abzudecken.

Wir führten ebenfalls ein Prämiensystem ein, das Belohnungen vorsah, wenn die Produktion eines Teiches ein vorher festgelegtes Plansoll übertraf. Die Armen, die zu Zeiten der staatlichen Verwaltung noch Fische stahlen (weil jeder das tat), hatten sich dank unserer Politik der Gewinnbeteiligung zu ausgezeichneten Züchtern, Schützern und Besitzern der Fische entwickelt.

Nach der Lösung unserer technischen, finanziellen und Managementprobleme hoffen wir, gewinnorientierte Filialen unserer nicht auf Gewinn gerichteten Stiftung für Fischzucht gründen zu können. Anteile dieser Filialen werden sich dann in Händen von Mitgliedern der Fischzüchtergruppen befinden, die derzeit auf der Basis einer Gewinnhalbierung arbeiten.

Sollte dieses Management- und Beteiligungsmodell funktionieren, können wir es auf ganz Bangladesch ausweiten, um die Fischzucht in ungenutzten Teichen anzukurbeln, was sowohl im Interesse der Armen als auch im Interesse der Teichbesitzer liegt.

Sollte es uns gelingen, das Kleinstkredit-Programm mit der Fischzucht zu verbinden, wäre es möglich, zwei bisher ungenutzte und in Bangladesch reichlich vorhandene Ressourcen wirksam zu nutzen: die Arbeitskraft zahlreicher arbeits- und landloser Menschen und anderthalb Millionen brachliegende Teiche.

Die Erfahrungen Grameens mit der Fischzucht beweisen, daß man aus dem Nichts Einrichtungen zum Nutzen der Gemeinschaft aufbauen kann, die den Armen eine bessere Beherrschung komplexer Techniken ermöglichen und sie an einem makroökonomischen Projekt teilhaben lassen. Die Produktivitätssteigerung erfolgt zwar über die Beherrschung der Technologie, doch dies hilft nur dann, wenn man darauf achtet, daß sich nicht die Reichen den Produktionsüberschuß aneignen.

Angesichts der Ressourcen, über die Bangladesch verfügt, gibt es keinen Grund dafür, warum die Armen arm bleiben müßten. Die Ursachen für unsere Probleme sind im Mißmanagement, nicht in einem Mangel an Ressourcen zu suchen. Auf der Basis eines sinnvollen Managements läßt sich die Armutsfrage durch die Nutzung dieser Ressourcen lösen.

37. KAPITEL

GRAMEENPHONE:
TECHNOLOGIE FÜR DIE ARMEN

1994 stellte mir mein Mitarbeiter Khalid eines schönen Tages Iqbal vor, einen jungen, in Bangladesch geborenen Amerikaner, der am Oberlin College studiert hatte und meinte, daß wir uns dort begegnet seien, als ich mit einem Ehrentitel ausgezeichnet worden war.

Iqbal hatte eine Idee: Er wollte einen Antrag zum Betrieb einer Mobilfunkgesellschaft in Bangladesch stellen, um das Mobiltelefon in die Dörfer zu bringen.

Das hörte sich interessant an, aber mit der Führung einer Mobilfunkgesellschaft hatten wir keinerlei Erfahrungen. Khalid forderte Iqbal auf, uns seine Vorstellungen detailliert zu erläutern.

Iqbal hatte seine Hausaufgaben gemacht und gab uns erschöpfend Auskunft. Aber ich war mir nicht sicher, ob ich ihn ernst nehmen sollte. Ich wies ihn jedoch nicht einfach ab, sondern gab ihm die Chance zu beweisen, daß er ein fähiger Geschäftsmann war. Khalid begab sich mit ihm auf einen langen, steinigen Weg, und allmählich nahm das Projekt Formen an.

1996 schließlich vergab die Regierung von Bangladesch drei Lizenzen für Mobilfunkbetreiber. Eine davon wurde uns erteilt, und am 11. November 1996 unterzeichneten wir mit der Regierung einen Lizenzvertrag. Der Presse teilte ich mit, daß unser Unternehmen am 26. März 1997, dem Jahrestag der Unabhängigkeit Bangladeschs, seinen Betrieb aufnehmen werde.

Wir gründeten zwei unabhängige Unternehmen, ein gewinnorientiertes (GrameenPhone) und ein gemeinnütziges (Grameen Telecom). GrameenPhone ist ein Konsortium aus vier Partnern: Telenor aus Norwegen (51 Prozent), Grameen Telecom (35 Prozent), Marubeni aus Japan (9,5 Prozent) und Gonophone Development Company (4,5 Prozent).

GrameenPhone hält die Lizenz und wird durch Aufbau eines sich über das ganze Land erstreckenden Mobilfunknetzes alle Stadtbereiche abdecken. Grameen Telecom wird Zeitblöcke von GrameenPhone kaufen und sie über Kreditnehmerinnen von Grameen in allen Dörfern von Bangladesch weiterverkaufen.

In jedem der 68 000 Dörfer, in denen wir vertreten sind, wird eine unserer Kreditnehmerinnen den Telefondienst organisieren und daran verdienen. Auf diese Weise erhält sie durch die neue Informationstechnologie einen Arbeitsplatz. Durch eine arme Frau, die sich des modernsten Kommunikationsmittels bedient, um ihren Lebensunterhalt zu bestreiten und der Armut zu entkommen, wird das Dorf mit der ganzen Welt verbunden.

Wie vorgesehen, nahm GrameenPhone am 26. März 1997 seinen Betrieb auf. Es war alles andere als leicht, und alle Mitarbeiter waren Tag und Nacht im Einsatz, um diesen Termin halten zu können.

Die Eröffnungszeremonie fand im Kabinett des Premierministers statt. Mit einem Telefonapparat von Grameen rief er seinen norwegischen Amtskollegen an, der gerade in Nord-Norwegen Urlaub machte, und erkundigte sich nach dem Wetter. Der norwegische Premierminister antwortete:

»Es ist sehr kalt hier, wir haben minus 36 Grad Celsius.«

»Wie können Sie Ihren Urlaub bei solchem Klima genießen? Sie müßten ihn bei uns verbringen. Hier in Dhaka herrschen plus 32 Grad.«

Nach dieser internationalen Verbindung erhielt der Premierminister einen Anruf von dem Grameen-Mitglied Laily Begum aus dem Dorf Patira im Norden Dhakas, die ein Handy von Grameen benutzte. Sie wurde Grameens erste Telefon-Lady und verdient seither ihren Lebensunterhalt damit, daß sie andere gegen Gebühr ihr Telefon benutzen läßt.

Bangladesch besaß noch 1997 mit durchschnittlich einem Telefon pro 300 Einwohner die niedrigste Telefondichte der Region. Bei einer Bevölkerung von 120 Millionen verfügten wir über nur 400 000 Apparate, von denen viele nicht funktionierten. Das lag entweder an der miserablen Leitungsqualität der staatlichen Telefonnetze oder daran, daß die Angestellten der Telefongesellschaften die Leitungen absichtlich blockierten, um Bestechungsgelder zu kassieren.

In Bangladesch war ein Telefon bisher ein Statussymbol. Es dauerte Jahre, bis man einen Anschluß bekam. Je mehr Telefongeräte man daher auf seinem Schreibtisch stehen hat, um so bedeutender ist man. Und wer ein Mobiltelefon besaß, galt als unermeßlich reich, denn der einzige Mobilfunkbetreiber, den es bisher gab, war ausgesprochen teuer.

GrameenPhone hat sich vorgenommen, die Anzahl der Handys in den nächsten vier Jahren um 400 000 Stück zu erhöhen. Unsere Tarife sind so kalkuliert, daß auch die bedürftigsten Schichten sie sich leisten können. GrameenPhone ist der billigste Mobilfunkbetreiber der Welt. Ein Gespräch mit jedem beliebigen anderen unserem Netz angeschlossenen Teilnehmer irgendwo in Bangladesch kostet 9,0 Cent pro Minute zur teuersten und 6,7 Cent pro Minute zur billigsten Tarifzeit.

Das Mobilfunkgeschäft hat uns dazu gezwungen, uns mit einem anderen Problem zu beschäftigen, nämlich mit der Stromversorgung. Viele Dörfer in Bangladesch haben kein Stromnetz. Aber um Mobiltelefone betreiben zu können, braucht man Elektrizität. Wir sind daher auf die Idee gekommen, Solarenergie in die Dörfer zu bringen, denn Sonne haben wir im Überfluß. Zu diesem Zweck haben wir Grameen Shakti (Grameen Energie) gegründet, ein gemeinnütziges Unternehmen, das sich mit der Nutzung erneuerbarer Energien aller Art befaßt und ein Finanzierungssystem anbietet, das es dem Verbraucher erspart, auf einen Schlag eine große Summe ausgeben zu müssen.

Grameen Shakti führt derzeit Untersuchungen über sonnenenergiebetriebene Stromversorgungssysteme für Privathäuser über Speicherstationen, Windkraft- und Biogasanlagen u. dgl. durch.

Durch das von uns aufgebaute Mobilfunknetz hoffen wir, auch den ländlichen Gebieten einen Anschluß ans Internet zu ermöglichen. Grameen Cybernet, ein gemeinnütziger Internet-Provider, wird für die Kinder von Grameen-Kreditnehmern internationale Arbeitsplätze in den Dörfern selbst schaffen. Von ihren Häusern oder von Gemeinschaftseinrichtungen mit entsprechenden Kommunikationseinrichtungen aus werden sie dann für Unternehmen in aller Welt auf unterschiedlichen Gebieten arbeiten können.

Grameen hat noch ein weiteres gemeinnütziges Unternehmen gegründet, nämlich die Grameen Communications, die in Zusammenarbeit mit Grameen Cybernet ebenfalls als Internet-Provider auftritt.

Sie verfolgt das Ziel, allen Lehr- und Forschungsanstalten in Bangladesch einen Zugang zum Internet zu ermöglichen. Vielen von ihnen stehen keine zuverlässigen Telefonverbindungen oder keine ausreichenden finanziellen Mittel für einen Zugang zum Internet zur Verfügung. Grameen Communications bietet ihnen Systeme an, mit deren Hilfe sie ihre Probleme lösen können.

Als Nachzügler im Geschäft kommen die Kreditnehmer von Grameen in den Genuß der neuesten Technologie, ohne Zeit und Geld an die bereits durchlaufenen Entwicklungsstadien dieser Technologie vergeuden zu müssen, die erst zu den jüngsten Neuerungen geführt haben. Ich gehöre nicht zu jenen Pessimisten, die davon ausgehen, daß die Technik die Kluft zwischen den Besitzenden und den Besitzlosen notwendigerweise weiter vergrößert. Bei einem sinnvollen Einsatz kann die Technik vielmehr dazu beitragen, die strukturellen Schranken niederzureißen, die Kluft zu überbrücken, die kulturellen Unterschiede auszugleichen und den Armen zur Teilnahme am wirtschaftlichen Wohlstand zu verhelfen.

Die neuen Technologien erzeugen aber nicht nur Wohlstand, sie bewirken auch rasche soziale Veränderungen, indem sie viele Frauen in ländlichen Gebieten, wo sie derzeit mißhandelt und sozial unterdrückt werden, weil sie isoliert sind, miteinander verbinden. Durch einen leichten Zugang zum Telefon sind sie nun mit der ganzen Welt, mit ihren weit entfernt lebenden Verwandten und mit Freunden verbunden, die ihnen helfen können.

Kritiker unserer ehrgeizigen Projekte und Zyniker behaupten, daß hier High-Tech an die meist noch im Steinzeitalter lebenden Kreditnehmerinnen verschwendet werde. Aber in Wirklichkeit verhält es sich ganz anders. Ohne Telefon vergeuden unsere Dorfbewohner eine Menge Zeit, Geld und Mühen, um Nachrichten an ihre verstreut lebende Verwandtschaft zu übermitteln. Wollen sie beispielsweise einem Bruder oder einer Tochter in Dhaka mitteilen, daß die Mutter schwer erkrankt ist oder es eine Geburt oder Heirat in der Familie gibt, so müssen sie einen persönlichen Boten hinschicken. Dieser Bote müßte seine Arbeit oder seine Studienbücher liegenlassen und einen Bus, eine Rikscha oder einen Bummelzug nehmen. Auf diese Weise ist die Botschaft manchmal tagelang unterwegs, bevor sie an ihren Bestimmungsort gelangt. Bei einem fehlenden Zugang zum Telefon sind die Kosten daher in der Tat ziemlich hoch.

Solarbetriebene Telefone ermöglichen es selbst Bewohnern von Dörfern, die noch nicht ans Elektrizitätsnetz angeschlossen sind, sofort eine Nachricht loszuschicken, wann immer sie möchten, und sogleich eine Antwort zu erhalten.

Andere Kritiker bringen oft vor, die Armen auf dem Lande könnten mit dem Luxusgegenstand Telefon, das eher als Bestandteil des Lebensstils von Städtern und Angehörigen der Mittel- oder Oberklasse betrachtet wird, nichts anfangen. Doch für unsere Telefon-Ladys ist das Mobiltelefon eine solide, praktische Einnahmequelle, nicht anders als eine Kuh oder eine Riksha auch.

Außerdem hilft ein Telefon den Kreditnehmerinnen von Grameen, ihre bestehende Geschäftätigkeit zu verbessern, da sie nun müheloser an Informationen herankommen und ihnen der Einkauf und der Verkauf ihrer Produkte erleichtert wird. Will eine Kreditnehmerin, die keinen Zugang zu einem Telefon hat, Rohmaterial einkaufen, so muß auch sie einen Boten ausschicken, um Informationen über die Preise und die Lieferfristen für die benötigten Waren einzuholen. Allein die Beschaffung dieser Informationen kann Wochen dauern und kostet sehr viel Geld. Mit Hilfe eines Handys dagegen kann sie innerhalb einer halben Stunde ihre Anrufe tätigen, ihre Bestellungen aufgeben und dadurch sofort die Rentabilität ihres Unternehmens erhöhen.

Es gibt keinen Grund zu der Annahme, daß sich die mit GrameenPhone zusammenarbeitende Telefon-Lady darauf beschränken wird, ihr Telefon zu vermieten. Mit dem Fortschritt der Technologie und der Energiequellen können wir uns gut vorstellen, daß sie ihren Mitbewohnern aus dem Dorf auch einen Fax- und E-Mail-Dienst anbietet und ihr Geschäft mit der Zeit zu einem Kommunikationszentrum wird, das eines Tages Kommunikationsformen umfaßt, die es heute noch nicht gibt. Wenn allerdings in Bangladesch auf dem Lande die Telefone so weit verbreitet sein werden, wie dies heute in den USA der Fall ist, wird ihr Telefondienst natürlich nichts mehr wert sein, und sie wird sich nach einer anderen Dienstleistung im Technologiebereich umsehen müssen.

38. KAPITEL

GRAMEEN TRUST: EIN FONDS FÜR ALLE ARMEN

Da der Bekanntheitsgrad von Grameen auf der ganzen Welt anstieg, erhielten wir zahlreiche Briefe und Besuche von Personen, die mehr über uns wissen, Grameen analysieren oder dabei helfen wollen, ein Grameen-Projekt in ihrem eigenen Land aufzubauen. Um auf dieses wachsende Bedürfnis nach Informationen, Ausbildung und technischer Hilfe eingehen zu können, haben wir 1989 eine neue Einrichtung gegründet: den Grameen Trust.

Es gab bereits zahlreiche an Grameen orientierte Projekte, und in vielen Fällen benötigten die Projektbetreuer eine entsprechende Ausbildung. Wir boten diese Ausbildung über Grameen Trust an und entwickelten eine als »Internationales Dialogprogramm« bezeichnete Methode. Die Leiter der uns nacheifernden Projekte müssen zwölf Tage in unseren Büros verbringen, hauptsächlich in den Zweigstellen vor Ort, damit sie den Arbeitsalltag bei Grameen kennenlernen und vor dem Hintergrund der direkten Konfrontation mit der Armut die Rolle begreifen, die der Kredit für das Leben des einzelnen Kreditnehmers spielt.

Viele bemühten sich im Anschluß an unsere Ausbildung, Projekte nach dem Vorbild von Grameen ins Leben zu rufen, aber sie hatten die größten Probleme, eine Anschubfinanzierung zu finden. Die potentiellen Geldgeber ziehen im allgemeinen ein reines Spendenprogramm vor, etwa für die Gesundheitsversorgung, für Schulen, Ausbildung usw. Einem Kreditprogramm gegenüber sind sie höchst skeptisch. Wenn ihnen ein Grameen-Anhänger ein derartiges Projekt vorschlägt, schalten sie ihre Bankberater ein, und das ist das Ende der Geschichte, denn dadurch wird alles so verkompliziert, daß sie lieber darauf verzichten.

Wie oft hat man uns nicht schon gebeten, bei der Anschubfinanzierung zu helfen! Wir taten daher unser Bestes und wurden bei den

Beratern der Spender vorstellig. Wir trafen uns mit den jeweiligen Landesbeauftragten. Wir boten ihnen an, bei der Auswahl sinnvoller Projekte mitzuwirken. Doch vergeblich.

1991 nahm ich eine Einladung des Women Self-Employment Project (WSEP) aus Chicago an. Ich traf Kreditnehmerinnen der Vereinigung, nahm an Mitarbeiterversammlungen teil und hielt einen Vortrag über Grameen.

Im Vortragssaal saßen etwa 50 Zuhörerinnen. Ich kannte sie nicht, sondern wußte lediglich, daß sie sich für Grameen interessierten. Im Anschluß an meinen Vortrag beantwortete ich viele Fragen. Ich führte aus, wie schwierig es für Grameen-Nacheiferer sei, Geldgeber zu finden, und wiederholte mein Angebot, Geldgebern bei der Abwicklung von Kleinstkredit-Programmen zu helfen, falls diese für sie zu klein, zu kompliziert und zu verwaltungsaufwendig seien. Sie könnten das Geld an den Grameen Trust überweisen, und wir würden uns dann um die Projektverwaltung kümmern. Wenn die Verwendung der ersten Überweisung ihnen zusagen würde, könnten sie ihre Zahlungen fortsetzen. Ich fügte hinzu, daß ich mir wünschte, von wenigstens einem Geldgeber dazu die Chance zu bekommen.

Während ich noch die Fragen aus dem Saal beantwortete, reichte man mir einen Zettel, auf dem ich las, daß eine Zuhörerin mich nach dem Vortrag sprechen wolle. Ich reichte den Zettel an die neben mir sitzende Connie Evans, Executive Director des WSEP, weiter und wollte wissen, ob es ihr recht sei.

Gleich nach der Versammlung führte man mich in einen kleinen Raum, in dem ich eine Dame traf, die mich ohne Umschweife fragte: »Wieviel Geld brauchen Sie, um die nach dem Vorbild Ihrer Bank gestalteten Projekte zu finanzieren?«

»Ich glaube, 20 000 Dollar würden für den Anfang reichen.«

»Ist es schwierig, geeignete Projekte zu finden?«

»Nichts leichter als das! Wir haben bereits eine lange Warteliste. Und wenn uns das Geld erst einmal zur Verfügung steht, werden die Anträge wie Pilze aus dem Boden schießen.«

»Wie lange bleiben Sie noch hier?«

»Noch zwei Tage. Dann gehe ich nach Washington.«

»Ich werde versuchen, Ihnen vor Ihrer Abreise einen entsprechenden Scheck zu überreichen. Dürfte ich Sie heute abend zu mir einladen, um Sie einigen Kollegen vorzustellen und die Modalitäten für die Verwendung meines Beitrags zu regeln?«

Ich wandte mich Connie zu, um ihre Zustimmung einzuholen. Sie antwortete mir begeistert:

»Wie könnte ich dich daran hindern, Adele Simonns Einladung auszuschlagen, vor allem, wenn ich weiß, daß sie dir Geld geben will!«

In Begleitung von Connie und Mary Houghton verbrachte ich also den Abend in Gesellschaft von Adele Simonn, die ihrerseits drei ihrer Kollegen eingeladen hatte. Sie war Vorsitzende der MacArthur-Stiftung und wiederholte ihren Entschluß, uns zu unterstützen.

Ich wußte, daß ich in den beiden nächsten Tagen keine Zeit finden würde, einen Projektvorschlag auszuarbeiten, und dennoch mußte einer her. Adele gehörte nicht zu den Menschen, die gern warten. Sie beauftragte ihre Assistentin Kabita, mir überallhin zu folgen und mich während meiner Taxifahrten und Essen hartnäckig zu befragen, um mir dann einen Entwurf für einen Projektvorschlag vorlegen zu können.

Ich werde meine Begegnung mit Adele Simonn nie vergessen. Ihre Entscheidung, den Grameen Trust zu unterstützen, gab unserem anspruchsvollen Verbreitungsprogramm den entscheidenden Anstoß.

Dank der Gelder der MacArthur-Stiftung konnte sich der Grameen Trust ernsthaft an der Finanzierung von Projekten nach dem Grameen-Modell in aller Welt beteiligen. Als wir zusätzliche Geldmittel benötigten, sprach ich Peter Goldmark, den Präsidenten der Rockefeller-Stiftung, an, und er beschaffte uns eine weitere Geldeinlage in Höhe von einer halben Million Dollar.

Peter wurde ein begeisterter Anhänger von Grameen. Er begnügte sich nicht damit, uns selbst in Bangladesch zu besuchen, sondern er setzte sich nachdrücklich dafür ein, daß auch die Verantwortlichen anderer Stiftungen und philanthropischer Organisationen zu uns reisten. Auf einer dieser Reisen stellte er uns, neben vielen anderen, Wayne Silby vor, den Gründer der mehrere Stiftungen vereinigenden Calvert Group. Wayne ist einer der Wirtschaftsführer, die das Konzept des »sozialen Investments« entwickelten und in Amerika dafür werben.

Nach seinem ersten Besuch im Jahr 1990 wandte sich Peter an eine Gruppe leitender Angestellter des Social Venture Fund in New York, denen er über seine Erfahrungen mit Grameen berichtete:

»Ich habe beobachtet, wie alte Gesetze vor meinen Augen zusammenbrachen und traditionelle Maßstäbe zerfielen. Erschüttert wurden dabei folgende Überzeugungen:

- daß die Armen nichts gegen ihre Armut unternehmen können;
- daß Frauen dazu noch weniger in der Lage sind als Männer;
- daß Arme ohne Land ein entsetzliches Kreditrisiko darstellen;
- daß die Armen nicht in der Lage sind, in Gruppen zusammenzuarbeiten, vorausschauend zu planen, eigenverantwortlich zu handeln und mit einem Darlehen umzugehen;
- daß die beste Entwicklungshilfe darin besteht, große, zentral gesteuerte Staatsprojekte zu fördern.

Wenn die alten Gewißheiten aus Terrakotta wären, so wäre der Boden der Grameen-Bank mit Tonscherben übersät.«

Seit Gründung des Grameen Trust konnten wir beobachten, wie weltweit das Interesse wuchs, selbst Grameen-Projekte ins Leben zu rufen. Aber die bei uns eintreffenden Anfragen überstiegen die uns zur Verfügung stehenden Finanzmittel. Wir stellten eine Liste der bisherigen Anfragen zusammen und schätzten, daß wir 100 Millionen Dollar benötigten, wenn wir für die nächsten fünf Jahre allen Anträgen für eine Anschubfinanzierung neuer Grameen-Projekte entsprechen und zugleich den bereits existierenden Kleinstkredit-Programmen eine Expansion ermöglichen wollten.

Wir veröffentlichten unsere Zahlen und Pläne, aber die internationalen Geldgeber zeigten keinerlei Interesse. Die Mitglieder von Results in den USA, Kanada, Japan, Deutschland* und Großbritannien

---

* In Deutschland ist Results, ein Verband unabhängig voneinander arbeitender Gruppen, durch Resultate e.V. mit Sitz in Bayern (Amselweg 7, 85591 Vaterstetten, Tel. 08106/34147), vertreten. Resultate e.V. begann 1988 als Bürgerinitiative und besteht seit 1991 als eingetragener gemeinnütziger Verein. Wie die anderen Results-Gruppen auch, ist Resultate e.V. entwicklungspolitisch orientiert und weder parteipolitisch noch religiös gebunden. Ziele des Vereins sind der Aufbau und die Förderung internationaler Netzwerke zur weltweiten Bekämpfung der Armut sowie eine Umorientierung der von den Industrie-

bemühten sich, das Interesse der Hauptverantwortlichen für Entwicklungshilfe in ihren jeweiligen Ländern zu erregen, und auch ich selbst
sprach überall vor.

Alle bewunderten die von der Grameen-Bank und dem Grameen
Trust geleistete Arbeit, aber ihre Vorschriften erlaubten es ihnen nicht,
einer ausländischen Organisation Geld zu geben, die diese Mittel dann
ihrerseits in ein anderes Land weitergab. Die Hilfsorganisationen sind
in nationale und projektspezifische Büros untergliedert, wobei die pro-
jektspezifischen Büros an einen bestimmten Ort und an das jeweilige
nationale Büro, über das alle Gelder laufen, gebunden sind. Da die
vom Grameen Trust vergebenen Gelder nicht auf Bangladesch be-
schränkt, sondern für alle Länder der Dritten Welt gedacht sind, passen wir nicht in dieses auf jeweils nur ein Land fixierte Schema.

Die einzige positive Antwort, die wir erhielten, kam von der US-
AID, die dem Grameen Trust zwei Millionen Dollar gab. Auch der
U.N. Capital Development Fund unterstützte uns. Wir freuten uns
sehr und hofften, daß dies der Durchbruch sei und weitere Gelder folgen würden. Aber bisher haben sich keine weiteren Geldgeber mehr
gefunden.

ländern bisher geleisteten Entwicklungshilfe hin zu einer konsequenten Hilfe zur Selbsthilfe. Resultate e.V. unterstützt Grameen seit seiner Gründung auf vielfache Weise. Der
Initiative dieses Vereins ist es auch zu verdanken, daß der Grameen Trust mit 3,1 Millionen DM durch das Bundesministerium für wirtschaftliche Zusammenarbeit und Entwicklung gefördert wurde.

SIEBTER TEIL
EINE NEUE WELT

39. KAPITEL

EINE WELT, DIE DEN ÄRMSTEN HILFT

An einem Abend des Jahres 1993 rief mich Ismail Serageldin an, der Vizepräsident der Weltbank. Ismail ist einer unserer aufrichtigen Bewunderer, und wir haben als Mitglieder des Lenkungsausschusses der Aga-Khan-Stiftung in Genf zusammengearbeitet. Obwohl er innerhalb der Weltbank einen hohen Posten bekleidet, hat er nie das Gefühl für die Armen verloren.

»Wie können wir helfen? Gibt es irgend etwas, was wir für Sie tun können?«

»Ich weiß es nicht«, antwortete ich. »Die Weltbank arbeitet nur mit den Regierungen zusammen. Sie können nicht mit uns zusammenarbeiten.«

»Doch, das möchten wir sehr gern, aber Sie haben unser Geld nie annehmen wollen.«

»Die Grameen-Bank brauchte Ihr Geld nie. Wir kommen sehr gut allein zurecht.«

»Welche Antworten haben Sie denn auf Ihre Bitte um die 100 Millionen Dollar für den Grameen Trust bekommen, die Sie herumgeschickt haben?«

»Das Ergebnis ist enttäuschend. Keiner hat uns ein Angebot gemacht, bis auf US-AID: zwei Millionen Dollar.«

»Haben Sie eine Kopie Ihres Antrags an die Weltbank geschickt?«

»Nein, denn wir glaubten nicht, daß Sie daran interessiert sein könnten.«

»Könnten Sie mir morgen eine Kopie durchfaxen? Ich will sehen, was sich machen läßt.«

Eine Woche, nachdem ich ihm mein Fax zugeschickt hatte, rief Ismail mich an:

»Wir haben Ihren Antrag geprüft und bewilligen Ihnen die 98 Millionen Dollar, die Ihnen gefehlt haben.«

»Das freut mich sehr. Wir haben nicht mehr daran geglaubt, diese Summe noch auftreiben zu können. Aber wie wollen Sie die Regierungsinstanzen umgehen? Es wird nicht einfach sein, die Regierung von Bangladesch zu einer Zustimmung zu bewegen.«

»Machen Sie sich keine Sorgen. Darüber haben wir gesprochen. Wir werden eine Lösung finden.«

Plötzlich kamen mir Zweifel. Sprach Ismail davon, dem Grameen Trust einen Kredit über 98 Millionen Dollar zu gewähren? Ich wußte, daß die Weltbank niemanden subventioniert. Wie sollte der Grameen Trust ein solches Darlehen je zurückzahlen?

»Augenblick, sprechen wir über einen Kredit oder eine Subvention?«

»Über einen Kredit von 98 Millionen Dollar.«

»Aber Ismail, der Grameen Trust wird niemals in der Lage sein, einen Kredit zurückzuzahlen.«

»Es handelt sich hier um einen zinsgünstigen Kredit mit langer Laufzeit. Also fast ein Geschenk.«

»Das ist nicht so einfach. Die Verantwortlichen der Weltbank werden über kurz oder lang die Regierung von Bangladesch auffordern, diesen Kredit abzusichern. Und weshalb sollte sie das tun, wenn das Geld dazu dienen soll, Projekte im Ausland zu finanzieren? Der Trust wird den ursprünglichen Betrag nie zurückbekommen, selbst wenn die Rückzahlungsquote 100 Prozent beträgt. Wir verlangen von unseren Kreditnehmern lediglich, daß sie uns ihren Kredit in ihrer Landeswährung zurückzahlen, die den Wechselkursschwankungen unterliegt. Aber die Weltbank verlangt eine Rückzahlung in Dollar. Ich sehe für uns keine Möglichkeit, einen Kredit aufzunehmen, selbst wenn es sich dabei um einen zinsgünstigen Kredit handelt.«

»Ich verstehe. Das Wechselkursrisiko ist tatsächlich ein Problem.«

Doch Ismail gibt ein Vorhaben nicht so schnell auf. Ihm kam sogleich eine Idee: »Wir geben Ihnen die Summe auf einen Schlag, und Sie investieren sie, um die Verluste aus den Wechselkursschwankungen abzudecken.«

»Ich bin kein Spezialist für internationales Fondsmanagement«, erwiderte ich. »Ich brauche jemanden, der sich damit auskennt. Weshalb bitten Sie nicht einen Experten, sich kundig zu machen und ein Abkommen aufzusetzen, das die Interessen beider Parteien berücksichtigt?«

Ismail versprach mir, dies zu tun. Aber weder seine noch die mir bekannten Finanzspezialisten, die ich anrief, konnten einen überzeugenden Vorschlag machen.

Ismail rief mich wieder an.

»Lassen Sie uns die Idee nicht aufgeben«, sagte er. »Wir werden Sie erst einmal mit zwei Millionen Dollar unterstützen. Danach werden wir nach einer Finanzierungsmöglichkeit Ihres 100-Millionen-Dollar-Projekts suchen.«

Das war ein leicht zu realisierendes Angebot, das keine Regierungsgarantie erforderte und keine Rückzahlungsschwierigkeiten barg.

»Aber ich dachte, daß die Weltbank keine Subventionen vergibt?«

»Unsere Aufgabe besteht darin, nach Wegen zu suchen, die die Dinge vereinfachen. Dieses Geld stammt nicht aus den Kreditmitteln der Weltbank, sondern aus den Gewinnen, die sie erwirtschaftet. In Wirklichkeit handelt es sich um eine Zuwendung aus dem Extrafonds des Präsidenten für besondere Ausgaben.«

Dies sind die zwei Millionen Unterstützung für den Grameen Trust, die der Präsident der Weltbank Louis Preston während der Welthungerkonferenz im November 1993 ankündigte.

Results organisierte für seine ehrenamtlichen Mitarbeiter Besuche bei Grameen. Sie fanden im selben Rahmen statt wie das internationale Dialogprogramm des Grameen Trust in Dhaka.

Am letzten Tag eines dieser Programme im Jahr 1995 informierte ich 23 ehrenamtliche Mitarbeiter von Results über die künftigen Entwicklungstendenzen der Kleinstkredit-Bewegung. Ich verlieh meiner Unzufriedenheit mit den Verwaltungen der Hilfsorganisationen Ausdruck, die überall auf der Welt den Kleinstkredit-Projekten ihre Unterstützung versagten, was auch in ihrer Weigerung zum Ausdruck komme, auf den 100-Millionen-Dollar-Antrag des Grameen Trust einzugehen. Schließlich meinte ich:

»Warum sollen wir auf die Entscheidungen der Regierungen warten? Die Bürger haben ihre eigenen Überzeugungen und besitzen selbst Geld. Wenn eine Million Bürger je 100 Dollar zu zahlen bereit sind, haben wir unseren 100-Millionen-Dollar-Fonds. Dieser Einsatz von 100 Dollar, die in Form von Darlehen ständig in Umlauf gebracht werden, könnte das Leben so vieler Menschen verändern.«

Als ich meine Rede beendet hatte, hob ein Mann die Hand. Ich erteilte ihm das Wort:

»Die Vorstellung, daß eine Million Menschen jeweils 100 Dollar spenden«, sagte er, »gefällt mir sehr. Alle großen Dinge müssen mit einem kleinen Schritt beginnen, und ich mache den ersten kleinen Schritt. Hier ist ein Scheck über 100 Dollar.«

Die Anwesenden applaudierten. Eine weitere Hand ging in die Höhe. Ein weiterer Scheck. Einige der Zuhörer hatten ihr Scheckheft gerade nicht dabei und liehen sich von den anderen das Geld. Bald hielt ich 23 Schecks über insgesamt 2300 Dollar in Händen, die Startbasis für das Einsammeln der 100 Millionen Dollar.

Ich schlug vor, diese Aktion auf den Namen »Volksfonds« zu taufen. Wir würden die Werbetrommel rühren, um die Summe, die wir brauchten, zusammenzubringen. Es würde zwar nicht leicht werden, aber es gab keinen Grund, warum es uns nicht gelingen sollte.

Inzwischen haben sich zahlreiche Aktivisten und Förderer bemüht, die 100 Millionen Dollar aufzutreiben. Unter anderem konnten wir den Sänger Reed Oppenheimer für unsere Idee gewinnen, der über Nurjahan, eine unserer Kreditnehmerinnen, einen Song geschrieben hat. Und Alex Counts wurde zum Executive Director der von Reed in Oklahoma registrierten Grameen Foundation FUSA und hat ein Buch mit dem Titel *Give Us Credit* geschrieben, das 1996 von Random House veröffentlicht wurde.

Der Grameen Trust hatte bisher zwei Millionen Dollar von der Weltbank, zwei Millionen Dollar von US-AID, eine halbe Million Dollar von der Rockefeller Foundation erhalten, aber wir brauchten noch immer 95,5 Millionen Dollar.

Ismail gab nicht auf. Er hatte die Idee, eine Beratungsgruppe zu gründen, um die Geldgeber zusammenzubringen, die bereits Kleinstkredit-Programme finanzierten oder dazu bereit waren.

Aber er stieß auf starke Vorbehalte. Manche Geldgeber sahen darin einen Versuch der Weltbank, den großen Bruder herauszukehren und sich in ihre Entscheidungsbefugnisse einzumischen. Nach mehreren Begegnungen gelang es ihm allerdings, den ihm entgegengebrachten Widerstand schrittweise abzubauen. Sein Ziel ist klar: ein finanzielles Engagement für Kleinstkredit-Programme in Höhe von 100 Millionen Dollar.

Ich habe stets auf die Notwendigkeit hingewiesen, sich nur auf die Bedürftigsten zu konzentrieren. Denn der Begriff »arm« ist höchst unpräzise. Er kann auf so unterschiedliche Weise interpretiert werden, daß er selbst eine verhältnismäßig gutgestellte Person einschließt. Ismail nahm diesen Hinweis sehr ernst. Als die Gruppe endlich gegründet war, überzeugte er die anderen Mitglieder davon, sie Consultative Group to Assist the Poorest (CGAP, Beratungsgruppe zur Unterstützung der Ärmsten) zu nennen. Ich bin über die Aufnahme des Wortes »Ärmsten« in den Namen sehr froh, weil hierdurch, wie ich hoffe, unnötige Debatten vermieden werden.

Schwierigkeiten tauchten erst auf, als es darum ging, den Sitz der CGAP zu bestimmen. Die Geldgeber schwankten zwischen drei Möglichkeiten: Paris, dem IFAD in Rom und der Weltbank in Washington. Man fragte mich nach meiner Meinung. Ich war sehr unglücklich darüber, daß nur drei Hauptstädte der Industrieländer zur Debatte standen, und schlug Städte vor, in denen es wirkliche Armut gibt, etwa Dhaka, Katmandu, Manila oder La Paz.

Die Geldgeber wandten dagegen ein, daß es aus logistischen Gründen nicht sinnvoll sei, den Sitz der Organisation in ein Drittweltland zu legen. Daher entschied ich mich für den Sitz der Weltbank, die wichtigste Finanzinstitution für Entwicklungshilfe. Ich tat dies in der Hoffnung, daß die Weltbank dadurch ständig mit den Problemen der Ärmsten konfrontiert und vielleicht verändert würde.

Die Gründungsfeier der CGAP 1995 in Washington war ein aufregendes Erlebnis für mich. Ständig hatte ich davon geredet, in der Weltbank einen »dritten Schalter« für Hilfsgelder zu öffnen, doch nie hatte man auf mich gehört. Nun existiert die CGAP, die genau diese Rolle spielt. Ich hoffe, daß man daraus eine ständige, auf die Beseitigung der Armut zielende Einrichtung der Weltbank machen wird und es sich dabei um mehr als um eine taktische Entscheidung handelt.

40. KAPITEL

KLEINSTKREDIT-GIPFEL: BIS ZUM JAHR 2005 UNTER
DEN ÄRMSTEN 100 MILLIONEN FAMILIEN ERREICHEN

Sam Daley-Harris, der Leiter von Results, war es müde, den US-Kongreß um winzige Beträge anzubetteln, und spielte mit dem Gedanken, eine große Veranstaltung über den Kleinstkredit zu organisieren. Das Problem war zu gewichtig, als daß man sich mit Halbherzigkeiten zufriedengeben und darauf hoffen konnte, daß es verschwinden würde, während es in Wirklichkeit ständig wuchs.

Nach vielen Vorgesprächen versuchte Sam, ein vernünftiges Ziel für einen Kleinstkredit-Gipfel zu definieren. 1995 verfaßte John Hatch, FINCA, auf seine Veranlassung hin ein Papier über Sams angestrebtes Ziel, innerhalb von zehn Jahren 200 Millionen ärmste Familien – und damit alle wirklich Armen – in den Genuß von Kleinstkrediten zu bringen. Ich war skeptisch, daß sich ein solch hohes Ziel in die Tat umsetzen ließ, und niemand würde es ernst nehmen, wenn es unerreichbar war.

Ich formulierte das Papier um und halbierte das angestrebte Ziel auf 100 Millionen armer Familien, die während der nächsten zehn Jahre, also in der Zeit von 1996 bis 2005, einen Kredit erhalten sollten. Sam schlug vor, einen Weltgipfel zu veranstalten, der die Erreichung dieses Ziels propagierte.

Ursprünglich planten wir ein Treffen mit rund 500 Personen, um gemeinsam Pläne für die Zukunft zu entwickeln. Doch schrittweise weitete sich die Zahl der Teilnehmer auf rund 1000 Personen aus.

Die Vorbereitungen für die Formulierung gemeinsamer Ziele erwiesen sich als Stich in ein Hornissennest. Ich hätte mir nie vorstellen können, welche Spannungen dadurch entstehen würden. Jeder wollte diese Erklärung seinen eigenen Vorstellungen entsprechend umschreiben. Ich war schockiert darüber, welche Konflikte sich bereits im Vorfeld des Gipfels auftaten.

Sam war zutiefst enttäuscht. Ich versuchte ihn aufzumuntern, indem ich ihm gegenüber behauptete, es könne nur den gemeinsamen Dialog befördern helfen, wenn wir all unsere intellektuellen, institutionellen und weltanschaulichen Differenzen austrugen. Aber ich hatte gut reden und konnte mich nach Dhaka zurückziehen, wohingegen Sam sich im Auge des Zyklons befand und keinen Zufluchtsort hatte.

Wir mußten uns auch noch auf einen Termin für den Gipfel einigen. Wir planten, ihn zu unserem zehnjährigen Jubiläum im Jahr 1996 zu veranstalten. Und wir mußten ein geeignetes Hotel finden. Ein Problem bestand darin, daß wir nicht genau wußten, mit wie vielen Teilnehmern wir letztlich zu rechnen hatten. Jeder trug seine eigene Schätzung vor. Ich rechnete mit 3000 Teilnehmern, für die wir mindestens 50 Säle benötigten, was alle entsetzte.

Nur ein Hotel in Washington bot eine solche Kapazität an. Sam fragte nach, ob wir einen Termin im September oder Oktober 1996 reservieren könnten. Doch sie waren sowohl 1996 als auch 1997 permanent ausgebucht. Was war zu tun? Wir konnten doch nicht bis 1998 warten, um den Gipfel durchzuführen.

Glücklicherweise war in dem Hotel dann doch noch ein Termin in der ersten Februarwoche 1997 frei. Wir reservierten sofort, mußten aber eine Vorauszahlung leisten, die Sam auftrieb.

Ich beteiligte mich an den Vorbereitungen für den Gipfel und traf viele wichtige Persönlichkeiten, die ich sonst nie kennengelernt hätte. Es war erstaunlich, auf welch breite Unterstützung unser Thema plötzlich stieß.

Der Kleinstkredit-Gipfel fand vom 2. bis zum 4. Februar 1997 statt, und es nahmen etwa 3000 Menschen aus 137 Ländern daran teil. Er wurde zu einem vollen Erfolg. Die drei Mitvorsitzenden, Hillary Rodham Clinton, die First Lady der USA, die spanische Königin Sophie und der ehemalige japanische Ministerpräsident Dr. Tsutomo Hata, gaben engagierte Statements ab.

Hillary Clinton bezeichnete den Gipfel als »eine der wichtigsten Versammlungen der Welt« und meinte: »Er [der Kleinstkredit] bedeutet nicht nur, den einzelnen Menschen eine wirtschaftliche Möglichkeit zu eröffnen. Er beschwört die Gemeinschaft. Er beschwört die Verantwortung. Er zeigt auf, in welcher Weise wir alle in der heutigen Welt miteinander verbunden sind und voneinander abhängen. Er erkennt an, daß in unserem Land das Schicksal eines Sozialhilfeempfängers in Denver oder Washington unausweichlich mit dem Schicksal von jedem von uns verbunden ist. Er bedeutet, daß man begriffen hat, daß, wenn man Menschen in Indien oder in Bangladesch aus der Armut herausführt, sich dies auf die gesamte Weltgemeinschaft positiv auswirkt und den fruchtbaren Boden bereitet, auf dem die Demokratie wachsen kann, weil die Menschen an die Zukunft glauben.«

Scheich Hasina, Ministerpräsidentin von Bangladesch, führte den Vorsitz bei der eröffnenden Vollversammlung. Auf dem Podium waren anwesend: Alpha Oumar Konaré, Staatspräsident von Mali, Y. K. Museveni, Staatspräsident von Uganda, P. M. Mocumbi, Ministerpräsident von Mosambik, Alberto Fujimori, Staatspräsident von Peru, Königin Sophie von Spanien, Dr. Tsutomo Hata, Dr. Siti Hasmah, die First Lady Malaysias, und ich.

Es war ein erregender Auftakt eines historischen Ereignisses.

Der Gipfel tagte in speziellen Ratgeber-Gremien, die aufgeteilt waren nach Praktikern, Geldgeberinstitutionen, Körperschaften, religiösen Einrichtungen, Büros der Vereinten Nationen, internationalen Finanzinstituten, Anwälten, privatrechtlichen Organisationen und Parlamentariern.

Es war im wahrsten Sinne des Wortes eine Großveranstaltung für den Kleinstkredit. Die ganze Welt hatte sich an jenen drei Tagen versammelt. Das gemeinsame Erlebnis des Zuhörens und der Austausch von Umarmungen haben uns Tränen in die Augen getrieben. Allen Anwesenden war klar, daß wir, wenn wir während der kommenden neun Jahre diesen Energiepegel aufrechterhalten konnten, die auf dem Gipfel gesetzten Ziele nicht nur erreichen, sondern übertreffen würden.

Robert Rubin, der amerikanische Finanzminister, James Wolfensohn, der Präsident der Weltbank, Gus Speth, der Verwalter der UNDP, Carol Bellamy, Executive Director der UNICEF, Dr. Nafis Sadik, Executive Director der UNFPA (United Nations Fund for Population Activities), Federico Mayor, Generalsekretär der UNESCO, Huguette Labelle, Präsidentin des kanadischen Büros für internationale Entwicklung, Brian Atwood, Leiter des amerikanischen Büros für internationale Entwicklung, Fawzi al-Sultan, Präsident der IFAD, sie alle übertrafen einander darin, die Delegierten in den Vollversammlungen zu inspirieren. Jede Rednerin und jeder Redner hat erklärt, den Kampf gegen die Armut und für den Kleinstkredit vorbehaltlos unterstützen zu wollen.

Bella Abzug, ehemalige Kongreßabgeordnete und Mitvorsitzende des Anwaltsrates, erhielt begeisterten Applaus, als sie erklärte: »Nie, aber wirklich niemals dürfen wir die historische Bedeutung dessen unterschätzen, was wir heute hier tun. Auch wenn der Weg steil und die Fortschritte entmutigend langsam sind, so bitte ich Sie herzlich, niemals nachzugeben und niemals aufzugeben.«

Die Praktiker des Kleinstkredits aus aller Welt bereiteten sich auf die vor ihnen liegende gewaltige Aufgabe in Parallelveranstaltungen vor, die unter der Überschrift »Die Herausforderung annehmen« stattfanden.

Das Gipfeltreffen hat den Stellenwert des Kleinstkredits radikal verändert, der von einer skurrilen Randerscheinung zu einer ernstzunehmenden Aufgabe für die gesamte Welt geworden ist.

Das Leben führt uns über geheimnisvolle Wege und auf völlig unvorhersehbare Weise bis an die Grenze unserer Fähigkeiten. Die Kreditnehmer wuchsen mit dem Bewußtsein auf, völlig unbedeutend und wertlos zu sein. Inzwischen hat dieser Gipfel sie ins Rampenlicht gerückt und sie zu Helden im Kampf um die Entwicklung der Welt erkoren. Die Redner, einer nach dem anderen, haben sie wegen ihrer unermüdlichen Geduld und ihrer erstaunlichen Geschicklichkeit gelobt, winzige Ressourcen zu verwalten und ihr Leben zu meistern. Die Gipfelteilnehmer haben die Tatsache unterstrichen, daß die Prüfungen und das von den Armen durchlittene Elend mit den Bewährungsproben der größten Helden der Geschichte zu vergleichen sind.

Durch meine Tätigkeit als Wirtschaftsprofessor weiß ich, was Geld bedeutet. Heute, da ich eine Bank leite, verleihe ich Geld, und der Erfolg unserer Investitionen zeigt sich an der Anzahl zerknitterter Geldscheine, die unsere Mitglieder in den Händen halten. Aber die um das Geld herum entstandene Kleinstkredit-Bewegung hat ihrem Wesen nach nichts mit Geld zu tun.

Kleinstkredit bedeutet nichts anderes, als jedem Menschen dabei zu helfen, seine Fähigkeiten zu entwickeln und zu verwirklichen. Er beruft sich nicht auf das monetäre, sondern auf das menschliche Kapital. Der Kleinstkredit ist vor allem ein Werkzeug, das die Träume der Menschen verwirklichen und auch dem Ärmsten unter den Armen hilft, in Würde und Respekt zu leben und seinem Leben einen Sinn zu geben.

Wir sind lediglich eine Bank, und mehr wollen wir auch nicht sein. Wir gewähren Darlehen, um den Ärmsten zu ihrer Menschenwürde zu verhelfen. Doch persönliche Würde, Glück, Selbstverwirklichung und Lebenssinn entstehen durch die individuelle Arbeit, durch die Träume, die Sehnsucht und den Willen der einzelnen Menschen. Dazu reicht es, die strukturellen Hindernisse wegzuräumen, die eine benachteiligte Klasse über eine so lange Zeit aus der menschlichen Gemeinschaft ausgeklammert haben. Wenn sich diese Menschen nun entsprechend ihren besten Fertigkeiten entfalten, wird die Welt nicht nur durch das Ende der Armut radikal verändert, sondern auch durch die wirtschaftlichen und sozialen Anstrengungen jener, die gestern noch auf den Gehwegen übernachteten, bettelten und umherirrten, ohne zu wissen, woher sie die nächste Mahlzeit nehmen sollten.

Warum unternimmt man erst jetzt, kurz vor Beginn des dritten Jahrtausends, etwas gegen die Armut, gegen diese alte Wunde, die so alt ist wie die Menschheit selbst? Warum muß eine so konkrete Aktion wie der Weltgipfel über den Kleinstkredit von den Anstrengungen eines Musiklehrers wie Sam Daley-Harris und seinen ehrenamtlichen Helfern abhängen? Warum wählen wir nicht die Abgeordneten, warum unterstützen wir nicht die politischen Parteien, die dieser Frage Priorität einräumen?

Kurz bevor ich bei der Eröffnung der Vollversammlung während des Gipfels reden sollte, dachte ich noch an Jobra und meine ersten Kreditnehmerinnen und die Art und Weise, wie ich von der globalen Weltsicht des großartige Theorien lehrenden Wirtschaftswissenschaftlers zur bescheidenen Weltsicht des Praktikers übergewechselt bin, dem es allein darum geht, das Leben der Menschen effektiv und nachhaltig zu verändern.

Ich hatte das tiefe Gefühl, als hielten wir in diesem Ballsaal eines Hotels in Washington endlich eine ausreichende politische Macht in

Händen, um die Dinge voranzubringen, um Millionen armer Menschen in aller Welt zu helfen, die darauf warteten, daß sie die Möglichkeit erhielten, sich selbst zu helfen und menschenwürdig leben zu können. Ich ging ans Rednerpult und gab folgende Erklärung ab:

»Während wir hier versammelt sind, frage ich mich: Was eigentlich ist der Gipfel über den Kleinstkredit? Nur eine weitere mondäne Galaveranstaltung in Washington?

Für mich ist es ein bewegendes Ereignis. So wie mir ergeht es heute vielen Anwesenden, die eine zutiefst bewegende Erfahrung machen, weil wir alle hart dafür gearbeitet haben, daß es möglich wurde. Und endlich ist es soweit. Ich möchte bei dieser Gelegenheit Millionen von Kreditnehmern und den vielen tausend Menschen danken, die an der Abschaffung eines Unrechts gearbeitet haben, das so viel vermeidbares menschliches Leid verursacht hat.

In meinen Augen ist dieser Gipfel eine große Feier – wir feiern die Befreiung des Kredits aus der Sklaverei der Sicherheit. Dieser Gipfel ist zusammengetreten, um der Ära der finanziellen Apartheid Lebewohl zu sagen. Dieser Gipfel erklärt, daß der Kredit mehr als nur eine geschäftliche Angelegenheit, nämlich ebenso wie Nahrung ein Menschenrecht ist.

Dieser Gipfel versteht sich als Wegbereiter einer möglichst freien Entfaltung der menschlichen Kreativität und der Anstrengungen der Armen. Er möchte jedem Armen die Chance auf ein Wiedergewinnen seiner Würde garantieren ... Wir glauben, daß die Armut keinen Platz in einer zivilisierten menschlichen Gesellschaft beanspruchen kann, sondern ins Museum der Geschichte gehört.

Dieser Gipfel möchte einen Prozeß einleiten, der die Armut ins Museum verbannt.

Nur 65 Jahre nach dem ersten Zwölf-Sekunden-Flug der Brüder Wright ist der Mensch zum Mond geflogen. 55 Jahre nach diesem Gipfel werden auch wir unseren Mond betreten. Wir werden eine Welt ohne Armut schaffen.

Dank der Energie, die ich in diesem Saal spüre, bin ich noch zuversichtlicher als zuvor, daß wir es schaffen werden. Meine Damen und Herren, lassen Sie es uns tun!

Ich danke Ihnen.«

Nachdem ich meine Rede beendet hatte, ließ ich den Blick über meine Zuhörerschaft schweifen. Ich weiß, daß man mir applaudierte, aber ich habe nichts davon gehört. Ich hörte vielmehr in meinem Innern Millionen entschlossener Stimmen, die sich überall auf der Welt erhoben und mir zuriefen: »Ja, wir können es tun, wir werden es schaffen, wir können diesen ehrgeizigen, verrückten, unmöglichen Traum Wirklichkeit werden lassen. Wir können eine Welt ohne Armut aufbauen!«

41. KAPITEL

VISION

Eine Welt ohne Armut.

Wann immer ich diese Devise gegenüber Menschen ausgebe, die den Kleinstkredit nicht aus eigener Anschauung kennen, begegne ich einem ungläubigen Lächeln, das ihren offensichtlichen Zynismus oder ihre Zweifel kaschieren soll. Selbst Befürworter des Kleinstkredits sehen in unserem Ziel zuweilen einen »unmöglichen Traum«, mit dem wir uns selbst und unsere Mitarbeiter zu motivieren suchen.

Zu jeder Zeit sind so viele Menschen aufgetreten, die von irgendeinem unmöglichen Traum gesprochen haben, der nie verwirklicht wurde, daß es völlig normal ist, wenn wir uns vor blinden Optimisten oder Möchtegern-Propheten hüten.

Kann sich jemand eine Welt ohne Armut wirklich vorstellen? Wie würde sie aussehen? Und würde sie wirklich funktionieren?

Für mich bedeutet eine Welt ohne Armut, daß jeder Mensch in seinem Leben die Möglichkeit erhält, seine Grundbedürfnisse zu befriedigen. In einer solchen Welt muß niemand mehr Hungers sterben oder an Unterernährung leiden. Dies ist ein Ziel, das Politiker und führende Persönlichkeiten zwar seit Jahrzehnten verkündet haben, dessen Verwirklichung jedoch nie ernsthaft in Angriff genommen wurde.

Heutzutage sterben jeden Tag 40 000 Kinder in aller Welt an Krankheiten, die als Folge des Hungers auftreten. In einer Welt ohne Armut würde kein Kind mehr an einer solchen Krankheit sterben.

In jedem Winkel der Welt hätte jeder Mensch Zugang zur Ausbildung und zur Gesundheitsfürsorge, weil jeder sie sich würde leisten können. Im Gegensatz zu heute wäre es nicht mehr notwendig, daß der Staat für eine kostenlose oder subventionierte Gesundheitsversorgung oder Schulbildung sorgt.

Alle staatlichen Wohlfahrtsorganisationen würden nicht mehr gebraucht und könnten abgeschafft werden, und auch die staatliche Sozialhilfe wäre überflüssig. Almosen, Suppenküchen, Lebensmittelmarken, Schulen und Fahrten ins Krankenhaus zum Nulltarif sowie Straßenbettler hätten sich überlebt. Das gleiche würde für staatliche Arbeitslosen- und Rentenversicherungen gelten.

Die sozialen Strukturen in einer von Armut befreiten Welt sähen natürlich ziemlich anders aus als die in einer von Armut geplagten Welt. Niemand wäre mehr von der Barmherzigkeit eines anderen Menschen abhängig, und dies macht den großen Unterschied zwischen einer Welt ohne und einer Welt mit Armut aus.

Eine Welt ohne Armut wäre wirtschaftlich viel gesünder und stabiler, als sie es in unseren Zeiten sein kann.

Ein Fünftel der Weltbevölkerung, das noch heute in extremer Armut lebt, würde sich zu Menschen entwickeln, die ein Einkommen erwirtschaften und andern zu einem Einkommen verhelfen. Diese Menschen würden für eine zusätzliche Nachfrage auf den Märkten sorgen, wodurch die Weltwirtschaft wiederum wachsen kann. Sie bringen ihre Kreativität und Neuerungen in den Markt ein und erhöhen die Produktionskapazität der Welt.

Da niemand mehr arm werden würde, außer vorübergehend und begrenzt, würden die Volkswirtschaften vermutlich keine extremen Schaukelbewegungen mehr erleben. Wir könnten Zyklen von wirtschaftlichen Auf- und Abschwüngen und Konkurswellen vermeiden und wären in der Lage, die von Menschen verursachten Katastrophen leichter zu bewältigen.

Doch selbst in einer Welt ohne Armut, in der alle Frauen und Männer genug verdienen, um für sich und ihre Familie sorgen zu können, würde es noch vorübergehende Phasen der Armut geben – infolge einer plötzlichen Katastrophe oder eines Unglücks, eines Bankrotts oder einer Konjunkturflaute, die zur Geschäftsaufgabe zwingt, oder eines persönlichen Leidens oder Unheils.

Auch in einer Welt ohne Armut sind vermutlich ganze Familien, Ortschaften oder sogar Regionen vor Katastrophen wie Überschwemmungen, Bränden, Wirbelstürmen, Aufständen, Erdbeben usw. nicht sicher. Doch die Marktmechanismen könnten solche vorübergehend auftretenden Probleme mit Hilfe von Versicherungen und anderen auf

Eigenleistung basierenden Systemen lösen helfen, selbstverständlich unter Mithilfe von sozial eingestellten Unternehmen.

Unterschiede in der Lebensweise zwischen Menschen auf der unteren Skala der Gesellschaft und der oberen mit Spitzeneinkommen wird es immer geben. Diese Unterschiede entsprächen in einer Welt ohne Armut allerdings jenen zwischen der Mittel- und der Luxusklasse. (Ähnlich wie die Eisenbahnzüge in Europa derzeit nur noch Abteile der ersten und der zweiten Klasse aufweisen, während es im 19. Jahrhundert noch Waggons der dritten und sogar vierten Klasse gab – fensterlose Güterwaggons mit etwas eingestreutem Stroh.)

Können wir wirklich eine Welt ohne Armut schaffen? Eine Welt ohne Bürger dritter oder vierter Klasse, eine Welt ohne eine hungrige, ungebildete, barfüßige Unterklasse?

Ja, das können wir, ebenso wie wir »souveräne« Staaten oder »demokratische« politische Systeme oder eine »freie« Marktwirtschaft schaffen können.

Eine Welt ohne Armut wäre keine perfekte Welt, aber sie käme dem Ideal ziemlich nahe. Und es wäre eine Welt, in der zu leben sich lohnte.

Muhammad Yunus
Grameen-Bank
Head Office
Mirpur Two, Dhaka 1216
Bangladesch
Telefon/Fax: 880-2-803-559, 880-2-801-138
E-Mail: grameen.bank@grameen.net
Web site: http://www.grameen.com
              http://www.grameen.org

ANHANG

GRAMEEN-BANK
Bilanz vom 31. Dezember 1996

(Angaben in US-Dollar)

SACHANLAGEN UND AKTIVA	1996	1995
(Dollarkurs des Jahres)	40,68	40,68
Kassenguthaben	9893	665
Guthaben bei anderen Banken	9446247	10546398
Kapitalanlagen	149004800	89834305
Darlehen und Kredite	269263991	274734324
Sachanlagen	16756784	14537572
Sonstige Vermögenswerte	36658993	46617894
Summe:	481140708	436271158

EIGENKAPITAL UND VERBINDLICHKEITEN		
Genehmigtes Kapital	12291052	12291052
Voll eingezahltes Kapital	5701794	5580445
Allgemeine und sonstige Reserven	2691638	2165330
Mittelbeschaffung von Banken und ausländischen Einrichtungen	321871372	209010480
Revolvierende Fonds	65200	85345365
Einlagen und andere Fonds	128136857	117187925
Sonstige Verbindlichkeiten	22673847	16981613
Summe:	481140708	436271158

Ein Blick auf die Bilanz

GRÖSSE DER BANK

Im Dezember 1997 hat die Grameen-Bank die 2,4-Milliarden-Marke an gewährten Krediten überschritten. Erst im März 1995, also 19 Jahre nachdem wir 1976 unsere Reise mit 27 Dollar für 42 Menschen angetreten hatten, erreichten wir die Marke der ersten Dollarmilliarde. Wir brauchten allerdings nur 27 Monate, um die zweite Dollarmilliarde zu erreichen.

Der Gesamtbetrag der Darlehen, die die Grameen-Bank alljährlich gewährt, überschreitet die Gesamtsumme der Darlehen aller Banken von Bangladesch.

Im Dezember 1997 besaß die Grameen-Bank insgesamt 1105 Zweigstellen, die 2,27 Millionen Kreditnehmer in 38000 Dörfern betreuen. Das Personal ist auf fast 13000 Beschäftigte angewachsen. An jedem Arbeitstag nimmt Grameen im Durchschnitt 1,5 Millionen Dollar an wöchentlichen Ratenzahlungen ein.

Tabelle 1

Größe der Bank
(Stand: 31. Dezember 1997)

1. Anzahl der Dörfer, in denen Grameen vertreten ist	37 937
2. Anzahl der Grameen-Zentren	64 701
3. Anzahl der Grameen-Mitglieder	
Frauen:	2 148 844
Männer:	123 659
Insgesamt:	2 272 503
4. Gesamtzahl der Häuser, die mit einem Baukredit von Grameen errichtet wurden	360 160
5. Anzahl der Zweigstellen	1 105
6. Anzahl der Beschäftigten	12 628

Die Summe der Wege, die die Beschäftigten von Grameen bei ihren Kundenbesuchen zurücklegen, entspricht der einer mehrmaligen Erdumrundung. Auf 50 Prozent ihrer Wege tragen sie insgesamt 1,5 Millionen Dollar bei sich, ohne einen Raubüberfall befürchten zu müssen.

Tabelle 2

Externe Geldquellen

Art der Mittel	Weiter-geliehen	in Millionen US-Dollar	
		Nicht weiter-geliehen	Gesamt
Darlehen:			
IFAD	42,61	5,20	47,81
SIDA	6,25	1,21	7,46
NORAD	6,61	1,76	8,37
OECF	18,58	–	18,58
Niederlande	1,39	–	1,39
Ford Foundation	–	2,07	2,07
Zwischensumme:	75,44	10,24	85,68
Zuschüsse:			
SIDA	35,93	6,14	42,07
NORAD	42,26	12,25	54,51
GTZ	–	13,15	13,15
KFW	26,57	1,94	28,51
CIDA	7,51	2,47	9,98
Zwischensumme	112,27	35,95	148,22
Endsumme	187,71	46,19	233,90

Von Anfang an legte Grameen größten Wert auf finanzielle Disziplin, Transparenz und finanzielle Entwicklungsfähigkeit.

1982 floß Grameen das erste Geld von außen zu. Bis zu diesem
Zeitpunkt führte Grameen seine Geschäfte mit dem Geld der Landwirtschaftsbank und der Geschäftsbanken.

Die ersten Fremdmittel stammten von IFAD, das der Regierung von
Bangladesch ein Darlehen zu einem Prozent Bearbeitungsgebühr mit
einer Laufzeit von 50 Jahren gewährte. Die Regierung von Bangladesch verlieh diesen Betrag an Grameen zu drei Prozent Zinsen mit
einer Laufzeit von 15 Jahren. Seitdem erhielt Grameen Darlehen und
Zuschüsse von der NORAD (norwegische Hilfsorganisation), SIDA
(schwedische Hilfsorganisation), KFW und GTZ (deutsche Hilfsorganisationen), CIDA (kanadische Hilfsorganisation), OECF (japanische
Hilfsorganisation), IFAD (UN-Organisation für finanzielle Entwicklung), der Ford Foundation und von der niederländischen Regierung.

Seit 1995 hat Grameen seine Verhandlungen über neue Zuschüsse
oder zinsvergünstigte Kredite eingestellt und beschlossen, sich bei
Geldmitteln nur noch auf kommerzielle Quellen zu stützen. Unsere
Bank hat 1996 und 1997 allerdings noch Zuschüsse und zinsvergünstigte Kredite erhalten, die aus Vereinbarungen herrühren, die vor
1996 abgeschlossen wurden. Diese laufen Ende Juni 1998 aus.

Die spannendste Erfahrung kam 1994/95 auf Grameen zu, als die
Bank Bonds ausgab, um bei den Geschäftsbanken in Bangladesch
160,75 Millionen Dollar aufzunehmen. Dadurch war es Grameen möglich, das Darlehen der Zentralbank zurückzuzahlen und sich langfristige Darlehensmittel zu verschaffen. Tabelle 2 und 3 schlüsseln die
Quellen der Finanzmittel nach ihrer Herkunft auf.

Der Zufluß billiger Geldmittel von Spendern ist nach 1993 zurück-
gegangen, und zwar auf 39 Prozent der insgesamt verfügbaren Mittel
gegen Ende 1993. In den darauffolgenden Jahren hat er kontinuierlich
abgenommen: 1994 und 1995 um jeweils 31 Prozent, 1996 um 30 Prozent. Daraus wird ersichtlich, daß Grameen sich immer mehr auf
eigene Geldmittel stützt und zu marktüblichen Konditionen Geld auf-
nimmt.

Tabelle 3

Sämtliche Geldquellen in den Jahren 1993–1997

in Millionen US-Dollar

Quellen	1993		1994	
	kum.	neu	kum.	neu
Bangladesh Bank	109,38	109,38	93,75	−15,63
IFAD	42,26	2,96	42,76	–
NORAD	8,37	–	8,37	–
SIDA	7,46	–	7,46	–
Ford Foundation	2,06	–	2,07	0,01
Niederl. Darlehen	1,39	–	1,25	− 0,14
Andere Banken	–	− 0,10	0,50	0,50
Bonds & Debentures	–	–	80,75	80,75
OECF	–	–	–	–
Grameen Kalayan	–	–	–	–
Einlagen der Mitglieder	98,44	30,44	123,01	24,57
revolvierender Fonds	88,38	13,89	94,91	6,53
voll eingez. Kapital	4,69	0,01	6,35	1,66
Reserven	1,56	0,86	2,07	0,51
Sonstige	19,65	11,09	25,17	5,52
Endsumme	383,64	168,53	487,92	104,28

Tabelle 3 (Fortsetzung)

Sämtliche Geldquellen in den Jahren 1993–1997

in Millionen US-Dollar

1995		1996		1997	
kum	neu	kum.	neu	kum.	neu
–	–93,75	–	–	–	–
41,75	– 0,51	40,71	– 1,04	38,95	– 1,76
8,37	–	8,37	–	8,37	–
7,46	–	7,46	–	7,46	–
2,07	–	2,07	–	2,07	–
1,25	–	1,25	–	1,25	–
3,09	2,59	10,25	7,16	5,09	– 5,16
160,75	80,00	162,50	1,75	141,00	–21,5
–	–	9,26	9,26	18,58	9,32
–	–	91,28	91,28	91,28	–
138,87	15,86	149,53	10,66	160,64	11,11
104,47	9,56	0,09	–104,38	0,09	–
6,61	0,26	6,72	0,11	6,97	0,25
2,51	0,44	3,02	0,51	3,64	0,62
21,20	– 3,97	26,70	5,50	33,37	6,67
498,40	10,48	519,21	20,81	518,76	– 0,45

Von 1994 bis 1996 betrug der durchschnittliche Zufluß an zinsgünstigen Geldmitteln von Spendern nur 1,85 Prozent der durchschnittlichen Gesamtbilanz in diesem Zeitraum. Die Mobilisierung interner
Ressourcen zur Finanzierung des Mittelbedarfs der Bank gehört zu
den Errungenschaften der Bank.

Kosten der Geldmittel

Der Kreditumsatz der Grameen-Bank war ausschlaggebend dafür,
daß die verfügbaren Mittel mehr als sechsmal umgeschlagen werden
konnten, d.h., jeder Taka wurde im Durchschnitt sechsmal als Darlehen vergeben. Dies hat dazu beigetragen, den Einsatz der Kreditmit-
tel zu optimieren, indem eine größere Kundenzahl Zugang zu Krediten
erhielt und von den Kreditnehmern zugleich Überschüsse erwirtschaftet wurden.

Die Kapitalbeschaffungskosten stiegen 1993 erheblich an. Grameen
mußte 5,76 Prozent und 4,87 Prozent Zinsen auf Schuldverschreibungen zahlen, die 1995 bzw. 1996 ausgegeben worden waren. Die Zinsen, die Grameen allein für die Schuldverschreibungen zahlen mußte,
beliefen sich 1995 und 1996 jeweils auf 33 Prozent und 39 Prozent der
gesamten Zinskosten. Die höchsten Kapitalkosten im Jahr 1996 entstanden durch die Einlagen der Kreditnehmer, die allein 49 Prozent
der gesamten Kosten für Geldmittel beanspruchten. 1995 betrugen sie
noch 43 Prozent und 1994 nur 34 Prozent. Grameen bietet Einlegern
8,5 Prozent Zinsen an. Alle Zuschüsse werden in einen revolvierenden
Fonds eingezahlt (der inzwischen auf die unabhängige Organisation
Grameen Kalayan übertragen wurde). Die Grameen-Bank zahlt varia-
ble Zinsen für diesen Fonds, mindestens jedoch zwei Prozent.

Verwendung der Geldmittel

Die Grameen-Bank verdient 20 Prozent Zinsen bei einjährigen, ein-
kommensfördernden Darlehen und 8 Prozent auf zehnjährige Baukredite. Tabelle 3 zeigt die Verwendung der Finanzmittel der Bank.

Grameen befand sich auf der Überholspur bei der Expansion der Darlehen. Die Bank bereitete sich auf die Finanzierung dieser schnellen Expansion vor, indem sie sich 1995/96 durch die Ausgabe von Bonds Geldmittel beschaffte. 1996 war ein Jahr mit erheblichen politischen Unruhen im Land. Das Wirtschaftsleben wurde stark in Mitleidenschaft gezogen. 1996 gingen die Auszahlungen gegenüber dem Niveau in den Vorjahren drastisch zurück. Diese Verwerfung verursachte auch dann noch Schwierigkeiten, als die politische Krise längst überwunden war. Allerdings hat die Expansion 1997 bedeutend zugenommen.

Wertberichtigung auf uneinbringliche Forderung

Die Launen der Natur und die von Menschen verursachten Katastrophen zwingen die armen Kreditnehmer manchmal trotz aller aufrichtigen Bemühungen, um einen Aufschub der Darlehensrückzahlung nachzusuchen, und bringen sie in eine äußerst schwierige Lage, wenn sie schließlich ihren Tilgungsverpflichtungen nicht mehr nachkommen können. Um diese Tatsachen zu berücksichtigen, hat Grameen Wertberichtigungen bei Darlehensverlusten im Einklang mit den aktuellen Bedingungen vor Ort veranlaßt. Grameen hat beschlossen, eine hundertprozentige Wertberichtigung für sämtliche Darlehen anzusetzen, die älter als zwei Jahre sind, und entsprechend 20 Prozent Wertberichtigung für alle Darlehen, die älter als ein Jahr sind, die Baukredite ausgenommen. Ebenso hat Grameen beschlossen, von Anfang an eine Wertberichtigung von fünf Prozent für alle Baukredite vorzunehmen.

Die Darlehen, die in der Vergangenheit abgeschrieben werden mußten, betrugen weniger als ein Prozent des Gesamtdurchschnitts aller ausstehenden Darlehen in den jeweiligen Rechnungsjahren. Diese Bewertungen werden auf der Grundlage der Tätigkeitsnachweise eines jeden Darlehens getroffen.

Gewinn- und Verlustrechnung

Die Einkünfte der Bank zeigen, daß es trotz der Zunahme der Gesamt-
ausgaben der Bank in den vergangenen Jahren möglich war, oberhalb
der Gewinnschwelle zu arbeiten.

Tabelle 4

Gewinn- und Verlustrechnung

in Millionen US-Dollar

	1993	1994	1995	1996
Gesamteinkünfte	33,13	50,47	57,10	57,86
Kreditbewegungen	26,39	41,16	49,39	43,89
Zinsen auf Festgelder	4,14	6,55	4,91	10,69
Weitere Einkünfte	2,60	2,76	2,80	3,28
Gesamtausgaben	32,89	49,91	56,72	57,39
Zinskosten	9,68	19,80	21,13	20,22
Verwaltungs- und andere Kosten	23,21	30,11	35,59	37,17
Gewinne	0,24	0,56	0,38	0,47

Kreditnehmer

Alle unabhängigen Untersuchungen über Grameen weisen nach, daß
unsere Kreditnehmer die Wohlstandsleiter hinaufklettern. Unsere
Hoffnung und unser Ziel ist es, daß unsere Kreditnehmer immer höher hinaufklettern, damit unsere Bank nicht als die »Bank der Armen«, sondern vielmehr als die »Bank der vormals Armen« bekannt
wird.

Die Veränderungen vollziehen sich vor unseren Augen. Vor kurzem besuchte ich eine Versammlung von Grameen-Kreditnehmerin-
nen, die mehrheitlich Weberinnen waren. Das Treffen fand in einem
Zentrum in der Nähe der Hauptstadt Dhaka statt, und ich unterhielt

mich mit ihnen über die Frage, ob das Darlehen ihr Leben verbessert habe oder nicht. Ein Mitglied erzählte mir sofort, daß sie zuerst ein Darlehen über 1000 Taka (etwa 25 Dollar) aufgenommen habe. Als sie das Geld in Händen hielt, bekam sie es mit der Angst zu tun. Nach elfjähriger Zugehörigkeit zu Grameen zahlt sie heute eine wöchentliche Rate in Höhe von 1100 Taka zurück.

Ich war verblüfft und fragte sie: »Wie viele von Ihnen zahlen eine wöchentliche Rate von mehr als 1000 Taka zurück?« Drei Frauen hoben die Hand.

»Wie viele von Ihnen zahlen zwischen 850 und 1000 Taka wöchentlich?«

Vier weitere Frauen hoben die Hand. Als ich mit meinen Fragen bei Raten von 500 Taka angekommen war, hoben fast 20 Frauen die Hand, was der Hälfte der Mitglieder des Zentrums entsprach.

»Das ist phantastisch«, sagte ich freudig überrascht. »Als wir anfingen, vergab ich Darlehen in Höhe von gerade einmal 500 Taka und zuweilen auch nur 300 Taka. Einmal habe ich sogar ein Darlehen von nur 30 Taka vergeben. Diese Beträge waren damals das Höchste, was sich eine Person mit ruhigem Gewissen zu leihen traute. Und die Rückzahlung dieser winzigen Summe war nicht einfach. Doch ich hätte nie gedacht, daß sich unsere Darlehensbeträge dermaßen erhöhen würden. Heute freue ich mich für Sie und für die Bank.«

In anderen Zentren stellte ich die gleichen Fragen, und die Antworten fielen ähnlich aus.

In unserer Zentrale gab es zwei Auffassungen. Die Vertreter der einen vertraten die Meinung, die Zunahme der Darlehensgewährung sei seit langem überfällig und notwendig gewesen, wenn die Kreditnehmer finanziell erstarken sollten. Die andere hielt dagegen, dies sei tollkühn, dabei würden die Kreditnehmer sich finanziell übernehmen, und wenn man dies zulasse, treibe man sie ins Verderben.

Zuerst nahm ich eine Position zwischen diesen beiden Extremen ein. Zum Beispiel wünschten wir uns eindeutig keine Kreditnehmer, die einen vorübergehenden Kredit aufnahmen, nur um ihren langfristigen Kredit zurückzahlen zu können. Einige wenige Kreditnehmer mögen dies gelegentlich so halten, doch falls sich dies ausbreiten würde, würde uns dies auf künftige Rückzahlungsprobleme hinweisen.

Aber je mehr ich darüber nachdachte, um so mehr kam ich zu der Überzeugung, daß es keinen Grund gibt, unsere Kreditnehmer daran zu hindern, ein hohes Darlehensniveau zu erreichen. Wir sollten unsere Kreditnehmer dabei unterstützen, in höhere Geschäftsbereiche hineinzuwachsen, damit sie nie wieder in die Armut abrutschen. Sollten wir es auf diesem Weg mit Problemen zu tun bekommen, so müßten wir lernen, sie zu lösen.

REGISTER